내가 살아온
한국 현대문학사

내가 살아온 한국 현대문학사

펴낸날 2009년 2월 5일

지은이 김윤식
펴낸이 홍정선 김수영
펴낸곳 ㈜문학과지성사
등록번호 제10-918호(1993. 12. 16)
주소 121-840 서울 마포구 서교동 395-2
전화 02) 338-7224
팩스 02) 323-4180(편집) 02) 338-7221(영업)
전자우편 moonji@moonji.com
홈페이지 www.moonji.com

ⓒ 김윤식, 2009. Printed in Seoul, Korea

ISBN 978-89-320-1940-6

* 이 책의 판권은 지은이와 ㈜문학과지성사에 있습니다.
  양측의 서면 동의 없는 무단 전재 및 복제를 금합니다.

金允植
내가 살아온
한국 현대문학사

| 김윤식 지음 |

문학과지성사
2009

| 머리말 |

한 몸으로 두 세기 살아가기의 문법과 어법

　때는 병자년(1936). 경남 진영에서 한 소년이 태어났소. 다른 또래의 아이들처럼 일제 말기의 초등교육을 받았소. 이른바 '대동아전쟁' 막바지인지라 우리말이 금지된 학교에서 배운 노래란 군가뿐이었소. 복화술사 모양 일본어와 모국어의 엉킴 속에서 해방을 맞았소. 제법 날쌔게 우리 글자를 익혔고 또 미국식 교육에 젖어갈 무렵 6·25에 직면했소.
　산하를 피로 물들이던 포화가 멎자 소년은 강변 버드나무 숲의 까마귀와 붕어와 메뚜기를 속이고 등에 몇 권의 책을 짊어지고 서울로 왔소. 남대문에서 바라보자 청계천까지 훤히 드러난 폐허. 그 속에 대학이란 것이 있었소. 딱하게도 소년은 대학이 마음에 들지 않았소. 시(글쓰기) 공부를 겨냥한 소년 앞에 놓인 대학이란 학문하는 곳이었으니까. 흥미를 잃은 소년에게 도피처는 있었던가. 있었소. 그것도 넘칠 만큼. 군복 입기가 그것. 주먹이 그려진, 제주도에서 창설된 마지막 육군 현역 29사단 마크를 달고 최전방 수색대에서 소년은 난생 처음으로 허무와 마주쳤소. 복학을 할 수밖에. 다시 학문 앞에 설 수밖에. 서되 이번엔 정면 돌파의 길뿐이었소.

대체 정면 돌파란 무엇인가. 일목요연한 해답이 주어졌소. 학문하기가 그것. 그렇다면 학문이란 또 무엇인가. 몸집만 커진 소년은 또 한 번 길을 잃을 수밖에. 이번엔 다행히도 그 헤맴이 길지 않았소. 대학보다 더 큰 힘이 우리가 갈 수 있고 가야만 할 길을 저만치 가리키고 있었기 때문. 거창하게도 민족적·국가적 요청이 학문(인문학)에게 단호히 명령했으니까. 왈, "여기가 장미다, 여기서 춤춰라." 시대정신으로서의 '식민지사관 극복'이 그것.

담 크고 순정한 소년들이여, 들을지어다. 그동안 너희 아비들은 이 '나라 찾기'에 인문학의 사명감을 놓았었다. 너희들의 사명감은 자명하도다. '나라 만들기'가 그것. 대체 어떤 나라를 만들 것인가. 봐라, 소년들이여. 나라 모델은 태양처럼 셋이 떠올랐다. 부르주아 단독 독재형, 노동계급 단독 독재형, 연합 독재형이 그것들. 6·25는 이 세 가지 나라 모델 중 선택을 위한 실험무대였다. 여기에서 배운 교훈은 참으로 소중했다.

담 크고 총명한 소년들이기에 이미 알아차렸으리라 믿는다. '나라 찾기'와 '나라 만들기'가 동전의 앞뒤라는 교훈이 그것. 이 둘이 몸에 한데 붙은 샴쌍둥이라는 교훈이 그것. 총명한 소년들이여 생각해보라. 거기 일관해 있는 명제란 식민지사관 여부에 수렴되는 것. 이를 시렁 위에 얹어놓은 채 새 나라를 만들면 뭐 하겠는가. 말짱 헛일이 아닐 수 없다. 어째서? 만들어봤자 금방 식민지로 전락할 테니까. 국가와 민족 그리고 시대가 그대 소년들에게 명한다. 선진 제국주의 학자들이 말하는 식민지사관이 과연 과학적·학문적으로 성립되는가 아닌가를 증명하라. 만일 성립된다면 도리 없다. 새 나라를 만들 필요도 없고, 전처럼 남의 종살이를 열심히 하면 된다. 만일 안 그렇다면? 만일 그것이 제국주의자들의 지배욕에서 나온 한갓 이데올로기라면 사정은 결정적이다.

 소년들이여, 이 사실을 학문적으로 밝혀내라. 이것이 담 크고 순정한 너희에게 주어진 성스런 사명이다! 이 위대한 사명감에 소년들은 일제히 내달았소. 북쪽도 남쪽도.

 대체 식민지사관이란 무엇인가. 그 핵심은 소년이 혼신으로 알아낸 바에 의하면, '근대'라는 개념 속에 잠복해 있지 않겠는가. 한 사회가 안고 있는 구조적 모순을 자체 내의 힘으로 극복할 수 있는 역사·사회학적 힘의 형태, 그것의 이름이 근대였던 것. 소년은 글쓰기(문학) 따위란 안중에도 없었소. 이 근대에 혼신의 힘으로 매달릴 수밖에. 아무도 소년에게 수심(水深)을 가르쳐주지 않았기에 그는 겁도 없이 혼자서 돌파해갈 수밖에. 시간이 걸릴 수밖에.

 맨 먼저 근대가 소년 앞에 (A)국민국가nation-state의 형태로 다가왔소. 이를 공부하는 데 4년이 걸렸소. 두번째 마주친 것은 (B)자본제 생산양식mode of capitalist production. 이를 배우는 데 다시 4년. 8년의 세월이 지난 뒤에야 저만치 문학이 보이지 않겠는가. 사랑이란, 자의식이란 신라인에게도 고려시대에도 있었고, 설사 그보다 더 대단한 것을 다룬 문학이 있었다손 치더라도 그것은 근대문학과는 상관없는 것. (A)와 (B)로 말미암아 고무되거나 뒤틀린 문학만이 근대문학일 수밖에. 이를 보편성이라 하오.

 또 소년에게 다가온 벽이 있었소. (C)반제 투쟁과 (D)반자본제 투쟁이 그것이오. 식민지 상태에 빠진 한국적 특수성이 그것. 또다시 소년에게 (C)의 공부에 4년, (D)의 공부에 4년이 요망되었소. 8년의 세월이 또 갔소. 16년 만에 비로소 '한국의 근대문학'이 어렴풋이 그 좌표를 드러냈소. 보편성으로서의 (A)·(B), 특수성으로서의 (C)·(D)와 관련된 것만이 한국 근대문학이라는 것. 그 이상도 이하도 아니라는 것.

그런데 이번엔 난감한 장면에 또 부딪혔소. 참으로 딱하게도 (A)·(B)와 (C)·(D)가 거의 절대모순으로 인식되었다는 점. (A)·(B)를 하자니 (C)·(D)가 불가능해지고, (C)·(D)를 하자니 (A)·(B) 따위란 생심도 낼 수 없다는 모순이 그것. 이 모순을 모순 그대로 인식하기 위해 또 다른 세월이 속절없이 흘러갔소. 『한국 근대 문예비평사 연구』(1973)를 비롯 『이광수와 그의 시대』(1985) 『염상섭 연구』(1987) 『임화 연구』(1989) 『이상문학 텍스트 연구』(1996) 『한국 현대문학 비평사론』(2000) 등이 그 헤맴의 산물이었소.

백 년 전 거인 육당의 꾐에 빠져 바다로 향한 소년은 갈팡질팡 가까스로 그 지랄 같은 20세기를 헐떡이며 넘겼소. 아무도 그에게 수심을 가르쳐주지 않았기에 그럴 수밖에. 이제 보시라. 소년은 날개 젖은 나비처럼 지쳐서 여기에 있소. 머리엔 서리, 손은 떨리오. 목소리는 쉬었고, 다리는 휘청거리는도다. 앉지도 서지도 못하는 엉거주춤한 몰골을 하고. '탈근대'의 거센 고함 소리에 에워싸여 있도다.

경제력 세계 12위권의 중진국 자본주의 속에 놓인 이 나라, 이 민족에게 식민지사관 따위란 안중에도 없소. 그 따위란 개나 물어 가면 되는 것. 이 고함 속에 귀먹고 눈멀어 엉거주춤 섰노라면 이런 느낌을 물리치기 어렵소. 대체 그동안의 우리 소년 모두는 한갓 허깨비였던가. 우리에게 그토록 큰 울림을 주었던 W. W. 로스토우 교수의 『경제성장의 제단계』(이상구·강명규 옮김, 법문사, 1960)에 따른다면, 이 허깨비 소년들만이 오늘의 GDP 2만 불을 가져왔던 것.

참으로 다행히도 아무도 거들떠보지 않는 이 늙고 초라한 허깨비 소년을 격려하고 또 위로해주는 것이 둘씩이나 있었소.『열린사회와 그 적들 Open Society and Its Enemies』의 칼 포퍼(1902~1994)가 전하는 진리에 대한 정의가 그 하나. 진리가 진리일 수 있는 것은 그 진리 속에 거짓이 될 가능성falsifiability이 깃들어 있는 동안이라는 것. 다른 하나는 M. 베버(1864~1920)의 조언. 학문이란 무엇이뇨. 예술과는 달리 시간이 지나면 능가당한다는 사실이 그것. 이것이 학문의 운명이자 의의라는 것. 이 운명에 복종하고 헌신하기, 이것을 스스로 원하고 있다는 것.

이 책은 2006년을 전후해서 몇몇 학술단체의 초청을 받아 쓴 논문들을 중심으로 묶은 것이오. 갈 데 없는 문법과 어법이 뒤섞인 글쓰기라오. 초청해준 유럽한국학회(AKSE)를 비롯, 시카고 대학교 동아시아 언어문명학과, 와세다 대학교 국제교양학부, 한국어문학회, 한국시가학회, 국제한국문학회, 한국평론가협회, 우리문학회, 만해학회 등에 경의를 표하오. 신세지기란 어찌 이에 멈추었겠는가. 20세기의 '근대론'에만 살아온 제가 21세기에도 살아남기 위해 '근대의 초극론'(탈근대론)에 나아가고자 발버둥치며 괴발개발 그려낸 『일제말기 한국작가의 일본어 글쓰기론』(2003) 『해방공간 한국작가의 민족문학 글쓰기론』(2006)에 대해 남송우 교수께서는 토씨까지 따지며 비판해주었소. 이에 그치지 않고 근작 『일제말기 한국인 학병세대의 체험적 글쓰기론』(2007) 『백철 연구』(2008)에까지 깊은 눈길을 멈추지 않았소. 이런 학연이란 전공의 비슷함에서 연유되었다고 치부하기엔 모자람이 크오.

머리말 | 한 몸으로 두 세기 살아가기의 문법과 어법

이러한 일들은 제 개인의 몫이겠지만, 이를 세상에 드러내게끔 도와준 문학과지성사에 감사하오.

2009년 1월

김윤식

차례

머리말 한 몸으로 두 세기 살아가기의 문법과 어법 5

| 제1부 |

내가 살아온 한국 현대문학사 15
두 세기의 시선에서 본 한국 현대문학사론—준(準)통일문학사 시론 32
한국 근대시 백 년의 밝음과 어둠—담 크고 순정한 소년배의 행보 57

| 제2부 |

한국 근대문학사의 시선에서 본 카프 문학 101
6·25와 소설 125
한국문학의 월남 체험—전쟁 체험에서 문학 체험에 이르기 146

| 제3부 |

조선의 阿Q 코휴지 선생 213
'阿Q=香山光郎'의 글쓰기와 '춘원=이광수'의 글쓰기 240
최재서의 고민의 종자론과 도키에다[時枝] 국어학—경성제대 문학과 『국민문학』지의 관련 양상 264
[부록] 조선에서의 국어—실천 및 연구의 제상 299
북두시학(北斗詩學)의 윤리감각—청마의 북만주 체험 305

| 제4부 |

백철의 『조선신문학사조사』론 329
김소운 글쓰기의 세 가지 쟁점—은관문화훈장의 무게 달기 349
『춘향전』의 특수성과 세계화의 가능성 356
김현과 세사르 프랑크 마주하기—김종삼과 김춘수 369
아, 이청준—창작집 『그곳을 다시 잊어야 했다』에 부쳐 418

| 제5부 |

남송우 교수와의 대화 (1)—김윤식의 『일제말기 한국인 학병세대의 체험적 글쓰기론』에 대한 생산적 대화 429
남송우 교수와의 대화 (2)—김윤식의 『백철 연구』: 한없이 지루한 글쓰기, 참을 수 없이 조급한 글쓰기 456
AKSE 30주기 참가기 481

제1부

내가 살아온 한국 현대문학사
두 세기의 시선에서 본 한국 현대문학사론 —준(準)통일문학사 시론
한국 근대시 백 년의 밝음과 어둠 —담 크고 순정한 소년배의 행보

내가 살아온 한국 현대문학사

1. 1960년대 인문학의 사명감— 식민지사관 극복

이 글은 한 몸으로 두 세기를 살아가고 있는 제 체험기입니다. 군복을 벗고 대학원 공부에 나아간 것은 1960년. 전공으로 택한 것은 '한국 근대문학'이었습니다. 막상 전공을 결정하자 제일 난감한 것이 '근대'였지요. '한국'이란 단군 이래의 우리나라인 만큼 조금은 알겠고, '문학' 또한 『무정』이나 『죄와 벌』 같은 것으로 조금이나마 안다고 할 수 있으나 도무지 '근대'만은 실로 아득했습니다. 더욱 난처한 것은 이 근대라는 개념이 역사·사회학 분야의 중심 화제로 되어 있다는 사실이었지요. 이 개념을 비켜나갈 어떤 방도도 없어 보였을 만큼 그것은 거의 절대적인 것으로 군림했던 것입니다.

훗날 안 일이지만 그럴 만한 이유가 거창하게 걸려 있었습니다. 그것은 민족적, 국가적 사명감에 관련된 사항이었던 것. 그 사명감은, 당시의 표현으로는, '식민지사관 극복'이었지요. 새로운 나라를 만들기 위해, 그 민족적, 국가적 이념의 설정에서 불가피한 요소 중 으뜸 항목에 오는 것은 민족적 자존심의 회복이 아닐 수 없지요. 한 민족이 자기 사회의 구조적 모순을 합리적으로 극복할 능력이 없거나 모자란다면, 새 나라를 세워봤자 어차피 그렇지 않은 나라의 지도를 받거나 식민지로 전락할 수밖에 없을 테니까. 대한민국 정식정부(1948. 8. 15)도 조선사회주의 인민공화국(1948. 9. 9)도 사정은 마찬가지.

과연 식민지사관이란 사실인가 허구인가. 만일 사실이라면 할 수 없고, 따라서 새 나라를 세워봤자 절망적일 수밖에 없겠으나, 그것이 제국주의자들이 날조한 허구라면 어떻게 될까. '그렇다/아니다'를 과학(학문)적으로 증명해야 할 사명이 역사·사회학에 주어졌던 것이지요. 한국 근대문학도 그것이 역사·사회학적 영역이고 보면 당연히 이 민족적 사명감의 거룩한 압력에서 벗어날 수 없었습니다.

2. 보편성으로서의 근대 공부

식민지 개념이 제국주의의 산물인 만큼, 근대는 이 국민국가의 변형인 제국주의 개념의 해명에로 향할 수밖에 없었는데, 또 그것은 근대의 해명에로 직행하는 것이 아니면 안 되었습니다. 당대의 지적 분위기는 이 근대 해명의 열기로 가득했지요. 이런 역사·인문·사회학의 공동 과제인 근대 공부에 발을 내딛는 순간, 어렴풋이나마 알아차린 것은 근대 그것이 인류사의 과제라는 것, 따라서 세계사 전개의 한 단계라는 견해였습니다. 도식적으로 보면, (A)국민국가의 형성과 (B)자본제 생산양식이 그것. 그러니까 '근대 이전'과 '근대'와 '근대 이후'라는 도식 위에 서 있었습니다. 대체 그따위 구별이 어디 있는가. 한갓 날조된 구별이 아니냐고 반격당할 수도 있겠지만, 당시로서는 이것이 제일 타당해 보였습니다. 근대modern란 새삼 무엇이뇨. 근대 이전premodern과도 다르고 또 근대 이후post-modern와도 다른 인류사의 한 단계에 속하는 것이며, 그 특성은 (A)와 (B)로 요약된다는 것.

대체 국민국가란 무엇인가. 이를 알기 위해서는 정치학과에서 4년간 공부해야 할 만큼 인문학도에겐 엄청난 부담이었습니다. 프랑스혁명(1789)에서 비롯하여 제국주의에 이르기까지 인류사의 정치적 측면의 이행 과정에 대한 공부만 해도 실로 난감했는데, 더욱 딱한 것은 그것이 자본제 생산양식과 불가분의 관계에 있다는 사실이었습니다. 대체 자본제 생산양식이란 무엇인가. 이에 대한 공부를 위해서는, 인문학도의 처지에서 보면, 비유컨대 경제학과 4년 과정이 요망될 수밖에요. 무려 8년의 기간이 필요했던 것입니다. 과장이거나 허풍이 아닙니다.

'잠깐' 하고 사람들은 묻겠지요. 그럼 문학은 어떻게 됐느냐고. 국민국가와 자본제 생산양식의 틈에 낀 문학이란 숨도 제대로 못 쉬고 있었다 해도 큰 과장이 아닙니다. 문학 따위를 안중에 둘 처지가 못 되었던 것이지요. 빈약한 인문학도가 여기까지 이르렀을 때 비로소 민족적 사명인 식민지사관 극복의 문학적 거리 재기가 흐릿하나마 그 윤곽을 드러냈던 것입니다.

이 거리 재기는 두 가지 방향으로 왔는바, 하나는 과거에서 온 것이고 다른 하나는 미래에서 왔습니다. 과거에서 온 것이란 사회경제사 연구 쪽을 가리키는바, 구체적으로 그것은 김용섭 교수의 『조선후기농업사연구(I)」(1970)입니다. 학문 중에서도 이 사회경제사 분야가 지닌 강점은, 전통사회의 경우 그것이 토지 연구에 놓여 있었기에 다른 어떤 연구 영역보다도 학적 정밀도를 지닐 수 있다는 것입니다.

식민지사관 극복을 문제삼을진댄 한국사의 어떤 시기에서 이를 극복할 수 있는 가능성을 찾는다면, 그 가능성의 지표가 (A)국민국가와 (B)자본제 생산양식이며, 이 중 (B)가『조선후기농업사연구(I)』에서 어느 정도 확인되었던 것입니다. 18세기 후반의 양안(量案) 연구에서 얻어낸 '경영형 부농' 개념이 이에 해당됩니다. 체제 우위를 내세운 북한에서는 부르주아 혁명으로서의 갑신정변(김옥균, 1884) 연구와 광산의 경영방식 연구로써 이른바 근대의 맹아를 찾을 수 있었고, 또 이로써 식민지사관의 허구성을 넘어서고자 했다면, 남한에서는 이 '경영형 부농'이 비록 부분적이긴 해도 식민지사관 극복의 유력한 지표일 수 있다고 믿었던 것입니다.

지푸라기라도 붙잡고 싶은 심정이었던 인문학도들에게, 사회경제사라는 학문 중의 학문 쪽에서 자본제 생산양식의 맹아와 또 그것이 18세기 후반을 기점으로 할 수 있다는 점이 입증되었다는 사실이 가져다준 충격은 신선할 수밖에 없었던 것입니다. 밤을 새워 토론하기를 일삼았고, 그만큼 인문학도들도 키가 훌쩍 커졌다고나 할까요. 그 큰 키를 주체할 수 없어 성급히 달려든 것이 한국 근대문학사의 구도였지요. 적어도 한국 근대문학사의 출발점을 18세기 후반에까지 끌어올릴 수 있다는 이 대담한 구상이 구상에 주저앉지 않고 실행에까지 나아갔는바, 그것이 김현 씨와의 공저로 된『한국문학사』(『문학과지성』, 1973. 봄~겨울호; 민음사, 1973)입니다. 오늘의 시점에서 보면 견강부회로 점철되어 있어 낯 뜨거운 것이지만 한 가지 분명한 것은 식민지사관 극복에 대한 문학 쪽 응답의 하나였다는 점이며, 제가 말할 처지가 아니긴 하나, 이 『한국문학사』가 그 사명감에 일정한 기여를 했을 터입니다.

3. 로스토우의 『경제성장의 제단계』

이상이 근대의 논의를 위해 과거에서 온 과제였다면, 미래에서 온 것은 무엇이었을까. 이 물음의 머리에 오는 것이 로스토우W. W. Rostow의 『경제성장의 제단계 The Stages of Economic Growth』(이상구·강명규 옮김, 법문사, 1960)였지요. 이 저술의 의의는 당시 문화민족주의를 표방한 『사상계』지에 크게 떨친 바 있습니다. 「비공산당 선언」(『사상계』, 1960. 1~3월호) 「로스토우 성장론에 대한 '프라우다'지의 비판」(『사상계』, 1960. 3월호) 「'프라우다'지의 소론을 박함」

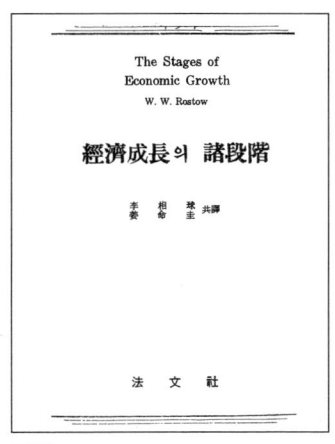

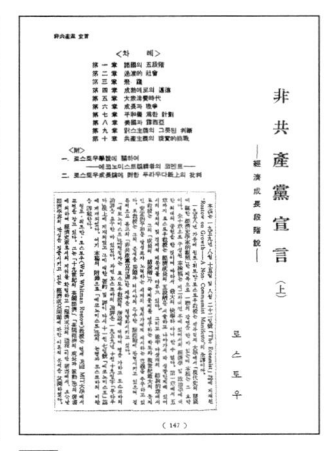

『경제성장의 제단계』 표지   「비공산당 선언」(『사상계』, 1960. 1~3월호)

(『사상계』, 1960. 4월호)에서 그 의의가 상세히 드러났던 것입니다.

로스토우 교수에 의하면, 세계사적 경제발전은 5단계로 분석된다는 것. (1)전통사회 단계, (2)과도기적 사회 단계, (3)도약(비약)의 단계, (4)성숙의 단계, (5)대중적 대량소비 단계가 그것. 이 학설이 소련의 비위를 건드린 것은 (4)단계의 위험성에 소련이 노출되어 있다는 지적에서 왔습니다. (4)단계에 이른 소련은 ① 대중 대량소비인가, ② 세계 지배인가, ③ 인간의 권위 및 자유인가의 선택기로에 놓여 있다는 것. 그런데 ①에로 나아가지 않고 ②에로 나아갈 위험성이 매우 커졌다는 것. 이를 막지 않으면 안 된다고 로스토우가 강력히 주장했던 것입니다. 『프라우다*Pravda*』(소련 공산당 기관지)는 로스토우를 두고 '장날을 만난 마술사' '늪에 사는 흙새의 울음'이라 했고, '비공산당 선언이란 제목을 정당화하기 위해 흙새는 째는 듯한 소리를 내고 있다'고 히스테리컬한 반응을 보였습니다.

인문학도가 로스토우의 견해에서 주목한 것은 경제발전 단계설 중 (2)와 (3)의 관계였습니다. 지금도 다음의 두 구절을 기억하고 있을 만큼 그것은 충격적이었습니다.

　(가) 과도기적 시기 ― 전통사회와 도약 단계의 사이 ― 에 있어서 경제 자체와 제 사회적 가치관의 두 가지 면에서 중요한 변동이 일어나기는 했지만 결정적인 특색은 흔히 정치적 부면에서 볼 수 있었다. 정치 면에서 본다면 전통적 지방의 지주층이나 식민 열강 또는 그 양자에 대항하여 새로운 민족주의에 유발된 국민적 단합에 기초를 둔 강력한 중앙집권적 국민국가의 확립이 도약 단계에 있어서의 결정적 측면이었으며, 이는 거의 예외 없이 도약 단계로의 이행을 위한 필수조건이다. (『경제성장의 제단계』, p. 25)

(나) 선진 열강의 침략으로 인한 인간적 및 국민적인 존엄성에 대한 모욕이 없었더라면 지난 1세기에 걸친 전통적 사회의 근대화율은 실제로 있었던 것보다 훨씬 속도가 느렸을 것이라는 것은 의심할 여지가 없다. (위의 책, p. 59)

우리에게 주어진 식민지사관의 극복이라는 거창한 민족적, 국가적 사명감이란 결국은 경제발전 도약 단계를 목표로 하는 것이었음이 판명됩니다. 그 미래가 식민지사관 극복을 독촉하고 있는 형국이었던 것.

이와 같이 과거와 미래에서 동시에 식민지사관 극복이라는 사명감에 대한 과학적 근거를 내보이며 분발하라고 독려했고, 이에 응하는 학문이야말로 성스러운 것이라는 인식을 우리들에게 심어주었던 것입니다. 이를 또 다르게 말하면, 인류사에 대한 지평에로 향하게끔 해주었던 것. 제 개인적으로는 이러한 공부는 G. 루카치의 『소설의 이론』(1916)에서도 왔습니다. "우리가 갈 수 있고, 가야 할 길을 하늘의 별이 지도 몫을 하는 시대, 그 별이 그 길을 훤히 비춰주던 시대는 복되도다"라고 서두를 삼은 이 책에서 제가 배운 것은 (1)공부다운 공부란 인류사에 대한 공부라야 한다는 것과, (2)그 공부란 소설론에서도 가능하다는 두 가지였습니다. 어쩌면 문학의 독자적 근거도 이에 내속(內屬)되어 있을 뿐이라는 자부심만큼 가슴 벅찬 것이 따로 있었겠는가.

4. 근대의 특수성 공부

문제는 그다음 차례에 있습니다. (A)국민국가와 (B)자본제 생산양식 공부에 8년을 보낸 뒤에 가까스로 그것이 근대를 규정하는 보편성임을 알아차린 것까지만 해도 인문학도에게는 벅찼지만, 그다음의 문제 역시 인내와 시련이 요망되는 것이었습니다. 근대가 지닌 특수성이 그것.

(A)국민국가를 이루어야 할 절대명제 앞에 그것의 거의 전면적 불가능이 현실적으로 주어졌던 것입니다. 일제 식민지화가 그것. 당연히도 (A)를 하기 위한 새로운 조건이 요망될 수밖에. 이를 두고 (C)반제 투쟁이라 할 것입니다. 마찬가지로 (B)자본제 생산양식 앞에 그것의 전면적 불가능이 현실적으로 주어졌던 것. (D)반자본제 생산양식이 그것입니다.

한갓 인문학도인 저로서는 (C)의 공부를 위해서는 한국 근대사의 공부 4년이 요망될 수밖에. 꼭 마찬가지로 (D)공부를 위해서는 한국 경제사의 4년 공부가 요망될 수밖에. 리얼리즘 공부를 위해 마르크스·엥겔스를 비롯, 루카치, 벨린스키, 골드만을 읽어야 하듯, 임시정부의 성립과정, 조선독립동맹의 활동사 및 물산장려운동, 형평사 운동, 신간회, 부재 지주와 소작 관계 등을 공부할 수밖에. 또다시 8년이 속절없이 흘렀던 것입니다. 결코 과장이 아닙니다. 그 결과는 어떠했는가.

참으로 난감한 것은 (A)·(B)와 (C)·(D), 그러니까 근대의 보편성과 특수성이 '거의 절대모순성'을 갖고 있다는 사실의 발견에서 왔습니다. (A)·(B)를 향하면 (C)·(D)를 포기해야 하며, (C)·(D)를 수행하려면 (A)·(B)를 포기해야 하는 딜레마에 빠질 수밖에요. 이 보편성과 특수성의 틈에 낀 문학이기에 이번에도 문학은 숨조차 쉬기 어려웠습니다. 제가 그동안 해온 작업이란 이 '거의 절대모순성' 틈에 낀 '문학'을 어떻게 해야 조금이나마 숨을 쉴 수 있게 할까로 요약됩니다.

그 숨구멍 뚫기의 방법은, 추상적으로는 매우 간단합니다. '한국 근대문학이란 무엇이뇨'라고 물어보시라. '(A)·(B)와 (C)·(D), 즉 근대의 보편성과 특수성에 관련된 문자의 형상화이다'라고 대답하겠습니다. (A)·(B)와 관련되거나 (C)·(D)와 관련된 것이 아니라면 한국 근대문학과는 무관하다고 하겠습니다. 사랑이라든가 자의식은 고려시대에도 조선시대에도 응당 있었지만, 그것이 (A)·(B)와 (C)·(D)로 말미암아 어떤 모순성에 걸려 뒤틀리거나 효과를 낳았을 때만 한국 근대문학의 범주에 들 것입니다. 한국 근대문학보다 크고 가치 있는 것이 아무리 많이 있다 하더라도 그것은 별개의 논의 영역일 수밖에요.

이번엔 이렇게 묻는다면 어떻게 될까. 곧 '(A)·(B)와 (C)·(D)를 적용함에 있어 구체적 작품을 재는 잣대는 무엇인가'라고. 저는 이렇게 대답해왔습니다. 우리, 그러니까 식민지사관 극복을 강요한 민족과 국가의 역사 전개를 위한 현재의 비전(전망)의 변이에 따라 (A)·(B) 및 (C)·(D)의 강조점이 이동될 수 있다는 것.

사례를 들어볼까요. 1960년대에 강음부(強音符)는 (C)반제 투쟁에 놓여 있었습니다. 황매천, 만해, 육사, 윤동주 등이 국정교과를 독차지하지 않았습니까. 1970년대에 오면 『삼대』『태평천하』 또 『고향』『대하』 등에 강음부가 놓이지 않았던가. (B)자본제 생산양식에 기울어졌음을 가리킴인 것. 1980년대에 오면 어떠할까. 「오감도」 『천변풍경』 등 도시 모더니즘계 미학 발굴에로 향했던 것. 그것은 굳이 말해 (B)에 들 것입니다. 1990년대에 오면 형편은 다시 (C) 반제 투쟁 쪽으로 강음부가 옮겨왔는데, 이번엔 성격이 조금 달랐습니다. 월북 작가 금지 조항의 해제에서 오는 구 카프계 문사들에 대한 연구의 봇물이 터졌고, 그 연장선에서 (B)자본제 생산양식의 이면이라 할 북한문학 연구에 강음부가 놓였지요.

이상 제가 공부해온 한국 근대문학의 기본 명제를 윤리적 감각으로 정리하면 다음 명제로 모입니다. '사람은 벌레가 아니다'가 그것. 항일문학도 그러하지만, 그 전통을 이은 분단문학도 노사문학도 이 명제로 능히 수렴됩니다. 문학이란 새삼 무엇이뇨. '인간의 위엄에 어울리는 문자적 의식의 일종'이 그 정답입니다. 그러나 21세기를 눈앞에 둔 시점에서 이 '역사·사회적 상상력'에 도전하는 강력한 흐름이 솟아오름을 저는 똑똑히 목도했습니다. 제가 월평까지 쓴 바 있는 젊은 작가의 작품 「은어낚시통신」(윤대녕, 1994)이 그것. '인간은 벌레다!' '인간은 연어다! 메뚜기다! 철새다!' 라는 이른바 '생물학적 상상력'의 화려한 도래였지요.

이 거대한 상상력에 역사·사회적 상상력이 맞설 수 있을까. 이 물음 앞에 제가 오들오들 떨면서 엉거주춤 서 있습니다. 그도 그럴 것이 유엔 가입 191개 국가 중 한국은 경제성장 면에서 12위에 달하고 있기 때문. 이쯤 되면 식민지사관 따위란 안중에도 없지요. 그렇다면 제가 속한 세대란 한갓 허깨비에 홀린 것일까. GDP 2만 불 시대의 도래로 자위해도 되는 것일까. '역부족론'에서 비롯, '식민지 근대화론'이 판을 치고 있는 오늘의 역사·사회학의 풍토 역시 한갓 허깨비에 홀린 것은 아닐까. 만일 그렇다면 머지않아 한국은 GDP 3만 불에 와 있을 것입니다. 칼 포퍼의 말대로 당대의 진리(진실)란 그것의 반증가능성falsifiability을 그 자체 내에 안고 있을 동안에만

국한되는 것이라면, '식민지 수탈론'(식민지사관 극복론)도 '식민지 근대화론'도 그것이 진리로 통용되는 것은 그 자체 속에 반증가능성을 안고 있는 동안에 지나지 않겠지요. 어차피 반증되고 마는 것이 진리의 운명이니까.

5. 이중어 글쓰기와 민족문학 글쓰기

끝으로, 허깨비 세대일지도 모를 제가 다음 두 가지 '공간'에 대해 언급함으로써 한국 근대문학에 관심을 둔 젊은 분들에게 제 그리움〔悲〕을 보이고자 합니다. 보잘것은 없겠으나 제가 갖출 예의의 하나라고 믿기 때문입니다.

한국문학을 개념적 사유의 단위로 상정하고 논의를 진행시킬 경우, 그 전제로 되어 있는 것이 '근대'임을 간파하고 이를 학문적 체계의 기틀로 삼아 전 생애를 바쳐온 첫번째 연구자는 도남 조윤제(1904~1976)입니다. 국문학사를 처음으로 구상하고 이를 체계화한 도남의 출발점은 다음처럼 투명하여 놀랍기까지 합니다.

> 국문학은 국어로써 한민족의 생활을 표현한 문학이다. 그러니까 국문학의 국문학됨의 필수조건은 국어로 표현될 것이다. 이것은 아마 움직일 수 없는 사실일 것이다. (『국문학개설』, p. 33)

국문학의 논의에서 대전제로 '국어'가 놓여 있다는 생각은 어디에 근거를 둔 것일까. 이 물음이 도남에겐 결정적이었지요. 곧 '국문학'이란 근대의 산물이라는 사실이 그것. 그렇다면 근대란 또 무엇인

가. 국민국가와 자본제 생산양식을 두 바퀴로 하여 생성된 시기적 구분을 일러 근대라고 본다면, 국어란 곧바로 국민국가에 직결되어 있습니다. '상상의 공동체'(B. 앤더슨, 『상상의 공동체』)로서의 국민국가가 막강한 폭력으로 만든 인공어를 두고 국어(국가어)라 한다는 사실을 최초로 인식한 사람이 도남이었던 것입니다. 당초부터 일제 식민지 현상이란 그의 안중엔 부재했음을 잘 말해놓았습니다. 도남의 이러한 생각이란 조금 따져보면 다음 두 가지 사실과 알게 모르게 깊이 관련되어 있습니다.

첫째, 대한민국 임시정부(1919. 3)의 성립. 공화제로 성립된 망명정부지만 헌법을 갖춘 국민국가였던 것. 둘째, 일제 통치부가 당초부터 1942년까지 그 통치체제 속에서 문학제도를 제거해놓고 있었다는 점. 곧 식민지 체제 속엔 물론 철도제도, 행정제도, 경찰제도, 학교제도, 금융제도 등등이 포함되어 있었지만, 적어도 문학제도만은 1942년까지 장외에 놓여 있었다는 사실이 그것. 이를 증명해 보인 것이 세칭 조선어학회 사건(1942. 10. 1)입니다.

조선어학회 사건이 갖는 의의를 분석해보면 이러합니다. 3·1운동에 준하는 사건으로 구상되었다는 점. 곧 33인을 검거한 사실이 이를 증거합니다(이인, 『반세기의 증언』). 총독부가 업무를 시작한 이른바 시정일(始政日, 10월 1일)을 기준으로 했다는 점(『조지훈 문학전집(4)』). 곧 제2의 총독정책에 준한다는 사실이지요. 어째서 일제 통치부가 이런 조처를 취해야 했을까. 일목요연한 해답이 주어집니다. 조선어학회가 한국이 국민국가임을 그동안 승인하고 있었다는 사실이 그것. 맞춤법 통일안(1933)이 정해졌을 때 총독부 발행의 조선어 교재도 이에 따랐고, 이광수, 임화, 이기영, 정지용 등 문인 78명이 일제히 이에 따르겠다는 성명을 낸 것도 이 때문이었지요. 그렇다면 식민지 체제 속에 편입된 시기(1942. 10~1945. 8)는 단지 암흑기(공백기)에 지나지 않는 것일까요. 이제 이 물음을 피해나갈 수 없는 장면에 닿은 셈입니다.

이 장면에서 문제되는 것은 무엇일까. 글쓰기 행위가 그 으뜸 사항으로 놓입니다. 만일 문학자를 두고 글쓰기 행위에 원초적으로 관련된 인종을 가리킴이라면 그는 어떤 경우에도 글쓰기 행위를 포기할 수 없겠지요. 일시적으로 침묵하기란 있을 수도 있겠으나 어디까지나 비유의 영역이 아니겠는가. 글쓰기란 또 발표를 전제로 함이 원칙이라 할 수 없겠는가. 해방공간에서 벌어진 김사량·이태준의 논쟁에서 드러났듯 작품을 써서 땅에 묻어둔다 해도 사정은 마찬가지일 터(「문학자의 자기비판」, 『인민예술』 2호). 이런 원초적 글쓰기 행위를 되묻는 장이 바로 이 공간입니다. 이 공간을 두고 '이중어 글쓰기 공간'이라 잠정적으로 규정한 것이지요. 일본어로 창작하든 조선어로 창작하든 또는 중국어나 에스페란토로 하든, 글쓰기의 광대한 공간이 열려 있었지요. 저널리즘에 펼쳐진 매체만 잠시 보기로 합니다.

(가) 일본어로 된 것 ─ 『경성일보』를 비롯 『매일신보』의 자매지인 주간지 『국민신보』, 잡지 『동양지광』 『총동원』 『국민총력』 『녹기』 『국민문학』 『문화조선』 등.

(나) 조선어로 된 것 ─ 『매일신보』를 비롯 잡지 『조광』 『신시대』 『춘추』 『국민문학』(2, 3호만) 『삼천리』(나중에 『대동아』로 제명 변경) 『반도지광』 등.

(다) 일본 본토 저널리즘 ─ 『문학안내』 『문예』 『문학계』 『주간조일』 등의 잡지와 신문의 조선 특집(『오사카 마이니치 신문』의 반도판) 등.

(라) 만주 방면의 경우— 조선어로 된 『만선일보』, 일본어로 된 『만주일일신문』 등과 『예문』 『만주문학연구』 등 기타 잡지들.
(마) 조선인 및 일본인이 경영하는 출판사들의 단행본 간행.

이러한 이중어 글쓰기 공간이 확보되어 있었다는 것, 조선인 작가들이 각자의 자질에 따라 이에 대응했다는 것을 문제삼는 것이 '이중어 글쓰기'의 가능성이라 규정될 수 있다면 그 기본항에 놓이는 것은 새삼 무엇이겠습니까. 물을 것도 없이 문학 작품성의 밀도가 아닐 수 없지요. 대동아 공영권 및 내선일체론을 전면적으로 피해갈 수 없다 해도, 만일 그것이 문학적인 형상화에까지 이르고자 하면 글쓰기의 원본성에다 이를 물어보지 않을 수 없을 터입니다. 이러한 글쓰기의 원본성 논의는 당연히도 이중어 글쓰기 공간에서 실제로 씌어진 글쓰기에 대한 자료적 검토가 이루어진 연후에야 본격적으로 논의될 성질의 것이 아닐 수 없습니다.

이중어 글쓰기 공간에서 씌어진 글쓰기의 유형들은 어떠했던가. 이 물음 속엔 '글쓰기'가 창작적 글쓰기creative writing만을 가리킴이라는 점이 내포되어 있습니다. 글쓰기의 원본성을 문제삼는 데가 거기인 까닭입니다. 이러한 전제에서 이 공간에서의 글쓰기 유형을 잠정적으로 정리해보면 아래와 같습니다.

(1) 이중어 글쓰기 제1형식— 이효석, 유진오, 김사량 등의 글쓰기. 조선적 토착성과 선비 기질을 문제삼은 「여름」 「남곡선생」의 유진오와 「봄의상」 「은은한 빛」의 이효석과 「풀이 깊다」 「향수」의 김사량을 한데 묶는다면, 그리고 여기에다 이중어 글쓰기의 제1형식의 범주를 설정한다면 그 특성은 과연 무엇일까. 첫째, 그들이 조선어

글쓰기에서 원본적 밀도를 이미 보였다는 점, 둘째, 이들의 일본어 감수성의 특출함을 들 것입니다. 제국대학 출신인 이들 셋의 언어 감각과 일본 독자를 향한 지향성이 어느 수준에서 합치된 결과라 할 것입니다.

(2) 이중어 글쓰기 제2형식 — 창씨개명(1940. 2)의 글쓰기와 본명의 글쓰기로 분류되는 이 유형에는 가야마 미쓰로〔香山光郎〕의 글쓰기와 이광수의 글쓰기가 선명합니다.

(3) 이중어 글쓰기 제3형식 — 결론부터 말하면 최재서의 글쓰기가 이 범주에 듭니다. 그가 『인문평론』 『국민문학』을 주재하고 또 인문사를 경영하면서 창씨개명으로 나아간 것은 놀랍게도 1944년 1월로 되어 있습니다. 이시다 고조〔石田耕造〕가 그것이거니와 이러한 결심의 근거를 징병제 및 학도병 실시에 두고 있음이 판명됩니다.

(4) 이중어 글쓰기 제4형식 — 한설야의 글쓰기가 이에 해당합니다. 매우 특이하게도 습작기부터 조선어와 일본어 양쪽의 글쓰기를 동시에 감행하고, 또 이러한 태도를 멈추지 않고 일제 강점기 전 기간에 걸쳐 감행한 경우가 한설야로 대표됩니다(졸고, 「한설야의 일어 창작론」, 『한국일보』, 2004. 여름호).

(5) 이중어 글쓰기 제5형식 — 『처녀지』의 작가 이기영을 두고 이중어 글쓰기의 범주로 규정함에는 설명이 따로 없을 수 없습니다. 매우 특이하게도 작가 이기영의 창작 활동을 통틀어 일본어 창작은 없지요. 그러나 그가 쓴 『대지의 아들』(1939~1940), 『처녀지』(1944) 등의 장편에 사용된 조선어는 단연 이중어적 성격을 띱니다.

(6) 이중어 글쓰기 제6형식 — 「원정(園丁)」의 시인 김종한이 이 범주에 들 것입니다.

어찌 이중어 글쓰기 유형이 여섯 가지 형식만으로 정리되랴. 아마도 다른 분류 방식으로 하면 양상이 크게 달라질 터입니다. 요컨대 다양한 글쓰기 유형이 거기 펼쳐져 있었다고 볼 것입니다(졸저, 『일제말기 한국작가의 일본어 글쓰기론』, 서울대출판부, 2003; 『20세기 한국작가론』, 서울대출판부, 2004). 이러한 영역은 또 하나의 공간인 해방공간(1945. 8. 15~1948. 8. 15/9. 9)에서 다시 볼 수 있겠지요. 부르주아 단독 독재형(대한민국)의 이념도, 노동계급 단독 독재형(북조선)의 이념도, 연합 독재형(남로당)의 이념도 이 공간에서는 한결같이 '민족문학론'으로 되어 있습니다(졸저, 『해방공간 한국작가의 민족문학 글쓰기론』, 서울대출판부, 2006). 이때의 민족문학론이란, 단일 연속체로서의 한국 근대문학사의 시선에서 보면 어느 쪽에도 소속 불명인 글쓰기의 일종이라 할 것입니다.

한국 근대문학사의 시선이라 했거니와 그것은 한 가지 시선에 지나지 않겠지요. 국민국가주의의 글쓰기라 해도, 큰 글쓰기라 해도, 정전(正典)의 글쓰기라 해도 되겠지만, 그렇더라도 그것은 여러 글쓰기 중 한 유형에 속할 터입니다. 이렇게 말해버린 이상, 문학으로서의 글쓰기에 대한 논의를 피해갈 수 없겠지요. 문학이란 무엇인가. 사르트르가 그랬듯 저마다의 시대는 이 물음을 던지게 되어 있습니다. 왜냐하면 그 물음 속엔 패러독스가 가로놓여 있기 때문입니다.

문학이란 역설적 제도에 지나지 않습니다. 어째서 그러한가. 문학을 창작함이란 기존의 공식에 따라 쓰는 것이긴 하나, 동시에 그러한 글쓰기의 공식을 조롱하고 앞으로 나아가고자 하기 때문이지요. 문학이란 그러니까 그 자신의 한계를 깨고 비판함으로써 새로운 시도를 감행함에 의해 존속해온 제도인 것입니다. 그러기에 다음과 같은 의문이 늪처럼 펼쳐져 있을 수밖에 없지요. 문학이란 특별한 언어인가, 혹은 언어의 특별한 용법을 가리킴인가. 여타 언어와 다른 방식으로 구성된 언어인가, 혹은 특권을 부여받은 언어인가. 이런 물음에서 분명해지는 것은 다음 한 가지 사실. 곧 어느 한쪽만을 선택할 수 없음이 그것.

이제 결론을 맺어도 되겠지요. 제가 서 있는 자리는 큰 글쓰기, 곧 한국 근대문학사의 좌표입니다. 이데올로기스런 글쓰기지요. 또 다르게 말해 셰익스피어가 그러하듯 뭔가 미적 가치가 있다고 보는 글쓰기입니다(미적이고 고상한 가치라니. 그런 가치의 훈련이 인류사회에 이바지한다고 장담하는 사람은 베토벤 음악을 들으며 유대인을 가스실로 몰아넣은 독일 장교를 어떻게 이해해야 적절할까).

이에 대항해오는 갖가지 글쓰기도 응당 있는 법. 두 가지 공간에서 그런 대항적 글쓰기가 펼쳐져 있었지요. 이중어 글쓰기 공간과 해방 공간이 그것. 작은 글쓰기 혹은 탈이데올로기적 글쓰기, 또는 문화연구cultural studies 혹은 기호로서의 글쓰기, 또 다르게는 원초적 글쓰기의 가능성이 두 공간에서 출몰하고 있습니다. 한국 근대문학사에서 바라볼 때 이 두 공간의 중요성은 무엇인가. 동맥경화증에 걸릴지도 모를 한국 근대문학사가 스스로를 진단할 수 있는 청진기의 몫을 두 공간이 수행하고 있음에 그 의의가 있지 않을까. 마찬가지로 두 공간 쪽에서도 한국 근대문학사의 글쓰기가 거울 몫을 하고 있다고 인식된다면 그만큼 생산적일 것입니다. 아직도 젊어 동맥경화증과 거리가 멀어 보이는 쪽에 두 공간의 글쓰기가 놓여 있습니다. 이를 지켜봄이란 제게는 그 자체가 하나의 축복이자 긴장입니다.

〔고전문학회 주최 국제학술대회,
「동아시아의 시가문학과 근대의 발견」, 기조논문, 2007. 11. 23〕

두 세기의 시선에서 본 한국 현대문학사론
── 준(準)통일문학사 시론

1. 20세기 인문학적 자존심의 근거

　20세기에 태어난 저는 한국 근대문학을 공부했고, 21세기에 접어든 오늘에도 아직 그것을 붙들고 있습니다. 한 몸으로 두 세기를 사는 만큼 제대로 될 턱이 없습니다. 21세기적 현장(현실)에 부딪치면 여지없이 당황하며 뒤를 돌아 20세기에 대고 구원을 청할 수밖에. 그러나 참으로 딱하게도 그 20세기는 손사래를 치며 "뒤돌아보지 마라, 소금 기둥이 되지 않으려면"이라고 충고하지 않겠습니까. 고립무원의 처지에 놓일 수밖에요. 방법은 단 하나, 정면 돌파가 그것. 그게 어찌 정면 돌파겠는가, 살살 눈치나 살피며 얼버무린 것이 아니겠는가라고 누군가가 빈정거린다 해도 도리 없는 일이긴 하나, 저로서는, 적어도 현시점에서는 나름대로의 대처 방법입니다.
　'한국 근대문학 공부'에 제가 나아갈 때, 이 나라의 국가 및 민족이 인문학에 강요한 대명제가 있었지요. 식민지사관 극복이 그것. 이에 대한 학문적 실체의 하나가, 그러니까 인문학적 자존심의 근거가 바로 '근대'였던 것입니다. 한국이라는 것도, 문학이라는 것도 조금은 알겠는데 제일 난감한 것이 바로 근대였습니다. 무엇보다 먼저 근대에 대한 공부에로 향하지 않을 수 없었지요. 많은 방황과 혼란을 거쳐 나름대로 알아낸 것은 인류학적 시선에서 그것이 (A)국민국가nation-state와 (B)자본제 생산양식mode of capitalist production에 관련된다는 사실이었습니다. (A)의 공부를 위해서는 4년간 정치학 공부가, (B)를 위해서는 또 4년간 경제학 공부가 불가피했지요. 왜냐하면 그것이 세계사적 보편성이니까. 여기에 인문학적 자존심의 근거가 있기 때문. 그다음 차례에 오는 것이 '한국의 근대'입니다. 그것은 (C)반제 투쟁, (D)반자본제 투쟁이라는 식민지적 특수성. (C)와 (D)의 공부를 위해 또한 8년의 세월이, 다시 말해 인문학적 자존심의 근거가 요망될 수밖에. 비유컨대 무려 16년의 공부, 이 참담한 인문학적 자존심, 그다음 차례에 겨우 '문학'이 놓일 수밖에.

근대의 보편성과 특수성에 문학이 어떻게 관련되었는가를 따지는 것이 미학 이전의 과제인 한국문학의 독자성이었던 것. 이것이 한국 근대문학사의 과제일 수밖에요. 그런데 참으로 난감한 것은 이 보편성과 특수성이 '거의 절대모순 상태'에 놓여 있다는 사실입니다. (A)·(B)를 감행해야 하는 당위성과, (C)·(D)를 해야 할 당위성 속에 문학이 십자포화를 맞고 있는 형국이었지요. (A), (B), (C), (D) 중 어느 한쪽에 편들 것인가를 결정짓는 것은 연구자의 몫이기보다는 역사·사회적 요건에 달린 것인 만큼 어느 때는 (C)에 초점이 놓이기도 했고(매천, 만해, 육사, 윤동주), (B)에 강음부(强音符)가 놓이기도 했습니다(『삼대』『고향』『태평천하』). 좌우간 현재의 역사·사회적 조건에 따라 근대의 보편성과 특수성을 강음부가 이동되더라도, 분명한 것은 그것의 연속성입니다.

이것이 제가 해온 20세기적인 한국 근대문학의 기본 설계도입니다. 역사·사회학적 상상력으로 표상되는 이 한국 근대문학이 국민국가=제국주의적 이데올로기임은 새삼 말할 것도 없겠지요. 그렇다면 21세기에 접어든 오늘의 시점에서는 어떠할까. 거대 담론이 여지없이 무너지고 문학 연구가 문화 연구cultural studies로 바뀐 판국에 저 악명 높은 국민국가주의의 단일문학사에 기초한 설계도는 한갓 웃음거리일까. 이에 대해 '그렇다/아니다'라고 자신 있게 말할 시기가 도래할지는 단정하기 어려우나, 적어도 오늘의 시점으로서는 망설이지 않을 수 없습니다. 왜냐하면 통일이 전제되어 있음이 그것. 만일 통일 문제를 고려한다면 사정은 매우 복잡해질 터입니다. 통일문학사의 설계도도 그려볼 수 있겠지만, 동시에 21세기에 전개된 근대의 해체로 야기된 문학사의 설계도도 외면할 수 없을 터이기 때문. 이번에도 이 두 설계도가 '거의 절대모순'의 늪에 빠질지도 모릅니다만, 그렇다고 계속 방관만 할 수는 없지 않겠습니까. 이 글은 서툴게나마 두 설계도를 묘사해 보이기 위해 쓰어지며, 순서상 근대의 해체(초극)에서 출발하고자 합니다.

2. 제3논리로서의 민족문학론

근대문학사란 단일국가의 문학사이며, 따라서 연속성이 대전제로 놓이게 됩니다. 그런데 매우 유감스럽게도 단일연속체로서의 이 한국 근대문학사에는, 한국 근대사의 파행성에서 말미암은 것이지만,

두 공간이 생기고 말았습니다. 이른바 암흑기라 불리는 일제 말기(1942~1945)가 그 하나이며, 다른 하나는 소위 해방공간(1945~1948)이지요. 이 두 공간이란 새삼 무엇인가. '새삼'이라는 표현에 주목한다면 어떠할까. 만일 단일한 연속체의 시선에서 보면 이 두 공간은 건너뛸 수밖에 없습니다. 국가로서의 주체적 작용력이 미치지 못한 장소로 인식되었기에 '공간'이라 불릴 만한 성질의 것이었지요. 그리고 한국 근대문학사는 그것으로써 그동안 능히 견딜 만한 무게를 갖추고 있었다고 대범히 말해집니다. 단일한 연속체 모색이 무엇보다 시급했기에 더욱 그랬던 것입니다. 고도성장을 향해 숨 가쁘게 달려온 이 나라 최근대사와 흡사한 논리 구조가 거기서 작동하고 있었다고나 할까.

21세기에 접어든 오늘의 처지에서 보면 어떠할까. 무엇보다 단일한 연속성 쪽이 두 공간에 곁눈질을 하고 있습니다. 왜냐하면 그 두 공간으로 말미암아 연속체 쪽이 입은 보이지 않는 상처가 새삼 아파오기 때문이지요. 동시에 두 공간 쪽에서도 이쪽을 향해 도전해오고 있기 때문입니다. 이 글은 연속체 쪽의 상처를 문제삼는 것도 아니며, 두 공간의 도전을 분석하거나 따지고자 함도 아닙니다. 무엇보다 두 공간의 좌표랄까, 그 구조를 문제삼고자 씌어집니다. 도전이나 상처의 점검이란 이 좌표 설정 다음에 와야 할 과제라고 믿기 때문입니다. 이 두 공간의 글쓰기가 대항문학으로 바라보일 때 국민국가주의의 글쓰기도 한층 정밀해질 터입니다.

이중어 글쓰기 공간에 대한 연구가 아직도 걸음마 단계에 놓여 있음에 비해 해방공간에 대한 연구는 어떠할까. 두루 아는 바와 같이 해방공간에 주어진 과제는 연속적 주체성으로서의 국가형 모델 선택에 집중되어 있었지요. (A)부르주아 독재형 국가 모델이냐, (B)노동계급 독재형 국가 모델이냐, (C)연합 독재형 국가 모델이냐, 이 세 모델을 두고 방대한 에너지가 요망되는 논쟁이 벌어졌기에 주체성의 연속이 미정형 상태를 빚고 있었지요. '해방기'가 아니라 '해방공간'이라 불리는 까닭입니다. 국가를 전제로 한 것이 '근대문학'이기에 한국 근대문학이 위의 국가형 모델의 총력전에 관여했음은 논리적 필연이 아닐 수 없었지요.

해방공간에서 논쟁의 중심체가 놓인 곳은 당연히도 '민족'과 '계급'입니다. 그것은 계급이 민족의 하위 개념이냐, 혹은 민족이 계급에 종속되느냐로 요약됩니다. 역사적 개념인 민족을 '인간 원형'으로 환원시킴으로써 김동리가 민족과 계급을 동시에 극복하고자 했다면, 임화는 소련의 민족정책론에 따라 민족의 해방이란 계급 해방에 종속된다는 지점(『문학』, 3호)에 섰고, 좀더 주체적으로 안함광은 계급성과 민족성을 동급에 올려놓고 다만 진보적 민주주의의 추를 계급성 쪽에 달아놓았지요(『안함광전집(3)』). 전자보다 후자 쪽이 좀더 구체적이라 할 것입니다.

해방공간의 민족·계급 논쟁에서 제일 구체적인 이론은 이원조에 의해 제기됩니다. 모택동(毛澤東)의 『신민주주의론』(1940)에 근거한 이원조의 「민족문학론」(1948)의 지향점은 이른바 제3의 노선이었지요. 북조선문학예술총동맹의 이념인 진보적 민주주의에 맞섬과 동시에 전조선문필가동맹(그 문학적 외곽단체인 조선청년문학가협회)의 이념인 보수적 민족주의와도 날카롭게 맞섰던 것입니다. 이른바 연합 독재형 이데올로기를 두고 속칭 남로당 이념이라 하거니와 이는 인민적 민주주의 문학론으로 요약됩니다(졸저, 『해방공간 한국작가의 민족문학 글쓰기론』, 서울대출판부, 2006).

해방공간에서 드러난 세 가지 문학이념이 지닌 문학사적 의의란 무엇인가. 이렇게 물을 때 비로소 이원조가 내세운 제3의 논리로서의 인민적 민주주의 문학론의 의의가 선명해집니다. 곧, 숨은 신의 존재 의의로도 말해질 수 있는 인민적 민주주의 문학론이기에 남한 단독정부(1948. 8. 15)의 민족문학론도, 북한 단독정부(1948. 9. 9)의 계급에 종속된 민족문학론도 스스로 제한적임을 면치 못했던 것입니다. 그들은 두고두고 이 숨은 신의 시선에 노출되었고, 그로써 의식적이든 무의식적이든 스스로를 일정한 기간 동안 지켜갈 수 있었다고 하겠지요.

해방공간이 지닌 의의를 문제삼을진댄 두 가지 이념의 드러냄과 한 가지 이념의 은폐이며, 두 가지 이념이 은폐된 이념으로부터 쉼없이 에너지를 공급 받음으로써 활성화되어왔지요. 또 말을 바꾸면 은폐된 이념이 두 가지 이념에서 끊임없이 에너지를 빼앗음으로써 두 가지 이념을 쇠약하게끔 해왔고, 21세기에 접어든 이 시점에 이르러 그 점이 확연해지고 있는 형국이지요. 은폐된 주체성이 제3의 글쓰기형을 지향한다고 본다면 어떠할까요. 해방공간의 문학이 지닌 의의를 두고 대항문학의 일종이라 부를 수 있는 것은 이를 가리킴입니다. 탈이데올로기의 한 가지 유형이라 불러도 되겠지요.

이러한 문명적 글쓰기와 더불어 논의될 영역으로는 다음 두 가지를 보탤 수 있겠지요. 동양 삼국에 걸친 공동 과제로서의 문학 연구도 그중 하나입니다. 거대담론이 해체된 다음 장면으로 부상된 것이 준(準)거대담론격인 동아시아 연구임은 모두가 아는 일. 가령 김사량의 소설 「향수」(1941)를 문제삼는 것은 (1)조선 작가가 (2)일본어로 (3)베이징을 무대로 했음에서, 이는 동양 삼국의 공동 연구과제에 들 것입니다(졸고, 「베이징, 1938년 5월에서 1945년 5월까지」, 2007).

여기에서 한 걸음 더 나선다면 동양 삼국의 거대담론으로서의 공동과제에 닿을 수도 있겠지요. 이른바 계급문학에 대한 논의가 그것 ("Proletarian Arts in East Asia: Quests for National, Gender and Class Justice," *Position*, Vol. 14, no. 2, fall, 2006, Duke University Press. 이것은 "The East Asian Proletarian Literature Conference," The University of Chicago, November 1, 2002에 기초를 둔 것으로, 여기에 발표된 졸고는 "KAPF Literature in Modern Korean Literary History"이다). 이러한 동아시아 공동담론으로서의 과제들은 앞으로 크게 열려 있는 지평이겠지요(동국대학교 한국문학연구소 편, 『동아시아 비교문학의 전망』, 동국대출판부, 2003).

문명적 글쓰기의 또 다른 영역으로 들 수 있는 것은 근자 문제적 과제인 디아스포라 문제계입니다. 7백만을 헤아리는 해외 동포를 안고 있는 우리로서는 이 문제 영역도 응당 논의의 대상일 것입니다. 여기에서 문제점은 '글쓰기냐'와 '문학이냐'의 것도 포함되지만, 동시에 '모국어냐' '현지어냐'도 포함될 터입니다. 교포문학이란 새삼 무엇인가. 한국어로 쓴 것이냐, 현지 언어로 쓴 것이냐에서 비롯, 그것이 문학적인 글쓰기냐, 단지 글쓰기냐의 문제계로도 각각 구분될 것입니다(유선모, 『한국계 미국작가론』, 신아사, 2004; 이동하, 『재미한인문학연구』, 월인, 2003; 김종회 편, 『한민족 문화권의 문학』, 국학자료원, 2003).

3. 통일문학사의 세 가지 유형

이러한 근대적인 것의 해체 현상이란 분단현실의 처지에서 보면 다분히 표층적 거품 현상일까. 제 답변은 극히 단순 소박합니다. 거품도 물인 만큼 큰 물줄기의 일부라는 인식이 그것입니다. 제 출발점인 한국 근대문학이 지닌 단일성의 이런저런 한계성을 극복하여 한층 우연성을 갖게끔 해준 것이 바로 그 거품이었던 까닭입니다. 이제부터 거품을 입에 조금은 문 채로 제가 횡설수설해도 될 차례에 이르렀습니다.

통일문학사론이란 무엇인가. 이 물음의 전제에는 분단현실과 그것이 창출해낸 '분단문학'이 가로놓여 있습니다. 분단현실을 어떻게 규정하느냐에 관해서는 두 가지 논의점이 가능합니다. 그 하나는 해방공간의 개념 규정에 관여됩니다. 해방공간(1945. 8. 15~1948. 8. 15/9. 9)을 설정하고 이 기간을 일제 강점기의 연장선으로 보아 미·소 군정 강점기로 다룬 분단현실은 해방공간이 소멸된 직후에서 설정되겠지요. 남한과 북한은, 그러니까 자유민주주의국가 체제와 국가사회주의 체제로 남북이 갈라졌다는 정치적 현실과 이는 일치되는 사유입니다. 이러한 구분성은 정치 이데올로기, 그것처럼 단언적이자 단호한 사유가 낳은 산물입니다.

다른 하나는 분단현실 기점론입니다. 한 가지 사례를 들어보겠습니다. 『고향』(1934)의 작가 민촌 이기영(1895~1984)의 소설 『개벽』(1946)과 여기에 이어진 것으로 장편 『땅』이 우뚝 놓여 있습니다. 해방 직후에 쓴 이기영의 대표작이자 거의 첫번째 작품이라 할 『개벽』을 과연 남한의 독자들이 어느 수준에서 이해할 수 있을까. "토지개혁의 법령이 발표되는 며칠 뒤 어느 날이었다"라고 시작되는 『개벽』의 정치적 감각은 오직 밭갈이를 하는 자만이 토지 소유가 가능하다는 원칙 위에 서 있습니다. 토지개혁이 실시된 이래 지주 황주사와 소작인 원 첨지의 삶의 변화를 다룬 이 작품에서 압도적인 주제는 토지개혁이 지닌 혁명적 성격에 있습니다. 마을에는 어느새 농민위원회가 조직되고, 원 첨지가 위원으로 뽑히는 과정과 위원으로서 첫 나들이를 하는 원 첨지의 행색을 구체적으로 묘사함으로써 작가는 토지개혁이 가져온 사회적 혁명성을 현실적 수준에서 그려냈던 것으로 평가됩니다. 이것이 리얼리즘인 것은 현실 쪽에서 그것을 보장하고 있었던 까닭이지요.

이러한 현실에 대한 감각이 없는 남한의 당대 독자들에게 『개벽』은 추상적임을 면치 못할 것입니다. 이러한 내용을 그린 『개벽』을 과연 남한의 독자들이 어느 수준에서 이해할 수 있을까. 개념적 이해와 체험적 이해를 이에 대치시킨다면, 남한 독자의 그것은 전자일 수밖에 없다는 점이 먼저 지적될 것입니다. 만일 이러한 가설이 성립된다면, 북한문학이란 일종의 외국문학 범주에서의 논의, 곧 개념적 이해의 범주에 들 것입니다. 이러한 개념적 이해 범주의 지향점은 당연히도 인류사적인 곳에 있겠지요. 이를 보편성의 지향성이라 부르면 어떠할까.

이에 비할 때, 체험적 이해의 범주란 어떠할까. 『개벽』에서 전개되는 주인공의 행위와 그가 놓인 세계의 조화로움이 관념화되어 이해되느냐, 체험적 양상으로 이해되느냐의 관건은 그에 대한 독자 측의 역사경험이 간접적이냐 직접적이냐에 달려 있다고 한다면 어떠할까. 이때 문제되는 것은 남한 독자의 경우입니다. 『개벽』의 세계관이 토지개혁에 전적으로 관여되어 있는 만큼, 그것은 북한의 토지개혁에 대한 구체성에서 떠날 수 없는데, 이를 남한 독자들이 어떻게 이해할 수 있느냐에 걸리게 됩니다. 북한의 토지개혁이 '무상몰수 무상분배'였음을 염두에 둘 것입니다. '유상몰수 유상분배'를 원칙으로 한 신한공사의 토지개혁 체험밖에 가진 바 없는 남한의 독자이기에 『개벽』을 이해하는 데 개념적 범주를 넘지 못합니다. 곧 그것은 무상몰수 무상분배의 실현이 지닌 역사적 특수성인 까닭에, 보편성과 특수성의 관계로 정립될 성질의 것이지요. 북한의 이 토지개혁이란 정치·사회적인 혁명이기에 앞서 사회·경제사적 혁명인 만큼 단순한 국소적 변혁과는 질적으로 다른 범주입니다.

정령(丁玲, 1904~1986)의 중국 혁명을 다룬 장편인 『태양은 상건하에 비친다』(1948)와 민촌의 『땅』을 비교해서 읽는 경우에도 이 보편성과 특수성의 관계가 성립될 것입니다. 북한의 토지개혁을 체험하지 않은 남한 독자로서는 『개벽』이 지닌 문학적 감동이나 미학적 효과란 어디까지나 간접적, 보편적이며 결코 직접적이자 특수적인 것에로는 이를 수 없습니다. 그것이 외국문학의 경우처럼 이해된 다함은 이런 맥락에서입니다. 북한 독자가 남한의 작품을 읽는 경우도 사정은 꼭 같아서 채만식의 「논 이야기」(1946)가 지닌 통렬한 풍자도 그들은 단지 개념적 이해에서 결코 벗어나지 못할 것입니다.

지금까지 논의해온 것은 다름이 아닙니다. 개념적 이해와 체험적 이해의 우열을 가림에 있지 않고, 단지 그 변별성이랄까 차이성의 확인에 있습니다. 문학이 지닌 고유성을 재확인하는 일이 일단 전제되어야 한다는 것. 이는 통일문학사론이 자칫하면 통일 일반론 속으로 매몰될지 모른다는 우려의 표명이라 해도 되겠지만, 실상은 여기에는 그 이상의 의미가 내포되어 있습니다. 헤겔이 예술을 철학과 종교의 아래에 둔 점에서 보듯(『미학』 참조), 그것은 문학예술이 지닌 장점이자 단점으로 논의될 성질의 것이지요.

통일문학사의 기술은 과연 가능한가. 이 물음은 결코 단순하지 않습니다. 앞에서 논의된 두 가지 이해의 범주를 전제한다면, 분단 이래 반세기를 지난 북한문학사란 우리에겐 개념의 범주일 뿐 결코 체험의 영역일 수 없습니다. 남한문학사의 경우도 사정은 마찬가지입니다. 각기 외국문학의 범주에 가깝습니다. 사람들은 대번에 반론을 펴겠지요. 우선 언어가 같으면 같은 민족이 아니겠느냐고. 이 경우 언어, 습속, 역사성의 공동체로 볼 수 있다면 그것은 민족(국민)의 범주가 아니라 준민족 개념이거나 종족의 범주일 것입니다. 경제적 공동체의 규정이 빠져 있기 때문이지요. 같은 언어라고는 하나, 그 언어가 심리적 소산이자 사회적 소산임을 염두에 둔다면 벌써 제한적 의의밖에 갖지 못합니다. 겉으로는 같은 언어이나 실상은 별개의 것이지요. 그렇다면 통일문학사란 단지 개념적 이해의 범주에서 기술될 성질의 것이 아닐 수 없지요.

이 범주에서, 곧 개념적 이해의 통일문학사 기술은 결코 어려운 과제가 아닐 것입니다. 우선 언어에서 오는 장애가 상당한 수준에서 극복될 수 있기에, 외국문학사 기술의 경우에 비하면 큰 장점이 아닐 수 없습니다. 반면, 남북한문학사의 병행에 멈출 수밖에 없으니까, 엄밀히 말해 통일문학사일 수 없습니다. 결국 남북병행문학사의 기술이 되고 말겠지만, 일단 이러한 문학사도 응당 기술되어야 하며 또 할 수 있습니다. 그래도 그럴싸한 통일문학사를 모색한다면 어떤 방도가 있을까. 그것은 어떤 범주여야 할까. 이 물음에 결정적인 몫을 하는 매개항의 하나로 저는 체험적 이해 지평을 들고자 합니다.

체험적 이해 지평이란 새삼 무엇인가. 그것은 분단 이전의 이 나라 근대문학의 총체성을 경험한 데서 직접적으로 유래하는 감각에 관련됩니다. 이 감각은 아주 은밀한 것이자 개방적인 것입니다. 가장 개인적 체험의 감각이기에 은밀하지 않을 수 없고, 역사를 함께한 공동체적 체험이어서 숨길 수 없는 것이기에 개방적 성격의 것이지요. 이 이중적 성격의 감각이 국민국가(근대)를 전제로 했음에 주목할 것입니다. 개인적 체험과 공동체적 체험의 매개항이 숨은 신으로서의 국민국가였기에, 님이 침묵하는 시대 또는 국권상실기 등의 비유법을 성립시킬 수 있었던 것입니다. 역사에 대한 간접 경험이 직접 경험으로 인식되는 곡절이 국민국가에 걸려 있다는 사실 때문에, 분단 이전의 이 나라 문학의 총체성은 그 자체로 온전한 것이 아닐 수 없지요. 민족주의 문학이든 카프 문학이든 함께 이 온전성 속의 경험적 사실이라 함은 이런 문맥입니다. 통일문학사론의 범주를 성립시키는 것은 그러니까 이 이중성의 체험에서 오는 확실성에서 말미암습니다.

여기까지 이르면 다음 세 가지 문학사론의 범주 설정, 그 논의 및 논거의 제시가 불가피해집니다. (A) 통일문학사론, (B) 준통일문학사론, (C) 남북병행문학사론의 범주가 그것들이지요.

(A) 통일문학사론의 범주 — 국민국가를 전제로 한 문학사론인 만큼 분단 이전의 문학사이겠지요. 향가에서 「참회록」(윤동주, 1942)에 이르기까지 민족공동체의 경험적 감각이 이 범주를 가능케 할 것입니다. 체험적 이해 지평이 그것.

(B) 준통일문학사론의 범주 — 앞에서 보아왔듯, 분단 이후 남북한문학사란 무엇인가를 물을 때, 우선 식별해두어야 할 항목이 통일문학사론이냐 준통일문학사론이냐에 관해서입니다. 만일 분단현실을 개인적 체험과 공동체적 체험의 이중성에서 바라본다면 어떻게 될까. 토지개혁으로 말미암아 사회·경제적 혁명이 일어났다면, 그것은 개인적이나 공동체적 체험의 완전성이랄까 단일성을 가져왔다고 볼 것이며, 이러한 인식의 틀 위에서라면 통일문학사론은 물론 준통일문학사론도 성립될 수 없겠지요. 곧 그것은 남북병행문학

사론에로 귀착되게 마련인 까닭이지요. 만일 남북한의 분단상황이 개인적 체험과 공동체적 체험의 양면에서 완전히 별개의 역사 경험이라면 병립문학사론으로 치닫게 되어 더 이상 어떤 논의도 있기 어렵게 됩니다.

(C) 병행문학사론의 범주 — 정치체제와 경제구조의 완전한 이질화를 두고 분단상황이라 한다면, 남북한문학사론은 당연히도 병행문학사론으로 향할 것입니다. 중요한 것은 지금껏 남북한의 문학사적 감각이 이 범주에 속해 오고 있다는 사실에 있습니다. 북한문학이 한국어로 씌어졌다는 사실을 빼면 공통의 근거 찾기란 어렵지요. 그 위에 이데올로기상의 금기 작용이 가해졌기에 더욱 사태를 명백히 해놓기까지 했던 것입니다.

형식논리상으로 보아 세 가지 문학사론의 범주가 설정될 수 있다는 것, 그 어느 것도 그 근거와 의의를 뚜렷이 하고 있기에 일방적으로 밀어붙일 수 없다는 것, 그럼에도 이에 멈출 수 없다는 것 등이 논의될 사항이라 하겠습니다.

모두가 아는 바와 같이, 지금까지 실제로 인식된 것은 병행문학사론 범주뿐입니다. 남한에서 북한문학은 물론 월북, 재북 문인을 학술논문에서 거론할 수 있게 된 것은 1987년 10월 19일 이후이며, 일제 강점기에 일부 월북 작가가 쓴 작품의 출판이 가능해진 것은 1988년 3월 31일 이후이며, 이기영, 백인준, 한설야, 조영출, 홍명희 등 5명만 제외하고 나머지 월북 문인의 출판이 허용된 것은 1988년 7월 19일이었지요. 북한소설 출판이 보안법 무죄라는 판례가 나온 것은 1995년 4월 21일, 한국정부가 북한 저작물도 보호대상이라 규정한 것은 1996년 9월 14일이었지요. 그렇지만 북한의 신진 작가 및 그들의 작품 출판이나 활동의 소개는 지금도 거의 터부로 되어 있다고 하겠습니다. 실질적으로『청춘송가』(남대현, 1985)를 비롯,『나의 교단』(최상순, 1982) 등은 물론『땅』(이기영, 1948)까지 남한의 상업주의 출판 속에서 출몰했다 해도 그것은 공식적 인식 범주라 할 수 없습니다.

  이러한 과정에서 드러나는 현상을 분석해보면 다음 두 가지 점이 지적될 수 있습니다. 일제 강점기에 쓴 월북, 재북 작가들의 중후한 작품들에 대한 갈증 현상이 그 하나입니다. 가령,「비 오는 길」(최명익, 1939)이라든가『임꺽정』(홍명희, 1940)에 대한 갈증이란 곧 독서 체험으로서의 그것이자 국민(민족)문학사에 대한 그것이기도 했을 터이지요. 다른 하나는, 이 점이 중요하거니와, 북한이 저술한 문학사의 소개 및 간행을 들 것입니다. 구체적으로는『조선문학통사』(1959)『조선문학사』(1977~1981, 전5권)『조선문학개관』(1986) 등이 그것들인데, 이들 문학사는 물론 주체문예론(1967) 이전과 이후의 현격한 차이가 없지는 않으나, 우리의 처지에서 보면 지식의 차원에 속하는 것입니다. 구소련 해체 이후 여기저기서 쏟아져나온 북한문학 연구서 및 해설서들은, 약간의 예외가 없지는 않으나, 북한이 정리한 문학사의 소개 수준에서 크게 벗어났다고 하기 어렵습니다. 이렇게 보아올 때, 병행문학사론이란 체험의 범주에서 멀리 떨어진 개념(지식)의 범주임이 분명해집니다. 설사 북한 작품을 직접 읽더라도 사정은 마찬가지입니다. 통일문학사론이 원리적으로 불가능하다는 것은 이런 문맥에서입니다.

4. 준통일문학사론에 이르는 다섯 가지 사례 분석

통일문학사론이란 무엇인가. 이 물음의 전제에는 근대, 곧 국민국가가 놓여 있습니다. 국권상실기란 님이 침묵하던 시대, 곧 국민국가 이념의 은폐성에 다름 아니었지요. 은밀히 내면으로 타오르는 국민국가에의 이 단일성을 향한 치열성이 통일문학사론의 20세기적 기반이라고 필자는 생각합니다. 국어(국가어, 민족어)에 대한 타오르는 내면성이 이 통일 또는 단일성의 핵을 이루었던 것이기에 국민문학의 외피를 입은 '민족문학'엔 은밀성, 치열성이 깃들어 있었지요. 다른 모든 것을 제치고 압도하는 이 단일성, 치열성이 분단 이래 형성된 지식으로서의 병행문학사론을 부정하는 추동력이 아니었던가. 이 추동력의 계기를 단계별로 정리해보면 다음과 같습니다.

(가) 민족주의 문학과 카프 문학의 종속적 모순 관계

한국 근대민족사의 비등점인 3·1운동을 계기로 민족주의 문학과 카프 문학이라는 두 이데올로기 성향의 문학이 전개되었음은 모두가 아는 일. 그것은 세계사의 흐름과 아울러 논평될 수도 있겠으나, 우리 민족사의 처지에서 본다면 양자는 중요 모순이기에 앞서 종속적 모순contradiction secondaire이 아닐 수 없지요(알튀세르, 「모순과 다층적 결정」(1962) 참조). 시민성에 기초한 민족주의적 성향과 무산계급성에 바탕을 둔 카프 문학적 성향이란, 원리적으로는 적대성의 모순이지만 우리의 경우는 비적대성의 모순으로 작동했다는 사실에 주목할 것입니다. 『삼대』의 작가 염상섭이 스스로를 '심퍼사이저 sympathizer'라 규정한 것도 이런 문맥에 해당되겠지요. 중요 모순과 종속적 모순의 관계가 여기서는 헤겔적 전망과 무연한 것으로 이

해됩니다. 곧 변증법 일반의 특수성에 대한 해석의 유연성을 엿보게 하는 대목입니다. 비적대성의 모순으로서의 민족주의 문학과 카프 문학이기에 여기에다 통일문학사론의 기틀 하나를 놓을 수 있을 것입니다.

　이러한 기틀은 역사적이자 현실적임에 주목할 것입니다. 역사적인 측면은 여기서 새삼 언급하지 않겠지만, 현실적인 측면은 음미의 대상이 아닐 수 없지요. 그것은 북한 측 문학사 인식의 틀의 변화에 관련됩니다. 북한문학사를 개관해보면, 주체문예론 이전과 이후로 크게 양분되고 있음이 판명되지요. 1967년을 고비로 하여 그 이전의 문학사적 인식의 저류에는 구 카프계의 이데올로기가 항일문학론과 쌍을 이루어 흐르고 있었으며, 이는 『조선문학통사』에서 잘 확인할 수 있습니다. 그러나 주체문예론 이후에 오면 사정이 크게 달라집니다. 유일사상인 주체문예론 일변도로 전개되는 1970년대 이후의 문학사 인식은 카프 문학의 설 자리를 깡그리 몰아낸 형국이었지요. 이러한 인식에서 상당한 방향 수정이 이루어진 것은 김정일의 『주체문학론』(1992)에서입니다. "노동자 계급이 당의 영도를 받지 못하였다 하여 카프가 사회주의적 사실주의가 아니라고 할 수 없다"라는 시선의 도입으로 카프 문학을 새롭게 인식해야 한다는 김정일의 주장이 좀더 분명한 형태로 나타난 것은 유만이 집필한 『조선문학사』 제9권(1995)입니다. 이러한 북한문학사의 인식 변화가 바로 통일문학사론의 기틀을 마련하는 현실적 측면입니다. 언젠가 반드시 다가올 남북한 문학사가들이 모여 통일문학사를 모색할 경우, 제일 먼저 논의될 항목이 바로 여기입니다.

(나) 해방공간에서의 민족·계급론의 중요모순성

해방공간의 이데올로기적 특징은 '나라 찾기'에서 '나라 만들기'에로의 인식론적 전환에서 찾아질 성질의 것입니다. 어떤 유형의 국가 모델을 선택할 것인가. 이 유일하고도 절대적인 명제 앞에 전면적으로 노출되었을 때, 문학은 정치와 한 치도 분리될 수 없는 장면에 마주칩니다. (1)시민 단독 독재형, (2)무산계급 단독 독재형, (3)연합 독재형의 국가 모델이 각축하는 해방공간 이데올로기의 소용돌이에서 이 나라는 결국 양극 체제라는 세계사적 틀 속에 재편성되어 (1)과 (2)의 단독정부 수립이라는 역사의 귀결점에 이르게 됩니다. 이러한 상황 속의 논의가 '민족·계급 모순'으로 집약되었음은 당연하다고 할 것입니다. 곧, 그 모순이 종속적 모순일 수 없는, 그러니까 중요 모순의 형태를 띠었던 것입니다. 일제 강점기에 전개된 카프 문학과 민족주의 문학 사이의 모순성과 구분되는 것도 바로 이 대목이지요. 바로 적대성의 모순이었던 까닭입니다. 그렇기는 하나 민족·계급 모순의 적대성이 비적대성으로 전환될 수 있는 계기를 해방공간 속에서 찾아낼 수 있다면 사정은 크게 달라질 것입니다. 국가 모델 선택에 대한 조급성이 치열성을 낳고, 이데올로기의 갈등을 증폭시킨 결과가 적대성의 모순이라면, 이 조급성에 대한 분석과 성찰에 이르기까지는 약간의 시간이 걸렸지요. 조급성이 조금 누그러지자 적대성의 모순으로 인식된 것도 기실 비적대성의 모순이었음이 그 모습을 드러냈던 것입니다. '민족해방 없이는 계급해방 없음'의 논리가 그것입니다.

잘 따져보면, 해방공간이란 '나라 찾기'에서 '나라 만들기'로의 이행기가 아니라, 둘의 동시적 단계였던 것입니다. 일제 강점기의 연장선상에 미·소 군정기가 이어져 있었기에, '나라 찾기'(제국주의에서의 민족해방 투쟁)와 동시에 '나라 만들기'(시민 독재형이든 무산계급 독재형 또는 연합 독재형이든)가 논의의 초점이었음을 상기할 것입니다. 민족·계급 모순이 비적대성의 모순, 곧 종속적 모순이었음이 서서히 판명되었던 것. 남한에서는 임화(문학가동맹), 북한에서는 안함광(북조선문학예술총동맹)의 논의에서 그 실마리가 풀리게 됩니다. 민족의 해방 없이 계급해방이 있을 수 없기에 민족·계급 모순은 그만큼 동시적이자 종속적이었던 것입니다.

그러나 일단 그 종속적 모순이 정지되었을 때는 어떻게 될 것인가. 곧 국가 모델이 각각 선택되어 고정성을 확보했을 때, 돌연 그것은 적대성으로 환원되지 않을 수 없지요. 분단의 적대성의 근거가 이에서 말미암습니다. 해방공간이 통일문학사론의 제2의 가능성으로 놓여 있다고 보는 것은 이런 시선에서입니다.

(다) 빨치산 문학의 비교 —「제2전구」와 『태백산맥』

빨치산 문학이란 무엇이며, 그 계보는 어떻게 형성되었고, 그 문학사적 의의란 무엇인가. 이런 물음은 해방공간의 문학적 상황 및 그로 인한 문학적 성과의 하나를 묻는 것입니다. 문학사적 의의란 당대인의 삶의 치열성과 그 은밀한 내면성의 표현에서 획득된다는 점을 믿는다면, 북쪽의「제2전구」(박태민, 1949)와 남쪽의『태백산맥』(조정래, 1989)이 그 뚜렷한 사례라 할 것입니다. 물론 그 계보를 따지자면「항전별곡」(1983)『격정시대』(1986)의 작가 김학철이 해방공간에서 쓴 여러 편의 창작들, 가령「이렇게 싸웠다」(1945)「담배국」(1946)「야맹증」(1947) 등이 앞에 놓여 있으며,「해방전후」(1946)의 작가 이태준의「첫 전투」(1949)가 그 뒤를 잇습니다. 남한의 경우, 이병주의『지리산』(1975), 김원일의『겨울 골짜기』(1987), 이태의 『남부군』(1988), 조정래의 『태백산맥』 등의 거편들이 1970년대 이후에서야 출현한 것은 그만큼 이 주제가 지닌 남한적 제약에서 말미암았던 것이지요.

빨치산 문학은 해방공간에서 벌어진 거대한 이데올로기의 출렁임으로 묘사되는 10월혁명(1946년 10월 대구사건)과 여순반란사건(1948년 10월 19일 '여수순천십일구 사건'의 전 용어), 4·3사건(1948) 등에 그 기점을 둡니다. 그렇다면 빨치산 문학의 특징은 무엇일까. 이 점에「첫 전투」는 썩 명쾌합니다. 강원도를 배경으로 한 이 작품에서 유격대의 활동이 철도원 출신의 기능공 중심이란 점은 강조될 사항입니다. 이용악의 시「기관구에서」(1947)를 비롯, 강형구의 소설「연락원」(1947)이 모두 기능공인 철도원의 파업에 의해 주도되었음이란 무엇인가. 이 물음이「제2전구」에 그대로 이어집니다. 지리산 유격대인 제2전구 제2중대의 주역인 작전참모이자 정치위원인 경수가 인쇄공 출신이라는 점이 그것. 철도원이나 인쇄공이란 또 무엇인가. 기능공이자 인텔리라는 점에서 빨치산 문학 초기의 구성원리로 규정될 수 있습니다. 그것은 고도의 지식인의 관념성과 불가분의 관계에 놓인다고 볼 것입니다. 빨치산 활동이란, 헤겔의 논법으로 하면, 노동의 일종이되 개념화를 내장한 노동이란 점에서 이미 주인의 성격을 띤 것입니다. 동시에 여기에는 빨치산으로서의 치명적 약점도 담겨 있지요. 지식인 주인공의 육체적 취약점이 그것. 건장한 육체를 지니지 못한 주인공의 비극성이 그것. 이 점에서「제2전구」는 밀도 높은 작품이자 이 방면의 한 전형을 창출했다고 할 것입니다.

한편 남한의 경우는 어떠할까. 『지리산』의 주역인 하준수(남도부)가 전형적 지식인이지만 공수(空手) 유단자였기에 육체적 취약성은 없지요. 이에 비해 『태백산맥』은 새로운 한 전형이라 할 것입니다. 염상진, 김범우 등의 지식인을 빼면 나머지 대부분은 농민층입니다. 농민층도 빨치산이 될 수 있는가. 이 물음에 대해 『태백산맥』은 큰 해답을 제시하여 밀도 높게 형상화했던 것입니다. 이러한 주인공의 계층적 편향성이 한자리에 어우러질 때 준통일문학사(분단문학의 극복)를 향한 실마리의 하나가 놓여 있지 않겠습니까.

(라) 6·25를 가운데 둔 남북 문학 역량 비교 —『취우』와 『대동강』

6·25를 다룬 작품만큼 통일문학사론의 걸림돌이 되는 것은 많지 않을 것이라는 생각은 과연 타당할까. 일종의 선입견인지도 모르지 않겠습니까. 여기서 문제되는 것도 물론 문학 고유의 방식입니다. 보통 리얼리즘이라 불리는 미학사상이 이 문제의 눈금 몫을 할 것입니다. 미학으로서의 리얼리즘론을 펼칠 자리가 아니기에 스쳐가거니와, 그 대신 문제 설정을 단순화시켜 논의해보기로 합니다.

우선 이렇게 생각해보면 어떠할까. 남한의 최대 작가와 북한의 최대 작가의 작품상의 6·25 체험을 비교해보기가 그것. 논자에 따라 약간의 이견이 있을 수 있겠으나, 남한의 염상섭(1897~1963)과 북한의 한설야(1900~1976)를 꼽을 수 있지 않겠는가.

『삼대』(1931)의 작가 염상섭이 장편 『취우』(1953)를 쓸 당시 군복을 입은 현역이었으며 전쟁의 한가운데에 있었음을 먼저 염두에 둘 것입니다. 그럼에도 작가는 6·25를 한갓 '소나기'로 형상화했지요. 뿐만 아니라 이 작품의 전 단계에는 「완류」(1950)가, 뒷단계에는 「새울림」(1954)이 놓였지요. 엄청난 민족사적 비극을 어째서 이 작가는 한낱 일과성 소나기로 파악했을까. 작가의 말을 한번 들어볼까요.

나는 이번 난리를 겪으면서 문득문득 머리에 떠오르는 것은 썰물 같이 밀려가는 피난민의 떼를 담배를 피우며 손주새끼와 태연 무심히 바라보고 앉았는 그 노인의 얼굴과 강아지의 우두커니 섰는 꼴이다. 길 이편에서는 소낙비가 쏟아지는데 마주 뵈는 건너편에는 햇살이 쨍이 비취는 것을 눈부시게 바라보는 듯한 느낌이다. 생각하면 이런 큰 환란을 만난 뒤에 우리의 생각과 생활과 감정에는 이와 같이 너무나 왕청 뛰게 얼룩이 진 것이 사실이다. 그 얼룩을 그려 보려는 것이다.
(「작가의 말」, 『조선일보』, 1952. 7. 11)

얼룩이란 무엇이겠는가. 비누로 지우거나 물에 빨면 쉽사리 지워지는 것도 있고 그렇지 않은 것도 있겠지요. 어느 편이냐 하면 소낙비스러운 현상으로 파악한 점에서는 전자 쪽에 서 있는 형국이지요. 무역회사 사장과 여비서 황순재, 사원 신영식 등이 겪는 6·25란 일과성 소나기이기에, 약간 얼룩이 졌을 뿐 곧 정상으로 되돌아갈 성질의 것으로 묘사되고 있습니다. 작가 염상섭의 가치중립성 리얼리즘의 소설미학이 거기 생동하고 있었다고나 할까요.

북조선문학예술총동맹을 창설하여 실세로 오랫동안 군림한 한설야의 『대동강』(1955) 3부작은 어떠할까. 인민군의 서울 점령(1950. 6. 27~9. 28)과 유엔군 평양 점령(1950. 10. 19~12. 4)을 비교하면, 후자 쪽이 조금 모자라긴 하나 각각 약 3개월에 해당됩니다. 이 점에서 6·25는 상대적이라 할 만합니다. 이 3개월을 염상섭이 소낙비스러운 현상으로서의 얼룩으로 파악했다면, 한설야는 신세대의 평양(조국) 방어전으로 파악함으로써 또 다른 리얼리즘(사회주의적 사실주의)의 미학을 보여줍니다. 제1부 「대동강」, 제2부 「해방탑」, 제

3부 「룡악산」의 기저에 흐르는 작가정신이 이데올로기 일변도로 작동한다는 점에서 그 주제를 뚜렷이 한 것이지요. 그 때문에 작위적인 구성으로 될 수밖에 없겠으나, 형상화 과정에 드러나는 세부 묘사에서는 한설야 특유의 역량이 뚜렷합니다. 유엔군 평양 점령 직후 18세의 신문사 인쇄공 점순의 시선으로 그려낸, 발전기를 실은 군함으로 인해 불 밝혀진 평양 거리의 모습이라든가, 평양 암시장의 미국 담배 유통과정의 묘사 등이 그러한 사례라 할 것입니다. 이렇게 보아온다면, 6·25를 다룬 문학 쪽이 의외로 통일문학사론의 유력한 근거임을 알 수 있습니다.

(마) 역사적 상상력 속의 비교 — 『갑오농민전쟁』과 『장길산』

『소설가 구보씨의 一日』(1934) 『천변풍경』(1936)의 모더니즘계 작가 박태원(1909~1986)의 대작 『갑오농민전쟁』(1977~1980, 제3부 「새야 새야 파랑새야」는 그의 처의 집필로 알려져 있음. 『조선문학』, 1985. 2)의 앞에는 『임진왜란』(1949) 『군상』(1950) 그리고 『계명산천은 밝아오느냐』(1966) 등의 작품군이 놓여 있어, 이 작품이 오랜 시간 속에서 익혀왔음이 확연합니다. 동학교도 오수동의 일대기를 다룬 『계명산천은 밝아오느냐』에 곧바로 이어진 『갑오농민전쟁』은 오상민 일가를 중심으로 한 고부 농민폭동 이전(제1부)에서 그로부터 진주성 입성(제2부)까지를 다룬 대작입니다. 여기서의 대작이라 함은 박태원다운 창작기법에 관련됩니다. 그것은 서울 지리 및 주막 묘사의 정확성과 더불어 박태원 특유의 모더니즘 수법에서 마침내 달성된 미학 덕분이 아닌가 합니다. 특히 제2부의 진주성 입성 장면은 압권이라 할 만한데, 이로써 작가는 이 대하소설의 결말을 삼고 있습니다.

『갑오농민전쟁』을 역사적 사실이자 역사적 상상력의 미학적 승리라 한다면, 그것은 조건 없는 통일문학사론의 일환, 그러니까 매개항 없이 곧바로 통일문학사론에 해당될 것입니다. 황석영의 대하소설 『장길산』(1983)이 이에 족히 대응된다고 할 수 없겠는가. 역사적 인물인 장길산을 다각적인 자료의 활용과 밀도 높은 언어감각으로 형상화한 이 작품의 참주제가 이른바 미륵사상에 있다는 사실은 거듭 강조될 성질의 것이지요. 조선조 기층민의 삶의 형태와 그들의 힘의 근거 및 그 발현 형식으로서의 한(恨)의 과제 등은 민중사상의 표상이자 이를 넘어서는 민족적인 그것이기도 하다는 점에서 『갑오농민전쟁』과 맥을 잇고 있습니다.

이 두 작품이 지닌 역사소설로서의 강점은 새삼 무엇인가. 이 물음과 통일문학사론은 결코 무관하지 않습니다. 역사소설이란 W. 스콧(1771~1832) 이전으로 거슬러 올라갈 수 없다는 지적이 있거니와, 역사물과는 달리 그것이 근대적 의미의 소설일 경우라면 당연히도 근대가 표상하는 국민국가, 곧 균질적 공간의식으로서의 공동체의식이 전제됩니다. 말을 바꾸면, 역사소설이란 근대의 소산이라는 것, 따라서 근대가 비롯되는 바로 그 전 단계 이상으로 소급할 수 없다는 것, 또 다르게 말하면 당대를 구성하는 마지막 세대의 기억의 지평 속에 들어오는 시기에 속해야 한다는 것입니다(루카치, 『역사소설론』, 1936). 위의 두 작품이 지닌 중요성이 이런 조건을 충족시키고 있습니다.

(가)~(마)에 걸쳐 논의한 것들이 통일문학사론을 가능케 하는 근거로서의 가능성을 지닌 것들이겠는데, 물론 이것들만일 수 없지요. 인내력을 갖고 이러한 가능성을 함뿍 머금은 사례들을 많이 찾아낼수록 논의의 유연성이 획득될 것입니다.

5. 21세기 속의 통일문학사론

통일문학사론을 위한 매개항 찾기에 관한 지금까지의 논의가 과거지향적임에 주목할 것입니다. 그것은 공동의 거점 확보를 위한 한 가지 확실한 방도일 수는 있겠으나 제한적임도 사실이 아닐 수 없습니다. 이 제약을 조금이나마 넘어설 수 있는 방도란 무엇일까. 이런 물음에는 무엇보다 우리가 살펴온 것이 과거지향적인 것이며, 곧 20세기의 문학적 산물이란 점에 대한 인식이 깔려 있습니다. 바야흐로 21세기가 아니겠는가. 21세기가 지시하는 하나의 비전이 통일문학사론을 강요한다고 본다면 어떠할까요. 유감스럽게도 이 점에 대해 제가 민첩하지 못해 논의를 펼쳐내기가 망설여집니다. 다만 분명한 다음 한 가지 사실만 지적해보기로 합니다.

한반도를 염두에 두고 20세기를 되돌아볼 때, 먼저 지적될 사항은 과연 무엇일까. 사람에 따라 이런저런 사항들이 지적되겠으나, 통일문학사론을 전제한 경우라면 근대, 곧 '국민국가'의 개념이라고 생각합니다. 상상의 공동체로서 국민국가의 지향성이 국권 상실로 말미암아 지극한 내면화로 치달았다는 것, 그것의 표현이 바로 우리에게는 근대민족문학이었음은 아무리 강조되어도 지나침이 없으리라 믿습니다. 통일문학사론은 여기서부터 그 실마리를 풀어갈 수 있습니다.

이에 대해 21세기는 어떤 것을 우리에게 강요하는 것일까. 국민국가가 지닌 취약점을 보강하거나 넘어서라는 강요 사항이라 할 수 없겠습니까. 그것은 아마도 글로벌리제이션globalization의 비전이 강요하는 사항이겠지요. 그 강요 사항이 어떠하든 국민국가의 해체까지는 아닐지 모르나 적어도 그것의 의미 축소 단계를 가리키고 있으며, 또 이에 대해 우리가 거쳐야 할 것은 지역국가region-state의 개념이 아닐까 합니다(오마에 겐이치, 『국가의 끝장The End of the Nation State』). 이 지역국가의 개념이란, 따지고 보면 준통일국가의 개념에로 나아가는 징검다리로 볼 수 없겠습니까. 통일문학사론이란 그러니까 준통일문학사론에 대응되는 것이겠지요. 통일국가와 준통일국가에 각각 대응되는 것이라 봄이 훨씬 현실적일 것입니다.

  결론을 맺기로 합니다. 통일문학사론이란 원리적으로 불가능하다는 것이 이 논의의 결론입니다. 그것은 개인이든 집단이든 문학이 구체적 삶의 체험 대상이라는 사실에서 말미암습니다. 그렇다고 남북병행문학사론에만 계속 머물 수도 없지 않겠습니까. 병행문학사론은 이미 수없이 씌어지고 있는 과정에 있으니까요. 문제는 그러므로 준통일문학사론의 수립에 있습니다. 이미 씌어진 병행문학사론과 원리적으로 불가능한 통일문학사론 사이에 자리 잡게 될 준통일문학사론의 수립 방법은 무엇인가. 20세기 내부에서 그 방법론 찾기와 21세기의 전망 속에서 그 방법론 찾기로 대별할 수 있겠지요. 제가 비교적 잘할 수 있는 영역이 전자에 있었기에 제 논의의 한계점은 이처럼 분명합니다.

〔한국어문학회 전국학술대회, 「국어국문학 연구, 그 경계를 넘어서」, 기조논문, 2007. 10. 27〕

한국 근대시 백 년의 밝음과 어둠
— 담 크고 순정한 소년배의 행보

1. 담 크고 순정한 소년배를 유혹한 바다의 큰 목소리

올해는 이 나라 신시 백주년에 해당됩니다. 이 경우 대전제로 놓인 것이 육당이 창간한 『소년』(1908. 11)지에 실린 「해에게서 소년에게」입니다. 『소년』지를 직접 펼쳐본 사람은 권두에 실린 이 당당한 목소리, 저 웅대한 시 형태, 그리고 그 망설임 없음에 놀라게 되

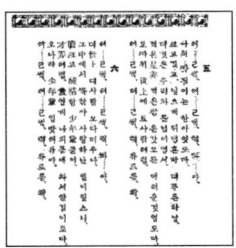  

육당 최남선, 「해에게서 소년에게」, 『소년』, 1908. 창간호

어 있습니다. 자, 보십시오.

一.
텨……ㄹ썩, 텨……ㄹ썩, 텩, 쏴……아.
따린다, 부슨다, 문허바린다.
泰山갓흔 놉흔뫼, 딥태갓흔 바위ㅅ돌이나,
요것이 무어야 오게 무어야,
나의 큰힘, 아나냐, 모르나냐, 호통까디 하면서,
따린다, 부슨다, 문허바린다.
텨……ㄹ썩, 텨……ㄹ썩, 텩, 튜르릉, 콱.

二.
텨……ㄹ썩, 텨……ㄹ썩, 텩, 쏴……아.
내게는, 아모것, 두려움업서,
陸上에서 아모런, 힘과 權을 부리던 者라도
내압혜 와서는 꼼댝 못하고,
아모리 큰, 물건도 내게는 행세하디 못하네.
내게는 내게는 나의 압혜는.
텨……ㄹ썩, 텨……ㄹ썩, 텩, 튜르릉, 콱.

三.
텨……ㄹ썩, 텨……ㄹ썩, 텩, 쏴……아.
나에게, 뎔하디, 아니한 者가,
只今까지, 업거던, 통긔하고 나서보아라.
秦始皇, 나팔륜, 너의들이냐,

누구누구누구냐 너의 亦是 내게는 굽히도다.
나허구 겨르리 잇건 오나라.
텨……ㄹ썩, 텨……ㄹ썩, 텩, 튜르릉, 콱.

四.
텨……ㄹ썩, 텨……ㄹ썩, 텩, 쏴……아.
죠고만 山모를 依支하거나,
죠ㅅ쌀갓흔 덕은셤, 손ㅅ벽만한 땅을 가디고,
고속에 잇서서, 영악한 테를,
부리면서, 나혼댜 거룩하다 하난 者,
이리돔 오나라, 나를 보아라.
텨……ㄹ썩, 텨……ㄹ썩, 텩, 튜르릉, 콱.

五.
텨……ㄹ썩, 텨……ㄹ썩, 텩, 쏴……아.
나의 딱댜될 이는 하나 잇도다.
크고 길고, 널으게 뒤덥은 바다 푸른 하날,
뎌것은 우리와 틀님이 업서,
덕은 是非 덕은 쌈 온갓 모든 더러운 것 업도다.
죠따위 世上에 죠사람, 럼텨
텨……ㄹ썩, 텨……ㄹ썩, 텩, 튜르릉, 콱.

六.
텨……ㄹ썩, 텨……ㄹ썩, 텩, 쏴……아.
뎌 世上 뎌 사람 모다 미우나,

그中에서 똑한아 사랑하난 일이 잇스니,

膽 크고 純情한 少年輩들이,

才弄텨럼, 貴엽게 나의 품에 와서 안김이로다.

오나라 少年輩 입맛텨듀마.

텨……ㄹ썩, 텨……ㄹ썩, 텩, 튜르릉, 콱.

이 우렁찬 목소리에, 저 장대한 몸뚱이에 귀도 눈도 멍멍해지게 마련이지만, 조금 정신을 차리고 보면 몇 가지 이상한 점이 눈에 띄게 됩니다. 무엇보다 지은이의 이름이 없습니다. 뿐만 아니라 이 작품을 두고 신체시라든가 신시라고도 적지 않았습니다. 목차에 다만 '시'라 적었을 뿐입니다. 이는 이인직의 『혈의 누』가 발표 당시 '신소설'이라는 표찰을 단 경우와는 조금 구별됩니다. 제일 궁금한 것은 어째서 작자를 적지 않았을까에 있겠지요. 같은 창간호에는 육당(당시의 아호는 公六)의 이름으로 된 시 「흑구자의 노리」가 있음에 비추어볼 때 더욱 궁금할 수밖에요. 이 궁금증을 명쾌히 풀기는 어려울지 모르나, 다만 한 가지 추측이랄까 짐작은 할 수 있지 않을까 합니다. 「해에게서 소년에게」라는 이 시에다 육당 자신의 서명을 달기에는 뭔가 캥기거나 조금은 비겁하다고 육당 스스로 생각하지 않았을까가 그것. 이런 추측의 근거를, 조금 엉성하긴 해도 『소년』지 속에서 찾아낼 수 없을까.

소년을 바닷가에 세웠지요. 소년이란 무엇인가. 속이 텅 빈 인간종자이지요. 바다란 무엇인가. 문제는 바다이겠습니다. 이른바 태서(泰西)로서의 근대(문명세계)를 표상하는 것. 이 굉장한 바다가 소년을 유혹합니다. 너만이 내 사랑하는 자라고. 어째서? 속이 비었으니까. 바다(나)의 명령대로 따를 수 있겠기에. 너는 저 회의하는 바

리새인이 아니니까. 문제는 그러니까 바다의 위대성을 소년 앞에서 시위하기, 오늘의 문자로 하면 퍼포먼스의 일종이겠지요. 『소년』지 창간호는 '바다' 특집입니다. 매호 특집을 꾸몄는바 권두에 그 특집호를 위해 마련된, 그러니까 '방편시'에 지나지 않습니다. 그러나 중요한 것은 창간호에 있습니다. 『소년』지 창간 목적이 거기 시퍼렇게 살아 있기에 그러합니다. 곧 바다(근대문명)의 위대성이 그것. 이 태도는 『소년』지 전체(4년간 총 23호 발행)에 일관되어 있습니다.

육당 스스로 바이런의 「해적가」(『소년』 3권 제3호)를 번역했고, 또 오랑(鰲浪)이란 필명(혹시 가인 홍명희?)으로 바이런의 「대양The Ocean」(『소년』 3권 제6호)도 번역되어 있습니다. 「대양」의 일부와 「해에게서 소년에게」의 일부를 보면 그 유사성이 조금은 엿보입니다 (졸고, 「『소년』지의 허구성」, 『근대한국문학연구』, 일지사, 1973).

육당 지음, 3연 일부
나에게, 멸하디, 아니한 者가,
只今까지, 업거던, 통긔하고 나서보아라.
秦始皇, 나팔륜, 너의들이냐,

바이런 지음, 4연 일부
Thy shores are empires, changed in all save thee–
Assyria, Greece, Rome, Carthage, what are they?
(*Childe Harold's Pilgrimage*, Kenkyusha, p. 174)

오랑 옮김, 4연 일부
萬古에 變함 업난 것은 혼자 네뿐이로다

앗시리아·끄레시아·로오마·카아테이지
-너의들이 다 무엇이냐

육당과 바이런의 관계에 대해서는 육당의 회고문이 조금 도움을 줄지 모릅니다.

내가 새로운 문제를 만들어내고자 생각한 것은 처음 도쿄에 온 15세 적입니다. 그 당시 기무라 다카다로〔木村鷹太郎, 1870~1931, 평론가, 번역가—인용자〕라는 재미있는 학자가 있었지요. 바이런의 「해적」이란 시를 번역했는데, 그 「해적」이란 시가 썩 소년시대의 내 마음을 흔들었던 것입니다. 지금도 기억할 정도이니까⋯⋯ 이를 읽고, '아, 이것은 괜찮다' 하며 나도 시를 지어보고자 했고, 그것을 모방한 시를 지은 것이 아마도 최초이지요. 일본에 있어 신체시라는 것의 원조는 제국대학 총장을 하고 있던 도야마 마사카즈〔外山正一, 1848~1900〕라는 사람이지요. 그다음이 이노우에 데쓰지로〔井上哲次郎, 1855~1944, 철학자, 시인, 도쿄 제대 교수—인용자〕 씨. 이 두 사람은 훗날 철학자로 유명했지만, 그 당시는 시인의 한 사람으로 한시를 짓고 있었지요. 이들에 의해 일본의 신체시라는 것이 키워져 후세에 영향이 컸다고 여겨집니다. 먼저 바이런의 「해적」, 그다음이 이 두 사람의 시를 읽고 나도 한 편 짓고 싶은 기분이 되고, 그 기분이 점점 강해졌지요. 아시는 바와 같이 일본에는 7·5조, 5·7조 등의 형식이 예로부터 있어 지카마쓰모노〔近松物, 近松秋江의 작품을 가리킴—인용자〕는 물론, 산문적인 것에도 7·5조로 되어 있더군요. 그러한 것을 도야마와 이노우에 씨가 조금 내용을 바꾼 것입니다. 그런데 조선에서는 그러한 것이 없었습니다. 단지 8자운(八字韻)을 위한 리듬은 있었지만,

이로써는 아무래도 조선어와 같은 단어가 긴 말에는 적합하지 않았지요. 그래서 그것을 조금 길게 하여 '여유'를 갖추게 한 것이 내 첫 시도였소. 첫 시도가「경부철도가」. 바로 그 당시 도쿄에서는 오와다〔大和田建樹, 1857~1910〕씨의 철도가가 유행했지요. "기적 첫 소리 신바시 역을……"이라는 것 말이외다. (최남선,「동경대담」,『조선화보』, 1944. 1; 졸저,『일제말기 한국인 학병세대의 체험적 글쓰기론』부록, 서울대출판부, 2007, p. 415)

「해적」일역판이 나온 것은 1905년이며, 육당은 이렇게 번역했지요.

「빠이론의 해적가」(7·5조)	「海賊」(7·5조)
속깁히무르녹아 파란바다의	綠, 色濃き海原の
조흔일이잇난듯 뛰노난물위	歡び躍る波の上
우리들의 생각이 限끗이업고,	吾等の思想(おもひ)はてしなく
우리들의 마음이 自由로와서,	吾等の心自由にて,
바람불어거치난 盡頭까지와,	風吹きすさぶ其限り,
물결닐어춤추난 왼地境안을,	波は泡立つ其極み,
우리의 帝國으로 알고지내며,	吾が帝国と打ながめ
우리사난집으로 녁여보노라.	吾が住家とぞ望むなる。

이처럼 일역 7·5조에 맞추었음이 판명됩니다(김병철,『한국근대번역문학사연구』, 을유문화사, 1975, p. 297).「해적」과 달리「대양」은 바이런의 장시『차일드 해럴드의 순례 Childe Harold's Pilgrimage』의 마지막 칸토스 속에 나오는 부분입니다.

이렇게 보아온다면「해에게서 소년에게」에는 바이런의「해적」및

「대양」 등의 그림자가 크게 드리워져 있음이 드러납니다. 육당이 여기에다 선뜻 公六이라 서명하기 어렵다고 여기지 않았을까. 이 시가 육당작이라 함에는 변함이 없지요(여기에는 김병철, 이재호, 김용직 제씨의 연구가 있음). 육당식의 언어구사와 시 형식의 그다운 창조를 이루어냈기에 그러합니다. 다만 지적해둘 점은 이 나라 근대시의 머리에 오는 「해에게서 소년에게」가 당시 세계 최강국의 영시를 향해 무제한으로, 비록 일본어 번역을 통하긴 했으나, 열려 있었다는 사실입니다.

일찍이 임화는 한국 근대문학사를 쓰는 마당에서 그 첫 줄을 이렇게 적었지요. "무엇이 조선의 근대문학이냐 하면 물론 근대정신을 내용으로 하고 서구문학의 장르를 형식으로 한 조선문학이다"(「신문학사의 방법」, 『동아일보』, 1940. 1. 13)라고. 문제는 「해에게서 소년에게」라는 것이 서구문학의 장르에 속하는 것인가에 있을 터입니다. 이 물음은 중요한데, 안서 김억이 번역한 거대한 역시집 『오뇌의 무도』(1921)의 문제성에 직접적으로 관련되기 때문입니다. 이 실험의 맨 첫번째 주자는 과연 누구일까. '담 크고 순정한 소년배'의 첫 주자를 묻는 일은 『오뇌의 무도』를 발판으로 삼은 자는 과연 누구인가에로 향하지 않으면 안 되게 되어 있습니다. 아무리 '담 크고 순정한 소년배'일지라도 최소한 조각배라도 타지 않으면 저 대양은커녕 손바닥만 한 호수도 건너지 못하니까요.

2. 제일 순정했던 소년배—김소월의 경우

역시집 『오뇌의 무도』의 크기와 울림, 그리고 그 영향력에 대해서는 당대의 증언 하나를 엿보는 것이 지름길인지도 모릅니다. 과연 『오뇌의 무도』가 손바닥만 한 조각배일까, 능히 대양을 건널 만한 무쇠 선박일까. 그 해답이 아래 들어 있습니다. 그것은 이 나라 담 크고 순정한 소년배 제1호에 속하는 자라 자처한 소년의 증언.

『오뇌의 무도』가 발행된 뒤로 새로 나오는 청년의 시풍은 오뇌의 무도화하였다 할 이만큼 변하였다. 다만 표현법에서만 그러한 것이 아니라 사상과 정신에까지 놀랄 만한 영향을 미치었다. 말하자면 空谷의 傳聲이라 할 만하였다. 심지어 '여라' '나니'하는 안서의 특수한 용어례까지도 많이 모방하게 되었다. 아마 일권의 역서로 이처럼 큰 영향을 일으킨 일은 실로 희유한 일이라 할 것이다. 또 이 시집이 한 번 남으로 그것이 刺激이 되어 많은 시작이 일어난 것도 사실이니, 안서의 조선 신시 건설에 대한 공적은 이 『오뇌의 무도』 일권으로 하여 마멸할 수 없을 것이라고 믿는다.

(『이광수전집(10)』, 우신사, p. 415)

세기말의 정조를 읊은 베를렌, 보들레르, 예이츠 등의 서구시를 체계적으로 대규모로 소개한 이 시집이 이토록 큰 영향을 끼친 이유로 (1)서구문학의 소개가 이것밖에 없었고, (2)당시 일본 문단에 세기말적 풍조가 만연했으며, (3)3·1운동 실패 이후의 절망과 비애와 저주를 들 수 있거니와, 특히 (3)은 서구인과는 다른 의미의 조선적 세기말 사상이라 할 만합니다. "이때에 『오뇌의 무도』는 결코 역시가 아니요 우리 조선인 자신의 심금의 향동(響動)이었다"(『이광수전집(10)』, p. 416)라고 본 것은 이런 시각에서 나온 평가가 아닐까 합니다.

『오뇌의 무도』의 중요성에 비추어 그 번역 과정에 대한 연구는 상당한 수준에서 행해져 있습니다. 에스페란토 주창자이자 소개자인 김억이 일단 에스페란토로 번역된 세기말의 시들에서 중역했을 가능성도 배제할 수 없거니와(졸고, 「에스페란토 문학을 통해 본 김억의 역시고」, 『근대한국문학연구』, 일지사, 1973), 그의 번역은 『태서문예신보』(1914~1918)에서부터 본격적으로 이루어졌습니다. 그 중에서는 베를렌의 「시작Art Poétique」도 번역되어 있습니다.

무엇보다도 몬져 音樂을
그를 위하얀 달으지도 두지도못홀
썩 희미흔 알듯말듯흔
난호랴도 못할것을 잡으라

죠흔말을 으드려 애쓰지 말고
말을 차라리 가뷔히허라.
밝음과 어두움의 셔로짜뇌는
흐릿흔 詩밧게는 고옴이 업나니

이는 面紗뒤에 숨은 고은 눈,
흔낫에 빗나는 해의빗이며,
설더운 가을의 하늘, 또는
별빗 가득흔 밤하늘도 갓흠이다.

우리의 바라는 바는 色彩가 안이고
音調뿐이다. 그저 音調뿐이다.

아아 音調, 그것만이 完全케 하나니
꿈을 꿈에, 笛을 角으로,
멀리 ᄒ거라, 하늘눈을 울니는
더러운 비웃슴과, 또는 몹쓸 생각,
칼로 찌르는듯ᄒ 말
온갖 더러운 부엌의 野菜를

雄辯을 잡아셔 목을 빼거라
그리ᄒ고 나아가 韻律을 곱게 하랄때
올흔길이 오리니, 만일 그 理를 모르면
韻律은 어데까지 널으랴?

아아 뉘가 韻律의 잘못을 말ᄒ나?
엇더한 귀먹어리, 엇더한 黑奴가
카줄로 이리도 空虛의 거즛만흔
갑눅은 寶玉을 僞造ᄒ엿나?

그져 音樂을 녜나, 이제나 또는 뒤에나,
너의詩로 ᄒ여금 날게 ᄒ여라.
靈을 天界에, 또는 다른셰상에,
슬어져 업셔지는듯 늣기게ᄒ라.

너의 詩로 써 未來의 音樂지어라.
몸이 떨리는 아츰바롬에 어즈러운
薄荷와 麝香의 핀꼿과 가치

그리ㅎ고 그밧게는 다만 文學뿐.

(『태서문예신보』 제11호, 1918, p. 7)

여기에서 주목되는 것은 "무엇보다도 몬져 音樂을"에 있습니다. "雄辯을 잡아서 목을 빼거라"에서 보듯 세기말 프랑스 상징시의 본질이 의미전달과는 달리 울림(음악성)에 기울어져 있음을 선언하고 있었던 것입니다. 시법(詩法)이 뜻의 전달을 위한 방법이 아니라 울림의 전달을 위한 방법이라고 본다면, 세기말 시상의 전달을 위해 이 상징파 시가 제격이었을 터입니다. 그것은 혼의 울림에 보다 잘 육박할 수 있었다고 보이기 때문입니다. 프랑스시의 이 '울림'을 두고 존재의 드러냄disclosure of being이라 말해지는 것은 이 때문(Yve Bonnefoy, Critics—English and French, *Encounter*, 1958. 7, p. 44). 이러한 '시법'을 직감적으로 알아차린 천재적 시인이 바로 김억의 제자인 김소월(1902~1934)이라 하겠지요.

두루 아는 바 『진달래꽃』(1925)은 이 나라 서정시의 정상급에 오른 시집이어서 서정시의 측도(測度) 중 하나라 할 것입니다. 이 시집 출현에 앞서 정작 「시작」의 역자인 스승 김억은 이렇게 평가했습니다.

시단의 시작이 현재의 조선혼을 조선말에 담지 못하고 남의 혼을 빌어다가 옷만 조선 것을…… 다시 말하면 양복 입고 조선 갓 쓴 것이며 조선옷에 일본 게다를 신은 것…… 먼저 우리는 잃어진 조선혼을 찾아야 할 것이다. 파묻힌 진주의 발견만이 진정한 조선의 '만인의 거울이 한 사람의 거울'인 국민적 문학을 수립케 한다. 현대의 조선혼의 배경이 없는 시가는…… 장난감이며 노리개다.

(「시단 일년」, 『동아일보』, 1925. 1. 1)

『오뇌의 무도』의 역자가 선 자리가 여기에 와서 분명해졌다고 할 것입니다. 서정시란 '조선의 혼'의 울림이어야 한다는 것. 이 명제에 주목한다면 역시집 『오뇌의 무도』의 직계랄까 그 핵심을 꿰뚫은 시인이 바로 김소월이며, 그것의 구체적 발현이 『진달래꽃』이라 할 것입니다.

여기에는 상당한 설명이 따르지 않을 수 없겠지요. 시사적으로 보아 김소월의 문단 데뷔는 『창조』지에서입니다. 『창조』(제5호)에는 주요한의 「단곡」 6편과 함께 김소월의 「낭인의 봄」 등 5편이 실려 있습니다. 먼저 소월의 처녀작 「낭인의 봄」을 수록된 당시 인쇄체의 원모양대로 음미할 필요가 있습니다.

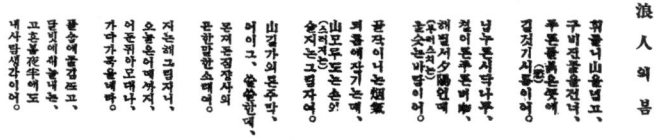

「낭인의 봄」, 『창조』 제5호

떠돌이의 심정을 읊은 「낭인의 봄」을 비롯한 「야(夜)의 우적(雨適)」 등에서는 다음 다섯 가지 점이 지적될 수 있습니다.

(1) 4행 6연의 형식이 지닌 정형성
(2) 쉼표와 마침표의 사용이 지닌 정형성
(3) 시름을 '愁'로, '블슷는'을 '부러스치는'으로 주석 달기
(4) 산과 물, 푸름과 붉음, 낮과 밤 등의 대구적 구성법
(5) 기승전결의 구성법

이상의 표기에서 보듯「낭인의 봄」은 한시를 염두에 두었음이 판명됩니다. 시인의 머릿속엔 먼저 한시 중 이른바 율시가 놓여 있고, 이것을 일상적인 우리말로 옮겨놓은 형국입니다. 한시의 율시나 절구가 그대로 악보이듯,「낭인의 봄」은 이런 악보를 4·4조의 구성으로 보여주고 있습니다.

「낭인의 봄」이 이러한 한시의 구성법과 운용방식에 그대로 이어졌을지도 모른다는 사실을 『창조』 동인들은 과연 어떻게 이해했을까. 이 물음은 중요한데, 왜냐하면 백지 위에서 신문학을 이루고자 함이 그들의 의도였음에 불구하고, 그들도 의식적이든 무의식적이든 김소월을 수용하지 않을 수 없었던 이유가 여기에 고스란히 담겨 있어 보이기 때문입니다. '한문학과의 작별'이라 공언한 김동인의『창조』 발간 취지 및 그 실천으로서「마음이 옅은 자여」를 감행하는 마당에, 또「불놀이」에서 선보인 그 문어체의 산문시를 바야흐로 실천하던 그 마당에「낭인의 봄」다섯 편이 그 모습을 드러낸 것은 구체적으로 무엇을 뜻하는 것일까.「마음이 옅은 자여」나「불놀이」만으로는 새로운 문학창출에 모종의 한계가 있음을 느꼈다고 볼 것입니다. 이러한 음률은「야의 우적」에서도 잘 드러납니다.

夜의 雨滴

어제로 또 가락, 내외 움세는,
첩구전산막지연
도다서가고,
모지돈바위이면
넘쳐흐르랴.

내 身勢가 역시도
올파가사량
그러나 그러해도
해남길겁서서,
가엾손서통만은
가슴을녀랴.

그러다가그도가치
液의雨滴,
그가치지향엇시
혁혁임이랴.

「야의 우적」,『창조』 제5호

이 작품은 이른바 3·4조 또는 4·4조의 변형인 7·5조의 모습을 보여주고 있어「낭인의 봄」이 보여준 한시의 악보와는 대조적입니다.「오과(午過)의 읍(泣)」에서는 이 7·5조의 운율이 한층 더 선명해진 형국이거니와, 요컨대 이러한 악보는 한국의 전통적 노랫가락의 율조에다 약간의 변화를 도입한 것이어서 한시를 배경으로 한「낭인의 봄」과 족히 대응됩니다. 한시의 배경과 노랫가락의 배경이 상거하는 양상을 보인 점이「그리워」라면,「춘강(春崗)」은 두 배경을 포함한 형식이라 할 것입니다. 이로써 발생한 서정성은 '울림'으로서의 되풀이로 모든 것을 설명할 수 있습니다. '울림'이란 혼의 울림이라는 사실이 그것입니다. 혼의 울림이 인류 공통의 재보(財寶)라면 이를 일상어로 노래함은 지역적·민족적이 아닐 수 없지요. 복(復)이 지닌 제의적 성격을 읊은「무덤」「초혼」등이 전자에 속한다면「왕십리」「진달래꽃」「삭주구성」「접동새」등은 후자에 들 것입니다.

역시집『오뇌의 무도』의 직계에 김소월이 놓인다는 이러한 가설은 이미 여러 논자들이 지적한 다음 사실에서도 어느 수준에서 엿볼 수 있습니다. 일찍이「진달래꽃」과 예이츠의「하늘의 비담」과의 유사성이 지적되었고(이양하,「춘향·소월의 진달래」,『대학신문』, 1940. 3; 김경년,「김소월의 진달래와 Margaret Widdemer의 연결」, 제2회 국제한국문학회 국제학술발표회, 2007. 12. 8), 정작 김소월의 시론「시혼」(『개벽』, 1925. 5)에는 아서 시먼스의 "Night, and the silence of the night, In the Venice far away a song"으로 시작되는 시작품이 영어 원문대로 인용되어 있음을 봅니다. 상당한 수의 한시 번역을 한 그이고 보면 그의 한문이나 영어 실력 여부는 헤아리기 어렵다 해도, 이러한 사실에 비추어 보면 그가『오뇌의 무도』의 지향성에 닿고자 했음은 부정되기 어렵습니다.

김소월이『오뇌의 무도』의 적자라 함에는 그가 동시에 한시 또는 동양시의 적자이기도 하다는 사실로 설명됩니다. 그는『오뇌의 무도』의 핵심에 놓인 울림의 시학과 한시의 율격을 결합시키는 방법을 천재적 직관성으로 성취했습니다. 바로 토착어의 발견이 그것이지요. 그러나 바로 이 토착어로의 퇴행이 그에게는 치명적이었을 터입니다. 그것은 결과적으로 울림의 형식 쪽이 아니라 울림 자체에 흡수되고 마는 것이었던 탓입니다. 곧 '울림＝혼'에 끝내 '형식'을 부여하지 못한 형국이었지요. 혼이 그 형식을 잃으면 문화의 이쪽으로 넘어올 수 없지요. 자연 쪽으로 퇴행하기 때문입니다. 혼이 형식을 잃을 때, 혹은 형식의 구속력이 줄어들 때 '귀신'의 영역, 곧 통제 불능의 자연에 귀환하고 마는 것입니다. 자, 보십시오. 썩 아슬아슬하지 않습니까.

그누가 나를혜내는 부르는소리
붉으스럼한언덕, 여긔저긔
돌무덕이도 음즉이며, 달빗헤,
소리만남은노래 서러워엉겨라,
옛祖上들의, 記錄을 무더둔그곳—
나는 두루찻노라, 그곳에서,
형젹업는노래 흘녀퍼져,
그림자가득한언덕으로 여긔저긔,
그누구가 나를혜내는 부르는소리
부르는소리 부르는소리,
내넉슬 잡아쓰러혜내는 부르는소리.

김소월, 「무덤」, 『진달래꽃』, 매문사, 1925, p. 159

혼을 끄집어내어 해체하는 지경에까지 이를 때 시라는 이름의 문화적 장치가 성립되기 어려움은 불문가지. 저 송옥(宋玉)을 본받아 '담 크고 순정한 소년배'가 조각배를 타고 방향을 잘못 잡아 고층(古層)에로 퇴행함으로써 마침내 백발의 노인이 된 형국을 빚었다고 할 수 없을까요(졸고, 「혼과 형식」, 『한국 근대문학사상비판』, 일지사, 1978).

3. 담 크고 순정한 소년배의 질주—김기림·임화·이상의 경우

바다 앞에 선 '담 크고 순정한 소년배'가 어찌 『진달래꽃』의 시인 뿐이랴. 태서미, 태동미, 예수미, 석가미를 모두 그 바다가 갖고 있기에(『소년』 2권 제8호) 무엇을 주저하랴. 이 '담 크고 순정한 소년배'의 귀여운 재롱이 줄줄이 이어질 수밖에.

(A) 김기림의 경우

世界는
나의 學校.
旅行이라는 課程에서
나는 수없는 신기로운 일을 배우는
유쾌한 小學生이다.
(「咸鏡線 五白킬로 旅行風景—序詩」, 『김기림전집(1)』, 심설당, p. 52)

세계를 배우는 소학생의 모습이 선연하지 않습니까. 여기엔 어떤 불순물도 끼어 있지 않습니다. 또한 얼마나 단세포적이자 낙관적인가. 이 유쾌한 소학생이 바다를 향해 떠나는 시간은 당연히도 오전일 수밖에. 이런 소년의 눈에 띄는 것은 무엇보다 깃발일 수밖에. 시각이 전부인 까닭. 여기에서 생겨나는 것은 바로 직접성이 아닐 수 없지요.

파랑 帽子를 기우려 쓴 佛蘭西領事館 꼭댁이에서는
三角形의 旗빨이 붉은 金붕어처럼 꼬리를 떤다.

地中海에서 印度洋에서 太平洋에서
모-든 바다에서 陸地까지
펄 펄 펄
기빨은 바로 航海의 一秒前을 보인다

旗빨 속에서는
來日의 얼굴이 웃는다
來日의 웃음 속에서는
海草의 옷을 입은 나의 '希望'이 잔다 (『김기림전집(1)』, p. 66)

　　소년의 이 유쾌한 출발은 실상 육당이 섰던 출발점 바로 그것이 아니었던가. 육당이 소년을 바다에서 호출했을 때 맨 먼저 응답한 경우인 것이겠지요. 이 소년이 육지를 떠나 일단 항해에 나아갔을 때 그는 무엇보다 펄럭이는 깃발에 마주쳤을 것입니다. 소년의 첫 눈엔 그것이 그냥 울긋불긋한 깃발이었을 터이나, 가까이 가보니 또 조금 자세히 보니 그 색깔, 그 모양, 그 펄럭이는 기세가 각각 다름을 알아차렸을 것입니다. 그 빛깔만 해도 다음 세 가지가 선명해지지 않겠는가. 적색 깃발, 흑색 깃발, 녹색 깃발이 그것. "만국의 노동자여 단결하라"의 적기가 저만치서 펄럭이고 있지 않겠는가. 정부(국가)를 버리라고 외치는 아나키즘의 저 흑기, 그리고 모국어의 노예에서 벗어나라고 외치는 녹색 에스페란토의 깃발. 저마다의 깃발이 외치고 있었지요. "담 크고 순정한 소년배여, 내게로 오라"라고. 담 크고 순정한 소년배는 누구였을까.

　　(B) 임화의 경우

뿌르죠아지의 ××—
1918
이백만의 푸로레타리아를 웰탄 요새에서 ×× 한
그놈들의 ×× 행위는 惡虐한 수단은
스팔타키스트의 용감한 투사
우리들의 '칼', '로-사'를 빼앗었다.
세계의 가장 위대한 푸로레타리아의 동모를
혁명가의 묘지로 몰아너었다.
그러나 강철같은 우리의 戰列은
×人者—그들의 暴虐도 궤멸케 하지를 못하였다.

그러나 아즉도 그놈들은 완강하다.
그놈들의 虛構手段과
×× 행위는 아즉도 지구의 도처에서 범행되어간다.
1917—태양이 도망간 해
세계의 우리들은 8월 20일 地球發電報를 작성하였다.

 제1의 동지는 뉴욕 사크라멘트 등등지에서 수십층 死塔에 폭탄세례를 주었으며
 제2의 동지는 휜랜드에서 살인자 米國의 상품에 대한 非買同盟을 조직하였고
 제3의 동지는 코-펜하겐에 아메리카 범죄자의 대사관을 습격하였다.
 우리들은 동모와 같이 용감하게 戰場에로 가자.
(「曇 — 一九二七— 작코·반젯틔의 命日에」, 『예술운동』 창간호, 1927. 11)

순정하기에 담이 클 수밖에 없는 소년이 여기 있습니다. 서울 낙산 밑에서 태어나 보성중학을 제멋대로 중퇴한 모던 보이인 이 담 큰 소년을 유혹한 쪽은 적색 깃발이 아니었던가. 이 깃발의 성격상 "재롱처럼 귀엽다"라고 할 수는 없는 노릇. 어째서? 거기에는 "만국의 노동자여 단결하라! 너희들이 잃을 것은 쇠사슬밖에 없다"(『공산당 선언』)는 현실 정치적 혁명사상의 실천적 성격이 작동하고 있었으니까. 그러나 어찌 담 크고 순정한 소년이 이에 멈추랴.

여기 식민지 수탈용 '노가다 학교'인 경성고등공업학교에서 유클리드 기하학을 배운 한 소년이 있습니다. 이 소년은 무모할 만큼 담이 컸습니다. 그는 유클리드 기하학과 비유클리드 기하학 사이를 오고 갔습니다. 비유클리드 기하학의 '평행선은 어느 무한점에서 교차한다'는 공리와 '평행선은 절대 교차하지 않는다'는 유클리드 기하학의 공리를 동시에 수용하고자 덤볐으니까.

(C) 이상의 경우

一層우에있는二層우에있는三層우에있는屋上庭園에올라서南쪽을보아도아무것도없고北쪽을보아도아무것도없고해서屋上庭園밑에있는三層밑에있는二層밑에있는一層으로내려간즉東쪽에서솟아오른太陽이西쪽에떨어지고東쪽에서솟아올라西쪽에떨어지고東쪽에서솟아올라西쪽에떨어지고東쪽에서솟아올라하늘한복판에와있기때문에時計를꺼내어본즉서기는했으나時間은맞는것이지만時計는나보다도젊지않으냐하는것보담은나는時計보다는늙지아니하였다고아무리해도믿어지는것은필시그럴것임에틀림없는고로나는時計를내동댕이쳐버

리고말았다. (「운동」, 1931. 8. 11)

총독부 기사인 이상이 자신이 소속된 건축전문지 『조선과 건축(朝鮮と建築)』(1931. 8)에 일문으로 쓴 8편의 시 중 하나인 「운동」에서 주목할 것은 무엇보다 일문으로 썼다는 점입니다. 모국어 따위란 안중에도 없을 만큼 담 큰 소년이었던 증거라고나 할까요. 서울에서 낳고 유아기에 백부집에 양자로 간, 동네 이발소 주인이자 무식하고 가난한 강릉 김씨의 장남인 이 소년의 대담한 행보가 그나마 모국어를 만났을 때는 어떠했을까. 「위독」(『조선일보』, 1936. 10. 4~9)이란 제목 아래 실린 12편 중 하나인 「금제(禁制)」를 잠시 볼까요.

> 내가치던개는튼튼하대서모조리實驗動物로供養되고그中에서비타민E를지닌개는學究의未及과生物다운嫉妬로해서博士에게흠씬얻어맞는다하고싶은말을개짖듯배알아놓던歲月은숨었다. 醫科大學허전한마당에우뚝서서나는必死로禁制를앓는다. 論文에出席한억울한髑髏에는千古에氏名이없는法이다.
>
> (「금제」, 『조선일보』, 1936. 10. 4)

이 「위독」 연작에 대해 정작 이상 자신은 아주 의미심장한 말을 해놓고 있습니다. 왈, "요새 조선일보 학예란에 근작시 「위독」 연재 중이오. 기능어, 조직어, 구성어, 사색어로 된 한글문자 추구 시험이오. 다행히 고평을 비오. 요 다음쯤 일맥의 혈로(血路)가 보일 듯하오"라고. 도호쿠〔東北〕제대 유학중인 「기상도」의 시인이자 구인회 멤버인 김기림에게 보낸 사신(私信) 속의 일절입니다. 「날개」(1936)를 이미

발표한 시점에야 비로소 그는 시를 쓰고자 했다는 것, 그것도 「오감도」(1934)의 세계와는 다른 모국어로 쓰고자 했음이 판명됩니다.

모국어라고 했으나 그것은 모국어에는 결락된 부분을 새로이 만들어내기에 해당되는 것. 이 작업이 그의 몫이라고 판단한 시점이 1936년입니다. 모국어에는 결락된 부분이란 그의 안목에서 보면 '기능어' '조직어' '구성어' '사색어'입니다. 이러한 언어가 모국어에는 없다고 본 결과지요. 토착어의 늪에로 퇴행한 그 속에서 생명력을 얻고자 한 김소월과는 역방향이 아닐 수 없지요.

기능어, 조직어, 구성어, 사색어 등이란, 그러니까 서구의 산물인 근대의 용어를 지칭하는 것. 건축용어에서 그는 이 점을 통감했고, 이런 전문용어를 문학 속으로 끌어넣어 차원 높은 근대문명 수용의 대열에 서겠다는 것. 이렇게 보면 그러한 기능어 등은 선진국 일본이 고투 끝에 만들어내어 사용하고 있는 만큼 이를 우리가 수용할 수밖에 없지요. "엄마야, 누나야, 강변 살자"의 토속어의 세계에로 한없이 후퇴하여 저 고층(古層)에 닿고자 하는 울림의 시학에 비하면, 참으로 시각적·문명적·기능적 세계어의 모색이라 하겠지요. 「위독」의 시인의 이러한 지향성은, 멀쩡한 조선어 '바다'를 굳이 일본어 '해원(海原)'(이 단어가 만일 우리말이라면 구성상 '바다처럼 넓은 들판'으로 됨)으로 대체함으로써 관념어를 지향한 「깃발」(1936)의 시인 유치환과 족히 비교됨직하겠지요.

4. 담 크고 순정한 소년배가 닿은 곳

'담 크고 순정한 소년배'가 바다를 향해 질주했다면 그들은 얼마나 유쾌했을까. 동시에 그들은 또 얼마나 무서웠을까. 「오감도」의 시인 이상이 닿은 막다른 골목을 보십시오.

十三人의兒孩가道路로疾走하오.
(길은막다른골목이適當하오.)

第一의兒孩가무섭다고그리오.
第二의兒孩도무섭다고그리오.
第三의兒孩도무섭다고그리오.
第四의兒孩도무섭다고그리오.
第五의兒孩도무섭다고그리오.
第六의兒孩도무섭다고그리오.
第七의兒孩도무섭다고그리오.
第八의兒孩도무섭다고그리오.
第九의兒孩도무섭다고그리오.
第十의兒孩도무섭다고그리오.

第十一의兒孩도무섭다고그리오.
第十二의兒孩도무섭다고그리오.
第十三의兒孩도무섭다고그리오.
十三人의兒孩는무서운兒孩와무서워하는兒孩와그렇게뿐이모였소.(다른事情은없는것이차라리나았소.)

그中에一人의兒孩가무서운兒孩라도좋소.
그中에二人의兒孩가무서운兒孩라도좋소.

그中에二人의兒孩가무서워하는兒孩라도좋소.
그中에一人의兒孩가무서워하는兒孩라도좋소.

(길은뚫린골목이라도適當하오.)
十三人의兒孩가道路로疾走하지아니하여도좋소.

(「오감도 시 제1호」, 『조선중앙일보』, 1934. 7. 24)

어째서 이 지경에 닿고 말았을까. 일목요연한 해답이 주어지지요. 왜냐하면 막다른 골목이었으니까. 설사 막다른 골목을 고초 끝에 돌파했다 치더라도 사정은 마찬가지. 또다른 막다른 골목이 그들을 가로막았을 테니까. 이 장면에서 망연자실한 '담 크고 순정한 소년배'는 그 후 어떻게 되었을까. 담 큰 소년은 이렇게 읊어마지 않았습니다.

오오 어떠한 힘이 있어
세월이여 나를 이곳으로 데려왔는가
밀치라! 다시 또 밀치라! 最後의 港口로!
落日이여 나는 소리치리라 눈을 감기 전에—

그대 어둠은 어느덧 故鄕에 땅을 업고
西쪽 한울엔 별한아 없구나
좀더 한가하라! 落日이어 좀더
안되면 오늘밤 비인 꿈에서라도—

最後가 가는 내목을 잡아누르면
훗터지리라! 五色불꽃되어 저 어둔 한울에—

오오 最後의 念願이여

너는 내 즐거움인가 슬픔인가?

(임화, 「最後의 念願」, 『조광』, 1935. 11)

아주 순정한 소년 김기림은 이렇게 읊었습니다.

아모도 그에게 水深을 일러 준 일이 없기에
힌 나비는 도모지 바다가 무섭지 않다.

靑무우밭인가 해서 나려 갔다가는
어린 날개가 물결에 저려서
公主처럼 지쳐서 도라온다.

三月달 바다가 꽃이 피지 않어서 서거푼
나비 허리에 새파란 초생달이 시리다.

(「바다와 나비」, 『여성』, 1939. 4)

'기능어'의 모국어화를 겨냥했던 소년은 이렇게 읊었습니다.

林檎一個が墜ちた。地球は壞れる程迄痛んだ。最後。最早如何なる精神も發芽しない。

(사과 한 알이 떨어졌다. 지구는 부서질 그런 정도로 아팠다. 최후. 이미 여하한 정신도 발아하지 아니한다. — 임종국 옮김)

(「最後」, 이상의 육필 유고. 유족이 보관하고 있던 사진첩 뒷면에서 발굴된 것. 발굴자는 임종국)

·

이 모두는 절망의 막다른 골목 한 단계를 뛰어넘은 자리에서 나온 표정이자 목소리겠지요. 여기에서 잠시 숨 돌리고 다시 바라다 보이는 앞에는 어떤 또 다른 막다른 골목이 가로놓여 있었을까. 이 골목이 지닌 의의는 일제 강점기와는 전혀 무관한 데서 옵니다. 시의 모험에 나선 담 크고 순정한 소년들의 자율적 정신운동을 가리킴이기에 그만큼 소중한 것이 아닐 수 없습니다.

5. 총명한 한 소년배―송욱의 경우

누가 이 '담 크고 순정한 소년배'를 저런 지경으로 몰아넣었는가. 당초의 잘못은 어디에 있었을까. 소년배의 방자함에서 왔던가, 그들의 야심에서 왔던가, 혹은 그들을 바닷가에 세운바 그 바다의 성격에서 온 것이었을까. 혹은 시라는, 인류사가 발명한 기묘한 형식에서 말미암은 것이었을까. 이러한 한 묶음의 본질적 물음을 던진 또 다른 '담 크고 순정한 소년배'가 있었다면 어떠할까요. 이들은 선배들의 참담한 실패 현장을 맨눈으로 직접 확인하지 않았던가. 이들은 물론 선배들 모양 담 크고 순정했지만 또 하나의 미덕을 갖추고 있었다면 어떠할까. 곧 공부, 지적 능력이 그것. 그들은 시의 본질이라든가 정신의 문제 혹은 철학적 과제들의 존립 근거에까지는 미치지 못했더라도 거기에 이르는 중간과제가 있음을 어렴풋이나마 알아낼 수가 있었지요. 기실 그들은 다름 아닌 나이 30대에 이른 소년 김기림, 이상, 임화였던 것. 그것은 태서미, 태동미, 예수미, 석가미를 두루 갖춘 세계 최강의 문명국의 시에서도 그 지방성이랄까 편견turn of mind을 갖고 있다는 것. '담 크고 순정한 소년배'가 막다른 골목에 닿고 만 것은 이 사실을 몰랐기 때문이 아니었던가. 새로운 담 크고 순정한 소년배의 등장은 필지이자 시간 문제. 그 경위는 어떠했던가.

20세기 역사를 빛낸 『황무지』(1922)의 시인 T. S. 엘리엇을 공부한 사람이라면 그의 고명한 비평 「전통과 개인의 재능」(1919)를 넘칠 만큼 정독했을 터입니다. 엘리엇은 그 서두에서 이렇게 말해놓았지요.

> 국가나 민족은 모두 제각기 독특한 창작적 경향을 가졌을 뿐만 아니라 비평적 경향을 가졌으며 또한 그들은 자기들의 창작적 소질의 단점, 한계를 생각하는 일이 있지만 비평적 습성의 단점, 한계는 잊어버리는 경향이 있다.
>
> (『엘리어트 선집』, 이창배 옮김, 을유문화사, p. 372)

한 명민한 영문학의 비평가가 1919년에 지적한 이 대목을 한 명민한 프랑스 비평가인 이브 본느푸아Yve Bonnefoy는 1958년에 와서야 비로소 크게 주목하여 「비평가들—영국과 프랑스, 그리고 그들 사이의 거리」(『엔카운터Encounter』, 1958. 7)라는 반응을 보였지요. 영시와 프랑스시의 비교가 아님에 주목할 것입니다. 영시와 프랑스시의 편견이랄까 특징은 엘리엇의 지적대로 생각하는 일이 있었으나, 그 비평적 편견이랄까 한계 또는 특징은 잊어버리는 경향이 많았다는 것. 이 사실의 의의는 어디서 찾아지는가. 이 물음을 떠날 수 없습니다. 영시 쪽이 1919년에 주목한 이 점을 프랑스시 쪽에서는 1958년에야 비로소 알아차렸다는 것은, 그만큼 유럽 공통문화권의 최문명국 사이에서도 이 문제를 피하기 어려웠음을 새삼 말해주는 것이 아니었을까.

이 점을 알아차린 '담 크고 순정한 소년배'들은 누구였던가. 말할 것도 없이 본느푸아의 비평을 최초로 읽고 흥분한 T. S. 엘리엇을 공부한 시인이자 영문학자 송욱 교수였지요. 기실 그는 바야흐로 30세에 이른 김기림이 아니었던가. "매우 반가웠고 또한 매우 깨우치는 바 적지 않았다"라고, 인색하기 짝이 없는 자존심 센 송욱 교수가 '매우'를 두 번씩이나 사용할 만큼 본느푸아의 논문은 충격적이었던 것입니다. 그는 그 이유를 다음과 같이 본느푸아의 글에서 따와서 말하고 있습니다.

> 불란서 사람이 영국이나 미국의 비평, 그것도 특히 그 중에서 가장 독창적이고 중요한 부분인 소위 '분석적' 철학의 영향을 익숙하게 알려고 노력하기 시작할 때에 무엇보다도 가장 놀라운 것은 이러한 유파의 모든 비평을 일관하여 그 중심을 이루고 있는 것이 항상 의미의 개념이라는 사실이다. 물론 영국시가 함축성과 암시와 다의성을 가득히 담고 있는 것은 자연스런 노릇이다. 영국시의 특색은 항상 무슨 주장을 하려고 하는 점에 있지만, 라시이느에서 랭보에 이르는 가장 위대한 불란서의 시는 이와 전연 다르다. 후자의 경우에는 그 의미가 대개는 매우 단순하고, 논리적으로 분석할 수 없으며, 또한 시작품의 독특한 가치를 설명하기에는 결코 충분한 것이 되지 못한다.
> (「영국과 불란서의 비평가들」, 『시학평전』, 일조각, 1963, p. 147)

영시와 프랑스시가 '전연 다르다'고까지 말해지지 않겠는가. 의미 따위를 존중하는 영시를 프랑스인은 대수롭게 여기지 않는다고 본느푸아가 지적할 때 그렇다면 프랑스시는 어떠했던가. 송욱 소년은 이번엔 본느푸아의 암시를 받아 발레리를 내세워 프랑스시의 장단점을 알아냈지요.

본느푸아의 시선에서 보면, 의미를 중시하는 영시를 프랑스인이 멸시하듯(그런 시를 대수롭게 여기지 않음) 영국인도 울림을 통한 존재의 드러냄disclosure of being을 지향하는 프랑스시를 경멸하겠지요. 피장파장일 수밖에. 왜냐하면 의미와 음악, 이 둘의 조화에 시의 구경적인 데가 있으니까. 요컨대 본느푸아를 통해 담 크고 순정한 소년이자 총명하기까지 한 송욱이 마침내 깨친 것은 다음과 같은 사실입니다. 그것은 비유컨대 소년 김소월, 소년 김기림, 소년 임화, 소년 이상 등이 나이 30대에 접어들어 세상물정을 알아차린 형국에 다름 아닌 것.

발레리의 의견을 따르면 불란서에는 단테와 같은 지성의 서사시가 없다고 한다. 그러나 발레리 자신은 지성의 시인이다. 물론 그의 작품은 지성의 서사시가 아니라, 지성의 서정시라는 평을 받고 있지만…… 다만 여기서 우리가 주목할 점은 불란서의 시와 평론의 중심에는 '이야기'가 아니라, '노래'의 개념이 있다는 사실이다. 그리고 발레리는 '노래chant'라는 말을 '마법enchantement' 혹은 '반향resonance' 혹은 '마력 또는 부적charme' 이러한 말과 거의 같은 뜻으로 사용하고 있다. 그러니까 우리는 불란서시의 특색이 '노래', '반향' 혹은 그 마력적인 효과에 있기 때문에 본느푸아의 말대로 그 의미가 그리 중요치 않다는 사실을 알 수 있다. 이와 반대로 T. S. 엘리엇은 현대시의 특색을 '노래하는 시'가 아니라 '말하는 시'로 보고 있으며 시어의 음악성의 원천을 '회화체 언어'에 두고 있다. 그리고 그는 산문이 다룰 수 있는 어떤 소재도 시 역시 훌륭하게 다룰 수 있다는 신념을 가지고 있기도 하다. 그렇다면 '말하는 시'의 특징을 가진 영미시는 '노래하는' 불란서의 시보다 더욱 산문적 소재를 다루기에 능숙하다고도 생각할 수 있다(이는 엘리엇의 『황무지』와 발레리의 『해변의 묘지』를 갈라놓는 뚜렷한 차이 중의 하나이기도 하다).

(『시학평전』, p. 149)

사정이 이러할진댄 담 크고 총명한 소년은 어째야 할까. 무턱대고 세계를 향해 달려갔다가 저도 모르게 진흙탕에 빠져 절망한 앞선 소년들의 실패 이유도 이제 조금 드러나지 않았겠는가. 그들이 몰랐던 것은 각 국민nation이나 각 종족race은 저마다 시창작의 편견을 갖고 있을 뿐 아니라 비평에서도 그러하다는 사실, 바로 그것이 아니었던가. 그렇다면 어째야 할까. 일목요연한 해답이 주어집니다. 한국이라는 국민 또는 종족은 과연 어떤 시적 편향 및 비평적 편향을 갖고 있는가에 주목하기가 그것. 그 방편으로 송욱 교수는 담 크게도 동양 시와 서양 시의 비교론으로 치달았던 것입니다. 보시라. 저 굉장한 대담성. 공자와 발레리의 시관의 비교가 그것. 그리고 거기에서 얻어지는 자기한계 및 이를 넘어서고자 하는 슬기가 그것.

지금 우리 안에는 여러 가지 '매우 해묵은' 우리 전통과 '아주 새로운' 외래사조가 야릇하게 혼합되어서 같이 살고 있다. 시 비평도 우선 이와 같은 난처한 우리 발판을 비추고 드러내는 일부터 시작해야 할 것이다. 나는 공자의 시관인 '사무사(思無邪)'와 발레리가 주장하는 순수의식, 혹은 완고한 엄밀성을 바탕으로 한 시관을 비교해보았다. 이에 대한 동기나 근거를 지금 잠시 반성하고 되씹어보고자 한다.

그것은 우리가 전통적으로 지녀온 시관이 '사무사'와 가까운 것에 틀림없는데, 이러한 바탕에 발레리 시학이 들어와서 대립할 수 있는 가능성이야말로 현재 우리 문학 상황이 당면한 문제의 어떤 표지가 될 수 있다고 생각한 까닭이다. 그러므로 공자의 시관을 아리스토텔레스의 시학과 비교하는 것보다는 그것을 발레리의 시학과 견주어보는 것이 우리 시문학의 전망을 위해서는 더욱 절실한 일이라고 생각한 셈이다.

이 나라의 문학비평이 우리 문학의 새로운 통일성과 조화에 이바지하는 중대한 책임을 갖고 있다는 말은 한 개인의 문학적 인격이 성장하는 과정에 대해서도 그대로 적용될 수 있다. 우리 문학에 불만을 품고 문학을 시작하는 젊은이에게 외국문학은 빛나는 희망을 줄 수도 있다. 그는 내심이 지닌 요구를 상당히 만족시켜주는 내용을 지닌 동시에 우리말로 훌륭한 작품을 쓰는 데 도움이 될 수 있는 모범을 외국문학에서 상당히 많이 얻어볼 수 있는 것처럼 보인다. 그러나 결국 그는 아마도 30세를 고비로 하여 외국문학이 우리에게 도움이 될 수 있는 한계를 알아차리게 되리라. 그는 당황하고 고민하다가 한국의 문화전통을 의식하게 되고 전통과 외래사조의 상호작용을 살펴가면서 작품을 쓰게 될 것이다. 즉 그는 점차 비평의식을 간직하게 되고 전통의 변화와 외래사상의 조전을 꾀함으로써 분열되었던 문학적 인격을 다시 통일시킬 수 있다. (『시학평전』 서문, pp. 6~7)

이 거시적 망원경적 광학에서 볼 때 김소월은 어떠했던가. 「시혼」에서 보듯, 그는 시인이란 작품을 만드는 사람이라는, 의식이 박약할뿐더러 "기술의 중요성을 깨닫지 못한 징조"이며, 김기림은 "내면성이나 정신성을 거의 모르는 시인이고 비평가"이며, 천재 시인으로 소문난 정지용은 언어의 세포적 기능을 추구하는 시인이긴 하나, 그의 "언어가 보여주는 묘기는 때로는 위신 없는 재롱"에 떨어진 것으로 될 수밖에요. 요컨대 송욱의 이 고고학적 광학은 건전하긴 해도 너무 먼 천체 관측용에 불과했던 것입니다. 그러나 이 광학이 끼친 영향은 실로 대단한 것이었음이 판명되는바, 이는 또 다른 담 크고 총명한 소년의 출현에서 증명됩니다.

6. 고무신과 구두를 함께 신은 소년배— 김현의 경우

이른바 4·19세대(1960년대)의 첫 주자인 한 소년이 있었지요. 이름은 김광남, 속칭 김현. 프랑스문학 전공의 이 소년은 다음과 같은 자의식에 헤맬 수밖에요. 프랑스문학도 문학에 속하지만 그렇다고 프랑스문학이 곧 한국문학은 아니지 않겠는가. 고무신도 신이고 구두도 신이라고 해서 고무신이 곧 구두는 아니지 않겠는가. 이 때문에 이 소년은 한국문학도 프랑스문학도 도무지 제대로 이해할 수 없을 수밖에요. 대체 어째야 할까. 갓 대학을 나온 애송이 불문학도인 소년이 일거에 저 문화의 고고학으로 나아갈 처지는 아니었지요. 매우 다행스럽게도 이때 자기와 똑같은 콤플렉스에 시달렸던 한 선배를 만날 수 있었지요. 『시학평전』의 송욱 교수가 바로 그 사람.

영시가 의미의 주장에 기울어져 있다면 프랑스시는 울림에 있다는 것, 곧 존재의 드러내 보임에 있는 것이라면 한국시의 편향성은 어떠할까. 불문학도인 김현의 야심이 불탄 곳은 여기였습니다. 그러나 고고학을 공부할 능력도 모자랐고 그럴 처지도 아닌 김현이 향한 곳은 고현학이었습니다. 당대에 벌어지고 있는 한국의 시학 분석이 그것. 그 고현학적 시학의 입구에 놓인 것이 김종삼과 김춘수였지요. 참여문학도 순수문학도 아닌 제3의 새로운 문학의 교주 되기야말로 김현의 야심이 깃든 곳이었습니다.

김현은 암시의 시학을 과감히 내세웠습니다. 본느푸아가 영시와 프랑스시의 편향성을 각기 비판하고 의미와 울림을 아울러야 한다는 절충주의에로 논지를 몰고 갔지만, 김현은 이와는 현저히 달랐습니다. 그는 무엇을 주장하려고 하는 영시 쪽에 귀를 막고 프랑스시의 울림(애매성)의 교주가 되고자 작심했을지 모릅니다. 그것이 바로 그가 그렇게 미워하던 참여문학/순수문학의 대립을 초극하는 방법이라 믿었을 터입니다.

프랑스문학 전공의 김현으로서는 어쩌면 생리적 현상이었을 터입니다. 두 가지 이유로 이 생리적 현상이 분석됩니다. 첫째는 그가 제일 잘 아는 것이 프랑스문학이라는 것. 다른 하나는 이 프랑스문학의 특성이 한국문학에서 제일 결여된 것으로 보였다는 것. 의미를 내세우는 영시란 참여문학에서 넘치도록 겪고 있지 않겠는가. 순수문학이란 아무런 방법론도 없이 막연히도 비현실적인 데로 치닫기만 하고 있었습니다. 이 둘을 싸잡아 비판하고 진짜 새로운 시다운 시학이란 무엇인가를 묻고, '암시의 시학이다!'라는 해답을 그는 찾았고, 이로써 그는 그 한국적인 교주(전도사) 되기에 나섰습니다. 그럴 자신감이 있었던 까닭입니다. 그 자신감을 가져다준 것은 다름 아닌 진짜 교주 말라르메였습니다. 김현은 우선 "그러면 이 암시의 시학은 도대체 어떻게 작시하라고 시인들에게 가르치고 있는 것일까? 한 프랑스 비평가가 말라르메의 말을 인용하여 나눈 다음의 여섯 가지 방법이 가장 설명의 묘를 얻고 있는 것 같다"라고 말하면서 4·19 이후 전개되는 한국 현 시단의 새로운 경향을 다음 여섯 가지 범주

속에 넣고자 했습니다. 교주 말라르메가 가르친 여섯 가지 범주가 바로 '암시의 시학'의 방법론이었습니다. 전도사 김현이 보인 이것을 순서대로 인용하기로 하겠습니다.

(1)효과를 그릴 것, (2)암시할 것, (3)유사에 의해 행할 것, (4)어휘를 혁신할 것, (5)말들을 산문적 논리에서 해방시킬 것, (6)멜로디를 찾을 것. 김현은 이러한 방법론을 당대의 시인 김영태, 김종삼, 김구용, 성한경, 전봉건, 송욱 등에서 찾았지요. 그러니까 고현학(考現學)인 것. 이상의 여섯 가지 방법론을 김현은 싸잡아 '주술적 언어'라 하고 또 이를 수줍게 다음과 같이 적었지요.

이러한 모든 것을 종합해본다면 암시의 시학이 보여주는 것은 주술적 언어라고 생각된다. 티보데의 말을 빌리면 '전체적이고 새롭고 주술적인 것 같은 언어'이다. 이러한 주술적인 언어가 갖는 가장 큰 특색은 그것이 "생성에서 도피하라"는 빌리에르 드 릴라당의 말에 그대로 승복하고 있다는 점이다. 주술적 언어는 생성의 끝을 제거하고 본질로서 모든 것을 파악하려 한다. 이 주술적 언어는 시인이 받은 인상을 우리에게 직접으로 전하지 않는다. 그리고 우리들은 오랜 우회와 변모를 거쳐서 그 인상에 도달한다. 그것을 주술적 언어, 시인이 그것을 직접적으로 원한 주술적 언어가 그 인상을 그의 본질로 되돌이키고 생성의 끝을 제거하고 있기 때문이다. 말을 바꾸면, 언어파의 시인들은 이 주술적 언어를 통해서 창조되고 건조된 어떤 것을 독자들에게 주는 대신에 그들에게 창조하고 건조하기를 강요한다. 언어파에 있어서 애매모호성이 밖에서 오는 것은 바로 이 때문이다.

(『상상력과 인간』, 일지사, 1973, p. 55)

이러한 암시의 시학이 말라르메에서 왔다는 것은 한 번 더 강조할 만합니다. 위의 여섯 가지 방법론이란 실상 김현의 첫 평론집 『존재와 언어』(가림출판사, 1964)에 그대로 실려 있습니다. 피에르 미셸이 요약한 암시의 시학이란 (1)효과를 그릴 것, (2)암시할 것, (3)유사에 의해 행할 것, (4)어휘를 혁신할 것, (5)말들을 산문적 논리에서 해방시킬 것, (6)멜로디를 찾을 것 등으로 되어 있으며, 이 모두는 오직 말라르메 시학을 위한 것이었습니다(『존재와 언어』, pp. 36~37). 말라르메, 그것이 김현의 고고학이었던 셈이지요. 그러나 그는 이 고고학을 계속 밀고 나가기에는 야심이 역량에 비해 너무 조급했습니다. 이를 부채질하는 현상이 눈앞의 시단에서 벌어지고 있었다면 어떠할까. 문화의 고고학에서 출발한 김현이 고현학으로 내려앉은 것은 그의 역부족이지만, 이 역부족을 일깨워주는 시인이 그의 옆에 있었다면 어떠할까. 이 물음은 천금의 무게를 갖습니다. 그런 시인이 있다면 바로 김현 자신의 분신이 아닐 수 없습니다. 프랑스문학에서 더 이상 나아갈 수도 그렇다고 뒤로 물러설 수도 없을 때 이런 목소리가 그의 귀에 메아리쳤지요. 김종삼의 「앵포르멜」이 그것입니다.

　　나의 無智는 어제 속에 잠든 亡骸
　　세자아르 프랑크가 살던 寺院 주변에 머물렀다.

　　나의 無智는 스테판 말라르메가 살던 本家에 머물렀다.
　　그가 태던 곰방댈 훔쳐내었다.
　　훔쳐낸 곰방댈 물고서

나의 하잘것없는 無智는
반 고호가 다니던 가을의 近郊
길바닥에 머물렀다.
그의 발바닥만 한 낙엽이 흩어졌다.
어느 곳은 쌓이었다.

나의 하잘것없는 무지는 장 폴 사르트르가
經營하는 煉炭工場의 職工이 되었다.
罷免되었다. (김종삼, 「앵포르멜」, 1969)

    서구적 고고학이 수직적 이원론의 토착화, 그것이 프랑스문학 전공의 문학도 김현의 야망의 장소였던바, 이와 꼭 같은 시인이 있었다는 사실의 발견은 김현에게는 각별한 것이 아닐 수 없었습니다. 그는 「앵포르멜」에서 스스로의 문학적 운명을 보고 있었지요. 서구문학 콤플렉스에서 벗어날 수 없다는 것이 그것. '4·19 = 말라르메'인 이 마법에 걸려 허우적대기가 그것. 말라르메를 숨기고 그것을 4·19라 위장하기가 그것.
    김현은 「앵포르멜」을 글자 그대로 미정형으로 읽었지요. "정신적, 수직적 이론이 토착화되어가는 도중에 살고 있는 한 시인의 찢긴 위치를 노래하고 있다"라고 김현은 적었습니다. 저 대단한 수직적 이원론을 공부하지 않고는 그것의 토착화란 기대하기 어렵다면 어째야 할까. 서구에 가서 고고학을 공부해야 할까. 거기서 태어나고 자라지 않은 이상 말라르메 되기란 불가능하지요. 다만 할 수 있는 것은 '말라르메가 되라!'라고 기도하며 몸부림치기일 뿐입니다. 김종삼은 다만 꿈속에서 19세기 말 프랑스 작곡가 세사르 프랑크César Franck

를 찾아 파이프 오르간을 연주하는 사원 근처에 가볼 수밖에. 말라르메의 본가에도 가볼 수밖에. 고흐가 살던 동네도 가보아야 했고, 심지어는 사르트르가 경영하는 연탄공장에도 가봐야 했습니다. 이 모두는 꿈속에서의 일입니다. 김현은 김종삼이 자기 자신임을 자주 자신만만하게 외칠 수가 있었습니다.

확실히 그렇다. 비평가는 시인의 작품과 전통과의 관계를 면밀히 조사하고 관찰함으로써 그의 임무를 수행하고 시인은 자기의 무지를 고치기 위해서 여기저기 방황으로써 그의 직책을 수행한다. 그 방황이 성실하면 성실할수록 전통의 올바른 방향 속에 끼어들 수 있으리라는 것, 바로 그것을 나는 확신한다. 언어파의 시인들에게 가장 필요한 것이 있다면 아마도 바로 그것일 것이다.
(『상상력과 인간』, p. 59)

이러한 의무가 김종삼과 김현에게 주어졌습니다. 그것이 참여문학/순수문학의 틀을 동시에 뛰어넘는 길이라고 그는 믿었지요. 김현은 이를 두고 훗날 1960년대 문학이라 했고, 그 교조 되기를 서슴지 않았음도 이 때문. "나는 거의 언제나 4·19세대로서 사유하고 분석하고 해석한다"라는 주장 밑바닥에 놓인 것은 암시의 시학, 곧 말라르메를 가리킴에 지나지 않았지요. "나는 거의 언제나 말라르메로서 사유하고 분석하고 해석한다"였습니다. 애매모호함이야말로 본질적으로 언어에서 온 문제라는 것. 그것은 샤갈의 울림에서 온다는 것. 그것은 존재의 열어 보임에 가까이 간다는 것. 그러기 위해서는 언어의 본질 탐구에 나아갈 수밖에 없다는 것. 언어의 본질에 접근할수록 애매모호한 데로 향한다는 것. 말의 울림 안에 있다는 것. 그것은 마침내 '무'에 직면한다는 것. 그렇다면 '무'란 무엇인가. 모든 것이 끝장난 '절대 무'인가. 혹시 그것은 '구경적 생의 형식'인 공(空)의 영역인가. 그렇다면 프랑스문학과 한국문학도 사라진 '문학'만의 세계일까. 고무신은 고무신이자 동시에 구두이기도 한가. 이 물음 앞에 선 '담 크고 순진한 소년배'는 어째야 할까.

7. 우포늪에서 우주 가로지르기

20세기가 동틀 무렵 태서미, 태동미, 예수미, 석가미를 겨냥하여 '담 크고 순정한 소년배'가 가슴 벅찬 항해길에 뛰어든 바 있었습니다. 담이 큰지라 모험적이었고 순정한지라 무제한일 수밖에. 그 때문에 그들은 멀리 또 깊게 나아갈 수 있었습니다. 그들의 이름은 김소월, 김기림, 임화, 이상 등등. 문제는 너무 멀리 또 깊게 나아갔음에서 왔습니다. 그들은 그 때문에 진흙탕에 발이 빠지기도 했고, 심연 앞에 매달리기도 했고, 귀신의 소리조차 들어야 했습니다. 요컨대 기진맥진할 수밖에.

거듭 지적하지만 이는 오로지 바다의 유혹에서 온 것. 그러기에 그들을 빠뜨린 함정이나 늪은 그들이 놓인 시대적 조건과는 무관한 것. 그런 조건보다 별개의 '시적 현상'의 길에 놓인 '초월적인 과제'인 까닭. 이 형이상의 길에 나서기 위해서는 담만 커도, 순정하기만 해도 역부족이라는 것. 거기에다 총명함이 갖추어져 있어야 했던 것. 이들의 이름은 송욱, 김현 등등이지요.

그런데 참으로 딱하게도 총명이 깃들어 있다 해도 도로아미타불이 아니었을까. 왜냐하면 '무'에 닿고 말았으니까. 이 구경적 장면이란 새삼 무엇인가. 다시 한 번 막다른 골목, 진흙탕에 빠져버린 형국이라고나 할까.

여기까지 이르면 분명해지는 것은 오직 다음 사실. 담 크고 순정하고 게다가 총명하기까지 해도 별 도움이 되지 않는다는 사실이 그것. 그렇다면 대체 어째야 할까. 참으로 난감하게도 그 길이란 지금으로서는 도무지 알 수 없어 보인다는 사실입니다. 그렇다고 절망할 수는 없지요. 방법은 단 하나. 다시 소년배를 '바닷가'에 세워보기가 그것. '바다'라니? 시방 바다를 보라. 눈 있거든 보시라. 세계의 바다란 바다는 모조리 오염되었고 냄새나지 않겠는가. 게다가 좁아들어 호수만큼 초라해지지 않았던가. 여기에다 어찌 소년을 세워둘 수 있겠는가. 우리의 담 크고 순정하고 총명하기까지 한 소년이 설 곳은 대체 어디일까.

이 물음이 장차 이 나라 근대시 백주년에 주어진 화두입니다. 장차 다가올 백주년을 위한 화두는 어떠해야 할까. 지혜를 모으는 일이 그것. 여러 가지 설계도가 있을 터입니다. 혹시 소년을 바다보다 더 깊고 큰 우포늪가에 세워보면 어떠할까요.

아침은
지상의 거주자들을 위해 노래한다
산천 곳곳에다 공손히 햇살을 풀어 놓고
달디단 새들의 잠
속에서 끄집어낸 노래를 공중에 흩는다
어둠에 젖었던 대지의 입술에
자오록한 물안개에 싸인 늪의 가슴에
긴병꽃풀 같은 온기로

사랑의 기도를 바치는 것이다.
비로소 지느러미 흔들며 입을 뻐끔거리는 물고기와
부화된 유충들의 오랜 믿음이
한 뜸씩 유영의 무늬를 수놓는 물의 성소.
이제 막 새순 틔우기 시작한
물오리나무 그림자가 받쳐든 몇 겹 파문 속으로
바람이 연둣빛 고요한 시간의 잎과 줄기를 퉁기자
은구슬 소리가 난다
너무 투명해서 눈이 아픈 이 광휘의 풍경을
나는 한참이나 바라보았거니, 1억 4천만 년 전부터
물면은 햇빛 곧게 세워 이 신전을 만들었으리
이곳에서 평온의 샘은 솟고
휴식을 마친 철새들은 다시 여정에 오른다
우리는 모두 빛의 축복을 받은 동행자
자유와 방종의 긴 여정 뒤에 물이 얻은
안온 속에서 푸석푸석한 어둠조차
한없이 부드럽고 섬세한 은비늘로 파닥거리더니
꽃은 피고 나비는 환하게 나는 것이다
기슭에서 화석의 잠을 굴리는 고둥껍질
원시적 빗방울을 머금은 저층늪의 뿌리들
무수한 생과 멸을 끌고 온 세월이
사리알처럼 영롱해서 새삼 나는
짧은 일생을 활짝 펴 햇살에 비춰보는 것이다
가자, 희망의 층계를 올라
아침을 타종할 때

우리는 황금 시간을 얻으리라
그대와 내가 열어가야만 할 세계를 위해
만다라를 공양하는 물의 신전 우포늪

(배한봉, 「물의 신전」, 『우포늪 왁새』, 2002)

잠깐, 우포늪이 비록 깊고 또 제법 크다고는 하나(1억 4천만 년만에 이루어진 것) 기꺼해야 지구촌에 지나지 않는 것. '담 크고 순정하고 총명한 소년배'가 어찌 만족하겠는가. 그를 세울 만한 데는 또 어디쯤일까. 귀 기울이면 무인 우주화물선 쥘 베른호(2008. 3. 9)에서 들려오는 "저기 태양이 온다"라는 선연한 소리, 나사 DSN 안테나에서 발사된 비틀스의 목소리(2008. 2. 4)가 아니었을까.

꺾인 빛의 이미지가
수많은 눈처럼 내 앞에서 춤추며
우주를 가로지르며 오라고
계속 부르고 있네요.

쉬지 않는 바람과 같이 생각은
우편함 속에서 헤매고 있네요.
눈먼 사람처럼 어림짐작으로
우주 끝으로 가는 길을 찾고 있네요.

신이여 승리하시라.
아무것도 나의 세계를 바꿀 수 없네.
아무것도 나의 세계를 바꿀 수 없네.

아무것도 나의 세계를 바꿀 수 없네.
아무것도 나의 세계를 바꿀 수 없네.
아무것도 나의 세계를 바꿀 수 없네.

(비틀스, 「우주를 가로질러across the universe」 제2절)

담 크고 순정하며 총명한 소년배가 이제 저만치 보입니다. 우포늪 가에 선 소년, 우주를 가로지르는 소년. 이제 우리가 소년배를 위해 이렇게 말해도 괜찮지 않을까. 우리의 신시 백주년에 영광 있으라. 더욱 영광 있으라, 다가올 새로운 신시 백주년에는.

〔만해학회 신시 백주년 기념 세미나, 기조논문, 2008. 8. 12〕

제2부

한국 근대문학사의 시선에서 본 카프 문학
6·25와 소설
한국문학의 월남 체험—전쟁 체험에서 문학 체험에 이르기

한국 근대문학사의 시선에서 본 카프 문학

1. 보편성과 특수성의 도식에서 본 근대

'한국 근대문학'을 설명하는 모델은 논자에 따라 여러 가지일 수 있습니다. 이 문제에 대해 먼저 내 자신이 고안한 설명 모델을 제시하려 합니다. 무엇보다 저는 '한국'보다 '문학'보다 '근대'에 주목합니다. 인류사의 진행과정을 근대 이전과 근대 이후로 나눌 수 있다면, 근대란 그 중간에 놓이는 단계입니다. 이 단계를 정치사적으로는 (A)국민국가nation-state, 사회·경제사적으로는 (B)자본제 생산양식mode of capitalist production의 전개과정이라 한다면, 그리고 이러한 단계를, 시기적으로는 늦고 빠름이 있긴 하지만 인류사가 어차피 경험해가는 것이라면, 보편성이라 불러볼 수도 있을 터입니다. 한편 지역적으로 그러한 현상이 늦게 혹은 파행적으로 나타날 수도 있었는데, 이 지역성을 보편성에 대한 특수성의 범주로 정리할 수 있습니다. 근대를 이렇게 물은 다음에 오는 것이 한국의 근대이겠습니다. 그것은 보편성으로서의 근대와 지역적 특수성으로서의 근대를 동시에 묻는 것이어야 합니다. 보편성이 국민국가와 자본제 양식의 전개라면, 이를 저해하거나 지연케 하는 방해 요인들에 대한 검토가 뒤따르게 되는바, 이를 논의하는 범주로 특수성을 내세울 수 있습니다. (C)반제 투쟁과 (D)반봉건 투쟁 기타 등이 이에 상당할 터인데, 보다시피 이들 특수성은 종종 보편성을 가리거나 보편성을 잠시 몰각케 할 정도로 첨예했던 만큼, 경우에 따라서는 이 특수성이 보편성을 압도할 지경이었습니다. 엄밀히 말해, 이러한 첨예성이 한국적 근대의 특수성에 대한 인식을 가져왔던 것입니다.

근대를 먼저 문제삼고, 그다음에 한국의 근대를 문제삼은 결과가 이러하다면, 문학을 문제삼는 단계에 오면 어떻게 될 것인가. 한국 근대문학사 서술을 처음으로 시도한 한 논자는 '내용을 근대인 것으로, 형식을 서양의 문학 장르로 한 조선의 문학'이라 한 바 있습니다. 근대를 먼저 인식하고, 그다음에 문학을 문제삼은 그런 규정이었음이 분명합니다. 특수성을 문제삼되, 그것이 아무리 첨예하고 또

시카고 대학 동아시아과에서 발표하는 필자. 그 옆은 사회자 최경희 교수(2002. 11. 1)

절박한 문제일지라도, 보편성에 대한 인식과 동시적으로 작용되는 그러한 장(場)을 고려해야 하는 것이 한국 근대문학사일 터입니다. 그때그때의 상황에 따라 그 동시성의 무게중심이 때로는 보편성 쪽으로 혹은 특수성 쪽으로 기울게 될 것입니다. 반제 투쟁이 제일 첨예하게 인식되는 시기와 장소가 있을 터이며 때로는 그 반대 현상도, 혹은 양쪽이 서로 균형을 이루는 경우도 있을 터입니다. 황매천, 육사, 만해, 윤동주에 대한 높은 평가에 기울어질 순간도 있지만, 『삼대』나 『고향』에 보다 큰 비중이 주어질 때도 있습니다. 이 순간을 알아차리는 감각을 두고 문학사적 감각이라 부를 터입니다.

이러한 도식과 감각을 작동 가능케 하는 시기가 1920년대 중반이며, 그 중심부에 놓인 것이 이른바 카프 문학이라는 관점에서 이 논문이 씌어집니다.

2. 낯선 신으로서의 계급사상

주지하듯 한국 근대문학의 머리에 오는 것이 이광수의 『무정』(1917)입니다. 그가 2·8독립선언문의 필자이자 상해 임시정부의 각료급이자 기관지 『독립신문』의 책임자이기도 했다는 사실에서 드러나듯, 민족주의적 이데올로기가 그의 작가의식을 규정했음이 한눈에 들어옵니다. 이 국민국가에의 지향성을 문학으로 드러낸다는 점에서는 공리성 문학이자 계몽주의 문학 범주겠지만, 국권 상실기이기에 반제 투쟁과의 동시성이 내재된 형국이 아닐 수 없었지요. 국민국가 수립과 반제 투쟁의 동시성이 지닌 모순성을 중요 모순과 기본 모순으로 나누어 인식할 만큼 여유를 가질 수 없었던 곳에 그 절박성이 깃들어 있겠지요. 한편 이러한 문학행위를 '독립운동'이라 보고 그와 버금가는 운동을 내세운 한 무리가 등장했는바, 김동인 중심의 『창조』가 그것입니다. 이들의 자기규정인 '참예술 운동'에서 드러나는 것은 이른바 특수성에 대한 철저한 몰각입니다. 근대도 아니고, 조선의 근대도 아닌, 문학의 근대를 내세움으로써 그것이 독립운동에 버금가는 운동이라 인식했던 것입니다. 탈이데올로기, 반계몽주의 또는 문학주의 등으로도 규정될 수 있는 이 운동이 '독립운동'과 대립적 관계에 놓인다는 것은 쉽게 지적할 수 있겠습니다. 한편 이러한 탈이데올로기적 문학주의가 가치중립성과는 무관한 또 다른 이데올로기의 일종임을 폭로함으로써, 새로운 눈뜸을 가져온 것이 바로 카프 문학입니다. 카프 문학이 등장했을 때, 이광수류의 민족주의와 김동인류의 문학주의가 함께 결속하여 카프 문학에 맞섰던 사실이 이를 증명하고 있습니다.

어째서 이들은 카프 문학의 출현에 위기감을 느껴 결속하지 않으면 안 되었을까. 몇 가지 대답이 있을 수 있겠는데, 그 중에서도 뚜렷한 것은 카프 문학이 지닌 타자성 때문입니다. 이광수의 계몽주의도, 이에 맞선 김동인의 문학주의도 당초에는 강력한 타자성이라는 괴물이었지요. 그것이 어느새 낯익은 것으로 길들여져 바야흐로 그 타자성의 인식이 지닌 효능을 상실하여 현상 유지의 수준에 접어들었습니다. 3·1운동의 실패가 가져온 당대 사회의 나아갈 지평 상실이 새로운 『무정』을 낳지 못하고 『재생』(1924) 같은 것으로 타락한 것도, 『장미촌』 『백조』 등을 비롯한 동인지들이 시적, 수필적 장르에 기울어진 것도 이로써 설명될 수 있지요. 요컨대 민족적 응전력을 상실하여 현상 유지 수준에서 벗어날 수 없게 되었는데, 바로 이 점을 일깨우며 등장한 것이 카프 문학이었던 것입니다.

이 강력한 낯선 신의 등장은 두 가지 점에서 특이했는데, 그 국제주의적 성격이 그 머리에 옵니다. 주지하듯 카프 문학은 KAPF 조직을 그 모체로 하는데 이는 저 소련의 RAPP, 일본의 NAPF와 직·간접으로 연결되어 있습니다. 코민테른의 존재와 결코 무관하지 않지요. 이러한 국제적 연계성은 종래의 민족주의라든가 문학주의에서는 상상도 못할, 낯설고도 강력한 구원의 신처럼 군림하기에 모자람이 없었습니다. 한국문학이 근대 그것으로 말미암아 세계문학의 일원으로 편입될 수 있는 계기가 이처럼 주어졌다는 것은 전무후무한 경우이겠지요.

다른 하나는, KAPF라는 단일한 조직체의 등장과 그 지속성이 가져온 파장 때문입니다. 카프 문학이란 '작품으로서의 문학' 범주와는 썩 다른 '운동으로서의 문학' 범주였기에, 이 낯섦을 두고 혼란을 거듭하는 단계를 거치지 않을 수 없었지요. '작품으로서의 문학'이란 작가가 있고 그가 작품을 쓰는 것입니다. 이는 근본적으로 개인주의적이며 그들이 동인지 중심의 유파성을 이루어 연대성을 갖는다 할지라도 사정은 크게 변하지 않습니다. 반면, '운동으로서의 문학'은 극단적으로 말하면 작품이 없어도 성립되는 그런 범주여서, 일찍이 한 번도 경험해보지 않은 영역이었던 것입니다. 조직과 그 구성원들 위에 군림하며 이를 움직이게 하는 힘이 이데올로기라면, 이데올로기의 활성화가 바로 운동으로서의 문학일 터입니다. 그 정점에 놓인 이데올로기가 계급 이데올로기이며, 그것이 국제주의적인 보증을 받았다는 사실만큼 난해하고도 놀라운 일은 없었지요. 작품 이전의 문학성이 유발된 이러한 구조는 카프 문학이 가져온 굉장한 사건성의 핵입니다.

이 낯선 신의 등장으로 말미암아 한국 근대문학사는 어떻게 변모

되었을까. '근대' 문학사의 한도에서라면 한국의 경우에도 보편성으로의 국민국가와 자본제 생산양식의 구도에서 원리적으로는 벗어날 수 없겠지만, 특수성으로서의 반제 투쟁, 반봉건 투쟁 등을 인식하는 방식에는 지대한 영향을 미쳤다고 볼 것입니다. 그 이전의 반제 투쟁이나 반봉건 투쟁이란 어디까지나 방편적이며, 따라서 상대적인 적을 상정하는 수준이었습니다. 국민주의 곧 제국주의였기에 그것은 그러하지요. 그것을 거의 절대적 적으로 인식케 한 것이 낯선 신으로서의 카프 문학이 가져온 변화입니다. 더구나 그것이 일제와의 관계에서는 거의 직접적으로 작동하기도 했음은 특기할 사항이겠습니다. 그것은 국권 상실기의 경사가 깊어질수록 현저하게 작동되었고, 그럴수록 과격하게 인식될 수밖에 없었지요. 그 결과는 어떨까. 보편성으로서의 두 기둥이 특수성으로서의 두 기둥 아래 종속되는 현상을 빚기에 이르렀지요. 반제 투쟁과 반봉건 투쟁이야말로 흡사 근대문학 자체인 듯 혹은 근대문학의 본질인 듯한 착각을 일으키기에 모자람이 없었던 것입니다. 카프 문학이 문학이긴 하나, 그 이전에 운동으로서의 이데올로기였고, 또 그것도 문학의 이름으로 가능했음을 보여준 점에서 카프 문학은 단연 문학이자 그 이상이었습니다.

  사회과학의 문학화, 대범하게 말해 정치의 문학화 단계를 거칠 여유가 없었던 만큼, 곧바로 정치 곧 문학, 이데올로기 곧 문학의 폭력성이 가져온 갖가지 충격은 참으로 컸던 것이지요. 이러한 충격의 양상을 분석, 검토해보는 작업이 이른바 문학사적 과제일 터입니다. 리얼리즘 문학이 한국 근대문학의 근간을 이루었다는 점에서 볼 때, 이 과제 해명을 통해 한국 근대문학사의 특질이 드러날 수도 있기 때문입니다.

3. 사회주의 운동과 민족주의 운동의 이동(異同)점

낯선 신으로서의 카프 문학이 가져온 충격은 두 가지 유형으로 갈라서 고찰할 수 있겠는데, 대외적인 측면과 자체 내부의 측면이 그것입니다.

대외적인 측면이란 카프 문학의 자기동일성 확보를 방해하는 기존 문학적 세력 일체와의 관계를 가리킴이어서 카프 문학처럼 자명한 용어는 아닙니다. 카프 문학이 등장하자, 이에 대한 대타의식으로 생긴 개념이 '민족주의 문학'인 만큼 거기에는 문학주의, 통속적 모더니스트, 심리주의적 리얼리스트, 인도주의적인 작가 등 넓은 뜻의 자유주의자들이 모두 포함됩니다. "좌익적 문예운동의 출발이 우익파를 규정해주었고, 그들이 선전포고를 함으로 말미암아 소극적으로 또는 간접적으로 그 대립을 느꼈을 따름이지 집단적 단결로서의 의식적 깃발을 가지지 않은 것"(정인섭,「조선문단에 호소함」,『조선일보』, 1931. 1. 3~15)이었다는 사실은 강조될 필요가 있습니다. 이런 사실은 이 관계가 문학뿐 아니라 사상사 전반에도 걸쳐 있는 현상임을 말해줍니다. 그만큼 계급사상은 그 관념성으로 야기되는 시대적 충격이랄까 폭발력을 지녔다고 볼 수 있지요.

이데올로기로서의 민족문학은 이른바 조선주의(조선적인 것)를 바탕으로 한 심정주의적 태도에서 대두되고, 이것이 발전하여 절충주의적 민족주의 문학으로 되며, 이것은 카프 문학이 존속되는 1935년까지 의식적이든 무의식적이든 한국 문학계 및 사상계를 양분하는 한 축을 이룹니다.

문학계의 과제를 넘어선 사상사적 과제라 했거니와, 이는 곧 사회사적 과제임을 또한 말해주는 것인데, 이를 확실히 보여주는 것이 저 유명한 좌우 합작 단체인 신간회의 성립과 그 존속 및 해체 과정에서입니다.

신간회 발족 직전인 1926년 9월 현재, 경무국에서 발표한 조선 사상 단체 수는 청년 단체 1,092개, 정치사상 단체 339개, 노동 단체 192개, 형평 단체(백정 계급 단체) 130개 등으로 되어 있습니다. 이러한 많은 단체들은 민족운동과 계급운동의 일치점과 차이점에 대한 논의를 불러일으켰는바, 그 경위를 잠시 살펴볼 필요가 있습니다.

계급사상과 민족주의 사상, 두 운동이 일제하 조선 민족의 사회운동의 두 바퀴였음은 새삼 말할 필요도 없습니다. 이 양자의 제1차 목표가 조선 민족 해방인 만큼 각각의 이념이나 방법이 다를지라도 공동의 적을 향한 투쟁에 합치점을 발견할 수 있다는 전제하에, 민족지로 자처한 『동아일보』는 「사회운동과 민족운동의 일치점과 차이점」(1925. 1)에 대한 한용운·주종건·최남선·조봉암 등의 앙케트를 실었고, 그 사설 「민족 의식과 계급 의식의 논점」(1926. 6. 19)에서 구별 무용임을 선언했으며, 한편 같은 민족지 『조선일보』는 사설 「국가·민족·계급」(1926. 6. 19)에서 국가, 민족은 계급에 대립한다는 견해를 내놓았습니다. 신간회의 탄생은 이러한 사정을 반영한 사회사상사적 사건이라 하겠지요. 광범위한 합법적 사회단체인 신간회(1927. 3. 2~1931. 5. 6)의 탄생 및 그 존속·해체 과정은 한국의 민족운동과 계급운동의 가능성과 한계성을 보여주는 대표적 사례입니다.

신간회의 해체과정을 에워싸고 여러 논의가 벌어졌거니와, 양자의 이데올로기가 충돌하고 일제의 간계까지 작용하여 끝내 분열되고 말았는데, 민족주의 문학과 카프 문학의 관계도 신간회의 이러한 절충주의적 성격과 그 한계점을 공유한 것으로 볼 수 있습니다. 실제로 문학계에서는 절충주의론이 등장했는데, 이 논의의 유효성도 신간회 존속과 나란히 가는 것이어서 체계적인 이론을 갖춘 것이 못 되었지요. 여기서 주목되는 것이 사상이 지닌 '체계'입니다. 앞에서 이미 지적했듯 민족주의파란 계급파의 등장으로 인해 자각된 존재에 지나지 않는 만큼 심정적 상태에서 벗어난 것이 못 되었으며, 계급파와의 대립 상태에 놓일 때에도 자체 내의 논리를 구축해낼 여유도 능력도 모자랐기에 절충주의적 관계를 만들어낼 수 없었던 것입니다. 이에 비해 계급파 쪽에서는 사정이 크게 달랐는데, 그것이 자체 내의 전술·전략을 엄밀하게 갖춘 사상체계였기 때문이지요. 그렇다고 해서 신간회의 존재가 문학상에 끼친 영향을 과소평가할 수 없겠는데, 문학적인 것의 존재방식의 일면이 심정적인 것에도 놓여 있음으로 해서 특히 그러합니다. 심퍼사이저론이 그러한 사례일 수 있겠지요. 민족파 문학이란 존재하지 않지만, 민족파 쪽에 선 무수한 작가들이 있다는 지적이 나올 수 있었던 것도 이러한 정황의 반영으로 볼 수 있습니다.

4. 아나키즘과 계급주의의 이동(異同)점

카프 문학이, 체계화된 전술·전략을 갖춘 이데올로기로 무장한 상태에서 출발했고, 따라서 심정적 수준인 민족주의적 문학파를 쉽사리 물리쳤다고는 하나, 그것을 당시의 한국적 현실 속에 적용시킴에는 많은 문제점이 드러났습니다. 따라서 이를 넘어서지 않으면 안 되었는데, 그 결과로 이른바 리얼리즘의 확립이라는 어려운 과제를 자체 내의 힘으로 어느 수준에서 이루어냈습니다. 이 점은 강조되어 마땅한데, 여러 현실적 시행착오를 거쳐 이른바 사회과학과 문학의 구체적 연계성을 확보해낸 귀중한 성과이기 때문입니다. 문학이 한갓 정서적 위안에 멈추지 않고 한 단계 넘어선 자리, 곧 과학으로서의 세계관에까지 고양되었다는 자부심을 가리킴입니다. 단순한 오락에 문학을 묶어두지 않고 사회·역사 속에 참여시킴으로써 한층 높은 단계의 사명감에 동참케 하는 것, 이를 일러 '인간의 위엄에 어울리는 문학'이라 규정할 수 있겠지요. 그러한 문학의 전통이 그 후 전개된 한국문학에 이어졌다고 보는 것이 일반적 견해이기도 합니다. 자체 내부의 문제점에 깊은 관심과 주의를 기울인 까닭도 이와 관련됩니다. 자체 내의 문제점으로 먼저 조직 내부적 과제인 아나키즘과의 논쟁을 살펴보기로 합니다.

카프 문학이 그 깃발을 선명히 하고 '카프'를 독자적 용어로 과시하기 시작한 시기가 제1차 방향 전환기인 1927년 이후이거니와, 아나키즘과 카프 문학의 논쟁이 벌어진 것도 이 무렵입니다. 제1차 방향 전환기(목적의식기)를 맞아 자연발생적 단계에서 벗어나 조직적인 이론 투쟁으로 전환한 카프의 내부에서, "프로 문예 중에 아나키즘 문예와 볼셰비즘 문예의 대립을 상상할 수 있다"(김화산, 「계급예술론의 신전개」, 『조선문단』, 1927. 3)는 주장이 나왔을 때, 자연스럽게 이 논쟁은 진영 내의 강경파와 온건파의 대립 양상을 보였던 것입니다. 카프는 목적의식기의 여세를 몰아 아나키즘을 공격했습니다. 이때 기묘한 현상이 일어났는바 조직체의 힘을 빌려온 점이 그것입니다. 곧 아나키스트들을 조직에서 제외함이 그것인데, 이는 한편으로는 카프 문학이 가진 이론적 힘이 조직과 무관하지 않음을 드러냄이며, 그만큼 아나키즘론이 지닌 예술상의 강점을 말해주는 것이기도 합니다.

 잠시 여기서 당시 아나키즘이 지닌 본질적 의미를 엿볼 필요가 있겠지요. 이 무렵 사회주의 사상 속에는 마르크스주의, 아나키즘, 니힐리즘을 위시하여 포이어바흐주의, 후쿠모토주의〔福本主義〕 등이 잡거해 있었습니다. 이 중 마르크스주의를 중심사상으로 하여 카프 문학이 보다 선명한 자기동일성 확인에 나아가는 단계 곧 방향 전환을 시도하자마자 이들과의 변별성이 응당 요망되었습니다. 이 논쟁은 이러한 사실과 무관하지 않습니다. 이 점은 카프 문학의 등장으로 말미암아 잡다한 민족주의 문학파들이 상당한 자각 상태에 이르는 현상을 방불케 합니다. 아나키즘과의 관계에서는 그것이 지닌 이론상의 선명함으로 말미암아 당연히 구분되는 터입니다.

 아나키즘의 방법상의 강점이라 했거니와 그것은 예술상의 선명함을 주로 가리킵니다. 사회주의의 일파로서 국가 없는 분산적 소생산 사회의 건설을 목표로 하는 아나키즘은 국민국가 타도를 목표한다는 점에서는 마르크스주의와 일치하나, 그 방법이나 내용에 있어서는 판이합니다. 프롤레타리아트의 독재도 완전히 부정함에서 그 판이성이 선명하거니와, 이 점은 문학 쪽에서 한층 뚜렷합니다. 아나키즘 문학이 낡은 문학의 부정, 파괴를 강조하는 그 혁명적 성격에서 카프 문학과 동일하나 그 방법은 대립적인데, 전자가 개인적 자유주의를 기반으로 한다면 후자는 절대를 신봉한다는 점에서 특히 그러합니다. "아나키스트는 극단의 개인주의자이다. 고로 부르주아이다"라는 비난에 대해, 아나키스트 측은 혁명을 중앙 조직의 명령에 의해, 또 정해진 방법에 의해서가 아니라 "가장 자연적인 내부 법칙에 의한 자유 연합을 형성코자 함"(김화산, 「뇌동성 문예론의 극복」, 『현대평론』, 1927. 6)에 있다는 주장으로 맞섰거니와, 중요한 것은 이러한 맞섬의 지속이 결코 길지 못했다는 사실입니다.

아나키즘이 지닌 방법상의 강점이 개인의 자각에 기초한 그 철저성에 있는바, 그 철저성은 국가는 물론 어떤 조직체도 거부함에서 엿볼 수 있습니다. 이 철저성이 많은 경우 비현실적이라 할지라도 어떤 영역에서는 가장 현실적일 수도 있다면 어떠할까. 그런 영역이 바로 예술이라면 어떠할까요.

카프 문학이 자체 내의 정비를 위해 아나키즘을 물리쳤음은 그 운동으로서의 성격상 당연한 순서였지만, 그것이 카프 문학 자체의 빈혈증을 가져온 빌미가 되었음도 사실일 터입니다. 같은 무렵, 카프 문학 내부에서 일어난 '내용·형식 논쟁'은 이 점에서 성격상 유사하다고 할 것입니다. 내용 우위의 일방적 강요 사항이 카프 문학의 빈혈증을 가져온 것이기 때문입니다. 한국 근대문학사 및 사상사에서 이 아나키즘이 놓인 자리는 이 밖에도 따로 있는데, 크게는 민족주의 운동과 프롤레타리아 운동을 동시에 비판하며 두 운동을 재는 잣대 구실을 한 것이 그것입니다. 가령 단재의 「조선혁명선언」(1923)에서 이 점은 선명히 드러납니다. 민중 개개인의 직접 봉기론을 주축으로 한 아나키즘론이, 제3의 개념인 '민중문학'이라는 큰 잣대로 근대문학 전반의 성과를 재는 몫을 한 점도 이로 보면 우연일 수 없겠지요.

5. '내용·형식 논쟁'과 소설의 내적 구조 문제

카프 자체 내 논쟁의 의의는, 그 논쟁 추이가 사상사 또는 정신사의 문맥에서 문학사적 문맥 쪽으로 향하려는 어떤 노력의 자각이 보인다는 점에 있습니다. 이러한 노력의 자각은 민족주의 문학에서도 일찍이 겪었던 자연스런 추세이겠으나, 비교컨대 그 차이점 역시 확연하지요. 계몽적 성격을 띤 민족주의 문학에서는 『무정』에서 보듯 민족주의 자체가 지닌 심정적인 측면으로 말미암아 문학사적 문맥에로 기울어짐에 큰 저항이 없었지만, 카프 문학의 경우에는 그 강도가 매우 심했지요. 낯선 신이라 비유되듯 계급성이 지닌 타자성의 강도가 좀처럼 문학의 본령인 형상화에로 전환되기 어려웠던 것입니다. 카프 문학이 지닌 이러한 타자성의 강도야말로 카프 문학이 문학사에 던진 충격의 강도, 그것에 비례하는 것이기에 자체 내 논쟁은 단연 실험적인 의의를 띠게 됩니다. 그 실험의 성공이나 실패와는 관계없이 실험 자체가 단연 의의를 갖는 것입니다. 단번에 해결될 수 없고, 따라서 문제적 성격을 지닌 것으로 계속 남는 이러한 논쟁들을 일러 문학사적 사건이라 한다면, 그러한 사건급에 드는 사례들을 발생 순서별로 몇 개 항목으로 나누어 검토해볼 필요가 있습니다.

초기 카프 진용의 최고 이론가인 박영희와 김팔봉 사이에 벌어진 '내용·형식 논쟁'이 지닌 의의는, 그것이 창작과 직결되었다는 점에 있습니다. 박영희의 소설 「철야」(1926) 「지옥순례」(1926)에 대해 김팔봉이 가한 비판에서 발단된 이 논쟁은, "소설이란 한 개의 건축이다. 기둥도 없이 서까래도 없이 붉은 지붕만 입혀놓은 건축이 있는가"(김팔봉, 「문예시평」, 『조선지광』, 1926. 12)라는 지적에서 보듯 매우 직접적이며, 따라서 이론과는 거리를 둔 비유에 속하지만, 그것이 구체적인 작품을 문제삼았다는 점에서 단연 문학사적입니다.

계급적 이데올로기가 낯선 신으로 군림하여 모든 것을 규정하는 단계가 있을 수 있겠지요. 이 관념성은 참으로 충격적인 것이어서 그 앞에서는 문학이나 예술 따위가 감히 얼굴을 내밀 수도 없었을 터입니다. 그러나 이에 대한 반성이랄까 저항이 처음으로 논쟁적으로 문학 쪽에서 제기되었습니다. 구체적인 작품을 매개로 논쟁이 제기되었다는 점은 주목해 마땅합니다. 이 사실은 강조되어야 하는데, 이후에 벌어질 카프 문학 자체의 논쟁이 많건 적건 작품을 기반으로 하는 계기를 마련해준 것으로 보이기 때문입니다. 이 논쟁이 조직의 강요에 의해 '소설 비건축설'로 비논리적인 차원에서 수습되었다는 사실은 일종의 아이러니기도 하지만, 이에 앞서 이 논쟁은 이데올로기와 작품 사이의 균형 잡기로 볼 수도 있습니다.

자연발생적 단계에서 목적의식적 단계로 카프 문학이 제1차 방향 전환한 것은 1927년경입니다. 최서해의 『기아와 살육』(1925)에서 보이듯 자연발생적 단계의 카프 문학은 그 소재를 궁핍에서, 구성을 대립성에서, 결말을 살인·방화에서 찾았습니다. 작품 자체를 문제 삼을진댄 기둥도 서까래도 없이 붉은 지붕만 있는 사이비 건축으로 보이지요. 그러나 참으로 유치한 수법, 졸렬한 취재, 미숙한 문장, 초보적인 자각에서 썼을지라도 이런 경향의 작품들이 이광수, 김동인 등의 세련된 작품보다 우위에 서는 근거는 무엇일까. 이런 물음에 응당 나오는 대답은 사회적 개조 운동과의 관련에서 찾아질 터이지요. "문학 속에 반영되어 있는 계급적 현실 및 그 계급의 사회적 실천"(콤 아카데미 문학부 편, 백효원 옮김, 『문학원론』, 신학사, 1947, p. 19), 즉 사회적 모순을 직선적으로 제시했다는 점에서 자연발생적 작품군의 출현은 일정한 성과를 보였던 것입니다.

이런 단계가 조만간 목적의식기로 진전되기 마련인데, 현실 속에 그 근거가 있겠지요. 그러나 중요한 것은 그러한 목적의식이 작품의 내적 구조의 변화를 가져왔다는 사실에 있습니다. 이른바 속류 문학사회학과는 다른, 과학으로서의 구조적 문학사회학의 성립 근거가 여기에서 도출됩니다. 구체적 사례로 이기영의 「농부 정도룡」(1926)을 들 수 있겠는데, 농민과 지주 사이의 계급 대립에서 이질적 인물인 제3인물의 등장으로 생긴 소설의 내적 구조의 새로운 형식 창출이 이에 해당됩니다. 과학으로서의 문학사회학이 말하는 상동성이론 Homologie도 이와 무관하지 않겠지요. 요컨대 「농부 정도룡」을 분수령으로 하여 카프 문학은 자연발생적 단계를 넘어섰을 뿐 아니라, 그 후에 전개될 어떤 작품도 이 이질적 인물, 곧 문제적 개인problematische Individuum의 도입 없이는 씌어지기 어려웠습니다. 이질적 인물이 의식화된 지식인으로 등장함으로써 카프 소설은 기둥과 서까래를 갖춘 건축이 될 수 있었는데, 「서화」(1933) 「고향」(1934) 등이 거둔 성과는 이를 대표합니다. 「과도기」(1929)에서 보듯, 주인공 스스로가 외지에서 견문을 쌓아 귀향하여 스스로가 '문제적 개인'으로 되는 경우도 많지만, 이 역시 큰 테두리에서 보면 일종의 변종이라 할 것입니다. 계급 모순에 대처하기 위한 전술·전략의 형상화 단계로 이런 현상을 바라보면 문득 관념으로서의 낯선 신인 타자는 어느새 작가의 얼굴과 닮아 있음이 판명됩니다.

6. '물 논쟁'이 보여준 이론과 실천의 과제

자체 내의 논쟁으로 표면상 요란했던 대중화론을 들 수도 있겠지만, 깊이 따져보면 이 논쟁은 공허할 수밖에 없었지요. 카프 문학이 노동자·농민에게 읽히기 위해서는 어떻게 해야 할 것인가. 이런 물음은 그 자체로서는 썩 시급한 당면과제로 보이지만, 이는 현실을 고려하지 않은 데서 나온 것이었음이 금방 판명됩니다. 작품과는 연

젊은 시절의 임화

결되지 않았기에 실효성이 거의 없었음이 이를 증명하고 있습니다. 이런 정황은 카프 문학이 원리적으로는 민중과 무관한 데서 출발했고 또 진행되었다는 사실로써 이를 설명할 수 있겠지요. 지식인의 독점적 현상이었기에 그러합니다. 지식인 중심의 카프 문학이었기에, 그리고 그 때문에 카프 문학은 그만큼 혁명적이자 소시민적인 당대 지식인의 고민을 대변할 수 있었겠는데, 이런 현상을 문학적 수준에서 보여준 사례로 이른바 '물 논쟁'과 방대한 전향론에서 잘 엿볼 수 있겠습니다.

'내용·형식 논쟁'과는 차원이 다른 '물 논쟁'이란 무엇인가. 여기에는 상당한 설명이 따르지 않을 수 없습니다. 카프는 두 차례의 검거 사건을 거쳐 해체에 이릅니다. 카프 맹원에 대한 제1차 검거는 재건공산당 사건에 카프 맹원이 연루되었음에서 말미암았지요. 이를 일명 '재건공산당 사건'이라 부릅니다. 카프 맹원 중 기소당한 사람은 김남천 한 사람이었는바, 그는 2년의 복역을 마치고 석방된 직후 「물!」(1933)을 발표했지요. 이 작품을 둘러싸고 김남천과 당시 카프 서기장 임화 사이에 대논쟁이 일어났습니다. 이 논쟁은 이후 카프 문학의 창작방법론에 커다란 그림자를 드리우게 됩니다. 그렇다면 대체 「물!」은 어떤 작품이었을까. "두 평 칠 합(二平七合)이 얼마나 한 넓은 면적을 가지고 있는지 나는 알지 못하였다"로 시작되는 이 작품은 좁은 방에 90도를 오르내리는 한여름, 13명의 수인들이 지내고 있는 감방의 열악한 체험을 내용으로 하고 있습니다. 작가는 이 체험기에서 제일 시급하고 절실한 것이 '물'(갈증)이었음을 강조해 놓았습니다. 한 대목을 잠시 음미해볼까요.

사실 오랫동안의 경험은 나에게 어느 정도까지 이것을 가능케 하였다. 나의 눈은 명백히 활자 하나하나를 세었다. 꼬박꼬박 활자를 줍듯이 나의 정신은 그것에 집중하였다. '미, 네, 투, 바, 의, 올, 뱀, 이, 는, 닥, 처, 오, 는, 황, 혼, 을, 기, 대, 려, 서, 비, 로, 소, 비, 상, 하, 기, 시, 작, 한, 다'
그러나 십 분도 못 계속하여 나는 내가 글을 읽고 있는 것이 아니라 활자를 읽고 있는 것을 깨닫는다. 나는 그 활자가 무엇을 말하고 있는지를 모르고 읽고 있는 것이다. (「물!」, 『대중』, 1933. 6)

감방 체험에서 제일 절실한 것이 생리적 조건인 갈증임을 작가의 경험적 사실로 제시한 이 작품을 두고 서기장의 처지에 있는 임화가 방관할 수 없었는데, 이는 그동안 무수히 논의되어 온 카프 문학의 창작방법론에 대한 도전으로 간주되었던 까닭입니다.

창작방법론은 종주국 소련에서도 그렇듯이 상당히 많이 논의되고 또 혼선을 일으켰지만, 그만큼 심도 있는 성과를 거둔 것이기도 합니다. 이 이론을 통해 비평가도, 작가도 이른바 이론적 실천으로 스스로를 훈련시킬 수 있었다는 점에서도 크게 평가될 성질의 것입니다. 한설야의 「변증법적 사실주의의 길로」, 신유인의 「문학창작의 고정화에 항(抗)하여」, 안함광의 「사회주의적 리얼리즘과 혁명적 로맨티시즘의 제창에 대하여」, 추백의 「창작방법 문제의 재토의를 위하여」 등등은 그 논리의 혼란에 비례하여 열정적이고도 진지한 것으로 평가됩니다. 현실 자체란 역사적·사회적으로 규정되기에 변증법적이며, 그것을 내용으로 하는 작품이기에 그 창작과정은 형식과의 관계에서 변증법적이지요. 그런 만큼 이런 현상을 알아차리지 않으면 참된 현실 반영인 리얼리즘에 이를 수 없다는 점을 창작방법론이란 이름 아래 카프 문학에서 비로소 자각적으로 강조했던 것입니다. 카프 문학이 비로소 과학으로서의 리얼리즘을 논의케 할 수 있는 발판을 구축하였다고 평가됨은 이를 가리킴입니다.

　이러한 변증법적 창작방법론이 관념성을 넘어서 차원 높게 구체화한 계기를 마련한 데 '물 논쟁'의 의미가 놓여 있습니다. 감방생활에서 제일 절실한 것이 생리적 조건인 갈증이며, 이른바 관념으로서의 이데올로기란 이차적임을 「물!」에서 작가가 드러내었을 때, 이는 카프 문학 전체에 대한 모종의 도전으로 인식될 수도 있었던 것입니다. 설사 생리적 조건이 직접적이더라도 작가는 이를 물리치고 어디까지나 투사답게 이데올로기를 전면으로 내세워야 한다는 임화의 비판은 이를 가리킴이었던 것입니다. 이에 대해 작가도 그 작품이 '끊임없는 투쟁의 포화' 속에서 정화되어야 한다는 점에 동의하면서도 이론과 실천의 문제를 제시함으로써 이론가와 맞선 형국을 보였지요. 카프 문인 중 유일하게 기소되어 복역까지 한 김남천이 당당히 「물!」을 발표했지만, 그리고 그것을 실천 우위성으로 내세웠지만, 과연 그것이 리얼리즘이 요구하는 이론과 실천의 변증법적 창작방법론에 이른 것인가에 대해서는 논란의 여지를 남깁니다. 아무튼 이를 계기로 비평가도 작가도 한 단계 나아갔으며, 그 결과로 드러난 것이 1930년대 창작계를 실질적으로 양분케 한 임화의 '주인공-성격-사상' 노선과 김남천의 '세태-사실-생활' 노선입니다. 이 두 노선이 새로운 변증법적 전개를 보여주지 못한 데 카프 문학의 한계가 있겠거니와, 더욱이 객관적 정세 악화로 인한 카프의 해산(1935)은 그러한 시간적 여유를 남기지 않았지요.

7. 전향문학과 생리적 저항

카프 문학을 논의할 때 빠뜨릴 수 없는 영역이 있는바, 바로 전향론이 그것입니다. 카프 문학의 남다른 측면은 '조직'에 있었지요. 창작방법론의 근거도 당파성에 준하는 조직론에서 찾을 수밖에 없었던 만큼, 조직체인 카프는 비록 속이 알찬 것은 아니라 해도 실체로 군림할 수 있었다고 볼 것입니다. 이러한 조직체 카프가 송두리째 기소되어 실형을 선고받고 최소한 1년 반의 옥살이를 한 사건은 한국 근대문학사상 미증유의 일이 아닐 수 없지요. 제2차 카프 사건(1934. 6~1936. 12), 즉 '신건설사 사건' 혹은 '전주 사건'이라 부르기도 하는 이 검거 사건에는 카프 문사 23명이 포함되어 있습니다. 카프의 이러한 구속과 재판 과정에서 드러난 사실 중에 주목되는 것은 맹원 모두 한결같이 전향을 수락했다는 점입니다. 공산주의를 규제하기 위한 일제의 사상 통제의 일환으로 벌어진 공산주의자 검거 및 재판 과정과 이들의 전향 수용을 위해 사상보호관찰법이 마련되었거니와, 이 법률이 카프 사건에도 그대로 적용되었다는 사실은 강조될 필요가 있습니다.

전향론에 대해서는 사상사적으로 또는 정신사적으로 여러 논의가 있을 수 있겠으나, 문학상에서라면 이른바 '전향문학론'이란 범주를 설정할 수 있을 만큼 심각한 과제입니다. 심각함이란 전향의 내면화를 가리킴이거니와, 이를 보여주는 영역이 작품들입니다.

전향문학을 문제삼을진댄, 전주 사건 복역자 한설야의 「이녕」

(1939), 이기영의 「설」(1939), 백철의 「전망」(1940)을, 전주 사건과 무관한 작가 김남천의 「맥」(1941) 「경영」(1940) 등이 각각 문제적이었다 하겠으나, 일관된 맥락으로는 전향을 수락함에 놓여 있습니다. 수락이라 했거니와, 이는 붓을 꺾는 것이 아니고 일제의 신체제(新體制)에로 나아감을 뜻한다는 점이지요. 이 점을 직선적으로 드러낸 것이 「전망」이며, 비판적으로 보여준 것이 「맥」입니다. 또한 「이녕」과 「설」은 일상적 삶을 다룬 작품입니다. 후자 중에서도 「이녕」이 지닌 작품상의 의의는 매우 문제적이었는데, 어쩔 수 없는 전향에 대한 저항을 보여주었기 때문입니다. 생리적 저항이 그것인데, 이는 이데올로기 자체를 포기하지 않은 소극적 저항의 문학적 방식의 하나로 평가될 수 있을 터입니다. 잠시 이 점을 분석해 보이기로 하지요.

한설야의 「이녕」은 주인공이 작가라는 점, 보호관찰소가 중요한 작품 배경을 이룬다는 점에서 이기영의 「설」보다는 훨씬 구체성을 띱니다. 신문기자 출신으로 5년 만에 출옥하여 집에 돌아온 주인공 민우는 세 아이의 아버지요 가장이지만 집안을 다스릴 힘이 없습니다. 보호관찰소에서 직장을 알선해줄 때까지 기다리며, 이른바 삶의 진창 속에 빠져 있는 형국이지요. 「이녕」에는 자질구레한 가정생활 얘기가 대부분입니다. 출옥한 남편을 둔 아내들의 신세타령이나 남편 자랑, 자라는 아이들 걱정 따위가 그것인데, 이런 것들을 삶의 진창이라 불렀다면 그럴 법한 일입니다. 그러나 이 작품에서 작가가 드러내고자 하는 것은 주인공 민우가 어떻게 진창에서 벗어나느냐는 것입니다. 다른 말로 하면 민우가 별수 없이 보호관찰소 前村 씨의 알선으로 창고회사에 취직을 하지만 그것으로는 진창에서 빠져나올 수 없고, 정신적 삶의 진창을 빠져나올 또 다른 방도가 고안되어야

만 합니다. 정신적 진창에서 벗어나는 길은 인간으로서의 품격이랄까 자존심을 되찾는 일에 관련됩니다. 그 자존심 회복이 이 작품의 결말인 족제비 사건입니다. 자기집 닭을 훔쳐가는 족제비를 잡을 때 주인공은 "손아귀에 기운이 번쩍 솟았고" "손이 떨렸다"는 사실이 기실은 주인공이 자존심을 회복하는 대목에 해당됩니다. 이러한 미물과의 싸움이나마 치르지 않고는 주인공은 보호관찰소에서 알선해주는 창고회사에 갈 수가 없었던 것입니다.

이러한 전향문학이 끼친 소설사적 의의를 문제삼을진댄, 문학이 제일 잘 할 수 있는 인간 내면 묘사의 영역 개척을 내세울 수 있지 않을까 싶습니다. 내면 묘사라 했지만, 당시의 수준으로 하면 심리소설을 가리킴이겠는데, 이는 지식인을 다룸에 매우 유효한 것이었지요. 카프의 전주 사건 기간 중 카프 문학을 대표한 작품이 바로 유진오의 「김강사와 T교수」(1935)이거니와, 이러한 계보를 높은 수준에서 계승 발전시킴으로써 보다 성숙한 전향문학의 범주를 가능케 한 것이 바로 최명익의 「심문」(1939), 허준의 「야한기」(1938) 「습작실에서」(1941) 등일 것입니다.

이렇게 보아올 때 선명해지는 문학사적 사실의 하나는, '내용·형식 논쟁'에서 일방적으로 과도하게 노출된 이데올로기가 지닌 외부성, 즉 이데올로기적 성향이 '물 논쟁'을 거치면서 조금씩 창작 내부 속으로 녹아들었음이 판명됩니다. 그러한 과정의 지속이 전향론을 거치면서 한층 내면화되어, 마침내 심리 묘사라는 영역에 스스로를 제약하는 형국을 빚었던 것입니다. 이데올로기의 과도한 외부성과 심리 묘사의 과도한 내면성이 지닌 각각의 한계를 인식할 때, 비로소 이 과제는 해방공간(1945~1948)을 거치면서 새로운 조정 과정의 회오리 속으로 들어가 마침내 이 나라 문학 판도를 뒤흔들게 되지요. 카프 문학이란 무엇이뇨. 이 물음은, 해방공간 이후 양극 체제 속에 놓인 한반도에서 전개되는 문학적 물음으로 이어지는 곳에서 그 참된 의의를 찾을 수 있는 그런 성질의 것입니다.

8. 20세기와 21세기 사이에서

카프 문학이란 무엇인가. 이런 물음이 현재적이자 미래적이라는 점을 지금껏 제가 논의해왔거니와, 이런 논법을 두고 제가 굳이 문학사적 시각이라 부른 까닭은 무엇일까요. 이 물음에 나름대로 반응해 보임으로써 이 논의를 마칠까 합니다.

첫째, 20세기에 있어서 과학이란 무엇인가에 대하여.

근대를 가운데 놓고 이를 보편성과 특수성으로 도식화한 것은 일종의 날조된 분류법인지도 모른다는 의문에 어떻게 변명할 것인가. 이런 질문이란 20세기적인 것이 못 된다고 제가 말한다면 어떨까요. 기법이나 형상화에서 현저히 치졸한 카프 문학이 그래도 세련된 민족주의적 문학보다 우위에 섰다고 판단된 것은 과학성에 있었거니와, 이를 변증법적인 관점이라 했던 것이지요. 그렇다면 역사적·사회적 발전의 과학의 사상적 근거인 유물변증법이란 과연 과학적일까. 프로이트의 이론과 더불어 마르크스주의자들은 그들의 이론에 관계하는 분야에서 일어나는 일이면 설사 그것이 전혀 상반되는 인간 행동이라 할지라도 무엇이든지 설명할 수 있다고 호언했습니다. 그러나 그들의 이런 이론에서 모순적 관찰이 용납되지 않는다거나 경험에 의해 반증될 수 없다고 하여, 이들을 싸잡아 신화 또는 점성술의 일종이라 비판한다면 어떻게 될까요. 경험에 의한 반증불가능성이 과학일 수 없다고 함이란 또 무엇인가. 이론의 과학적 자격의 기준은 그 이론의 반증가능성falsifiability, 반박가능성refutability, 혹은 테스트 가능성testability에 있다는 주장에 비추어볼 때, 유물변증법은 일종의 역사주의historicism에 지나지 않겠지요. 시민사회의 이념을 실현하기에 낙관적인 견해도 있을 수 있었겠지요. 노사 대립의 계급투쟁에서는 국가가 중재자로 군림할 것이라는 견해가 그것입니다. 그러나 지나간 20세기는 과연 어떠했던가. 중재는커녕 국가가 노동자 탄압에 일방적으로 나아갔음이 현실이었던 것입니다. 설사 유물변증법이 한갓 신화요 점성술이라도, 현실적으로는 과학 이상으로 박진성을 띨 수 있지 않았겠는가. 전향문학으로 나아감에서도 카프 문인들의 저토록 당당한 생리적 반응도 이와 결코 무관하다고 하기 어렵지요. 일제의 지배하라는 조건까지 감안한다면 이 신화 또는 점성술의 박진성은 과학을 능가했다고 볼 수 있을 터입니다.

둘째, 냉전(양극) 체제의 확립과 그 지속에 대하여.

역사의 종언을 헤겔주의자들이 제2차 세계대전 직후로 보았다면, 그리고 구소련 붕괴(1989)를 두고 또 한 번 역사의 종언을 외쳤다면, 그 중간에 놓인 것이 이른바 양극 체제겠지요. 이 기간 동안 국가사회주의 체제 쪽의 문학예술이 비판적 리얼리즘을 거쳐 사회주의적 사실주의socialist

본 논문이 실린 *Position*, vol. 14, no. 2, fall, 2006, Duke univ. press(special issue: Proletarian Arts In East Asia)의 겉표지 그림

realism로 정립되었거니와, 이러한 실제 흐름이 카프 문학에 후광을 제공하고 있었다고 볼 것입니다. 뿐만 아니라, 양극 체제가 한반도에서는 유일하게 아직도 존속하고 있지 않겠습니까. 이른바 '분단문학'이 한국 근대문학사에 커다란 그림자를 드리우고 있음이 어찌 우연이겠습니까. 카프 문학이 아직도 현대적이자 미래적이라고 하는 까닭이 여기에 있습니다. 주체문예사상에 짓눌려 한동안 소홀했던 카프 문학을 두고 비판적 사실주의와 사회주의적 사실주의 작품도 있다고 하고, 방향 전환 이후의 작품은 "기본적으로 사회주의적 사실주의 작품"(김정일, 『주체문학론』, 조선노동당출판사, 1992, p. 77)이라고 북한문학사가 새로이 평가하고 있음도 더불어 지적될 만하지요.

카프 문학 연구에 대한 전망은 어떠할까요. 이 물음을 잠시 끝에다 적어두고 싶습니다. 점쟁이가 아닌 이상, 부러지게 말해볼 수 없다 해도, 그 전망은 21세기의 정황 속에 들어 있을 터입니다. 사회·역사적 상상력이 20세기적인 유물이라면 21세기의 그것은 무엇일까요. 혹시 생물학적 상상력이라면 어떠할까. DNA에 대한 상상력 말입니다. '인간은 벌레가 아니다!'라는 명제가 알게 모르게 한국 근대문학사의 은밀한 부분이었다면, 이번엔 '인간은 연어(메뚜기, 철새)다!'라는 명제에로의 방향 전환이라면 어떠할까요. '역사의 끝장' 이후의 인간의 상상력 앞이라면 카프 문학은커녕, 한국 근대문학사도 설 자리를 잃지 않을까 싶습니다. 어서 그런 날이 오기를 멋대로 상상해봅니다.

〔시카고 대학 동아시아연구소 주최, 「한·중·일의 프롤레타리아 문학」, 발표논문, 2002. 11. 1; 이 글의 영역자는 시카고 대학 대학원생 양윤선 씨〕

6·25와 소설

1. 보편성에로 향하기

 6·25(한국), 조국해방전쟁(북한), 한국전쟁(미국), 항미원조전쟁(抗美援朝戰爭, 중국)이란 과연 무엇일까. 이 물음에 국방부는 이런 해답을 보여줄지 모릅니다. 한국군 전사 및 부상자 301,866명, 미군 전사 33,629명, 미군 부상자 80,538명, 한국 민간인 사망자 1,060,968명, 북한군 및 중공군 인명 피해 약 250만 명(『코리아 헤럴드 The Korea Herald』, 1980. 6. 24)이라고. 여기에는 북한 인민의 피해는 포함되어 있지 않습니다. 이 중 제일 큰 피해를 입은 쪽은 남·북한이겠는데, 이 좁은 땅에서 인구 10%에 해당하는 약 3백만 명이 3년간 희생된 만큼 사회의 뿌리를 송두리째 흔들어놓기에 모자람이 없었지요(이상우, 「6·25와 80년대 남북한 관계」, 『현대사』, 1980. 11, p. 183). 그 참상을 특파원으로 온 한 외국 기자는 이렇게 적었지요.

현하 한국을 실제로 보지 않고는 이 나라 민족들이 품은 자국에 대한 실망과 낙담이 어떠한 것인가를 판단할 수 없을 것이다. 비참의 구렁에 떨어진 이 민족을 앞에 놓고 제아무리 무정한 자일지라도 자신의 무력함을 탄식하지 않을 수 없으며 눈시울이 뜨거워지지 않을 수 없다. 〔……〕 그리 안락한 생활을 하면서도 때로는 불평을 말해온 나 자신이 부끄러워졌으며 짧은 시일이나마 불쌍한 이들 옆에 있어 그들과 가엾은 생활을 같이 맛보자는 생각이 용솟음쳤다. 그대들은 대뜸 반문할 것이다. 그건 왜? 그리고 그것이 도대체 무슨 소용이 있느냐고. 그렇다. 그것은 아무런 소용도 없을 것이다.

(로우즈 뱅 엑크, 「한국기행」, 왕학수 옮김, 『현대문학』, 1955. 2월호, p. 83)

방관자에 불과한 외국인에게는 그것이 아무리 절망적이든 한갓 풍경에 지나지 않겠으나 정작 당사자인 한 민족에게는 신의 이름이라도 부를 만큼 현재적이자 현실적이었을 터입니다. '간고등어' 썩는 냄새(「다부원에서」) 앞에 선 시인이 하늘을 향해 황소처럼 울 수밖에 무슨 도리가 있었겠습니까.

이 장벽을 무너뜨려주십시오. 하늘이여. 그리운 이의 모습 그리운 사람의 손길을 막고 있는 이 저주받은 장벽을 무너뜨려주십시오.

무참히 끄러진 선의의 인간을
그들의 푸른 한숨 속에 이끼가 앉고 있는 장벽을 당신의 손으로 하루아침에 허물어 주십시오. 다만 하나이고서 둘이 될 수 없는 국토를 아픈 배 부벼주시는 약손같이 그렇게 자애롭게 쓸어주십시오.

이 가슴에서 저 가슴에로 종소리처럼 울려나가는 우리 원(願)이 올해시……

모조리 터져 불붙고 재가 되어도 이 장벽을 열어주십시오.

빛을 주십시오. 황소처럼 터지는 울음을 주십시오. 하늘이어……
(조지훈,「첫기도」,『전시한국문학선』시편, 국방부 정훈국, 1955, pp. 261~62)

그러나 이 "황소처럼" 울음울기에서 한 발자국만 나서면 몸부림의 차례가 오게 마련입니다. 이 몸부림의 단계란 생리적인 것이긴 하되 "황소처럼"의 생리와는 달리 반성적 생리라 불리는 것이지요. 김동리에 의해 '구경적 생의 형식'으로 정립된, 조연현으로 대표되는 문협 정통파의 몸부림이 그것이지요.

문제는 상대방을 극복하기 위한 필사적인 자신의 역량의 발휘다. 비평의 이와 같은 양상은 우리가 살아가는 상상의 모습 바로 그대로다. 별안간 6·25동란에 직면했을 때 그것에서 무사할 수 있는 어떤 편리한 생활의 방법이 있었는가. 우리는 사력을 다하여 6·25와 대결했을 뿐이다. 승리만이 우리가 살 수 있는 길이요. 그 승리를 위해서 우리는 최선을 다할 수밖에는 없었다. 개인도 그랬고 국가도 그랬다. 이것이 6·25에 대한 우리의 진정한 비평이다. 〔……〕 비평이 결사적인 행동이 아니고 이렇게도 저렇게도 말할 수 있는 의견이나 주장이라고만 생각되고 있는 한 비평은 삶의 표현과는 거리가 먼 것이 된다.
(『조연현문학전집(IV)』, 어문각, 1997, p. 17)

어떤 사물이나 대상을 빙자해서 자기 자신을 말하는 방식이 비평인 만큼 상황에 따라 어떤 이론을 도입해서 그때그때 적절히 대응하는 임기응변과는 달리 '몸부림'으로서의 비평이란 결사적일 수밖에 없다는 것. 이런 비평관은 '삶의 표현'과 구별되지 않는 것으로 요약될 터입니다. '황소울음'에서 '몸부림'을 거치기까지 얼마의 시간적·공간적 과정이 요망되는지는 재기 어려우나, 생리적 범주에서 정신의 범주에로의 비약은 불가피했을 터입니다. 개념화의 단계를 거치게 됨이 그것이지요. 항용 그것은 이념으로 표상됩니다.

> 깃발! 너는 힘이었다. 일체를 밀고 앞장을 섰다.
> 오직 승리의 믿음에 항시 넌 높이만 날렸다.
> 이날도 너는 싸우는 자랑 앞에 지구는 떨고 있다.
>
> 온몸에 햇볕을 받고 깃발을 부르짖고 있다.
> 보라. 얼마나 눈부신 절대의 표명인가.
> 우러러 감은 눈에도 불꽃인 양 뜨거워라.
>
> 어느 새벽이드뇨. 밝혀든 횃불 위에
> 때묻지 않은 목숨들이 비로소 받들은 깃발은
> 성상(星霜)도 범하지 못한 아아 다함없는 젊음이여.
> (이호우, 「깃발」, 『전선문학』, 창간호, 1952. 4, p. 26)

이념이란 새삼 무엇이뇨. 이 물음은 아주 소중합니다. 이념이란 '황소울음'이나 '몸부림'을 넘어선 단계. 이른바 개념화의 범주입니다. 이를 인간다움의 한 영역이라 할 때 비로소 6·25는 개별적 특수성을 넘어서 보편성으로 진입할 수 있는 개연성이 한층 높아지는 것이겠지요. 여기에다 제가 속한 세대의 체험적 6·25가 끼어든다면 그 개연성의 밀도는 좀더 높아지지 않을까 싶습니다.

2. 화전민의 논리와 생리

기성세대 문인들이 하늘을 향해 '황소울음'을 울며 '몸부림'을 치고 있을 때, 그 초토 위에서 새로운 목소리가 솟아올랐던 사건만큼 자연스런 것도 많지 않겠지요. 신세대의 목소리가 그것입니다.

엉겅퀴와 가시나무 그리고 돌무더기가 있는 황료한 지평 위에 우리는 섰다. 이 거센 지역을 찾아 우리는 참으로 많은 바람과 많은 어둠 속을 유랑해왔다.
저주받은 생애일랑 차라리 풍장해버리자던 뼈저린 절망을 기억한다. 손 마디마디와 발바닥에 흐르던 응혈의 피, 사지의 감각마저 통하지 않던 수난의 성장을 기억한다.
그러나 우리가 이대로 패배하기엔 너무나 많은 내일이 남아 있다. 천치와 같은 침묵을 깨치고 퇴색한 옥의를 벗어던지지 않고는 견딜 수 없는 유혹이 있다. 그것은 이 황야 위에 불을 지르고 기름지게 밭과 밭을 갈아야 하는 야생의 작업이다. 한 손으로 불어오는 바람을 막고 또 한 손으로는 모래의 사태를 멎게 하는 눈물의 투쟁이다.
그리하여 우리는 화전민이다. 우리들의 어린 곡물의 싹을 위하여 잡초와 불순물을 제거하는 그러한 불의 작업으로써 출발하는 화전민이다. 새 세대 문학인이 항거해야 할 정신이 바로 여기에 있다.

(이어령, 「화전민지대」, 『경향신문』, 1957. 1. 11)

이 목소리의 새로움은 다음 두 가지 특징을 갖추고 있습니다. 이 특성의 중요성은 아무리 강조되어도 지나침이 없는데 이른바 '전후문학'('전후세대의 문학'을 가리킴이어서 '전후의 문학'과는 구별됨)의 의식을 규정하고 있다고 판단되기 때문이지요. 이른바 '제로'(무중력 상태)에서 출발하기가 그것.

첫째, 화전민 의식이라는 것. 그것은 불의 작업을 가리킴이어서 신개지를 개간하는 창조의 정신에 해당됩니다. 물론 황무지를 태우고 곡괭이로 흙을 일구는 일이란, 그 자체가 노동을 가리킴인 것. 노동이란 또 무엇이겠는가. 물건 만들기(창조적 행위)에 다름 아닌 것. 여기에서 분명해지는 것은 개념화 작용이지요. 설계도가 먼저 있고 그다음에 사물이 창조되는 만큼 노예의 노동과는 판연히 구별되지요. 이 점이 이른바 근대라는 개념에 직결됩니다. 근대란 새삼 무엇이뇨. (1)세계를 기계로 보기, (2)앞으로 나아가는 시간관, (3)대자 관계(자의식, 설계도 작성), (4)대타 관계(시민사회), (5)대자연 관계(노동)로 정리되는 것이지요.

황소울음이나 몸부림과는 분명 다른 자기의식이야말로 화전민으로 표상되는 전후세대의 정신적 특성이며, 또 이것이 근대의 정신이기도 합니다. 인간이 벌레일 수 없다는 것, 자기의 운명은 스스로 개척해야 한다는 것, 이를 방해하는 어떤 힘과도 싸우고 저항해야 한다는 것, 소박하지만 원리적으로는 여기에서 나오는 것이 휴머니즘을 지반으로 한 저항의 문학입니다.

이 저항이 창조를 위한 저항이지만 이들이 화전민이었음에 주목한다면, 또 그것이 전쟁이라는 '극한 상황'(야스퍼스의 용어)임을 염두에 둔다면 '혼자 있음'과 '불안'과 '공포'에서 자유로울 수 없게 됩니다. 던져진 존재로서의 화전민은 절대로 홀로이며 '자유' 속에 놓여 있습니다. 불안과 공포 속에서 스스로 본질을 창조해야 함(설계도)이야말로 이른바 특권적인 기도입니다. 이를 두고 실존주의적 현상이라 부르는 것은 후세인의 어쭙잖은 특권이겠지만 정작 당사자인 화전민 세대에게는 안중에도 없었을 터입니다.

동굴에서 빛을 찾아 나오다 눈멀어버린 토끼처럼 플라톤주의자의 후손인 장용학은 사르트르의 『구토』를 읽고 「요한시집」(1955)을 썼다고 했지만, 이는 한갓 핑계겠지요(「실존과 요한시집」, 『한국전후문제작품집』, 신구문화사, 1960, p. 400). 제로 속에서 자기를 의식하며 처음으로 세상을 바라보기란 눈멀기와 동시에 철조망에 목매달기로 귀결될 수밖에 없었던 것이지요. 제목 「암사지도」(서기원, 1956)가 잘 말해주듯 암중모색의 설계도를 백지 위에 그려 보인 것이었죠.

전후세대의 특징을 논의할 때 둘째로 들 것은, 이 점이 문학에서 소중하거니와, 화전민 의식에 대응되는 기법(문체)입니다. 새 술은 새로운 포대에 담아야 되듯 김성한의 「오분간」(1955)은 풍유법에 기대야 했고, 「유예」(1956)의 오상원은 죽어가는 국군 포로의 의식을 이른바 의식의 흐름 수법으로 묘파했고, 인간 모멸의 극한을 보여주기 위해 손창섭은 「혈서」(1955)에서 그만의 특이한 문체인 '것이었다/것이다'를 통해 독특한 리듬을 창출했지요. 산문가의 본령인 묘사 거부가 이로써 가능했습니다.

이 리듬감각의 참신성은 작가의 의도적인 것이었다기보다는 저절로 이루어졌다는 점에서 평가될 성질의 것입니다. 오늘날 읽어도 그 참신성이 감지되는 것은 이 리듬의 창출 덕분이겠지요. 손창섭 이전의 그 누구도 이런 리듬에 매달린 바 없지만, 그 후에도 발견되지 않음에 그 독창성이 깃들어 있어 보입니다. 이러한 리듬감각이 비평문장에서도 발견됩니다.

3. 민담으로서의 6·25

우리 문학사를 문제삼을진대, 무중력 상태(제로)에서 출발했다고 우기는 전후세대의 선언이란 일종의 비유에 해당될 터입니다. 신구세대의 변증법적 발전이 문학사의 대전제로 놓여 있기에 그것은 그럴 수밖에 없겠지요. 6·25에 직면한 구세대의 몸부림이 전후세대와 더불어 논의될 경우, 새삼 뚜렷해지는 것은 이런 사정에서 말미암습니다.

6·25가 가져온 문단적 변화의 으뜸 항목으로 들 것은 일천만 이산가족으로 말미암은 민족 재편성과 이에 따른 문인의 대이동입니다. 이광수·김동환·정지용·김기림·김억·홍구범 등의 납북, 김이석·박남수·양명문 등의 월남이 이루어졌고, 김영랑을 비롯, 김사량 등의 죽음이 있었습니다. 육군 종군 작가단(1951. 5)은 기관지『전선문학』을, 공군의 창공구락부는『창공』을 내었고, 국방부 정훈국의『전시한국문학선』도 이루어졌지요. 현역으로 복무한 염상섭, 윤백남, 이무영 및 종군 작가단을 중심으로 한 문학활동이 펼쳐져, 전선기행문학 부분에서 일정한 성과를 얻었는데,『보병과 더불어』(유치환. 1951)도 그러한 사례의 하나입니다.

여기 망망한 동해에 다달은

후미진 한 적은 갯마을
지나 새나 푸른 파도의 근심과
외로운 세월에 씻기고 바래져

그 어느 세상부터
생긴 대로 살아온 이 서러운 삶들 위에

어제는 인공기(人共旗) 오늘은 태극기
관언(關焉)할 바 없는 기폭이 나부껴 있다.

(유치환, 「기의 의미」, 『보병과 더불어』, 문예사, pp. 28~29)

구세대의 이러한 방관자적 시선이 지닌 의의는 뚜렷합니다. 그렇게 함으로써 6·25를 가까스로 탈이데올로기화할 수 있었을 터입니다. 문협 정통파의 생리주의적 체질에서 보면 역사란 절대적인 자연 앞에서는 한갓 인공적인 것에 지나지 않겠지요. '구경적 생의 형식'이라든가, '신 없는 자연의 허무의지'의 처지에서 보면 6·25라든가 역사라든가 이데올로기 따위란 한갓 꼭두각시놀음이거나 곡두에 지나지 않을 터입니다. 무위자연이란 말 그대로 사람도 한갓 자연질서에 속하기에 거기 순응함이 올바른 삶의 윤리감각이겠지요.

이러한 자리에서 씌어진 것으로 「학」(황순원, 1953)을 들 수 있겠지요. 3·8선 접경의 한 마을에서 6·25 때 벌어진 얘기 아닙니까. 체포된 농민동맹 부위원장인 덕재를 자진해 호송하는 치안대 소속의 성삼은 도중에 덕재를 풀어주게 됩니다. 어릴 적 학 사냥도 하며 함께 자란 불알친구가 그 이유였습니다.

근대적 의미의 의무나 책임 또는 윤리감각에서 보면 실로 어처구니없는 일 아닙니까. 성삼에게는 그런 권리란 있을 수 없지요. 그럼에도 작가는 이런 방식으로 처리해놓았습니다. 생리적 삶의 자연스러움에 모든 것을 맡겼기 때문이며, 그 때문에 이 작품은 소설이기에 앞서 소설보다 월등히 범위가 큰 단위인 전설이거나 민담의 범주에로 향했던 것입니다.

「오발탄」(1960)의 작가 이범선의 「학마을 사람들」(1957)도 이 범주에 들 것입니다. 강원도 산골 학마을에 미친 6·25란, 구한말 국운이 다할 때도 해방을 맞을 때도 마을을 찾아와 둥지를 트는 학이 있고 없음으로 가늠되는 것이어서, 그 자체가 일종의 전설이거나 민담이지요. 조금은 작위적이긴 해도 선우휘의 「싸릿골 신화」(1963)도 이 계보에 넣을 수 있습니다.

6·25를 이처럼 자연질서 속으로 끌어들여 민담·전설의 범주에 올려놓고자 한 현상을 두고 '자연의 내면화'라 부를 것입니다. 전후세대의 '의식의 내면화'와 대비시킬 수 있다면 제 논의의 유연성이 좀더 뚜렷해질 수 있기 때문입니다.

4. 내면화로서의 부계(父系) 문학

민족 대이동을 가져온 6·25지만 그것이 휴전상태에 지나지 않은 이른바 현재 진행형이었던 만큼, 이 점을 염두에 두지 않으면 반공을 국시(國是)로 한 이 나라 문학을 이해하거나 설명할 수 없다 해도 과언일 수 없습니다. 전후세대의 활동이 『사상계』(1953) 『현대문학』(1955) 『자유문학』(1955) 등 발표지의 등장과 더불어 실질적으로 시작되었음을 염두에 둘 필요가 있습니다. 4·19를 기점으로 하여 그 이전과 이후를 크게 가를 수 있음을 알기 위해서 특히 그러하지요. 이른바 4·19세대의 등장 이전까지로 전후세대를 규정할 수 있습니다. 『광장』(최인훈, 1960. 11)은 4·19로 말미암아 씌어질 수 있었던 것입니다. 1960년대, 1970년대의 등장은 전후세대까지 포함해서 많건 적건, 의식적이든 아니든 6·25의 압력에서 자유롭지 못했습니다. 진행형의 6·25이기에 그러했고, 반공이 국시이기에 그러했지요. '의식의 내면화'가 은밀히, 그리고 심도 있게 행해졌던 사실만큼 문학사적 의의가 큰 경우는 찾기 어렵습니다. 1960년대 이후 이 나라 문학의 깊이와 넓이, 그 완성도를 어느 수준에서 가져왔기에 특히 그러합니다.

이데올로기의 내면화인 이른바 '의식의 내면화'란, 거듭되는 제도적 억압구조(군사독재)의 강도에 비례하여 전면적으로 또한 깊어졌거니와, 편의상 이 자리에서는 대표적인 두 가지 사례만 다루기로 합니다.

그 하나는, 이문구의 「관촌수필」「공산토월(空山吐月)」을 포함한 8편의 단편(1972~1977)으로 된 『관촌수필』이 당초부터 소설 거부를 깃발처럼 내세우고 출발하고 있었지요. 소설을 쓰는 마당에 이를 수필이라 우김이란 웬 까닭일까. 소설로서는 표현할 수 없는 내용, 곧 소설 초월이거나 소설 미달일 수밖에 없는 것을 다루고 있다는 역설이 거기 잠겨 있습니다. 절대로 소설일 수 없지만 소설이 아니고서는 또한 절대로 시도해볼 수 없는 그 무엇이란 대체 무엇일까. 작가는 이를 '모란꽃 무늬'로 표상해놓았습니다.

이 '모란꽃 무늬'야말로 절대로 드러내서는 안 되는 것이지만 동시에 절대로 드러내야 하는 그 무엇, 이른바 성스러운 원광을 띤 것이었지요. 그것은 소년이 난생처음으로 본 '아비'상이었던 것입니다.

"아비는 종이었다. 밤이 깊어도 오지 않았다"로 표상되는 일제 강점기의 의식의 내면화가 여기에서는 '모란꽃 무늬'로 내면화된 형국이지요. 소설 초월이거나 미달이거나 상관없는 자리, 그럼에도 소설일 수밖에 없는 이유로 들 수 있는 것이 있다면 작가의 기법. 곧 전(傳) 형식의 도입입니다(졸저,『우리 소설과의 대화』, 문학동네, 2001).

의식의 내면화를 문제삼을 경우 또 다른 하나의 사례로 김원일의 『노을』(1978)을 들 수 있습니다.『관촌수필』과 마찬가지로 성장소설의 범주에 듭니다.

무한대로 주어진 시간성에 의해 용해되어, 이른바 전체성을 드러내는 원근법이 흐려지기 쉬운 성장소설을 수필이라 우김으로써 간신히 소설 고유의 원근법을 확보한 것이『관촌수필』이라면, 이런 성장소설의 취약점을 귀향형(歸鄕型)의 수법으로 극복한 것이『노을』입니다. '아비는 종이었다'의 내면화가 일제 강점기의 문학적 감성의 주조저음이었다면, '아비는 이데올로그였다'의 내면화는 6·25로 말미암아 빚어진 문학적 의식의 주조저음이었기에 그것은 서사형식으로도 가능했던 것입니다.

5. 서울의『취우』와 평양의『대동강』

6·25를 가운데 놓고 지금까지 논의해온 것은 대한민국 곧 남한의 문학에 국한된 것이기에 한국전쟁의 문학이나 조국해방문학의 범주와는 별개의 것입니다. 역사의식(경험)을 공유하지 않은 처지에서 북한문학이나 세계문학을 논의하기란 원리적으로 불가능하기 때문입니다. 요컨대 북한문학이란, 제 경우로 하면 외국문학이거나 준

(準)외국문학 범주에 가깝습니다. 그렇기는 하나, 인민군 서울 점령 3개월(6. 28~9. 28)과 유엔군 평양 점령(10. 19~12. 4)을 다룬 대작이 남북한의 대가급 작가에 의해 각각 쓰어졌다는 것은 6·25문학을 논의할 때 하나의 사건성으로 볼 수 있을 터입니다. 염상섭의 『취우』(『조선일보』, 1952. 7. 18~1953. 2. 20)와 한설야의 『대동강』 3부작(「대동강」「해방탑」「룡악산」, 1955)이 그것입니다. 이들 두 작가는 이른바 카프 문학 시대를 겪은 정통적인 경험 세대인 만큼 6·25를 대하는 이데올로기상의 시각 차이에도 불구하고, 그에 앞서는 체질적 공통점이 있다고 볼 것입니다. 맞대어 논의해볼 수 있는 발판이 일정한 수준에서 마련되어 있습니다.

염상섭의 경우, 『효풍』(『자유신문』, 1948. 1. 1~11. 3) 『완류』(『조선일보』, 1950. 1. 1~6. 25) 등 이른바 가치중립적 노선에서 장편을 써온 점에서 보면 『취우』를 포함하여 이 세 작품을 염상섭의 3부작으로 간주할 수 있겠거니와, 이들 3부작의 밑바닥에 흐르는 작가정신은 다음 말에서 일관되어 드러나 있습니다.

나는 이번 난리를 겪으면서 문득문득 머리에 떠오르는 것은 썰물같이 밀려가는 피난민의 떼를 담배를 피우며 손주 새끼와 태연 무심히 바라보고 앉았는 그 노인의 얼굴과 강아지의 우두커니 섰는 꼴이다.

길 이편에서는 소낙비가 쏟아지는데 마주 뵈는 건너편에는 햇살이 쨍이 비치는 것을 눈이 부시게 바라보는 듯한 그런 느낌이다. 생각하면 이런 큰 환란을 만난 뒤에 우리의 생각과 생활과 감정에는 이와 같이 너무나 왕청 뛰게 얼룩이 진 것이 사실이다. 그 얼룩을 그려보려는 것이다. (「작가의 말」, 『조선일보』, 1952. 7. 11)

『취우』란 그러니까 일상적 삶에 6·25라는 소낙비가 남긴 '얼룩'의 기록으로 되겠지요. 한미무역회사 사장, 그 비서이자 첩인 강순제, 과장인 청년 신영식 등이 6·25 속에서 이런저런 곡절을 겪지만, 그 곡절이 아무리 대단하더라도 일상성 속에 흡수되고 마는 것. 요컨대 일상성 속에서 보면 이데올로기란 아무런 힘을 발휘하지 못하지요. 일상성이란, 언제나 그 모양 그 꼴로 빈틈없이 지속된다는 것. 이런 삶의 측면을 가감 없이 끈기 있게 보여줌에 있어 『취우』는 단연 어른스런 모습입니다.

『대동강』 3부작에서도 이러한 어른스런 모습이 뚜렷합니다. 주체문학론(1967) 대두 이전까지 실질적으로 북조선문학총동맹을 이끌어온 한설야인지라 그의 작품에 이데올로기가 전면적으로 노출되었음은 사실이지만, 그러나 그것과 구별되는 별개의 측면 곧 소설 고유의 요소인 일상성의 측면이 확보되어 있음을 볼 수 있습니다.

놈들이 각 들어온 얼마 동안은 전등도 라디오도 감감했는데 발전기를 실은 군함이 오느니 자동차가 오느니 하고 벅짜고 아대더디 이럭저럭 전기를 보내게 되었으나 점순이에 대해서는 그놈들의 불빛이 악마의 눈깔처럼 도리어 몸서리가 쳤다. 〔……〕 점순이가 처음으로 머리를 깎고 다 떨어진 남자 로동복에 얼굴을 검데기로 윤내고 무연탄 달구지를 끌고 나선 것을 보았을 때 어머니는 불현듯 명문이 칵 막혔다.
(『대동강』 제1부, 조선작가동맹출판사, 1955, p. 4)

이러한 일상성의 도입은 제2부 「해방탑」에서도 그대로 볼 수 있지요.

놈들(미군—인용자)은 군대 물건이고 탈취한 물건을 팔아넘길 때마다 으레 군대 담배를 끼워 팔았다. 군대 담배는 금제품이어서 딴사람이 가지고 있는 걸 보면 빼앗아갔다. 그런데 언제나 물건매매가 끝난 다음에는 어김없이 엠피놈이 쫓아와서 물건 산 사람을 수사하고 미군 금제품을 가지고 있다고 어릉대며 모두 빼앗아갔다. 한통속이 되어 있는 것이다. (『대동강』 제2부, p. 126)

제3부인 「룡악산」에서도 이 점이 뚜렷한데, 남한에서의 '도강파'와 '잔류파' 문제도 그대로 노출되었음에서 특히 그러합니다.

나는 꼭 한마디 지적하려 합니다. 요사이 우리 공장에는 아주 적으나 이상스런 공기가 한구석에 숨어 있습니다. 너는 후퇴했느니, 안 했으니 [……] 당 지령에 따라 피난, 잔류가 결정된 것이며 그대로 한 것입니다. (『대동강』 제3부, p. 262)

만일 통일문학사론을 다루는 경우가 온다면 『취우』와 『대동강』 3부작이 하나의 척도 구실을 할 수 있겠다고 보는 것은 이런 연유에서입니다.

6. 6·25와 한국전쟁 속에 놓인 합동 위령제

지금껏 제가 논의해온 것은 6·25의 시선이었기에 '한국전쟁'의 시선과는 당연히도 일정한 거리를 갖고 있습니다. '한국전쟁'의 시선에서 그 문학을 바라본다면 어떠할까. 이 물음이야말로 21세기에 접어든 오늘의 과제일 터입니다. 제6차 교육과정까지 이 나라 국사 교육은 단일한 '자국 역사'에 놓여 있었지만, 제7차 교육과정으로 바뀐 오늘의 이 나라 국사 교육은 독립되지 않은 통합역사에 놓여 있습니다(중학과정은 사회과목 속에, 고등학교는 독립과목이되 선택과목으로). 세계사 혹은 한국사로 이해함이 그것이며, 선진국들은 진즉에 이런 방식으로 자국 역사를 공부해왔지요. 우리 역시 이런 방향으로 나아가고 있음은 여기서 새삼 말할 처지가 아닙니다. 그러나 매우 딱하게도 저는 아직 그런 것에 익숙하지 못합니다. 지금부터라도 그런 공부에 나아가야 할 터인데, 실로 막막함을 물리치기 어려워 답답하기 짝이 없습니다.

비록 그렇긴 하나, 제가 노력하여 그런 공부에로 나아가는 경우가 있다면 그 길목에는 윤흥길의「장마」(1973)와 김은국의『순교자』(1964)가 놓여 있을 터입니다. 앞의 것은 우리 단편소설이고, 뒤의 것은 영어로 씌어진 교포작가(미국 시민)의 것이어서 속문주의(屬文主義)에 선다면 한국문학 범주에 들 수 없습니다. 그럼에도 이 두 작품을 제가 피해가기 어렵다고 한 까닭은 매우 단순 소박합니다. 제 좁은 안목으로 눈동냥 귀동냥 한 바에 따르면 6·25와 관련된 작품으로 영어 상용권에서 조금 알려진 것이 이 두 편이 아닐까. 이러한 제 판단의 근거 역시 단세포적입니다.

아이오와 대학교 문예창작과의 석사논문으로 제출된『순교자』에 대해 "욥기와 도스토예프스키와 카뮈의 위대한 전통에서 씌어진 작품"(『뉴욕 타임스』서평)이라는 평가를 비롯, "인간상황의 기본적인 성격을 포착했다"(『선데이 리뷰』)에 이르는 평가가 내려진 바 있습니다. 여러 나라 언어로 번역되기도 했고요. 한편「장마」는 어떠했을까요. 유네스코 선정 문학번역집(1983)의 하나로 간행된 것에 *The Rainy Spell and Other Korean Stories*(서지문 옮김)가 있습니다. 이광수의「할멈」에서 박완서의「그 살벌했던 날의 할미꽃」(1977)에 걸친 11편을 실은 단편집에서 그 전체를 규정한 표제가『장마Rainy Spell』였습니다. 역자는「장마」를 번역함에 있어 이 작품을 민담 형식이 지닌 보편성, 적어도 동북아의 공통적 민담의 기반에 닿고자 하는 것처럼 제게는 보였습니다. 한국문학만이 지닌 폐쇄성을 넘어서고자 하는 시도가 거기 작동되어 있었지요.

"폐쇄적인 한국어가 세계언어의 일환으로 형성되는 서두의 시련" (서기원,『전후문학의 옹호』, 아세아, 1969, p. 232)이 전후세대의 존재 이유이고, 그 세대를 이은 1960년대 선두주자가「무진기행」(1964)으로 대표되는 김승옥이라면, 윤흥길의「장마」는 언어의 혁신 쪽이 아니라 한국적 소재의 지방주의가 어떻게 세계문학에로 나아갈 수 있는가를 보여주는 '서두의 시련'이라 할 것입니다.

초등학교에 다니는 소년 동만의 눈으로 6·25의 이데올로기의 기묘한 싸움을 관찰한「장마」는 빨갱이 친삼촌과 육군 장교 외삼촌의 죽음에 대한 친할머니와 외할머니의 불화 원인을 다루었는데, 그 불화 해소방식의 지방주의적 성격은 한국적(동양적)이자 바로 세계적인 것이라 할 수 있습니다. 세계문학 속에서 새로움의 기여도는 이런 방식에서 비로소 가능한 것이기 때문입니다. 샤머니즘과 결부된 한국인의 원형적 사고(슬기)의 하나를 대표하는 구렁이 민담 형식의 재창조가「장마」에서만큼 전형화된 경우는 흔하지 않습니다.

전쟁터에서 죽은 아들이 구렁이로 변신하여 고향집으로 찾아온다는 이 민담이 과연 동북아적 분포를 가진 것이냐의 여부는 따지지 않는다 해도, 이데올로기로 인한 사람들의 갈등 해소방법으로 제시되어 다음 장면은 새삼 빛납니다.

외할머니의 고함은 서릿발 같았다. 팔매질이 뚝 멎었다. 그러자 외할머니는 천천히 감나무 아래로 걸어가기 시작했다. 외할머니의 몸이 구렁이가 칭칭 감긴 늙은 감나무 바로 밑에 똑바로 서 있는데도 아무 일도 일어나지 않자, 그때까지 숨죽여가며 지켜보던 많은 사람들 입에서 저절로 한숨이 나왔다. 바로 머리 위에서 불티처럼 박힌 앙증스런 눈깔을 요모조모로 빛내면서 자꾸 대가리를 숙여 퍼뜩퍼뜩 위협을 주는 커다란 구렁이를 보고도 외할머니는 조금도 두려워하지 않았다. 외할머니는 두 손을 천천히 가슴 앞으로 모아 합장했다.
"에구, 이 사람아, 집안일이 못 잊어서 이렇게 먼 길을 찾어 왔능가?〔……〕자네 보시다시피 노친네는 기력이 여전하시고 따른 식구들도 모다덜 잘 지내고 있네. 그러니까 집안일이랑 아무 염려말고 어서서 자네 가야 할디로 가소.〔……〕가야할 디가 보통 먼 길이 아닌디 여그서 이러고 충그리고만 있어야 되겠능가. 자꼬 그러면 못쓰네. 심정은 내 짐작을 허것네만 집안식구덜 생각도 해야지. 자네 노친양반께서 자네가 이러고 있는 꼴을 보면 얼마나 가슴이 내려지건능가"
외할머니는 꼭 산 사람을 대하듯 위로 올려다보고서 조용조용히 말을 건네고 있었다. (「장마」, 『문학과지성』, 1973. 봄호, pp. 63~64)

이곳에서는 현상과 본질의 미분화 상태를 곧바로 보여주고 있어, 종래의 리얼리즘 수법이나 반영론이 무효화되고 있지요. 원근법이 거부된 민화의 세계를 전형적으로 보여주는 이 작품은, 따라서 근대주의라는 진보를 원리로 하는 상대적 가치관의 세계에서 보면 근대적 소설 형식의 미달이라 부를 수도 있을 것입니다. 그렇지만 6·25가 근대적인 이데올로기의 산물이자 동시에 한민족의 생명의 평등

원칙에 관련된 것이어서, 민화의 세계관이 아니고는 부분적으로밖에 이해되거나 분석될 수 없는 것입니다. 「장마」를 6·25의 한쪽 측면을 대표하는 유형이라 규정하는 것은 이 때문입니다. 이처럼 가장 자연스런 것의 하나일 수 있다는 것. 바로 여기에 6·25가 지닌 탈이데올로기적 성격이 역조명될 수 있었던 것입니다.

카뮈에게 바친다는 헌사를 머리에 인 『순교자』는 어떠할까요. 6·25의 참호 속의 허무주의를 극복하게 해준 "기묘한 사랑의 형태"라고 작가 스스로 규정해놓았습니다. 신 없는 성자(聖者)를 부각시킨 카뮈의 『페스트』에 이어진 주제이고 따라서 기독교 문명권에서 친숙한 것이겠지만, 제가 주목하는 것은 따로 있습니다. '신 없는 성자'라는 서구적 사상이 제2차 세계대전의 문학적 지표의 하나라면, 『순교자』는 6·25의 문학적 지표의 하나로 세계문학 속에 내세울 수 있다는 것도 한 가지 이유일 수 있겠지요. 설사 그것이 갈 데 없는 오리엔탈리즘의 일환이겠지만 말이지요. 제가 말하고자 하는 것이 따로 있다 함은, 『순교자』의 중심부에 놓인 사건성으로서의 '합동 추모예배'에 관해서입니다. 유엔군이 평양에 진주했을 때 평양시민의 마음을 진정시키기 위해서 먼저 해야 될 사항의 하나가 공산당에 의해 처형된 목사 12명의 합동 위령제였던 것입니다.

> 명분을 위해 고결한 피를 흘려 고통 받는 기독교인들과 빨갱이들의 박해에 대한 궁극적인 정신적 승리를 영광스레 증언한 이 순교자들을 다 함께 추도해주시기 바라는 바입니다.
> (도정일 옮김, 시사영어사, p. 94)

7. 닫힌 6·25와 열린 6·25

'6·25'냐 '한국전쟁'이냐에서 앞의 것에 좌표축을 놓고 씌어진 것이 이 글의 내용입니다. 앞의 것의 좌표축이라 했기에 이는 썩 폐쇄적일 수밖에 없겠지만, 더욱 폐쇄적일 수밖에 없는 것은 제 시야의 좁음에서 왔을 터입니다. 그럼에도 불구하고 이 글을 통해서 한국문학이 비로소 세계문학의 일환으로 재편성되는 단초를 이루고 있음을 보여주는 쪽으로 기울어짐을 발견하게 됩니다. 그 이유는 과연 어디에서 왔을까요. 한반도에서 벌어진 6·25에 대한 합동 위령제가 아직도 만족할 만큼 치러지지 못했음에 관련된 사항일까요. 이를 제 몫으로 남겨 두고자 합니다.

문득 이 장면에서 『광장』의 작가가 여섯 번씩이나 개작을 하지 않으면 안 되었던 곡절도 알 듯합니다. "그대 작품은 동양적인가"라는 어떤 프랑스인의 질문에 대해 『광장』의 작가가 일언지하에 이렇게 대답하는 장면도 떠오릅니다. "소재는 동양적이나 형식은 서양적이다"라고(졸고, 「한겨울 파리에서 핀 한국문학」, 『김윤식의 현대문학사 탐구』, 문학사상사, 1997, p. 298). 『광장』의 개작에 대해 작가가 이렇게 대답하는 것도 같은 문맥에서겠지요. "그대들은 사르트르의 『구토』를 읽었을 것이다. 의식의 과잉에 정신 못 차리던 주인공 로캉탱이 어느 날 문득 재즈를 듣고 생기를 찾는 장면을 기억하는가. 어미·새끼 갈매기의 개작 경우도 가정은 같다"라고. 여기까지 이르면 이 어수선한 글도 결론을 맺어야겠지요. 6·25문학이란 제1차적으로는 한국 근대문학사 속에 내속(內屬)된다는 것. 기성세대와 이른바 '전후세대' 간의 변증법적 전개의 일환으로 이 글을 정리한 것은 이 때문입니다. 우리 문학에서 6·25란 소재이기 전에 삶이었음이 그 증거입니다.

〔한국평론가협회 주최 국제 심포지엄, 「세계문학의 시각에서 본 한국전쟁과 그 문학적 결산」, 발표논문, 2003. 9. 26〕

한국문학의 월남 체험
—— 전쟁 체험에서 문학 체험에 이르기

1. 체험적 글쓰기로서의 월남전

월남전이란 무엇인가. 미국과 월남 간의 전쟁이라 함이 제1차적 정의이다. 미군 철수로부터 27년 후인 2000년 11월 월남을 방문한 클린턴 미국 대통령은 이 전쟁을 두고 "양국이 공유한 아픔"이라 했다. 이 전쟁을 보는 시각은 (1)냉전의 이름 밑에 벌어진 전쟁, (2)남월공화국(남베트남)의 반정부 세력(민족해방전선과 임시혁명정부)과 그들의 맹우였던 월남민주공화국(북베트남)의 싸움, (3)중국과 하노이 간의 숨은 싸움, (4)미국과 사이공 간의 조용한 싸움, (5)미국과 동남아 국가들 간의 외교싸움, (6)미국 내에서 전개된 정부와 여론 간의 싸움 등이 있거니와, 어느 쪽이든 이 전쟁은 적어도 미군 전사자 5만 8천 명(전상자 36만 명), 한국을 포함한 동맹군 전사자 약 5천 명, 또한 월남의 전사상자 300만 명, 민간인 400만 명,

행방불명 30만 명, 고엽제 피해자 100만 명, 난민 1천만 명으로 정리되고 있다(松岡完, 『베트남 전쟁』, 中共新書, 2001). 월남과 프랑스의 싸움을 제1차 인도차이나 전쟁(1946~1954)이라 할 때, 제2차 인도차이나 전쟁(1964~1975)이란 미국과 월남의 싸움을 가리킴이며(미국의 완전 철수는 1973. 3. 29), 제3차 인도차이나 전쟁(1978~1991)은 월남과 캄보디아, 월남과 중국 간의 전쟁을 가리킴이다. 3차에 걸치는 인도차이나 전쟁이란 우리에게는 무엇인가. 이 물음에 맨 먼저 응해오는 것이 한국군 월남 파병이다.

 월남전에 한국군 파병 안건이 국회에서 거의 만장일치로 통과된 것은 1965년이었다(단 1명의 반대표가 있었다). 당시 박정희 전 대통령은 월남전을 두고 '한국의 제2전선'이라 했고, 1964년 9월 이래 한국은 월남전에 파병하기 시작했다. 1964년 9월 11일 제1이동외과 병원을 필두로 1973년 3월 23일 한국군 후발대가 철수할 때까지 8년 4개월 동안 수도사단과 제9사단, 해병대 제2여단, 해군수송부대, 공군지원관 건설지원단, 제100군수사령부, 태권도 교관단 등 연인원 32만여 명(31만 2,853명)에 달했다. 그 결과 5천여 명이 사망했고, 1만여 명의 부상자를 낳았다. 월남 측 기록에 따르면, 1968년 6월 29일 현재 한국군 병력은 총 50,355명으로 되어 있다(방현석, 『하노이에 별이 뜨다』, 해냄, 2002, p. 108). 형식상 비전투원이었으나 실제로는 전투에도 참여, 미군보다 월등한 용맹성(미군은 1:5, 한국군은 1:36의 살인율)을 펼쳤다. 비전투원 명목으로 한국을 비롯 호주, 뉴질랜드, 필리핀, 타이, 대만, 스페인 등도 있어 총 7만 명(1969)에 이르기도 했으나, 한국군을 빼면 그 성과는 미비했다(『베트남 전쟁』, p. 254). 어째서 한국은 그토록 많은 병력으로 이 전쟁에 참가하지 않으면 안 되었을까. 그 결과는 과연 무엇일까. 후세의 역사는 이 사실에 대해 어떤 평가를 내릴 것인가. 이런 거창한 물음에 가까이 다가가는 길은 여러 갈래로 우리 앞에 놓여 있겠거니와, 그 가운데 문학 쪽의 갈래도 있을 수 있다. 우선 논의의 대상으로는 필자의 제한적인 관심이 놓인 황석영의 『난장』(1976. 여기에서 이어진 것이 『무기의 그늘』, 1983), 박영한의 『머나먼 쏭바강』(1977) 『인간의 새벽』(1979), 안정효의 『전쟁과 도시』(1983. 이어진 것이 『하얀 전쟁』, 1989) 등을 들 수 있는바, 그 이유로는 다음 사항이 고려된다.

첫째, 이들 작품의 작가들이 실제로 월남전에 참전했다는 점. 물론 그들이 모두 전투병으로 참여한 것은 아니었다. 박영한은 보도병이었고, 안정효 역시 외신기자의 통역원이었다. 황석영의 경우(1967. 청룡부대 제2진, 해병대, 병과 보병 6개월, 합수부 6개월)는 매우 유별났다(「박영한 특집」, 『작가세계』, 1987. 겨울호; 「황석영 특집」, 『작가세계』, 2004. 봄호; 『하얀 전쟁(1)』, 고려원, 1989). 이 사실은 강조되어야 할 대목이 아닐 수 없다. 직접 전투에 참전한 사람의 경우 그 나름의 장단점이 문학상에서 논의될 수 있을 터이다. 체험의 밀도에서 유다를 수 있겠지만 그 한계점 역시 지적될 수 있다. 숲을 못 보고 나무만 볼 가능성이 그것이다. 한편 보도원의 자격으로 참전했을 경우도 사정은 같다. 제3자의 시선을 어느 수준에서 유지할 수 있음이 장점이라면, 보도용의 한계가 단점으로 될 터이다. 어느 편이든 중요한 것은 이들이 모두 체험의 영역에 속한다는 사실에서 온다. 문학이 원초적인 체험의 소산임을 염두에 둔다면 위의 작품들은 두말없이 문학적 성과물이 되는 셈이다.

둘째, 이 점이 중요한데, 이들이 모두 자원해서 파병되었다는 점이다. 작가 지망생인 안정효, 박영한을 빼면 황석영은 이미 신진기성작가로 주목된 인물이었다. 어째서 이들은 월남전 파병에 자원입대했을까. 이 물음은 문학을 논의하는 마당이라면 피해갈 수 없는 과제가 아닐 수 없다. 돈 때문에 또는 실연 때문에 또는 새로운 돌파구를 찾기 위해 자원파병에 나아간 5만여 명의 한국군에게 그 자원 동기를 알아내는 일은 물론 현실적으로는 불가능할 터이다. 그렇긴 하나, 문학의 과제에서 보면 이 자원 동기란 그 어떤 것보다 우선하여 선명해질 수밖에 없다. 파월 동기, 그것이 적어도 작가 및 작가 지망생에게 글쓰기의 동기에 다름 아니기에 특히 그러하다.

이 글은 파월 군인의 자원 동기 분석을 통해 글쓰기의 밀도랄까 성취도의 일면을 살펴보기 위해 쓰어진다. 잘만 하면 체험하지 않고도 훌륭한 월남전에 대한 작품도 쓰어질 수 있겠지만(조정래, 「청산댁」, 1972), 그것과 체험적 글쓰기 사이의 낙차도 이 논의의 범주에 들 수 있을 것이다.

2. 출발점으로서의 「몰개월의 새」

한국문학에 있어 월남전이란 무엇인가. 이 물음은 월남전 체험이 한국문학에 어떤 영향을 미쳤는가에로 수렴될 성질의 것이어서 많은 논의가 요망될 터이지만, 그 중에서도 작가 및 작가 지망생들의 참전 동기 분석이 제1차적 과제라 할 것이다. 국민 개병주의 국가에서 1960년대 젊은이들은 누구나 입대하게 되어 있지만 그것은 국토방위의 신성한 의무에 국한된 사항이었다. 월남전 참가는 이와는 달리 외관상이든 실질상이든 자원 형식의 선택사항에 지나지 않았다. 어째서 기성작가 및 작가 지망생들의 일부가 자원해서 월남전에 참전하지 않으면 안 되었을까. 이 물음에 정면으로 다가오는 것이 『객지』(1973)의 작가 황석영의 「몰개월의 새」(1976)이다. 「입석부근(立石附近)」(1962)으로 등단한 황석영은 「한씨연대기」(1972) 「삼포 가는 길」(1973) 『장길산』(1984) 「영등포 타령」(1975) 등으로 주목받는 작가였다. 이렇게 왕성한 신세대 작가가 자원해서 월남전에 나아가지 않으면 안 되었던 은밀한 동기란 과연 무엇일까. 그 해답의 한 징후를 읽어낼 수 있는 거의 유일한 밀도 높은 작품이 「몰개월의 새」이다. 대체 '몰개월'이란 어떤 곳인가. 그것은 월남전 참전 병사를 위해 해병대(청룡부대) 특교대 훈련소가 있는 포항 부근 바닷가의 한 지명을 가리킴이다.

황석영의 「몰개월의 새」 첫 부분

우리는 비가 퍼붓는 특교대 연병장을 나란히 구보했다. 버젓하게 뛰어가야 동초가 아무 말 없다는 것이 그의 주장이었다. 우리는 철조망을 무사히 통과했다. 개구리 소리에 귀가 멍멍했다. 논두락을 지나면 한길이 나오게 되어 있었다.

"불빛 보이니?"

"응, 몰개월이다."

몰개월에는 전기가 들어오지 않았다. 특교대가 생겨나자 서너 채의 초가가 있던 외진 곳에 하나 둘씩 주막이 들어섰는데, 거의가 스레트 지붕에 흙벽돌이나 브로크로 지은 바라크들이었다. 비슷한 꼴의 나지막한 집 이십여 채가 울퉁불퉁한 자갈길 양쪽에 늘어서 있었다. 원래의 몰개월 마을은 이 킬로쯤 더 가야 있었으나, 이곳을 모두 몰개월이라 불렀는데 바다가 바로 그 뒤편에서 철썩이고 있었다. 어디서 흘러왔는지도 모를 작부들이 집마다 두세 명씩 기거했다. 낮에는 모두들 깊이 자는지, 과외 출장을 나가는 때에 몇 번 지나가 보았으나 모래먼지만 뽀얗게 일어나고 있었던 것이다. 그러나 특교대에서는 몰개월의 똥까이들이 전국에서 가장 깡다구가 센 년들이란 소문이 자자했다. 갈 데 없어 막판까지 밀려와, 전장에 나가려는 병사들의 시달림을 받으니 그럴 법도 했다. 우리는 드문드문 남폿불이 새어 나오는 몰개월로 들어섰다. 밤도 늦었고 비가 워낙에 억수로 퍼부어서 어느 년도 내다보질 않았다. (『세계의 문학』, 1976. 가을호, pp. 253~54)

추장이란 별명을 가진 이 상병과 한 상병인 '나'가 야음을 타고 철조망을 넘어 몰개월로 가고 있다. 추장이 재주껏 마련한 물건으로 '가장 깡다구가 센 년들'을 만나러가는 도중 바라크 입구에서 뜻하지 않은 장면에 부딪쳤다. 칠흑 같은 어둠 속 우중에 허여스름한 물체가 그것. 얇은 슈미즈만 입은, 시궁창에 하반신을 담그고 엎드린 여자가 아닌가. 이 장면에서 작가 황석영은 주인공인 한 상병의 입을 빌려 이렇게 적었다.

내가 여자를 들어 올렸으나, 그 여자는 고개와 팔을 아래로 툭 떨어뜨렸다. 정말 억병으로 마신 듯했다. 간간이 으응, 하면서 신음소리를 냈다. 몸이 형편없이 야위었고 키만 멀쑥했다. 비 속에 내던져진 벌거숭이의 여자를 그냥 두고 가기에는 좀 언짢은 일이었다. 공연히 우리가 먼 벽지나 부둣가의 어둠 속에 콱 처박히는 듯한 느낌이 들었다. 사실 그랬지만, 나는 서부의 노다지 광산을 찾아든 건달 같다는 생각을 했었다. 그리고 무엇보다도 시궁창에 처박힌 여자의 그런 모양이 내 욕정을 일으켰다. 몇 번 위로 추켜보면서 나는 곤죽이 된 여자와 자고 싶었던 것이다. (위의 책, p. 254)

이 여자의 이름은 미자. 유달리 눈이 커서 빠꿈이라 불린 갈매기집 똥까이. 미자를 둘이서 매고 갈매기집으로 가자 포주 여자는 푸념을 한바탕 늘어놓지 않겠는가.

 이 쓸개 빠진 년들이 모두들 애인 하나씩 골라서는 편지질을 하는데, 어떤 년들은 열 사람 스무 사람에게 쓴다우. 한 달에 한 명씩 골라 잡아두 열 달이면 열 명이 꽉 찬다구. 미자년이나 옆집 애란이나 가끔 술 처먹구 지랄을 하는데, 아마 상대편이 죽었다는 소식이 들리는 모양이지. 그뿐야, 제대하구 가면서 몰개월에 찾아와 들여다보는 놈들은 한 번두 못 봤다니까. 자 이래 놓으면, 오늘 비가 오니 다행이지만 손님 못 받지, 내일 조시 나빠서 장사에 지장 있지, 심난하니까 노래도 안 나오지, 이년들을 그저 정신 바짝 차리게 해줘야지.
(위의 책, p. 255)

'나'와 미자의 관계는 미자의 면회로 이어졌고 나름대로의 관계가 이루어진다. 미자도 '나'도 과거에 대해서는 한마디도 하지 않았다. 이 점에서 미자 쪽이 한층 철저했다. 미자의 방 창문에서는 바다가 보였고, 갈매기도 어부들도 보였다. 대체 갈매기는 어디서 왔을까, 라고 '나'가 이렇게 묻는다. "어디서 왔지?"라고. 미자의 답변은 이렇다. "대전서……"라고. 어부나 갈매기를 가리킴이었을까. 미자 자신을 가리킴이었을까. 듣기에 따라서는 미자일 수도 갈매기나 어부

일 수도 있겠으나 작가는 갈매기와 어부 쪽을 구별치 않았다. 그 때문에 '나'는 미자를 식구처럼 대할 수밖에. 갈매기나 어부 쪽을 구분치 않은 것은 미자의 과거를 일절 묻지 않기를 가리킴이었다. 그러나 '나'는 어떠한가. '나'의 과거를 미자에게 알려야 할까. 작가는 '나'로 하여금 미자에게 이렇게 고백케 했다. 몰개월을 떠나 월남행의 이틀 전 미자가 "한 상병, 서울에 좋은 사람 있어요?"라고 하자, "있었는데 시집 갔더라야"라고. 바로 이 대목이 미자보다 '나'가 한 수 아래라는 증거라 할 수 있다. 월남 출정을 3일 앞두고 탈영하여 서울에 갔다 온 '나'란 대체 무엇인가. 대체 '나'는 병영으로 돌아가기 전에 왜 미자를 찾아갔고, 거기서 그런 고생을 하지 않으면 안 되었을까. 입대한 지 1년 반 만에 '나'가 찾아간 서울은 어떠했던가.

일 년 반 만에 서울을 찾아가 다시 확인했던 것은 나의 무엇이었을까. 그것은 파충류의 허물과도 같은 것이고, 나는 그 허물을 주워서 다시 뒤집어쓰고 돌아온 건 아닌가. 어깨를 늘어뜨리고 싸돌아다니던 골목에는 아직도 같은 또래의 젊은이들이 어두운 얼굴로 서 있었다. 나도 언제나 끼고 싶어 하던, 머리 좋은 치들의 비밀결사는 여전히 토론을 벌이고 있었다. 그들은 성공한 신사들 같았다. 모친의 식료품 가게는 문을 닫았다. 그 어두운 가게의 천장 위에 내 '잠수함'은 뚜껑을 닫고 선장을 기다리고 있었다. 뚜껑을 젖히고 머리를 내밀자 나는 다시 심해(深海)에 잠기는 것 같았다. 내 다락방의 벽에는 떠나오던 날의 낙서가 여전히 남아 있었다. —밤새껏 승냥이는 울부짖는다— 라고. 지붕 건너편에서 솜틀집의 활차 돌아가는 소리가 여전히 들렸고, 벽 하나를 사이에 둔 이발소 집 형제는 유행가를 합창하고, 야채장수 부부는 또 한바탕 두들기고 울었다. (위의 책, pp. 249~50)

1960년대의 이러한 허무주의는 김승옥의 「무진기행」(1964)과 진배없다. "회한 덩어리였던 나의 시대"라고 말하는 '나' = 한 상병은 그 자체가 안개 속을 헤매는 출구 막힌 이 나라 젊은 세대의 내면 풍경에 다름 아니었다. 이 '회한 덩어리였던 나의 시대'와 결별하는 장소가 바로 몰개월이었고, 빠꼼이 미자였고, 그 너머에 거대한 정글 월남이 죽음의 입을 벌리고 있었다. 중요한 것은 몰개월을 또는 기타의 특교대를 거쳐간 5만 명(4개 사단의 규모)의 이 나라 젊은이들이 허무의식의 탈출구로 월남전이 저만치에서 손짓하고 있었다는 사실이다. 그리고 더욱 중요한 일이 따로 있었는데, 그들이 미처 그것을 깨닫지 못했다는 사실이 바로 그것이다.

드디어 몰개월을 떠나는 새벽, 한복 차림의 몰개월의 여인들이 출정하는 트럭이 지나가는 길가에 도열을 하고 있지 않았겠는가. 헤드라이트, 흰옷, 우렁찬 군가 소리 속에 병사들은 보았다. 트럭 뒤를 뛰어오며 여인들이 외치는 소리, 던지는 물건들을. 물론 미자도 거기 있었다. 대체 그들이 던진 물건이란 무엇이었던가.

부옇게 밝았을 즈음에야 출동명령이 떨어졌다. 우리들은 트럭에 올라탔다. 트럭들이 연병장을 한 바퀴 빙 돌면서 대열을 짓더니 차례로 사단구역을 빠져 나가기 시작했다. 헤드라이트를 켠 트럭의 행렬들은 천천히 움직여 갔다. 군가가 연달아 들려왔다. 군가소리는 후렴에서 뒤받아 연달아 뒤차로 이어졌다. 안개가 부연 몰개월 입구에서 나는 여자들이 길 좌우에 늘어서 있는 것을 보았다. 모두들 제일 좋은 옷을 입고, 꽃이며 손수건이며를 흔들고 있었다. 수송대열은 천천히 나아갔다. 여자들은 거의가 한복 차림이었다. 병사들도 고개를 내밀고 손을 흔들었다. 뛰어서 쫓아오는 여자들도 있었다. 추장이 내 등을 찔렀다. 나는 트럭 뒷전에 가서 상반신을 내밀고 소리 질렀다. 미자가 면회 왔을 적의 모습대로 치마를 펄럭이며 쫓아왔다. 뭐라고 떠드는 것 같았으나 한마디도 알아들을 수 없었다. 하얀 것이 차 속을 날아와 떨어졌다. 내가 그것을 주워들었을 적에는 미자는 벌써 뒤차에 가리워져서 보이질 않았다. 여자들이 무엇인가를 차 속으로 계속해서 던지고 있었다. 그것들은 무수하게 날아왔다. 몰개월 가로는 금방 지나갔다. 군가소리는 여전했다.

  나는 승선해서 손수건에 싼 것을 풀어보았다. 플라스틱으로 조잡하게 만든 오뚜기 한 쌍이었다. 그 무렵에는 아직 어렸던 모양이라, 나는 그것을 남지나해 속에 던져 버렸다. 그리고 작전에 나가서 비로소 인생에는 유치한 일이 없다는 것을 알았다. 서울역에서 두 연인들이 헤어지는 장면을 내가 깊은 연민을 가지고 소중히 간직하던 것과 마찬가지로, 미자는 우리들 모두를 제 것으로 간직한 것이다. 몰개월 여자들이 달마다 연출하던 이별의 연극은, 살아가는 게 얼마나 소중한가를 아는 자들의 자기표현임을 내가 눈치 챈 것은 훨씬 뒤의 일이다. 그것은 나뿐만 아니라, 몰개월을 거쳐 먼 나라의 전장에서 죽어 간 모든 병사들이 알고 있었던 일이었다. (위의 책, pp. 260~61)

이 대목만큼 월남전의 의의를 문학 쪽에서 제시한 경우는 거의 없다 해도 과언이라 하기 어렵다. 문학적 수식이나 과장이 아니라 정확한 표현급에 들기에 그러하다. 1960년대의 늪이라고 하여 그 허무주의에 빠져 허우적거리던 1960년대의 안개의식이란 실상 유치한 소년기의 의식에 지나지 않았음을 그들에게 통렬히 알아차리게끔 교육시킨 곳이 바로 월남전이었고 그 체험이었다. 대체 월남전 체험이란 무엇이었기에 "인생에는 유치한 일이 없다는 것"을 1960년대 이 나라 젊은이들에게 가르쳤을까. 한국문학을 월남전 체험전 이전과 이후로 구분 짓게 하는 그 무엇도 이 물음 속에 들어 있음에 틀림없다.

3. 순수성으로서의 『하얀 전쟁』

1960년대 한국의 젊은이들에게 월남전은 "인생에 유치한 일이 없다는 것"을 어떻게 가르쳐주었던가. 바꾸어 말해 1960년대 한국의 젊은 작가 지망생들은 월남전에서 무엇을 어떻게 체험했던가. 이 물음의 중요성은 그들의 참전 동기가 자원입대라는 사실에도 있지만 그것이 '문학적 체험'을 전제로 했음에서 온다. '문학적 체험'은 다음 두 가지 유형으로 정리될 수 있다. 첫째로 작가 지망생의 문학적 체험을 들 것인바 여기에는 안정효의 『전쟁과 도시』(『하얀 전쟁(1)』), 박영한의 『머나먼 쏭바강』 『인간의 새벽』이 들 것이다. 둘째로 기성 작가의 그것으로는 황석영의 『무기의 그늘』이 이에 해당된다. 이들 중에서 가장 순진한 문학적 체험이 『전쟁과 도시』라면, 가장 불순한 쪽이 『무기의 그늘』이며, 『머나먼 쏭바강』은 이도 저도 아닌 중간쯤에 놓인다고 볼 것이다. 그 이유를 밝히는 것은 월남전 자체의 성격을 밝히는 일이자 동시에 반공을 국시(國是)로 교육받는 한국적 상황을 밝히는 일에 다름 아닌 까닭이며, 여기에 월남전의 '문학적 체험'의 중요성이 깃들어 있다고 할 것이다.

『전쟁과 도시』는 두 기둥으로 이루어져 있다. 한쪽 기둥은 월남전에 참가한 한기주 병장과 변진수 일병의 관계를 다룬 것이며, 이들의 귀국 뒤의 양상을 다룬 것이 다른 한쪽 기둥이다. 작가 지망생 안정효의 시선에서 본 이 두 기둥이 순수하고도 순진한 것은 안정효의 출발점과 도달점이 함께 '문학적 체험'이었음에 직결되어 있다. 안정효가 체험하고자 한 그 문학적이란 것은 어떤 것일까. 그 자신의 고백에 따르면, 진작부터 그는 영문과 출신답게 커다란 야심을 다음처럼 품고 있었다.

> 내가 월남을 갔던 것은 제2차 대전 당시에 어니 파일이 남긴 전쟁보도의 기록을 접하고는 뉴스에 대한 그 문학적 접근방법에 매료되었던 터에, 월남전을 역시 인간적인 시각에서 취재하던 NEA 통신사 소속이던 톰 티디 기자의 글을 보고는 나도 제대를 하면 종군기자로서 월남을 한번 가봐야 되겠다는 마음을 다지고 있던 참에 군인으로서도 그 목적을 달성할 수 있는 기회가 찾아왔었기 때문이다.
> (「작가후기」, 『하얀 전쟁』, 고려원, 1989)

월남에 간 안정효의 임무는 사병이면서도 외신기자들을 전투지로 안내하는 일이었다. 말하자면 구경꾼의 자유로운 체험에 지나지 않았다. 그 성과는 월남의 두 영자신문(『사이공 포스트 The Saigon Post』 『사이공 데일리 뉴스 The Saigon Daily News』)과 미국 신문이나 잡지에도 기고하기, 국내의 『코리아 타임스』에 1년간 칼럼 「월남 삽화 Viet Vignettes」 쓰기 등의 성과로 나타났다. 그러나 그는 여기에서 결코 만족할 수 없었는데, 영문과 출신이라는 그의 출신 조건이 전쟁에 대한 유다른 문학적 감수성과 더불어 운명적으로 가려 하던 까닭이다. 서울 공덕동 시장에서 자란 안정효는 '헐리우드 키드'로 표상되듯 6·25를 유년기에 겪었다. 그는 전쟁놀이와 미국 전쟁영화를 유년기의 놀이 속에서 몸에 익힌 도시적 감수성의 소유자였다. 따라서 미국식 전쟁 영웅에 대한 동경과 그것의 문학적 표현이 눈부시게 이 소년을 휘잡아 끝내 놓아주지 않았다. 공덕동 시장 바닥으로 표상되는 도시적 감수성과 영문학의 고상한 상상력과 영웅적 미국식 전쟁관은 공덕동 소년의 가슴뼈를 휘어지게 만들기에 모자람이 없었다. 그에게 월남전이란 현실이자 동시에 환각에 다름 아니었다. 환각이란 새삼 무엇이뇨. 영문학의 상상력이자 셰익스피어에 다름 아니었다. 영어와 한국어를 구사하는 졸병 안정효에게 월남전이란 헤밍웨이의 소설판과 셰익스피어의 연극대본에 흡사했다.

기껏 모아야 20명도 힘들 텐데 그 병력으로 천 명도 넘는 적에게 덤벼? 우리가 무슨 나발론의 결사대인 줄 알아?

(『하얀 전쟁』, p. 110)

스스로를 나발론의 결사대로 알고 싸우는 한기주 병장이란 누가 보아도 전쟁 방관자 안정효가 아닐 수 없다. 문학 지망생 안정효의 순수성이랄까 순진성, 그러니까 단세포적 사고의 근거를 스스로 이렇게 밝혀놓았음은 결코 놀랄 일이 아니다. 지옥의 전투를 치른 뒤의 한기주 병사의 내면은 이러했다.

나는 D데이에 노르망디를 산책하며 명상을 했다던 어니 파일과, 낫 띠엔 촌장의 아들이 목숨을 잃은 디엔비엔푸의 격전과, 「맥베스 Macbeth」 5막 5장 24행부터 28행까지의 대사와, 산티아고 노인의 거대한 청세치와, 입대할 때 논산에서 고향으로 보낸 구두와, 바하이 해안에서 짜우 소년이 머리에 감았던 붕대에 물들인 돼지 피와, 24고지의 찬란한 햇살을 받고 죽어간 우리 중대의 첫 전사자 이관일 상병과, "본인은 월남 전선에서 두 다리를 잃고"와, 1·4후퇴 때 새하얀 눈이 덮였던 산봉우리들과, 바꿔자의 사타구니와, 천막 교회를 생각했다. 나는 전쟁의 영광을 생각했다. 나는 논산훈련소에서 땡볕과 먼지에 숨을 헉헉거리며 PRI 훈련을 마치고 돌아가던 훈병들의 끝없이 줄지어 행군하는 바가지를 생각했다. 나는 하기식의 나팔소리와 태극기의 빨간 빛깔을 생각했다. 나는 승리와 패배가 무엇인지를 생각했다. 나는 군복과 번쩍거리는 계급장과, 용산역의 환송식과, 야간 군용열차에서 비명을 지르듯 노래를 부르던 얼굴들과, 나라를 위해서 목숨을 바친다는 표어와, 끝없는 행군과, 훈장과, 울긋불긋한 온갖 깃발과, 함성과, 슬로건의 위력과, 작전 때 병사들이 논둑에 게구멍처럼 다닥다닥 파놓은 개인호와, 물구덩이에서 다리만 위로 솟았던 베트콩의 시체를 생각했다. (위의 책, pp. 111~12)

「맥베스」 5막 5장 24행에서 28행까지의 대사야말로 안정효의 문학적 현상이 아닐 수 없다.

> 꺼져라, 꺼져라. 단명한 촛불아!
> 인생은 걸어다니는 그림자에 불과하고, 자기가 등장하는 시간에는 무대 위에서 거드름피우며 왔다갔다 하지만
> 그다음에는 더 이상 말을 누가 들어주지 않는 가련한 배우이다.
> 그것은 바보가 들려주는 이야기, 요란한 소리와 흥분으로 차 있지만 아무런 의미도 없는 것이다. (이경식 옮김)

어니 파일Ernie Pyle과 「맥베스」와 헤밍웨이가 먼저 있고, 『하얀 전쟁』은 거기에서 나왔음이 확연해졌다. 일찍이 R. 지라르가 욕망의 현

상학을 다룬 『낭만적 진실과 소설적 진실 Mensonge romantique et vérité romanesque』(1961)을 다시 한 번 증명해 보인 형국이라고나 할까. 『하얀 전쟁』을 두고 『뉴욕 타임스』(1989. 6. 3), 『크리스천 사이언스 모니터 The Christian Science Monitor』(1989. 9. 10) 등에서 이례적으로 격찬한 것도 이와 무관하지 않다. 그들은 동양의 작은 나라 한국인의 손으로 씌어진 『전쟁과 도시』를 『하얀 전쟁 White Badge』이라고 바꾸어놓고 거기서 그들 자신의 얼굴을 보고 있었던 것이다. 물론 그렇게 하기 위한 조건으로는 작가 안정효의 생동감 넘치는 미국식 전쟁 영어의 구사를 들 것이다. 작가 안정효는 작가이자 동시에 자기 작품의 최상의 번역자(제2 창조자)였던 것이다.

한기주 병장과 변진수 일병의 귀국 후를 다룬 것이 이 소설의 또 다른 기둥이다. 그것은 '전형적인 월남전 후유증'이라는 세계사적 과제를 다룬 것. 이 역시 미국적 현상의 문학적 표현에서 바라볼 수 있다. 『로스앤젤레스 타임스 Los Angeles Times』가 이렇게 평가한 점에서도 이 점이 엿보인다. 이는 또 조지프 콘래드(1857~1924)를 연상시킬 만큼 훌륭한 안정효의 생동감 넘치는 미국식 영어 실력과도 결코 무관하지 않았을 터이다.

    사념적인 지성인 한 병장은 민간인 생활로 돌아온 다음에 전형적인 베트남 전후 증후군에 시달린다. 죄의식과 소외감이라는 부담은 그의 결혼생활을 황폐하게 만들고 그가 잡학사전의 편집을 담당하고 있는 출판사에서의 직장 생활을 방해한다. 전투와 회상장면들과 권태감이나 월남전 이후의 절망감에 대한 살벌한 서울이 전개되는 동안, 기둥 줄거리는 한국전쟁 때 어린아이였던 자신의 이미지와 일치하는 교활한 월남소년, 그리고 두려움을 못 이겨 정신이상이 된 전우, 이렇게 두 가지 망령을 극복하려는 주인공의 노력을 추적한다.

(칼 센버거, 「한국군 용병론에 대한 역사적 평가」,
『로스앤젤레스 타임스』, 1989. 9. 10, 북리뷰)

대체 그 '전형적인 베트남 전후 증후군'이란 무엇인가. 월남전 귀환병을 다룬 미국 영화 「택시 드라이버 Taxi Driver」(1976), 「디어 헌터 The Deer Hunter」(1978), 「지옥의 묵시록 Apocalypse Now」(1979), 「플래툰 Platoon」(1986), 「풀 메탈 재킷 Full Metal Jacket」(1987), 「햄버거 힐 Hamberger Hill」(1987), 「7월 4일생 Born On The Fourth of July」(1989) 등에서 알게 모르게 그 증후군의 전형성이 드러난 바 있거니와, 한국 병사인 한기주 병장의 증후군은 어떠했던가. 그것은 『하얀 전쟁』의 첫 대목에서부터 시작된다. "그가 전화를 걸어와서 갑자기 과거가 현재에 의존하기 시작했을 무렵에 나는 괄태충과 별로 다를 바가 없는 삶을 살아가고 있었다"라고 서두를 삼은 『하얀 전쟁』은 그러니까 '월남전 증후군'을 중심점에 놓은 소설의 성격을 띠고 있다. 정작 월남전 전투 양상이란 이를 위한 소재에 지나지 않는다. 여기에 등장하는 '나'는 한기주 병장이며 '그'는 변진수 일병이거니와, '나'의 징후란 '괄태충'으로 상징되어 있다. 대체 괄태충이란 무엇인가.

괄태충의 삶. 땅에서 사는 달팽이류 가운데 1970년에 가장 빠른 기록을 세운 콜리라는 달팽이는 3분 동안에 유리 위에서 2피트를 달렸다. 시속 0.00758마일. 월남에서 우리들은 베트콩의 저격을 피하려고 짚차를 타면 보통 시속 110마일로 달렸다. 지금, 나는 기어다니며 살아간다. 연체동물처럼. 괄태충은 자웅동체이다. 대서양슬리퍼조개도, 조개삿갓도, 양놀래기 과의 청소고기도, 솜방석 비늘벌레도, 지렁이도, 유럽납작굴도, 달팽이도, 간디스토마도, 기생나나니벌도, 북미바다농어도, 좀조개도 모두들 자웅동체이다. 그리고 나, 이 인간 괄태충은 생식 불능이다. (『하얀 전쟁』, p. 140)

귀국한 한기주 병장은 괄태충의 징후에 시달리고 있었다. 자웅동체인 미생물. 생식불능의 증세. 이 증세의 치유방법이란 있을 수 없다. 한기주 병장의 후유증이 이것이라면 변진수 일병의 그것은 어떠했던가. 자살 충동에 다름 아니었다. 변진수 일병은 권총을 숨겨놓고 있으면서 그 권총으로 자기의 고민을 해결하고자 했다. 자살이 그것. 그러나 그는 끝내 자살할 수 없었다. '자살조차 할 수 없는 질병,' 그것이 바로 베트남 후유증이었기 때문이다.

이미 실탄이 장전된 권총을 꺼내 차가운 총구를 머리에 대고 방아쇠를— 그러면 더 이상 아무것도 의식하지 않고 악몽도 사라지고 비록 생물체로서는 존재하지 못한다손 치더라도 고통과 악령의 추적은 당장 끝날 텐데, 변진수의 전쟁은 언제 끝나려나? (위의 책, p. 331)

한기주 병장이 변진수 일병으로부터 건네받은 권총으로 그를 향해 방아쇠를 당기는 이 작품의 결말은 실로 소설적 실수에 다름 아니다. 소설이니까 끝을 맺어야 한다는 아마추어적 발상인 까닭이다. 이 아마추어적 발상이야말로 작가 안정효의 순진성의 몫이자 그 가능성이었다.

4. 우직하고 불순한 체험으로서의 『머나먼 쏭바강』, 『인간의 새벽』

반공을 국시로 하는 1970년대 문단 위에 베스트셀러로 군림한 『머나먼 쏭바강』(1977, 중편 개작 1978년)은 노래 「월남에서 돌아온 김상사」(김추자)와 함께 또 월남전 경제 활성화와 더불어 가히 신화적 풍모를 띤 현상이었다. 이 신화적 현상의 주역이 작가 지망생이었음에 한 번 더 주목할 필요가 있다. 작가 지망생 박영한은 대학 국문과에 들자마자 자진 입대했고 동시에 자진 파월에 나아갔다. 어째서 그는 이렇게 조급했는가를 묻노라면 많은 설명이 요망되겠지만, 그 으뜸 항목은 아마도 그가 토종 국문과에 속했음이라 할 것이다. 셰익스피어와 헤밍웨이 그리고 미국 종군기자들의 화려한 영웅적 모험담에 반해 영어를 익힌 '헐리우드 키드'의 안정효와는 달리, 박영한은 단연 토종적 체질이었고 따라서 그가 가진 것은 농경사회의 상상력에 국한되어 있었다. 보도병으로 25개월간 월남 체험을 한 박영한 병장은 영락없는 '월남에서 돌아온 새까만 김상사'에 다름 아니었다. 베스트셀러가 될 수밖에 없는 대중성의 근거가 여기에서 온다.

이 대중성의 근거에 대해서는 상당한 설명이 동반되지 않으면 안 되게 되어 있어 『하얀 전쟁』의 단일 직선적인 소설 운용방식으로 된 '전쟁 체험→월남전 증후군'과는 구분된다. 토종 작가 지망생인 박영한에게 월남전이란 과연 무엇이었던가. 그것은 미국식 '베트남전 증후군'과도 전혀 무관한 데 놓여 있었다. 박영한의 눈에 비친 월남전이란, 그의 체험과는 전혀 무관한 데 놓여 있었다.

엉뚱하게도 이 토종 박영한은 월남인의 '자유'에 대한 논의에서 소설의 토대를 세우고자 했다. 참으로 어이없게도 그는 한 발 더 나아가 '월남인의 자유문제'에서 '인류의 자유문제'로 치닫고 있었다. 전자가 『머나먼 쏭바강』이라면, 『인간의 새벽』은 후자에 해당된다.

작가는 황 병장과 월남 처녀 빅 뚜이를 내세워 월남전을 이렇게 말해놓고 있지 않겠는가.

> 전쟁이 허무맹랑하다는 건, 엄청난 물량을 뿜내며 우릉우릉 지나가는 저 미군차량들이 잘 말해주고 있지 않느냐. 그들은 이 땅에다 쵸컬릿에서부터 전투기에 이르기까지 엄청난 물량공세를 펴고 있다. 내가 핥고 있는 건 그 찌꺼기일 뿐이다. 소총을 떨렁대며 상관의 군홧발에 이리 부대끼고 저리 부대껴 온 나란, 참 허무맹랑한 존재였어. 기껏, 어마어마한 조직을 가진 월남전이라는 공장에서, 나사 끼우는 작업만 배당받은 한 기능공에 불과했어. 미국은 이 거대한 공장의 10층이거나 15층의 관리실에 점잖게 앉아 있지. 〔……〕 그리고 지휘봉을 쥔 자의 짤막한 한마디에 따라 내 목숨이 처리될 수 있다는 것. 〔……〕 낯선 월남여인을 가운데 놓고, 멋모르고 낄낄대는 이 한국군인들을. 무엇을 위해 싸웠던지, 지금 어디로 가고 있는지 까마득하게 잊어먹고 있다. 그저 주는 대로 쑤셔먹고, 시키는 대로 쫓아갈 뿐이다.
>
> (『머나먼 쏭바강』, 민음사, p. 94)

이러한 표현은 너무도 공허하여 아무런 실감도 없다. 지극히 추상적인 일반론에 지나지 않음은 삼척동자도 아는 일이다. 그 누가 다음과 같은 사실을 알기 위해 목숨을 걸고 월남전에까지 나아갔겠는가.

> 월남은 썩어 있었습니다. 전쟁이 한창 진행 중인데도 정권은 부패했고 관리들의 가렴주구도 심했으며 홍등가도 번창했지요. 또 전투를 고

양시킬 만한 정당성도 없었고 의식도 투지도 없었습니다. 사실 우리나라로서는 참전에 대한 명분도 없었던 것 같습니다. 국익을 위해서라고 하지만 미국과 한울타리에 있다는 이유만으로 간 것이 아닐까요.

(「동인문학상 수상 작가 박영한」, 『주간조선』, 1988. 9. 18)

이토록 상식적인 발언이야말로 『머나먼 쏭바강』이 지닌 대중성의 근거이다. 강대국 미국이 반공이란 명분으로 베트남 전쟁을 하고 있다는 것, 그것은 베트남 민중의 자유와 생존을 침해한다는 것, 명분이 약한 이런 전쟁에 참가한 한국군의 명분 또한 빈약하다는 것 등등은 삼척동자도 아는 상식이 아닐 수 없다. 이러한 상식 위에 5만 명이나 되는 한국군이 파월되었다는 이 엄연한 사실은 대체 무엇인가. 이 물음 속에는 대중성이 지닌 '죄 없는 자기 기만성'이 자리를 틀고 있었다. 그것은 6·25를 겪고 휴전상태의 지속 속에 놓인 1970년대의 한국인의 무의식에 놓인 자의식의 드러냄에 다름 아니었다. 그러니까 『머나먼 쏭바강』의 독자는 스스로의 자화상을 거기서 보고 있었다. 이것은 문학적 성과와는 일정한 거리를 갖는 것이고, 차라리 문학사회학적 과제에 속할 성질이었다.

여기까지만 해도 어이없는 일인데, 여기서 한 발자국 더 나아간 것이 『인간의 새벽』이었다.

어느 쪽이거나 간에 전쟁의 명분은 무성하고 그 속에서 고통당하며 메말라가는 개인이라는 이름의 잡초…… 아버지는 프랑스군이. 오빠는 연합군에 의해서. 어머니와 동생은 민족해방전선이. 집은 미군 헬리콥터가…… 얼마나 완전무결한 아이러니냐…… 그리고 나란? 한국군과 미국인과 베트남인이 번두차례로 내 영혼을 조금씩 떼내어갔

다……(「인간의 새벽」,『월간중앙』, 1979. 12, p. 499)

　월남인의 비극이 그대로 인간의 비극으로 향하게끔 이끌어가고 있는 장편『인간의 새벽』은 제목이 말해주듯, 실로 엄청난 야심작이라 할 만하다. 특정한 민족의 비극이 그대로 인류사의 비극으로 비약함이란 추상화 중에서도 구제할 수 없는 추상이 아닐 수 없다. 사르트르조차도 감히 손댈 수 없는 이 굉장한 추상적 레벨을 겨냥한 작가 박영한의 야심이란 대체 무엇인가.
　『인간의 새벽』*은 이 점에서 어떠한가. 이 작품은 제1부 '폭풍 전야,' 제2부 '유랑하는 무리,' 제3부 '도심의 일몰,' 제4부 '4월아 나는 통곡한다'로 되어 있는데, 그 배경이 되는 시기는 1974년 12월에서 사이공 함락(1975. 4. 30)을 거쳐 1975년 9월까지다. 더 자세히 말하면 1974년 12월 한 달은 이 소설적 시간의 도입부이고, 1975년 9월은 에필로그에 해당되는 것이어서 참된 소설적 기간은 여주인공 뚜이의 등장에서 비롯되는 만 넉 달가량이다. 만약 월남전을 한 편의 연극으로 친다면 이 제4막이 클라이맥스에 해당될 것이다. 사이공 함락이라는 제2차 세계대전 이후 세계적 사건의 하나를 소설로 다루기 위해서 작가는 월남전의 성격을 이념의 대립에서 찾고 있다. 사회민주주의와 자유민주주의, 전체와 개인, 이념과 부패, 신념과 사랑 등의 대립이 그대로 작품구성의 원리로 전용된다. 그리고 이 대립구성을 종합하는 기본 핵이 민족 개념(민족공동체)으로 상정된다.

---

* 「인간의 새벽」은 (A)『월간중앙』1979년 10월에서 1980년 2월까지 연재한 판본, (B)까치사에서 1980년 2월에 간행된 초판본, (C)동사의 1980년 4월 재판본, (D)고려원에서 1986년 11월에 나온 판본 등이 있다. 까치사 초판본은『월간중앙』연재본을 거의 그대로 수록했으며, 재판본에서는 모종의 사건 때문에 대폭적인 수정이 가해졌다. 마지막인 고려원 판본은 1500매에서 1100매로 축소 개작하였다.

이 구성의 제1원리를 인물에 분배시킨 것이 다음에 나오는 주역 인물들이다.

제1부 첫 장에 등장하는 월맹 정규군 소령인 트린(중령으로 진급, 사이공 함락 후에 하노이로 소환, 성장으로 승진한다). 그는 법과대학 출신으로 소위 조국과 민족을 위해 그리고 역사를 위해 투쟁하는 직업적 혁명가. 이 작품의 처음과 제3부 후반에 잠깐 등장하고 제4부에서 부각되는, 말하자면 숨은 인물이지만 작품 전체를 지배하는 가장 중요한 인물이다.

길은 오직 하나. 완전무결한 복지국가를 세우는 길입니다. 우린 초기 자본주의의 전철을 밟지 않고 사회주의혁명으로 건너뛰는 것입니다. 그것은 우리에게 잘 맞는 옷이나 마찬가집니다. 역사가 잘 증명하고 있지 않습니까. 〔……〕 우린 죽에다 물을 타먹고 횃불로 어둠을 밝히고 맨발로 걸어다니는 한이 있더라도 강대국과의 전쟁에서 이겨야 했습니다. 베트남인의 운명은 베트남인 스스로 해결해야 했습니다. 이것은 베트남 민족주의의 승패를 가름하는 전쟁임을 우선 잊어서는 안 됩니다. 우린 무력을 가진 자치정부를 세워야 하며 그것과 위배되지 않는 것이 바로 현 이념의 중심사상입니다.

(위의 책, p. 498)

트린의 이러한 혁명적 이념을 대변하는 인물로 사진기자인 월남인 루우가 등장한다. 루우는 이 작품의 주인공 트린과 똑같은 비중을 갖고 있다. UPI 특파원이며 미국인 마이크(마이클)와 같은 사무실에서 일하는 인물로서 트린의 정보원 노릇을 한다. 사이공 함락 이후에는 인민위원으로 발탁된다. 그는 트린과 같은 직업적 혁명가의 이론을 마이크 앞에서 다음과 같이 세속적으로 풀이하는 인텔리형.

> 살기 위해서 붙는 거야. 어쩌겠어? 서로 집어먹으려고 대드는 판에 이용당하는 척 슬쩍 눈웃음을 쳤다가 불리한 상황이 오면 또 슬쩍 딴 데루 빠져나가는 거야. 〔……〕 수단이야, 컴뮤니즘은…… 그렇지만 궁극적으로 우린 어떤 놈이라도 믿어선 안 돼. 〔……〕 캐피탈리즘이 우릴 훌륭히 먹여 살렸다면 우린 기꺼이 거기 붙었을 거야. 하지만 지금은 그렇지 못해. 미구에 유럽의 어느 힘센 작자가 이 동네서 입김이 세어지면 우린 지금의 것들을 가차 없이 팽개쳐야 할 거야. 상식적인 얘기지. (『월간중앙』, 1979. 10, p. 447)

트린―루우형의 인물이 월남전의 민족주의적 이념형이며, 그것이 공산주의 이념과 큰 관련성이 없음은 앞의 인용에서 잘 드러났다. 그렇다면 참된 월남전의 사상적 과제란 무엇일까? 이런 물음을 이 작품에서 찾는다는 것은 무리다. 다시 말해 직업적 혁명가(행동가) 트린이라든가, 그 대변인 몫을 하는 루우의 행동이나 토론 또는 주장에서 우리는 큰 감동을 얻거나 공감을 얻어내기 어렵다. 그 이유는 간단하다. 작가가 월남민족주의의 뿌리에 관해 정통하지 못하기 때문이다. 공산주의 사상이라든가, 혁명가의 삶의 태도 등에 관한 일반적이자 정통적인 것을 찾고자 하면 세계문학 작품에서 이미 그런 본보기가 수두룩하게 있다. 손쉽게 도스토예프스키의 『악령』(1871~1872)을 들 수도 있고, 트로츠키의 패배나 스탈린 또는 질라스의 경우를 들추어도 된다. 그러나 공산주의의 정통적 혁명전선이 아니라, 유서 깊고 독특한 제3세계의 분단국가인 월남민족주의를 전문적인 수준에서 이해하지 못한 상태에서는 위의 트린―루우형에 멈추는 것이 이 작가에 있어서도 정직함이라 해야 될 것이다.

제2원리는 앞에서 살핀 트린—루우형으로 대표되는 제1원리와 뒤에 살펴질 마이크형으로 나타나는 제3원리의 중간에 속하는 것으로 키엠—로벨토형이다.

키엠은 월맹군 소령 트린의 대학 후배로 법과 출신 지식인. 이 작품의 유일한 여주인공이자 이 작품의 참주제를 온몸으로 감당하고 있는 뚜이의 사촌오빠. 여기서 키엠이 지식인이란 점은 주목을 요할 만하다. 그는 이념상 공산주의자이자 민족주의자이다. 월남해방전선에 참가한 것은 대학 때부터였다. 시를 쓰는 다감한 학생 키엠이 데모에 참가하고 민족해방전선에 접선했다고 해서 학보사 편집부의 여대생 로안과 혹독한 고문을 당한다. 그 고문 장면의 묘사와 이를 통한 지식인 키엠이 민족해방전선에서 이탈한 과정을 통찰한 것은 이 작품의 압권에 속하며 작가적 역량을 뚜렷이 드러낸 대목임엔 틀림없다.

접선? 지하조직? 민족해방전선이 어쨌다구? 으핫하하…… 코에 걸면 코걸이로구나. 불쌍한 반·탁 법학 교수님.
벗어! 발가벗으란 말이야 쌍년이!
거센 손에 찢겨 나가던 로안의 블라우스. 다리를 오므리고…… 아아 로안…… 얼굴을 감싸쥐고. 〔……〕 이어 눈에 이상한 광채를 번들대며 저벅저벅 몰려들던 구경꾼인 사내들.
이봐 학생. 빼트콩들 어떻게 하는지 알켜 줘? 이 맛도 모르면서 어째 빼트콩 첩자 노릇을 할 수 있겠어? 자아 봐. 보라구 쌍년아. 이렇게 엎드려서 여기서 저기까지 돌아 기어오는 거야. 그러면 네놈은 말이야.

난 발가벗기운 채 방 가운데로 떠밀렸지. 내가 밟고 선 것은 바닥의 피와 땀으로 끈적끈적해진 로얀의 스커트였어.

(『월간중앙』, 1979. 12, p. 484)

해방전선에 참가한 지식인 키엠의 모습은 이 작품 전 과정에 걸쳐 있다. 그만큼 작가가 키엠에 깊은 애정을 갖고 있는 증거이기도 하다. 키엠은 앞의 인용에서 보듯 법과대학 적부터 민족주의 이념에 동조했으며, 혹독한 고문을 당한다. 그 고문은 인간의 최후의 기품까지 박탈당한 것이었다. 이 체험을 딛고 그는 벽촌 게릴라에 투신한다. 그 동료 중의 한 사람이 필리핀계 테러리스트 로벨토이다. 키엠은 게릴라에 투신한 이상 테러리스트가 되지 않으면 안 되었다. 총검으로 월남 정부 인사를 찔러 죽여야 했고, 당의 지령에 따라 화약고도 폭파해야 했으며, 무기장사를 하지 않으면 안 되었다. 이 과정에서 나약하던 그의 체력과 성격은 매우 거칠고 튼튼해지기는 하지만, 끝내 그는 어떤 계층적 한계에 부딪친다. 작가가 소설다운 방식으로 이 문제를 다루었기에 키엠의 성격은 상당히 생생함을 드러낸다. 벽촌 게릴라에서 도시 게릴라로 전전하면서 먼저 무기 상업에 임한다. 사이공에 잠입하여 배신한 중국계 무기 상인 왕을 살해해야 했다. 그 살해 현장에서 키엠은 마침내 이성을 잃은 행동을 취하고 만다. 로벨토와 키엠 등이 사이공에 잠입, 무기 상인 왕을 살해할 때 왕의 애인도 함께 있었다. 키엠의 동료들이 그 여인마저 잔인한 복수의 수단으로 살해하려 하자, 키엠은 자기도 모르게 이를 저지하는 행동을 취했다. 동료가 왕의 여인을 인간의 마지막 기품마저 무너뜨리는 선으로 고문하자, 키엠은 자기도 모르게 그 동료를 쇠뭉치로 쳐 버린다. 즉 혁명정신을 배신하고 동료를 죽인 배신자로 낙착

되지 않으면 안 되었다. 키엠은 왜 그런 행위를 취하게 되었던가? 이 물음은 일찍이 많은 문학 주제로 사용되었다. 키엠의 경우는 앞에 인용된 부분이 그 해답인 셈이다. 왕의 애인을 처형하고자 하는 동료들의 행동에서 키엠은 학창 시절의 자신과 여대생 로얀이 고문당한 장면을 떠올렸던 것이다. 그냥 총으로 일격에 쏘아 죽인다면 넘어갈 수도 있다. 그러나 아무리 배신자 및 그 배신자를 옹호하고 도우고 사랑한 방조 인물이라 할지라도, 중인환시 속에서 벌거벗겨진 채 짐승 모양 땅바닥을 기어다니라고 하는 인간 기품의 한계를 넘어선 행위의 강요는 인간의 이름으로 참을 수 없다는 것.

  키엠을 통해 보여주는 이러한 주제는 물론 문학상에서 낯선 것일 수 없다. 도스토예프스키의 『카라마조프의 형제들』에서 작자가 이반의 입을 통해 신의 부재 증명으로 제시한 어린애 학대 장면들은 이미 고전적인 것으로 정평이 나 있다. 무구한 어린애를 짐승의 손으로 학대하는 것. 그것이 인간이라면 나는 인간임을 사양하겠다는 명제가 그것. 카뮈의 『정의의 사람들』(1949, 희곡)에서 마차를 타고 가는 대공을 암살하기로 한 카라아예후가 마차 폭파를 중단한 이유도 이와 같다. 마침 그 마차에는 대공의 아이들이 타고 있었던 것이다. 이 문제는 목적과 수단의 관계를 음미하게 하는 것이어서 모럴리스트 계보에 드는, 다시 말해 정의를 실천하기 위한 일과 그 수단의 정당성 여부를 검토하는 과제여서, 정치적 암살의 철학적 핵을 이루는 것이다. 사람에 따라서는 이런 철학적 살인의 과제는 배부른 사람들, 지식인 특유의 사색벽이라 하여 배척될 수도 있다. 가령, 자유와 인권을 기반으로 하는 서구 자유인의 사색 마당에서는 과연 목적과 수단의 사유가 문제적이지만, 월남과 같은 생존 자체가 문제인 곳에서 목적과 수단을 구별하는 일은 일종의 사치가 아니겠는가라고. 그래서 '내 작품은 예술작품이 아니어도 좋다. 그런 책상물림 같은 사유는 필요 없다'고 우기는 작가가 있을 수도 있다. 그러나 바로 그러한 월남이기에 목적과 수단의 관계가 더욱 문제가 될 수도 있을 것이다.

물론 이런 논의는 원칙론에 관한 것이지만, 이 작품에서 보면 이 문제는 작가의 문제의식과 관련된다. 작가가 시종 키엠을 등장시키고 있음이 그 증거다. 흔히 많은 등장인물 중 작가가 어떤 인물에 유독 관심을 보이는 경우가 그것. 얼핏 보면 키엠은 배신자로, 또는 평범한 인물로 처리되고 있다. 여주인공 뚜이를 부각시키기 위한 수단으로 또는 테러리스트 로벨토를 드러내기 위한 방편으로. 그러나 키엠이 마침내 우리에게 육박해 온 것은 제3부의 대학 시절 회상 장면 이후이다. 키엠은 해방전선(북쪽) 쪽에서는 배신자로 몰려 도망다녀야 했고, 베트남(남쪽)으로부터는 적으로 체포되어 손목을 잘린다. 남쪽도 북쪽도 설 수 없는 이 지식인의 존재에서 우리는 문득 1960년대 한국소설의 뚜렷한 봉우리인 최인훈의 『광장』의 주인공 이명준을 본다. 북쪽도 남쪽도 단호히 '노!'라고 거부한 순종 한국인 이명준이 크레파스보다 진한 남지나해(남중국해)에 투신자살하지 않으면 안 되었던, 그 부챗살의 오므림과 펼쳐짐의 의미가 키엠 위에 또 오버랩되는 것은 결코 우연일 수 없다. 이 점이 이 작품의 가장 큰 강점 중 하나이다. 최소한 작품 『인간의 새벽』이 한국소설사에 수용되기 위한 명분은 이 기반을 떠날 수 없다. 물론 사람에 따라서는 테러리스트 로벨토를 들고 앙드레 말로의 세기적인 걸작 『인간의 조건』 속의 테러리스트인 기요를 내세울지도 모르지만, 그러한 점은 지엽적임을 면치 못한다.

제3원리를 이제 검토할 차례이다. 미국인 UPI 특파원 마이크로서 선명히 부각되는 인물형은 제1원리인 트린—루우형과 대응되는 관계에 선다. 마이크는 물론 이 작품의 처음과 끝에는 등장하지 않는다. 처음부터 끝까지 등장하는 인물로는 트린, 키엠 그리고 여주인공 뚜이 등 셋뿐이다. 이 셋을 제하고는 트린—루우형과 맞서는 비중을 마이크가 차지하고 있음은 분명하다. 30대 중반에 접어든 허무주의자 마이크는 대체 어떤 인물인가? 그는 결혼도 하지 않은 민완특파원이지만, 그의 인생에의 무목적성은 월남전쟁의 성격, 다시 말해 사이공 시내의 자본주의적, 국제주의적 부패 자체와 같은 혈연의 것으로 설정됨으로써 소설적인 구성을 가능케 하는 인물이다. 사이공 시의 잡스러운 성격, 월남전 자체의 20세기 허무주의적 늪과 같은 성격을 온몸으로 안고 있는 것이 마이크다. 그러기에 그에게는 삶의 목적도 희망도 없으며, 있는 것이라고는 순간적인 여인의 육체와 술(이 소설에는 알코올의 소비가 너무 많다)과 텔렉스 소리와 대포 소리와 질주하는 오토바이와 시궁창 같은 술집 분위기뿐이다.

마이크야말로 이 작품을 소설로 쓸 수 있게 한 유일한 거점이다. 왜냐하면 장편이 성립되기 위해서는 인물형보다 앞서는 '그 무엇'이 먼저 있지 않으면 안 되기 때문이다. 이 소설에서 '그 무엇'이란 작가가 익히 아는 체험영역에 관련된다. 작품 『인간의 새벽』에서 우리는 세미다큐멘터리적 성격을 느낄 수 있다. 작가는 이러한 다큐멘터리적 성격에서 비로소 이 장편을 사실상 쓸 수 있었다. 그러니까 이는 작가에게는 원체험 같은 것이다. 단편과 달라서 장편은 전체적 구성이나 주제의 심화, 성격의 창조 등의 조건보다도 앞서는 것이 없이는 씌어지지 않는다. 다시 말해 장편은 빈틈없는 논리의 일관성보다도 오히려 작가가 좋아하는 인물, 사건, 분위기를 갖지 않으면 씌어지기 어렵다. 이런 점에서 마이크로 드러나는 특파원적 인간형,

그리고 허무주의적 특파원의 성격은 이 작품의 생기와 현장성을 확보하게 한 가장 확실한 방법이라 할 수 있다.

앞에서 우리는 이 작품의 세 가지 구성원리를 살피면서 제1원리의 트린과 제3원리의 마이크를 마주보는 것으로 내세우고 그 중간에 제2원리를 두고자 하였다. 이 점을 여기서 분명히 검토해야 될 것 같다.

앞의 논의에서 우리는 작가가 제2원리, 즉 키엠에 대한 인간적 애착을 짙게 드러내었음을 지적하였다. 작품의 균형감각을 돌보지 않을 정도로 특정 등장인물에게 작가의 관심이 기울어짐은 장편으로서 특징이라면 특징일 수 있다. 분단국가로서의 한국을 문제삼을 적에, 그리고 특히 최인훈의 『광장』과 연결된다는 점에서 키엠의 존재는 이 소설을 우리에게 낯익게 하는 유력한 요인일 수 있다.

그다음으로 우리는 마이크를 통한 허무주의적 특파원의 등장을 장편에서 소설 이전의 작가적 거점이라 지적하였다. 작가가 익히 체험한 요인이랄까 분위기 설정이야말로 단편과 다른 장편 성립의 핵이라 할 것이다.

요컨대 이상의 두 가지 사실은 이 작품을 우리에게 접근하게 하는, 그리고 흥미를 유발하게 하는, 그리하여 마침내 이 작품을 읽은 후에도 계속 뇌리에 남게 하는 요인을 이룬다. 훌륭한 작품에서는 반드시 그런 요인이 있는 법이다. 그렇지만 작품 자체의 구성에 형식적 통일성이 또한 있지 않으면, 설사 감동적인 소설일 수는 있어도 훌륭한 소설이기에는 미흡하다. 『인간의 새벽』에서 이 형식적 통일성은 제1원리로서의 트린과 제3원리로서의 마이크 사이에 놓인 월남 여인 뚜이로서 유려하게 달성되어 있다.

키엠의 사촌누이 뚜이는 인텔리 여성으로, 어릴 적 트린과 소꿉동무. 전쟁통에 가족 모두 학살되고, 특파원 마이크의 관심을 끌어 여기자로, 마침내 마이크의 정부로 사이공에서 살아가는 아름다운 여인. 도시 게릴라 대장으로 사이공에 침투한 옛 애인 트린이 이 여인 앞에 나타난다. 마이크를 사랑하느냐 트린을 사랑하느냐의 고민이 숨쉴 틈 없이 죄어드는 사이공 함락과 밀접히 관련되어 긴장을 고조시킨다. 이 사이공 함락의 순간순간의 긴장감은 가히 이 작품의 압권임에 틀림없다. 이 박진감에 비하면, 뚜이가 마이크를 택하느냐 트린을 따라가느냐의 문제는 극히 미미한 일이다. 더구나 트린이 여인 앞에서 논리를 펼치는 일, 혁명이념과 개인적 사랑의 관계를 논의하는 일은 별로 의미가 없다. 사이공 함락을 총지휘하는 게릴라 대장 트린이 옛 애인 뚜이에게 보석을 선물한다든가, 혁명이념을 역설한다든가, 한 여인의 감정 앞에 속수무책이라든가 등등의 문제가 이 작품에서 왜 실감이 없는가는 짐작하기 어렵지 않다. 억지로 꾸며낸 형식적인 부분이기 때문이다. 그러나 이 형식적 통일성의 전제가 없으면 사이공 함락의 그 몽타주 수법, 그 르포르타주적 박진성은 근거를 잃게 된다.

사이공의 탈출, 그것은 실상 작가 박영한에게는 독서 체험으로서의 파리 탈출이었다. 레마르크의 세기적인 걸작 『개선문 *Arc de Triomphe*』 (1946)에서 유대계 독일인이자 외과 의사이며 나치에게 쫓긴 망명객 라비크와, 그를 사랑한 아름다운 이탈리아 여인 조앙의 모습을 사람들은 아마도 기억할 것이다. 유럽의 정수가 모인 문화의 도시이자 사랑의 도시인 파리의 함락은 유럽의 문화만큼 극적이고 안타까운 일이었으리라. 아름다운 것, 섬세한 것, 보존해둘 만한 그런 가치 있는 것이 있었기에 『개선문』은 조앙의 죽음과 함께, 센 강의 불빛과 밤을 감싸는 안개 낀 가로등과 함께 아름다울 수밖에 없었으리라. 무수한 외과용 의학 용어와, 망명객이 우글거리는 카페의 갖가지 술과 요리와 풍속 속에서, 쫓기는 의사 라비크의 모습은 제2차 세계대전의 파리 탈출과 일체감을 자아내는 것이었다. 이에 비할 적에 사이공은 무엇인가. 그 아름다움은 어디 있는 것인가. 사이공 함락의 혼란 속에서 깡패들에 의해 개처럼 사살당한 마이크라든가, 영웅으로 등장하는 혁명아 트린이라든가 기타 유상무상의 인물이란, 사이공 함락의 거대한 역사 흐름 앞에서는 한갓 미미한 주름살에 지나지 못하리라. 뿐만 아니라, 마이크도 트린도 거부하고 제3의 세계 한국을 택해 탈출하는 뚜이의 마지막 행위도 사이공 함락에 비하면 미미한 일이다. 이러한 점을 생각해볼 수 있는 것만으로도 장편 『인간의 새벽』은 우리 소설계의 큰 성과일 법하다(졸고, 「사이공 탈출의 소설적 의미」, 『중앙』, 1980. 3).

『인간의 새벽』이 그 소재 및 디테일 면에서는 작가의 부주의로 말미암아 소송 사건에까지 휘말린 바 있었거니와 우리가 겨냥한 문제는 따로 있었다. 곧 어째서 토종 작가 박영한이 저토록 굉장한 인간의 자유문제에로 향했느냐에 있었다. 한마디로 이는 토종 작가의 소박함 또는 순진함이라 규정될 성질의 것인지도 모른다. 공덕동 시장 바닥에서 자란 '헐리우드 키드'(작품 『헐리우드 키드의 생애』, 1992) 안정효의 영리한 직선적 단일성에 비해, 농경사회 상상력의 토종 작가 박영한은 얼마나 불순한가. 심지어 우직함이라고까지 할 것이다. 이 불순함, 우직함이야말로 대중성의 근거에 다름 아니었다. 세계문학의 전쟁문학이 이미 눈부시게 이루어놓은 수레에 무임승차함이 대중성이라면, 작가 박영한의 대중성도 여기에서 연유했던 것이다. 대중성과는 다른 문학적 독창성으로 빛나는 구엔 반 봉의 소설 『사이공의 흰옷』(국역, 친구미디어, 1986)과 구분되는 점도 여기에서 온다. 이러한 순진성과 우직성이 한편에서 보면 상당한 불순함이었다.

그러나 이 불순성이 기성작가 황석영의 『무기의 그늘』에 비하면 어떠할까. 교활하고도 현명한 『무기의 그늘』의 불순성에 비해서는 오히려 순진한 것이 아닐 수 없다. 작가 박영한의 위치를 우직한 중간형 불순성이라 하는 까닭은 이런 문맥에서이다.

5. 가장 불순한 체험으로서의 『무기의 그늘』

파월 한국군 5만여 명 중 기성작가로 참전했고 그 체험을 작품화한 경우는 실로 드물다. 시인으로 「비둘기 부대 통신」(『세대』, 1965, 연재)을 쓴 화기중대의 소대장 신세훈의 일기는 이름 그대로 '월남에서 보낸 시인일기'이다. 그는 시집 『비에뜨남 엽서』(1965)를 냈거니와 그의 일기 속에는 「기후 탓이다」라는 시가 들어 있다.

    기후 탓이다
    이 소영웅 티우이 배를
    몰라보고
    내 허리참의 날카로운 비수는
    3불 75센트
    몰라보고
    총 쏘메 부비츄럽을 던지는
    베트콩. 베트콩은
    미쳤지 미쳐
    기후 탓이다
    그렇다 기후 탓이다

아가씨의 미간처럼 한없이
밝았다가도
금세 잿빛으로 물드는
천상(天上).
천상엔 난 데 없이
일군의 참새새끼만 나르고
이 따우엔 분분한
무언가, 무어 (배정웅, 「기후 탓이다」, 『세대』, 1965. 12, p. 308)

월남전, 그것은 어쩌면 시인에게는 '기후 탓'일 수도 있었을 터이다. 한국군 주월 사령부가 시인 2명, 작가 3명을 초청한 것은 1973년 1월 9일. 미군 반전 철수를 석 달 앞둔 막바지 시점이었다. 고은, 김광림, 이호철, 최인호, 최인훈 등이 그들이다. 이들의 월남전 감상법은 어떠했을까.

그 나라에 한 사람이라도 친구가 있어서 그 친구의 일신상의 일들, 그의 살림 걱정, 처자식에 대한 마음고생, 친척들하고의 옥신각신, 이런 데서 오는 삶의 기쁨과 슬픔에 자연스럽게 접하는 기회를 가진다면, 즉 한 사람의 베트남인의 마음속에 초대되었을 때 비로소 나는 베트남인을 안 것이고, 그 사람을 통해 베트남이라는 큰 덩어리 속에 통로를 가지는 것이다. 문학자로서의 나의 감성에는 이것이 가장 정통적이요 정직한 방법이다. 그동안 보고 들었다면 듣기는 했다. 베트남 사람이 희로애락의 표현이 적다는 것, 술 취하거나 싸우지 않는다는 것, 일부다처의 풍습이 아직 많다는 것, 소식가들이라는 것, 여기 사람들의 외국인에 대한 태도가 매우 엄하다는 것, 공산주의자에 대한 의식이 좀 복잡하다는 것, 이런 등등이다. 그러나 이런 것 어느 하나에 대해서도 직접 경험해본 바는 아니다. 여기 오지 않고도 알 수 있는 일들이다. 그런 식으로 알고 있는 일이 너무 많아서 괴로운 나의 불쌍한 의식, 이런 생각을 하면서 거리를 걸었다.

(최인훈, 『유토피아의 꿈』, 문학과지성사, 1980, pp. 127~28)

헤겔의 '불행한 의식'과 흡사한 '불쌍한 의식'이란 새삼 무엇인가. 이 물음에 곧바로 대드는 것이 기성작가 황석영의 『무기의 그늘』이다. 그것은 작가의 비체험적인 것이 한갓 추상의 레벨이기에 불순하며 단선적인 것이 아니라 복잡성에서 비롯된 불순함이다. 『무기의 그늘』의 무대는 월남의 중앙부 꽝남성이다. 인구 백만인 꽝남성의 수도 다낭은 인구 20만으로 북위 17도상에 위치하며, 그 위에 옛 수도인 후에가 있다. 해변에 위치한 이 도시가 작품을 이분하고 있어 인물 배치도 이에 따르고 있다. 두루 아는 바와 같이 다낭은 한국군이 주로 배치된 곳이며, 해병대 청룡부대 제2진으로 온 작가 황석영이 머문 곳도 여기였다. 한국군을 상징하는 인물로 선택된 것이 주인공 안영규 상병(병장)인데, 이 작품의 서두에 바로 안 상병이 등장한다.

백오밀리 포가 계속해서 강 건너편을 강타하고 있었다. 그러나 소리만 요란했고 비어 있는 모래벌판과 철조망과 선인장 숲 위에는 하얀 햇빛만이 보일 뿐이었다. 〔……〕 언덕 너머로 모래 먼지가 일어났다. 뭉게뭉게 일어난 먼지는 언덕을 오르내리고 길을 따라 회전하면서 벌판 위에서 움직였다. 보급물 수송 차량은 이미 통과해버린 시각이었다. 지프가 방향을 바꾸더니 모래주머니의 담으로 이루어진 좁다란 통로에 들어섰다. 먼지 때문에 차 뒤쪽의 벌판이 잠깐 가려졌다. 방벽 앞에서 중대 관측병이 외쳤다.

"차량이 이쪽으로 오는데요."

"어디 차야?"

"여단본부 차 같습니다."

관측병과 분대장의 말을 듣자 병사들 가운데 술렁이는 기미가 보였다. 〔……〕

"여단본부 차로군. 누굴 데리러 오나보다."

"연락병인가……"

"신병은 왔구, 틀림없다. …… 누군가 빠져 나가겠지."

(『무기의 그늘』(상), 창비, 2006, p. 12)

이러한 작품 서두는 일종의 조감도라 할 것이다. 위에서 내려다보는 시선의 도입은 전체를 추상적으로 인식하고자 하는 욕망의 산물이다. 흔히 이런 것을 두고 영화적 수법이라 하기 쉽지만 실상은 저 『일리아드』나 톨스토이의 『전쟁과 평화』에서 널리 사용된 방식이어서 영화적 수법과는 무관한 것이다. 인간은 서 있을 때 정면의 수평선밖에 볼 수 없다. 이 정면의 수평선의 인식이 가장 자연스런 것이지만, 조감도의 도입은 추상적 산물이며 따라서 의도적이자 의욕적이다. 요컨대 설계도가 먼저 있고 그것에 따라 벽돌과 흙으로 집을 만들 수 있다. 「몰개월의 새」가 가장 자연스런 몸으로서의 진짜 글쓰기라면, 『무기의 그늘』은 기하학적 글쓰기형이라 할 것이다. 이때 문제되는 것은 그 설계도의 설계자 곧 주인의 성격을 묻는 것에로 향하기에서 온다. 그 설계도의 설계자(주인)가 미국이며 펜타곤이며 자본주의였다. 작가 황석영은, 그러니까 청룡부대 제2진으로 월남전에 서서 참호 속에 "찌그러진 깡통처럼"(이런 표현을 작가는 여러 번 사용) 처박혀 있는 해병대 안 수병(상병)은 어쩌면 한갓 노예인 것이다.

여단 본부에서 온 지프는 CID(군합동수사대)로서 전입자를 인수하러 온 것이었다. 상병 안영규는 운이 좋았다. 작가는 그 이상 그 '운'에 대해 언급하지 않았다. 5개월간 사지를 헤매던 최전선에서 이렇게 다낭의 합동수사본부로 전입해가는 것은 그곳 수사대의 한 명이 귀국하기 때문이었지만, 좌우간 안 상병에게는 행운이 아닐 수 없었습니다(황석영은 전투지에서 합수대로 차출된 바 있음. 본인 증언). 고위층에 백이 있었던 까닭일까. 작가는 이에 대해 아무런 언급이 없다. 주인이 아닌 까닭이다. 월남전 자체가 일종의 행운/불운의 갈림길이며, 또 그것은 우연/필연의 경계선이 사라진 곳에서 벌어지고 있었던 만큼 안 상병의 경우라고 해서 예외일 수 없기 때문이다. 안 상병이 전입한 곳은 다낭 시에 있는 어떤 호텔. 상사는 대위였고, 귀국을 한 달 앞둔 강 수병의 후임이었다. 강 수병의 설명에 따르면, 안 상병의 임무는 시장 감시하기였다.

다낭 시장에는 중부 월남에서 가장 큰 블랙마켓이 있다. 시장 정보는 권투보다 더 중요하다. 보고서 쓰기에 이력이 나면 너두 차츰 진절머리가 날걸. 시장경제의 유통과정을 알기 위해서 본부에서는 너를 이곳저곳의 암거래 근원지에 보내서 근무를 시킬 거다. 익숙해지면 너는 장사꾼들과 파묻혀 살아야 된다. 선임자의 충고를 절대로 잊지 마라. 공연히 도덕책 들추지 말라 그거야. 여긴 쓰레기통 속이야. 너는 오물에 목까지 깊숙이 빠졌어. 헤엄치면 살지만 허우적대면 더 깊이 빠져 죽는다. (위의 책, pp. 49~50)

과연 선임자 강 수병의 말대로였고, 그의 충고대로 안 상병은 오물 속에 목까지 빠졌어도 헤엄쳐 살아남아 귀국함으로써 『무기의 그늘』은 끝난다.

대체 안영규 상병은 어떤 오물 속에 빠졌고, 어떤 방식으로 익사하지 않고 병장으로 진급까지 해서 귀국선을 탔을까. 또 어째서 그는 마지막으로 다낭을 떠나면서 이렇게 내뱉었을까.

> 그는 여기서 알았던 그 어느 얼굴과도 다시는 마주치고 싶지 않았다.
> (『무기의 그늘』(하), p. 348)

이 물음에 응해오는 것이 이 작품의 한쪽 기둥인 이곳 옛 수도 후에와 그곳의 인물들이다. 월남의 가장 정상적이고 전통적인 일상적 삶에 빠진 인물이 사는 곳이 다낭이라면, 여기에서 한발 물러서서 자국민의 운명을 엿보는 자리에 선 지식인 계층의 인물이 사는 곳이 후에이다. 『무기의 그늘』의 한쪽 기둥은 다낭 출신으로 후에에 있는 명문 의과대학에서 공부하는 팜민〔范明〕이다. 여대생이 베트콩에 참가하는 소설 『사이공의 흰옷』 모양 아직 영장이 나올 나이도 아니며, 또 의대를 졸업할 때까지 입대 연기가 보장되었음에도 불구하고 팜민은 군에 입대한 인물이다. 여기에서 말하는 '입대'에는 설명이 없을 수 없다.

6. 안영규 수병이 엿본 '신생활촌' 한복판의 암시장

두루 아는 바와 같이 베트남은 19세기에 프랑스 식민지였고, 제2차 세계대전 중에는 일본 식민지였고, 호치민 지도하에 1945년 9월 베트남 민주공화국으로 독립된 바 있다. 그러나 프랑스는 다시 식민통치에 나섰고, 이에 대한 베트남 민주공화국의 저항은 실로 집요했다. 냉전 체제 속의 베트남 정국은 실로 위기의 연속이었다. 프랑스가 남쪽 베트남국(베트남 공화국)을 세운 것은 1949년 6월이었다. 북쪽 월맹(하노이)군과 프랑스군의 디엔비엔푸 전투에서 프랑스의 참패로 끝난 것은 1953년 가을이었다. 미국은 반공반불 민족주의자인 고딘디엠Ngo Dinh Diem을 옹립하여 북위 17도선의 남쪽에다 베트남 공화국(남베트남)을 세워 반공지역을 구축했다. 문자 그대로 1957년 무렵 17도선은 미국의 프런티어였다. 남북 후 베트남의 공존은 길지 않았다. 북베트남이 무력으로 조국통일에 임한 것은 1959년이었고, 국토의 6할이 그들의 지배하에 들어갔다. 이 해 12월에 남베트남 영내에서 민족해방전선(NLF)이 성립되었다. 이 NLF를 미국 측은 멸시하는 용어로 '베트콩'이라 불렀다. 그 세력이 막강했고, 이 무렵 케네디 대통령은 남베트남의 방어에 대해 비관적이었다. 그의 사후에 등장한 존슨 대통령도 통킹 만 폭격을 감행했으나 냉전 체제의 화해상태(데탕트)에 힘입어 평화회의에 나아갔다. 파리 회의(1969. 1. 25)가 그것이다. 여기에는 남베트남과 민족해방전선도 참가했다. 북베트남 측은 남베트남을 괴뢰정부라 하여 상대하지 않았고, 미국은 NLF를 정식 정부로 인정하지 않았다. 2개월 반에 걸쳐 17개 조약이 검토되었고, 그 결과 전선 축소와 북폭 정지의 실현에 닿았다. 요컨대 닉슨 대통령도 미군의 체면 유지 곧 현상 유지에 주목하고 있었다. 1970년, 미군과 남베트남군이 라오스와 캄보디아 대공세에 나아갔다. NLF의 보급품 루트는 호치민 루트와 시아누크 루트 둘이었는데, 이것들을 차단함이 NLF 세력을 약화시키는 길이었던 까닭이다. 그러나 시아누크 루트 차단 작전은 실패했는바, 북베트남이 중무장해서 본격적으로 나섰기 때문이다. 다시 평화협상이 모색되었고, 파리 협정 조인은 1973년 1월 27일에 이루어졌다. 이미 미국은 철퇴할 명분을 갖고 있었다. 상황은 참으로 묘하게 전개되었다. (1)미군 철수, (2)남베트남 장래는 국제 감시하에 자유선거를 실시할 것으로 파리 회의가 조인되었지만 베트남의 현실은 미국, 남베트남 정부 대 북베트남 정부, NLF, 임시혁명정부라는 5개국의 세력 균형을 가져왔기 때문이다. 여기에 나온 임시혁명정부란 새삼 무엇인가. 이에 대해서는 다음과 같은 설명이 유용해 보인다. 중요하기에 그대로 보이기로 한다.

베트남 전쟁을 포함한 인도차이나의 싸움을 냉전의 문맥에서 대국의 대리전쟁으로 그려내는 일이 많다. 그러나 그것은 베트남국이나 그 후계자인 베트남 공화국(남베트남)이 베트남 민주공화국(북베트남)과 통치의 정당성을 다툰 내전이기도 했다. 이 정치적·군사적 양면의 싸움은 1960년대에 들어 남쪽의 국내에서 급속히 격화됐다. 민족해방전선(NLF, 베트콩)이 고딘디엠의 독재에 도전장을 던졌기 때문이다. 그러나 이 전쟁은 동시에 민족해방전선과 그들의 지지자였던 하노이 정권의 알력의 마당이기도 했다. 1969년 승리의 새벽에 당해 남쪽을 통치하고 또 조국 통일에 대해 북과 협의해야 할 존재로서 임시혁명정부가 수립된 것이었다.

그러나 그 전년의 테트(구정) 공세(1968. 1. 31 — 인용자)를 앞뒤로 해서 민족해방전선의 존재감은 급속히 잃어가고 있었다. 통일 베트남이 사회주의 공화국으로 바뀔 때까지, 곧 하노이 노선으로 통일될 때 임시혁명정부도 민족해방전선도 여지없이 소멸되지 않으면 안 되었다. 그들도 또한 이 전쟁의 패자였던 것이다.

북베트남군은 해방자로 남베트남에 왔다. 프랑스에 이어 미국까지 이긴 그들은 자신에 차서 사실상 정복자로서 남쪽에서 군림했다. 그들은 남북의 문화 차이, 20년 이상의 분단으로 굳어진 지역적 차이를 무시하고, 남쪽을 강인한 사회주의화로 몰고 갔다. 결과적으로 베트남 전쟁의 종결은 모양을 바꾸어 남북대결의 막을 내렸다. 그것은 미국과의 싸움과 캄보디아나 중국과의 싸움 사이에 놓이는 '제2.5차 인도차이나 전쟁'이라고까지 부를 수 있다.

(松岡完, 「베트남 전쟁」, p. 54)

이상은 월남전이 끝난 지 30여 년이 경과한 오늘의 시점에서 해석한 것이지만, 안 상병으로 말해지는 기성작가 황석영 수병이 참가했던 1967년 전후의 NLF는 어떠했던가. 남월남이 무너지기 직전을 무대로 한 『무기의 그늘』에는 NLF만이 거대한 그림자로 다낭을 에워싸고 있다. 그것은 1968년 1월 소위 테트(구정 1월) 공세의 대실패에서 다시 세력권을 확보한 NLF의 최강기에 해당된다.

『무기의 그늘』은 NLF의 중심기지인 다낭의 암시장에서 시작되고 거기에서 끝난다. 작가는 이 암시장 한복판에 청룡부대 안 수병을 투입했다. 이 암시장의 A레이션, B레이션, C레이션의 유통경로를 탐색하는 공부에서 안 수병이 깨친 것은 월남전의 핵심이 전투에 있지 않고 암시장에 있음이었다. 당초 「난장(亂場)」이라 하여 발표(『한국문학』, 1977~1978)한 것도 이 때문이다. 당시의 한국적 현실에서는 대단한 용기에 다름 아니었다. 전쟁터이자 시장바닥을 동시에 표현하는 우리말 '난장'은 그만큼 함축적이긴 해도 거기에는 모종의 한계가 있었다. 결코 일반화될 수 없는 월남전의 특성이 그것이며,『무기의 그늘』이라 개칭한 이유이기도 하다. 안영규 상병이 병장으로 진급하기까지 수개월 동안 암시장의 탐색에 나아갔을 때, 그는 선임자 강 수병의 말대로 오물에 목까지 깊숙이 빠졌다. "헤엄치면 살지만 허우적대면 더 깊이 빠져 죽는다." 바로 그 끝 간 데까지 안영규가 나아갔음이란 어떤 장면인가. 바로 여기에 의과대학생 팜민을 통해 마주친 인물, NLF의 암시장 책임자가 있었다. 작가는 NLF의 암시장 총책인 쿠엔 타트에 이르는 과정을 팜민이라는 인물을 매개항으로 설정했다.

　작가는 안영규 상병을 참호에서 끌어내 CID(군합동수사대)로 전출시킴으로써 미국식 무기의 그늘 속으로 향하게끔 함과 동시에, 후에 소재의 명문 의과대학생인 팜민으로 하여금 NLF에 자진 참가케 함으로써 미국식 무기의 그늘 속으로 향하게 했다. 그러나 이 경우 후자는 일종의 매개항이었는바, 왜냐하면 안영규 수병이 마주친 상대는 팜민을 조종하는 암시장의 NLF 두목 구엔 타트였기 때문이다. 안영규 상병 역시 무기의 그늘의 수준에서 보면 한갓 매개항으로 선택된 형국이지만, 작가의 처지에서 보면 어디까지나 안영규가 주인공일 수밖에 없다. 안영규와 구엔 타트의 마주침이 이 작품의 중심부라면 거기까지에 이르는 과정은 한갓 수식을 위한 배경에 불과하다. 그 중심부란 『무기의 그늘』의 중심부이며 동시에 월남전의 승패를 가늠하는 고비에 해당된다. 작가 황석영의 야심이 깃든 곳이 바로 여기였다.

　러스크 미국 국무장관은 1960년대 초두에 이렇게 공언한 바 있다.

"정치적 안정화를 위해서는 DDT(살충제) 분무기 쪽이 토미 건(소형 기관총)보다 한층 효과적이다"라고. 베트남의 진짜 적은 게릴라 쪽이기보다는 그들의 도약 발호를 가능케 하는 환경(기아, 무지, 빈곤, 문맹, 질병, 정부와 국민의 괴리)이라고 미국은 본 것이다. 따라서 전투작전과 나란히 하여 또는 그 이상으로 정치·경제·사회적 행동을 중시했다. 반란진압 전략의 기본도 게릴라라는 세균에 영양을 주는 환경 차단에 있었다. 전쟁이 본격화된 1960년 후반에도 이 기본전략에 의거했다. 수색섬멸작전에서 적을 일소하고 주민을 게릴라로부터 분리하여 마을의 안전을 확보한 후에 평화작전을 실시, 농촌을 본래 모습으로 되돌린다. 구국재건계획, 신생활촌계획, 지방 재건계획, 혁명적 농촌개발계획, 가속 평정계획 등이 등장, 다리와 도로 건설, 농업기술 개선, 전기 사용, 건강, 의료학교 건설 등을 통해 민주화를 이루고자 한 것이었다. 미국의 이러한 전략이 실상은 잘 지켜지지 않았음이 화근이었다. 실제로 평정작전의 자금비율은 수색작전의 10분의 1 정도였다. 농민의 쌀을 뺏어 불태우고는 미국산 수입미를 대량으로 갖다 안기는 것, 가옥을 불태우고 새로운 마을을 만드는 식이었다. 본래 신생활촌계획이란 장기를 요하는 과제였다. 그럼에도 불구하고 미국과 남베트남 정부는 이른바 DDT전략에 한동안 매달렸다. 유명한 신생활촌 건설이 그것이다. 상당수의 자금과 물량을 이 계획에 퍼부었는바, 참으로 기묘하게도 무기까지 포함한 그 물량이 암시장을 통해 고스란히 NLF로 흘러든 것이었다. 안영규 상병이 추적한 것은 이 물량이 NLF로 넘어가고 있는 다낭의 암시장 현장이었다.

신생활촌 건설의 총책은 성장(省長)이자 군사령관인 람 중장이고, 그 부관이 팜꾸엔〔范權〕 소령이다. 신생활촌 건설의 핵심 인물인 팜꾸엔은 바로 의과대학을 버리고 NLF에 투신한 팜민의 친형이다. 사이공에서 대학을 나와 나트랑의 육군간부학교를 나온 영민한 팜꾸엔 소령은 고급 창녀인 한국 여인 오혜정을 아내로 맞아 온갖 실권을 행사하는 막강한 베트남 정부의 인물이다. 팜꾸엔이 허깨비같이 무능한 고급 관리인 성장이나 장군들을 꼭두각시 놀리듯 하는 장면이야말로 이 『무기의 그늘』의 아이러니가 아닐 수 없다. 그 역시 한갓 꼭두각시였기 때문이다.

팜꾸엔은 그럴 줄 알았다는 듯이 군복 상의 주머니에서 수첩을 꺼냈다. 거기에는 자디잔 글씨로 온갖 숫자와 메모가 적혀 있었다. 머리에는 떤 씬 확 도어(新生活村)라고 쓰여 있었다. 물론 하천과 댐에 관한 건, 상이용사회관에 관한 건, 부대이동에 관한 건 등등 처리해야 할 일은 한두 가지가 아니었다. 신생활운동은 예전에 USOM(미국대외원조국)에서 시작했던 전략촌계획의 명칭만 바뀐 것이었고 이제는 AIO 파견관과 미군 고문단 그리고 월남 행정부가 합동으로 진행해나가는 평정사업이었다. 그러나 그것을 직접 추진하고 예산을 집행해나가는 사업의 총관리인은 성장이었다. 계획과 요구는 성장과 팜꾸엔을 비롯한 그들 막료들에 의해서 세워지고 미국은 제안으로 충분했다.
"우리 꽝남성에는 육십 개 촌락이 이미 성공적으로 정착되었고 삼백 군데의 신생활촌을 건설하는 목표를 세우고 있습니다."
"일반적인 얘기가 아니라 안디엠의 전략촌에 관해서만 말하게."
"각하, 전략촌이 아니라 신생활촌입니다."
"그래, 신생활촌……"
"예, 안디엠에는 지금 계획으로는……."

(『무기의 그늘』(상), p. 151)

실권자 팜꾸엔 소령이 기획하는 신생활촌에 들어오는 미국의 한량없는 모든 물자 속에는 의약품은 물론 무기도 당연히 들어 있었다. 이 팜꾸엔 소령의 동생이 NLF 가담자였고, 그를 조종하는 암시장의 조직책이 구엔 타트였음은 앞에서 이미 강조한 바이거니와 안영규 수병의 시선에서 보면 신생활촌용 물자가 암시장을 통해 NLF로 넘어가는 것은 불을 보듯 훤했다. 안영규가 그 현장을 덮치는 일도 시간문제. 이로써 신생활촌의 부패가 천하에 드러나는 것도 시간문제. 안 병장의 귀국도 시간문제. 바로 이 암시장의 경제원칙이 「무기의 그늘」의 주역이었고 안영규, 팜민 형제, 구엔 타트 그리고 안영규의 심복 월남인 토이, 고급 창녀 오혜정 따위란 이 암시장의 원리에 비해 한갓 허깨비에 다름 아니었다. 이 당연한 사실을 정작 안영규도 구엔 타트도 알고 있었다는 것에 『무기의 그늘』의 참주제가 놓였다고 볼 것이다. 안영규 병장과 구엔 타트의 대화 장면이 이를 잘 말해준다.

"트란 박사와는 자주 만납니까?"
"알고 계시는 줄 알았는데, 벌써 물건 공급이 시작되었어요. 일차로 항생제와 진통제요. 키니네와 각종의 소독약도 또한 포함될 겁니다."
"모두 야전용이겠군요."
영규의 비아냥거리는 말에 구엔 타트가 빙글빙글 웃었다.
"베트남에서 유통되는 미국 물건 중에 군용 아닌 것도 있습니까?"
"많지요."
구엔 타트는 영규에게 눈을 꿈쩍해 보였다.
"그야 초콜릿이나 알사탕에서 면도날에 콘돔까지 있지만, 미국의 여러 기업들이 납품한 면세품을 펜타곤 산하의 미군들이 먹고 쓰는 거요. 나는 이제 더 이상 싸젠과 논쟁하고 싶지 않소. 우리는 뭐랄까…… 이와 입술의 관계가 아닌가요?"

"한문이 틀렸소. 창과 방패의 관계라면 어떨까요?"

"하여튼 당신은 나를 믿지 않는 것 같군요."

구엔 타트가 말하자 영규는 농담기를 싹 거두고 차갑게 대꾸했다.

"나는 당신에게 트란 박사를 소개했고 당신은 르 로이 시장에서 약품을 취급하는 유일한 거래자가 되었소. 그런데 당신은 나하고의 약속을 지키지 않았어요."

구엔 타트가 젓가락을 놓았다.

"무슨 말이오? 나는 분명히 당신에게 푸어흥상회의 사무원을 소개시켜주었소."

영규가 말했다.

"그 얘기가 아닙니다. 당신은 내게 해방전선의 거래내역을 일일정보로 알려주겠노라 약속했소."

구엔 타트는 여유만만하게 고개를 끄덕이더니 두 손을 쳐들어 한 손가락씩 세워 보였다.

"보십시오. 첫째 당신은 내게 트란 박사를 소개했고 나는 당신에게 히엔 영감네 사무원을 소개했습니다."

그는 둘째 손가락을 나란히 꼽아올렸다.

"그다음에 당신은 내게 푸어흥상회에서의 거래정보를 전한다는 조건으로, 내가 당신에게 해방전선의 거래정보를 알아주겠다는 약속이었지요? 당신은 사무원과 날마다 접촉하면서 아무런 말도 내게 해주지 않았고 나도 마찬가지였어요. 이것 보시오, 내 손가락을. 공평하다고 생각하지 않나요?"

영규는 깊숙한 시선으로 구엔 타트를 바라보았다.

"당신은 정말 푸어홍상회의 거래내막에 관하여 알고 싶은 겁니까? 이미 오래전부터 당신은 자세히 알고 있었던 것 같던데요. 그래서 토이와 나는 우리가 꼭 알고 싶은 일들에 관하여 우리 스스로 알아보는 중이오."

"장사꾼이 사업상의 자립을 한다는 것은 대기업이나 구멍가게의 경우에나 아주 중요하고도 우선적인 조치라고 생각합니다. 우리는 서로 의존해야 할 관계였지요. 당신이 뚜렌에서 내오는 B레이션은 쌍방에 매우 큰 도움이 됐지요. 그런데 당신이 알고 싶은 일들이란 뭡니까?

(『무기의 그늘』(하), pp. 258~59)

안영규와 구엔 타트의 거래 역시 공평했음이 앞의 기록에서 손에 잡힐 듯이 드러났다. 이 거래는 물론 두 사람 사이에만 통용되는 것으로 균형 잡힌 것이라 할 만하다. 안영규가 이에 대해 더 욕심을 부린다면 그것은 과욕이라 할 것이다. 암시장 거래의 물증을 안영규가 요구한다면 그것은 어쩌면 계약 위반일 수도 있다. 심복 트린의 죽음이 그 대가이다. 다음 장면은 안영규의 마지막 요구 사항에 대한 구엔 타트의 대응방식.

영규는 저도 모르게 발끈해져 가슴속에 묻고 있던 말을 끄집어냈다.
"우리는 해방전선의 다낭 거래선을 거의 파악하고 있소."
구엔 타트가 나직하게 웃었다.
"너무 성급하시군요. 보세요, 베트남의 시장에서 장사하는 모든 상인은 미군과 베트남인 또는 제삼국인, 그리고 해방전선과 언제나 거래하고 살아갑니다. 그것은 이런 방식의 전쟁이 낳은 운명입니다."

구엔 타트는 진지한 표정으로 두 손을 모으고 영규를 똑바로 응시했다.

"나는 처음부터 당신을 좋아했습니다. 당신은 미군이나 베트남 군인들과는 달리 편견이 없었기 때문입니다. 당신이 이 전쟁에 책임이 없다는 것을 말했고, 곧 당신의 나라로 돌아가 몇 달 뒤에는 군복을 벗고 민간인이 되겠다는 말을 했을 때, 나는 외국군인에 대한 나의 선입견을 버리고 당신을 대하기로 작정했지요. 나는 약속했지만 당신이 여기에 있는 한 당신을 곤경에 빠뜨리고 싶지는 않습니다. 이것이 내가 지키려던 당신과의 약속의 표시요."

말을 끊고 구엔 타트는 무명저고리의 아랫주머니에서 종이쪽지를 꺼내어 접은 채로 영규에게 내밀었다.

"물론 이것은 형식에 지나지 않습니다. 그러나 당신에게는 매우 유용하게 될지도 모릅니다. 당신은 이곳에서의 미묘한 근무의 성격에 맞는 호신용 카드가 필요하다고 했지요? 이것이 그 카드입니다."

영규는 잡다한 물품의 수량과 가격과 반출한 목적지가 적혀 있는 쪽지를 대충 훑어보았다.

"이것은……?"

"그렇습니다. 분명히 해방전선 측과 해방지구의 주민들에게로 나간 것들이지요. 성청에서 벌이고 있는 신생활촌 정착사업에 쓰여질 물건들이 부정 유출되어 나간 명세서입니다. 미군과 베트남 당국 양자에 이보다 더 강력한 카드가 있을까요?"

영규는 그 쪽지를 얼른 집어넣었다.

"거래자는 당신의 형이 아닙니까?"

"그래서 자세히 알아내는 데 더욱 큰 도움이 되었지요. 다음에는 각 지방으로 나가는 차량과 행선지를 알아내어 정확한 명세서를 작성할 수 있었습니다. 당신이 만약 필요할 때 이 카드를 쓰면 다낭은 물론 전 중부 베트남이 발칵 뒤집힐 겁니다. 베트남군은 말할 것도 없고 미군의 주요 지휘부서에도 인사이동의 폭풍이 휘몰아칠 거요. 그러나 당신이 먼저 말한 대로 그 카드를 쓸 것인가 그냥 삼켜버릴 건가는 매우 신중하게 고려해야 될 겁니다."

영규는 침착함을 유지하기 위해서 우선 숨을 크게 내쉬었다.

"좋습니다. 한데 나는 아직도 궁금한 게 있소."

"뭐죠?"

"나는 아직 무기거래에 관해서는 아무것도 모릅니다."

구엔 타트는 미간을 찡그렸다.

"유능한 정보원이 되어 미국 은성훈장이라도 받겠다는 건가요? 훈장이 너무 무거워서 부담스러울 텐데?"

"호기심이죠."

구엔 타트가 말했다.

"그 명세서에 나온 대로 물량에 따라서 추측할 수 있겠지요. 신생활촌 사업물품의 암거래는 미군과 베트남군의 급소입니다."

영규는 진심으로 말했다.

"고맙습니다. 나는 석 달 뒤에 이곳을 떠날 겁니다. 떠날 사람은 짐이 많으면 불편하지요."

"바로 그게 당신의 입장이지요. 베트남의 모든 것은 베트남인의 것입니다. 맞지요?"

"물론." (위의 책, pp. 260~62)

여기까지가 공정한 거래관계이다. 안영규는 제3국인이며 방관자에 지나지 않으니까 그럴 수밖에 없다. 그러나 안영규가 소속된 CID

는 어떠할까. 폭탄과도 같은, 구엔 타트가 건네준 거래 이상의 우정으로서의 종이쪽지, 이 마지막 카드를 안영규는 어떻게 처리했을까. 작가 황석영은 이 점에서 썩 비문학적이다. 상사인 대위 앞에서 그 메모 쪽지를 넘기는 다음 장면은 누가 보아도 방관자적 태도에 다름 아닌 까닭이다.

그 메모는 제 근무의 결과니까 어떻게든 활용되어야겠지만 너무 싸게 쓰지는 마십시오. 신임 수사대장이 누가 올지는 모르지만 처음에는 겁도 없이 당기겠지요. 그러다가 어마어마하게 계속해서 나오는 뿌리에 놀라서 얼른 덮으려고 하면 이미 소란해진 뒤일 테고.

(위의 책, p. 298)

결과는 너무나 뻔했다. 겁도 없이 메모를 당겼고 암시장을 급습하고 타트의 죽음이 오게 마련이었다. 안 병장, 그만이 홀로 귀국선에 몸을 실을 수밖에. 한몫 챙겨 제3국행에 나선 오혜정과는 길이 달랐던 것이다. 여기에 기성작가 황석영의 야심과 그 야심에 따르지 못한 오기가 공존해 있었다. 『무기의 그늘』이 문학 지망생 안정효에 비해 불순한 것은 이를 가리킴이다. 또 하나의 문학 지망생인 박영한의 저 무모한 이념도입의 『인간의 새벽』에 비해 『무기의 그늘』이 불순한 것도 이를 가리킴이다.

7. 「몰개월의 새」에서 「돌아온 사람」까지의 거리 재기

월남전 참전 체험의 문학적 성취는 안정효의 『하얀 전쟁』(『전쟁과 도시』), 박영한의 『머나먼 쏭바강』 『인간의 새벽』 그리고 『무기의 그늘』의 3대작으로 정리될 수 있다. 앞의 둘은 문학 지망생의 것이며, 뒤엣것은 기성작가의 것이다. 이를 작가의 정직성 측면에서 볼 때 제일 순수한 것이 『하얀 전쟁』이라면, 제일 불순한 것은 『무기의 그늘』이며, 그 중간지점에 놓인 것이 『머나먼 쏭바강』이다. 그렇다면 문제의 중요성은 어디에서 오는가. 그것은 기성작가의 저러한 불순성에 스민 '문학적 과제'에서 온다. 어떤 문학도 그것이 참으로 가치 있는 문학이라면 불순함을 그 속성으로 함께 마침내 달성된다. 그것은 체험의 밀도랄까 깊이에 관련된 사항이어서 추상적 레벨에 속하는 단순 관념과는 일정한 거리가 있지만, 황석영은 이런 불순성을 훨씬 뛰어넘는 한국문학적 과제를 따로 갖고 있었다. 『무기의 그늘』이 추상적 레벨의 산물이라면, 그래서 불순한 것이었다면 그의 체험적 밀도랄까 깊이에 속하는 영역은 그가 따로 어떻게 처리해놓고 있었을까. 이 물음은 한국문학판이 외면하고 건너뛸 수 없는 과제가 아닐 수 없다. 월남전 체험이란 말을 바꾸면 한국인의 6·25 체험과 결코 분리될 성질의 것이 아니라는 사실에서 크게 벗어날 수 없기 때문이다.

  기성작가 황석영의 월남전 체험의 원점이 「몰개월의 새」였음은 앞에서 이미 살폈거니와, 그것은 "불빛 보이니?" "응, 몰개월이다"로 표상되어 있다. 군가도 우렁차게 출정하는 몰개월의 새벽, 한복으로 갈아입은 몰개월의 새들이 저마다 그동안의 정표로 던져준 것은, 그 선물은 무엇이었던가. "플라스틱으로 조잡하게 만든 오뚜기 한 쌍"이 아니었던가. 안 병장도 한 상병도 아직 어려 그 의미를 우습게 여겼다. 그 선물을 월남에 닿기도 전인 동지나해(『광장』의 작가는 이 표현을 개작에서는 '동중국해'로 고쳤으나 『무기의 그늘』의 작가는 그때의 명칭을 그대로 그냥 두었다) 속에 던져버렸다. 그러나 정작 작전에 나가서야 비로소 인생엔 '유치한 일'이 없음을 통감했다. 이 실감은 죽었든 살아 돌아왔든 파월 한국군이면 한결같이 깨친 소중한 체감이었다. '조잡하게 플라스틱으로 만든 오뚜기 한 쌍'이란 살아가는 게 얼마나 소중한 일인가를 아는 자들의 자기표현에 다름 아니라는 사실을 월남전 참호 속에서 동감하고 다행히 살아서 귀국한 이들 앞에 세상은 어떻게 보였을까. 이 물음에 당연히도 「몰개월의 새」의 작가는 대답을 내놓을 책임이 의무처럼 있어 마땅하다. 그는 그렇게 했다.

그는 첫 줄에 이렇게 썼다. "나는 제대를 하고 나서 식구들의 권유로 시골에 있는 외삼촌네 과수원으로 내려가 있었다"라고. 왜? 귀국한 '나'를 식구들이 찾아내지 못했으니까. 오죽했으면 어머니가 주장해 굿까지 했겠는가.

집에 돌아온 첫 주부터 나는 고열로 앓아누웠다. 헛소리도 했고, 어떤 때는 소리를 지르며 깨어 일어나 마당을 기어 다니기도 했는데 꿈은 별로 꾸어보지 못했다. 그것은 어렴풋한 반수상태였다고 생각된다. 어머니가 주장해서 굿을 한 번 했다. 어렸을 때 일찍 젖을 뗐기 때문에 체질적인 경기(驚氣)를 가졌기 때문이라는 누님의 해석도 있었으며, 매형은 내가 군대에서 고생을 많이 한 탓이라고 얘기했지만 나는 누구의 말에도 선뜻 그렇다고 끄덕이지는 않았다. 몸이 갑작스레 쇠약해진 탓이라고만 여겼다. 앓고 나서부터는 불면증 때문에 고생하기 시작했다. 숙맥 같은 여러 가지 처방을 해보았으나 잠을 이룰 수가 없었다. 형광등이 지잉 하고 우는 소리와, 자기 숨소리만을 들으며 매일 밤을 뜬눈으로 새운다는 건, 참으로 무료한 짓이었지만 달리 해볼 도리가 없었다. 술을 마시는 일은 만취하더라도 자기의 의식을 자각하게 되거나 아니면 제한 없는 충동에 빠져버리는 것 같으니까 질색이고, 갑자기 닥친 혼란으로 해서 책이라면 탐정소설도 읽을 수가 없었고, 여자 역시 돈 주고 사는 것은 썩 내키질 않았다. 나는 불면의 나날이 몹시 불편해졌고 도무지 살아 있는 느낌이 아니었다. 바로 그 무렵에 식구들이 권하는 대로 건강해지기 위하여 시골로 내려갔던 것이다. (「돌아온 사람」, 『월간문학』, 1970. 6; 『황석영 중단편전집(1)』, 창비, 2000, p. 96)

제1차 세계대전에서 귀향한 헤밍웨이의 「병사의 고향」에서는 '잃어버린 세대'의 무력함이라는 단일성이 문제적이었다면, 황석영의 「돌아온 사람」은 이중적이었다. 무력함이라는 단일성에다 또 하나의 단일성이 증폭되어 '악마적인 힘'을 발휘했기 때문이다. 바로 6·25 체험이 그것이다.

외삼촌의 과수원에서 '나'는 옛 불알친구 만수를 만났다. 만수네 집안은 6·25를 당해 아비가 참살당했다. 그 길로 큰형은 실성해버렸고, 둘째형은 교사 노릇을 했고, 만수는 입만 살아 있는 '뼈 없는 놈'으로 통했다. 그 만수가 외삼촌 과수원 인부로 있었는데, 이 '뼈 없는 놈'인 만수가 기묘한 일을 저지르는 장면을 '나'가 엿보고야 말았다.

그 앞에 쭈그리고 앉았다. 바로 맞은편 벽에 기대앉아 소나무 껍질을 깎고 있는 만수의 큰형이 보였다. 그는 가끔씩 열중한 작업의 손을 멈추고 주위를 둘러보며 히쭉 웃음을 지었다. 내가 어째서 여태껏 그쪽에 눈길을 돌리지 않았을까. 저고리 소매를 걷어붙인 아낙네가 방금 피우기 시작한 풍로의 숯불에 부채질을 하고 있었다. 여선생님처럼 곱살하던 만수 큰형수의 턱은 옛날보다 더욱 갸름해 보였고, 퀭한 눈가에는 짙푸른 주름살이 늘어져 있었다. 헛간을 가로지른 대들보를 받친 기둥에 한 사람이 붙어서 있었으며, 그의 옆얼굴만 보였으나 광대뼈가 두드러진 오십 줄의 사내로 보였다. 그는 구겨졌지만 새하얀 와이셔츠에 줄이 선 바지를 입고 있었다. 사내는 머리 뒤통수를 기둥에 꼭 붙이고서 타오르는 남폿불을 향하여 얼굴을 고정시킨 채 꼼짝도 하지 않았다. 만수의 형수는 숯불이 달아오르기 시작하자 이마에 솟은 땀을 씻으며 뒤로 물러났다. 나는 그녀가 불 가운데 인두를 깊숙이 꽂는 것을 보았다. 그녀는 숯으로 검어진 자기 손을 득의양양하게 사내의 바짓가랑이에다 닦아냈다. 만수네 형수는 엽연초를 손바닥으로 비비고 나서 한대 말아 천천히 즐기듯 피웠다. 한눈에 들어온 헛간 속의 이러한 광경은 첫닭이 울기 전에 초혼제를 지내는 상가의 음산한 정적을 생각나게 했다.

"물어볼 말이 있는데……."

묶인 사내의 맥없고 흐릿한 발음이 오래된 늪의 수면 위로 솟는 물방울처럼,

"나를 죽일 셈이오?"

하고 목구멍으로부터 떠올라왔다. 만수는 무릎에 얹었던 다리를 내렸을 뿐, 쳐다보지도 않고 말했다.

"우린 당한 것 이상으로 해치고 싶진 않다구. 똑같이 해주면 돼."

사내는 기둥에 붙인 자세를 흐트러뜨리지 않았으며 거의 체념한 눈으로 상대편을 바라보았다.

(「돌아온 사람」, 『황석영 중단편전집(1)』, 창비, 2000, pp. 110~11)

6·25때 만수 가족을 고문하고 마을 주민을 21명이나 죽인 당사자

를 시방 만수가 붙잡아 일종의 사적인 재판을 감행하고 있지 않겠는가. 만수가 달군 인두로 당사자를 지져 죽이고자 덤비자 큰형수가 조용히 저지했다.

만수의 형수가 달려들어 그의 손으로부터 인두를 빼앗았다. 사내는 이미 기진맥진해서 고개를 축 늘어뜨리고 있었다. 만수는 휘청거리며 통나무 위에 걸터앉았다. 그는 검게 변색되어가는 인두를 발아래 내동댕이쳤다.
"더 이상은 필요 없어."
하면서 여자는 축 늘어진 사내의 몸에 침을 뱉었다.
"그냥 내버려 둬두 될 것 같아."
"두려워하지 말아요, 형수."
만수는 두 손아귀에 머리를 틀어쥐고 말했다. 그 여자는 매정스럽게 대꾸했다.
"괜히 홀가분하게 해줄 필요가 어딨어?" (위의 책, p. 121)

큰형수의 이 준엄한 판결 앞에 알몸으로 노출된 것은 정작 가해자인 월남에서 돌아온 '나'였다. 대체 '나'는 월남인 앞에서 어떤 가해자로 군림해 있었던가. 작가는 두 가지 사례를 들었다. 하나는 월남인을 사살한 장면.

내 수색구역의 백토로 지은 집 안으로 들어갔을 때, 텅 빈 공간에서 파리가 잉잉거리며 날아다녔다. 뒤꼍으로 가서 마당 한가운데 펼쳐진 짚멍석을 들쳤다. 두 개의 독이 묻혀 있었고, 그 안에 누가 있었더라…… 마른 나뭇가지 같은 늙은이의 손이 한데 모아져 비벼대면서 내 발부리 앞으로 솟았다. 내가 알고 있는 몇 마디 말을 동원해서 빨리 나오라고 재촉했던 것 같다. 노인은 한없이 빌고만 있었다. 또 다른 독 속에는 발가벗은 아기를 품안에 감춘 비쩍 마른 소년이 있었던 것 같다. 그 아이는 구부려 세운 두 무릎 사이에 얼굴을 묻고, 아기의 입을 막은 채 소리를 죽여 울고 있었다. 나는 나오라고 또다시 재촉했다. 속눈썹 속으로 아리게 스며드는 땀방울, 말라붙은 혀, 멈춰선 사람에게 짓궂게 날아 붙은 파리들, 아기의 입을 막고 고개를 묻은 소년의 흔들리는 어깨. 나는 기다랗게 혼잣말로 쌍욕을 지껄이고 있었다. 쇠끝에 손가락을 걸고 힘을 주었을 뿐이다. 두개골 속의 몽롱한 뇌수를 뒤흔들며 들려오기 시작한 연발 사격의 소리에 나는 깜짝 놀랐다. 내 군화 발끝은 한줌도 안 되는 흙을 자꾸만 독 안에 차 던졌고, 그러곤 뒷걸음질쳐 숲 그늘 속으로 신선한 바람을 찾아 달리지 않았던가. 나는 의식의 마비를 체험했다. 내 골통은 화산암과 같이 최대한으로 연소되어 구멍이 숭숭 뚫려 있었다. 누군가 그때에 카메라를 들이대고 고속도 촬영을 했다면, 그래서 내가 스스로 완만한 동작을 다시 볼 수 있게 된다면 내가 만났던 최악의 피로를 확인할 수 있을 것이다. (위의 책, p. 117)

다른 하나는 포로 심문 장면. 중학교 교원 출신의 탄이란 이름의 이 베트콩을 만취한 상태의 4명이 심심풀이로 고문을 했다.

우선 그 녀석이 위축되도록 헝겊으로 두 눈을 가렸다. 침대 아래 쥐잡기부터 비행기태우기, 원산폭격, 한강철교, 한 사람씩 제안할 때마다 방법이 가혹해지기 시작했다. 우리는 그가 실수를 하면 약간의 매를 때려줬다. 우리는 웃었다. 자꾸만 웃었다. 주위가 너무 조용해서 크게 웃지 못하는, 참는 웃음이었다. 우리는 웃으면서 땀을 뻘뻘 흘렸다. 드디어는 놈의 그것을 꺼내어 자기 손에 쥐게 하고 수음을 시켰다. 탄은 울었던 것 같다. 확실히 탄이란 녀석 혼찌검이 나서 눈물을 흘렸다. "더러운 자식!" 맥주를 그의 얼굴에 뿌리던 한 사람이 담뱃불을 슬며시 놈의 그곳에 갖다 댔을 때, 기다란 비명소리가 들렸다. 그것은 탄의 목소리가 아니라, 담배를 쥐고 있던 동료의 목소리였다. 탄의 이빨은 동료의 손등을 피가 배어나도록 힘껏 물고 있었다.
"놔, 놓으란 말야."
다른 사람이 떼어놓으려고 탄의 볼따구니를 여러 차례 쳤지만, 놈은 이를 악물고 놓지 않았다. 손을 잡힌 자는 왼발을 뒤로 쳐들었다가 놈의 아랫배를 공처럼 내차기 시작했다. 여러 차례 만에 길게 내뿜는 숨소리가 나면서 탄의 몸이 옆으로 처졌다. 그는 눈을 흡뜨고 흰 동공을 보이며 고개를 뒤로 떨구었다. (위의 책, pp. 119~20)

이 두 가지 체험을 대체 어떻게 할 것인가. 제일 간단한 방법은 '나'가 월맹군 게릴라 손에 재판받아 시뻘건 인두로 두개골과 몸을 함께 망가뜨려 죽임을 당하는 길이거나 아니면 자살해버리는 길이다. 그러나 이 방법을 거부하게 만든 것은 만수의 큰형수였다. "괜히 홀가분하게 해줄 필요가 어딨어?"가 그것. 베트콩의 재판관 자격을 갖춘 큰형수는 이 준엄한 판결을 다름 아닌 '나'에게 내리고 있었다. '나'는 아마도 오랫동안 큰형수가 뒤쫓아오는 강박관념에서 벗어날 수 없을 것이다. 그 악몽은 어쩔 수 없이 '나'만의 것으로 치러야 하는 것이다. 문득 이 장면에서 제 몰개월의 새들이 선물한 '조잡하게 플라스틱으로 만든 오뚝이 한 쌍'이 지닌 소중함을 통렬히 깨쳤을 터이다. 문제는 그 강박관념의 지속에 있다.

8. 문학으로서의 베트남전에 닿기 — 기억의 형식과 존재의 형식

만수 큰형수의 준엄한 판결은 언제까지 유효할까. 그 유효함의 시효성을 우리는 「돌아온 사람」의 작가 황석영에게 물어볼 수는 없다. 그는 다만 그의 악몽을 운명처럼 견디기만 하면 되기에 그러하다. 그렇다면 대체 누구에게 물어야 적절할까. 제한적이기는 하나 그 중 하나로 '베트남을 이해하려는 젊은 작가들의 모임'의 대표 방현석에게 물어볼 수도 있다. 대체 이런 모임이란 어째서 생겼고, 그 의의는 어디 있기에 지금도 존속하고 있는 것일까.

월남전이란 무엇인가를 새삼 물을 때 이 모임의 의의가 그 윤곽을 내비친다. 미국이 지급한 무기를 들고 베트남에 들어가 그들과 서로의 심장을 겨누었고 그 전쟁이 끝난 지 4반세기가 흐른 오늘, 한국 상품과 기업이 앞다투어 진출하고 있다. 생존과 자유를 위해 목숨을 걸고 외세와 싸웠던 NLF(베트콩)와 베트남 통일을 위한 임시혁명정부는 북베트남 하노이 정권에 의해 여지없이 격파되었고, 하노이 정권은 이름 그대로 해방자로서가 아니라 사실상의 '정복자'로 군림했다. 오늘의 안목에서 보면 월남전의 제1차 패배자는 미국인지도 모른다. 그러나 제2차 패배자는 (1)북베트남과 협력을 위한 통일체인 임시혁명정부와 (2)민족해방전선이라 할 것이다. 점령군으로 군림한 하노이 정권은 20년이 넘는 동안 형성된 지역편차, 경제구조, 문화의 차이를 아랑곳없이 자기식 통치를 무자비하게 감행하여 보트피플을 비롯, 무자비한 숙청을 가했다. 세계사적으로 제3차 인도차이나 전쟁이 잇달아 일어났다. 통일 베트남 정권은 약소국 캄보디아를 침공(지금도 캄보디아는 베트남을 원수로 인식하여 시아누크 궁전 구경조차 금지시키고 있을 정도)했고, 우방이던 중국과도 전쟁을 치르기까지 했던 것이다. 그러나 20여 년이 흐른 오늘의 시점은 어떠할까. 도이모이 정책의 도입, 시장경제의 자유화로 말미암아 호치민시로 개칭한 구 사이공의 시장경제에 편승하고 있는 형국을 펼쳐놓았다. 사이공의 화려한 패자부활전이 그것. 이러한 역사적 아이러니에도 불구하고 저 '베트남을 이해하려는 젊은 작가들의 모임'이란 무엇인가. 그 대표자인 방현석의 대답은 이러했다.

> 스무 살이던 대학 신입생 시절, 나는 『사이공의 흰옷』을 만났다. 베트남 젊은이들의 시리고도 아름다운 저항을 서울 하늘 아래에서 감춰 읽으며 전율했고 좋은 시절이 오면 꼭 베트남에 가보리라 다짐했다. 20년의 시간이 흘렀고 내 나이 마흔이 되었다. 꼭 두 배의 나이를 먹고 나서야 베트남의 중부에 와서 시인을 만났다.
> (『하노이에 별이 뜨다』, 해냄, 2002, p. 143)

『사이공의 흰옷』은 구엔 반 봉의 장편소설이며, 국역된 것은 1986년이었다. 어째서 「베트남 여학생의 이야기」라 부제가 붙은 이 소설이 386세대에게 그토록 전율로 받아들여졌을까. 두 가지 점이 쉽사리 지적될 수 있다. 하나는, 1980년대 이 나라 젊은이가 놓였던 자유에 대한 갈망. 그것은 신군부와 외세에 대한 형언할 수 없는 증오와 맞물린 것이었다. 다른 하나는, 이 점이 중요한데, 그것이 소설이라는 문학적 장치에 의해 촉발되었음이다.

다음은 여학생이 신문당하는 장면.

한 명은 구스르고 한 명은 얼러대고 제법 박자가 맞았다. 나는 그들의 추악한 꼬락서니를 뚫어지게 쏘아봤다. 선택은 이미 오래전에 했었다. 무엇이 정의인지 나는 너무도 잘 알고 있었다. 부패와 타락과 부도덕함의 구렁텅이에 빠진 조국을 살려내기 위한 싸움의 숭고함이나 아름다움은 목숨으로도 맞바꿀 수 없는 가치였다.

나는 학생운동에 헌신하고부터 새로운 삶을 살기 시작했고 수많은 동지들과 작은 사랑을 느꼈으며 새로이 태어나는 듯한 희열을 여러 번 맛보았다. 무엇이 두렵고 무엇을 주저하랴!

나도 종이를 받아들고 혼신의 힘을 기울여 또박또박 적었다.

전향을 거부한다.

(『사이공의 흰옷』, 국역, 친구미디어, pp. 173~74; 원제는 『Ao Trang』, 1973)

문학의 힘이란 새삼 무엇인가. 그것은 부재(不在)에 대한 표상의 일종인 만큼 자유, 그것과 흡사하다. 현실 부정을 원본성(原本性)으로 함이 문학이기에 그것은 현실 부정을 원본성으로 하는 혁명과 등가였던 것이다. 386세대에 있어 베트남이란 그러니까 관념으로서의 '문학'에 다름 아니었다.

해가 뿌리는 그림자들은
낙엽처럼 쌓이는데
내 그림자 바람과 함께 어디로 쓸려가나
희미한 밤
그림자 홀로 얘기를 한다
내 그림자 밤의 손을 잡고 바람의 손을 잡고 헤맨다
풀을 꿈꾸며

별을 꿈꾸며

내 그림자
침묵의 땅으로 내려가
씨를 뿌린다 (탄타오, 「그림자를 뿌리다」)

이것은 방현석이 『실천문학』(2001. 가을호)에 소개한 시거니와, 작가 방현석에게 베트남이란 찜짱, 반레, 탄타오 등이 살고 있는 땅에 다름 아니었다. 이 문학적 사실을 방현석이 혼신의 힘으로 증명해놓은 것이 소설 「존재의 형식」(2003)이었다.

후일담계 소설 범주에 드는 이 작품의 무대는 베트남, 한국인들이 영화 한 편을 만들기 위해 이곳에 와서 대본을 검토하고 있다. 속물화된 기회주의자 김문태, 확실한 좌익 생활인 창은, 뒤틀릴 대로 뒤틀린 현실도피주의자이자 초점화자인 강재우 등이 후일담계 인물이라면 조감독 이희은과 감독은 비후일담계 인물이며, 그 중간에 놓인 매개항의 인물이 시인이자 공산당원으로 NLF 전사 출신이며 기록영화 제작자인 레지투이다. 이 레지투이가 실상 숨은 주인공인 셈인데, 그의 '존재의 형식' 탐구로 쓰여진 소설이기에 그러하다. '종이에 물이 번지다'의 '번지다'를 베트남어로 어떻게 번역할까. 이 물음은 작가 방씨의 역량이 걸린 대목이라 할 것이다. 문학적 과제인 까닭이다. '번지다'는 흰 종이에 물감이 번져가듯 타자와의 관계란 원래 이런 존재의 방식이어야 하는 것. 곧 마음의 흐름 turn of mind에 다름 아닌 것. 여기에서 비로소 베트남이 '전쟁 체험'에서 '문학적 체험'으로 크게 물꼬를 틀었다. 더구나 레지투이가 실명이고 보면 작가 방현석이 '베트남을 이해하려는 젊은 작가들의 모임'에 얼마나 정성을 쏟았는가를 알아차릴 수 있다.

대체 어떻게 해야 베트남인과 친해질 수 있을까. 작가 방현석은 문학이 그 정답이라며 이 작품에서 증거를 보이고자 했다. 그것은 종이에 물이 번지듯 마음과 마음이 스며드는 길이 아니면 안 된다. 그것이 문학(시)임을 시인 레지투이에게서 배우고자 했다. 레지투이는 어째서 자기 이름 대신 죽은 시인 반레란 이름으로 시집을 내었던가.

감독은 레지투이에 대해 꽤 길게 얘기를 했다. 레지투이는 북부의 닌빈이 고향이었다. 육지의 하롱베이로 불리는 아름다운 닌빈의 자탄이란 마을에서 태어난 그는 1966년, 고등학교 졸업과 동시에 자원입대해서 베트남 전쟁에 뛰어들었다. 그의 나이 겨우 열일곱 살 때였다. 호치민 루트를 타고 오로지 걸어서, 3개월 만에 사이공에 도착했을 때 그의 부대원들은 이미 3분의 1로 줄어들어 있었다. 전투 목적지로 이동해오는 동안에 그의 동료 3분의 2는 전투 한번 해보기 전에 죽었다. 굶어서 죽고, 말라리아에 걸려 죽고, 미군의 폭격에 맞아 죽고, 부비트랩에 걸려 죽고……

"그래서 호치민 루트 다큐에 대해 그렇게 예민하게 반응했구나. 충분히 그럴 만도 했네. 그래서요?"

연신 고개를 끄덕이며 듣고 있던 희은이 한 마디를 보탰고, 감독의 얘기는 계속됐다.

"그는 죽어간 친구들을 대신해서 자신이 산다고 생각하는 것 같아요. 나중에 친해졌을 때 이런 말을 하더군요. 내 앞에 걸어가던 친구가 지뢰를 밟고 죽었기 때문에 내가 살았지, 함께 싸웠던 그들이 아니라면 내가 어떻게 지금 이렇게 살아 있을 수가 있겠어, 라고."

그렇게 생각할 만했다. 그와 함께 입대했던 3백 명의 부대원들 중에서 전쟁이 끝났을 때까지 살아남은 사람은 오직 다섯 명뿐이었다. 전쟁이 계속된 10년 동안 그의 동료 295명이 죽었고, 그는 살아남은 다섯 명 중의 하나였다.

"그런데 왜 감독님은 그 아저씨를 감독이라고 부르지 않고 시인이라고 불러요?"

재우가 궁금해했던 질문을 희은이 대신 던져주었다.

"그가 시인이기를 원하니까. 그의 다큐멘터리는 일관되게 전쟁의 비극과 상처를 다루고 있어. 소설도 그렇대. 국립 해방영화사의 최고가는 다큐멘터리 감독이고 유명한 소설가이지만, 정작 그가 가장 애착을 가지는 이름은 시인이고 또 그렇게 불리길 원해. 나는 잘 모르지만 내가 아는 여기 기자의 얘기로는, 그의 시는 전쟁이 안겨준 비애로 전쟁을 넘어서려는 정신의 바다를 이룬다고 해. 반레라는 그의 필명에 담긴 사연도 모르겠네?"

레지투이가 전선에서 만난 친구 중에서 시인을 꿈꾸던 이가 있었다. 전쟁터에서도 그 친구는 틈만 나면 시집을 읽고, 시를 썼다. 그러나 그 친구는 수많은 동료들이 그랬듯이 전선에서 열아홉 살의 나이로 죽었다. 시인이 되고 싶었지만 시인이 되지 못한 채 죽은 그 친구의 이름이 반레였다. 1975년, 전쟁이 끝날 때까지 레지투이는 전선에서 싸웠고 최후의 사이공 함락 작전에 참여했다. 전쟁이 끝난 이듬해 그는 군복을 벗었고, 자신의 첫 시를 '반레'라는 이름으로 세상에 내놓았다. (「존재의 형식」, 제3회 황순원문학상 작품집, p. 68)

전쟁이 계속된 10년 동안 동료 300명 중 295명이 죽고 5명만이 달랑 살아남았다는 사실이 베트남인의 월남전이라면, 시인은 이를 어떻게 읊어야 했을까. 이 물음은 시인(문인)의 본질을 묻는 것에로 향하기 마련이다. 이 순간 시인은 조국이나 국적이나 인종을 넘어선다. 한국의 시인 방현석이 이를 통렬히 깨달았다. 그 계기를 마련해준 것이 『사이공의 흰옷』이었고 386세대였다. 이 세대의 정직함의 하나로 베트남 문학이 하노이에 별이 뜨듯 떠 있었다. 그러기에 한국군에 의해 136명의 주민이 죽은 하미 마을 위령비 앞에 선 한국작가 방현석은 그를 향해 웃어 보이는 아낙네들을 향해 웃음이 나질 않았다. 그러기에 방현석은 기를 쓰고 시인 반레와 친구가 되지 않으면 안 되었다.

> 내가 베트남에 가면 갈 때마다 만나는 사람 중의 한 명이 바로 반레다. 그는 지금 호치민에 살고 있지만 고향은 북부인 닌빈이다. [……] 1966년 고등학교 졸업과 동시에 자원입대해서 베트남 전쟁에 뛰어들었다. 그의 나이는 겨우 열일곱 살이었다. 호치민 루트를 타고 오로지 걸어서 3개월 만에 호치민(사이공) 시에 도착했을 때 그의 부대원들은 이미 3분의 1로 줄어 있었다. (『하노이에 별이 뜨다』, p. 231)

반레의 본명은 레지투이.「존재의 형식」에 실명으로 등장하는 바로 그 사람이다.

> 소설과 영화가 그에게 기억의 형식이라면 시는 오늘의 그를 지탱케 하는 존재의 형식이다. 그의 시는 대가를 바라지 않고 목숨을 걸었던 과거와 자본주의와 위태롭게 동거하고 있는 오늘과 장담할 수 없는 미래를 나누는 대화다. (위의 책, pp. 233~34)

이 결론은 레지투이의 것이자 동시에 방현석의 것이 아닐 수 없다. 그것은 종이에 물이 번지듯 레지투이에게서 방현석으로 번져간 마음의 무늬에 다름 아니었다.
 결론을 맺자. 베트남 전쟁은 과연 우리에게 무엇이었던가. 첫번째 답변이 전쟁 체험이었다면, 두번째 답변은 문학 체험이라는 사실. 굳이 덧붙이자면 후자가 오래간다는 사실.

〔『한국문학』, 2008. 봄~여름호〕

제3부

조선의 阿Q 코휴지 선생
'阿Q=香山光郞'의 글쓰기와 '춘원=이광수'의 글쓰기
최재서의 고민의 종자론과 도키에다[時枝] 국어학―경성제대 문학과 『국민문학』지의 관련 양상
　[부록] 조선에서의 국어―실천 및 연구의 제상
북두시학(北斗詩學)의 윤리감각―청마의 북만주 체험

조선의 阿Q 코휴지 선생
── 이광수를 가운데 둔 김소운과 김사량

1. 고바야시 히데오가 본 阿Q

일본 당대 최고의 비평가 고바야시 히데오〔小林秀雄, 1902～1983〕는 「만주의 인상」(1939)에서 이렇게 적은 바 있습니다.

> 일본인이 중국인이라는 것을 새롭게 이해하지 않으면 안 될 커다란 필요에 부딪힌 오늘날, 중국 민족성의 새로운 표현이 가득한 근대문학이란 것을 중국이 전혀 갖고 있지 않다는 사실이, 얼마나 생각지도 못한 장애로 드러나는가를 우리는 깨닫는다. 미국 여류작가가 쓴 소설 『대지』에 중국인이 그려졌다고 하는가, 미국에서 공부한 덕분에 영어만은 잘하는 중국 논객의 논문에, 혹은 일본의 마르크스주의 문헌을 골똘히 읽은 항일작가들의 작품에 중국인의 정체가 있단 말인가. 나는 그렇게 생각하지 않는다. 간신히 루쉰(魯迅)이란 사람이,

좁지만 깊게 중국인의 폐부에 닿은 것을 우리들에게 친근한 표현으로 보여 주었다. 그렇지만 나에게 북경 길거리에서 阿Q의 얼굴을 발견하는 일은 하얼빈의 길거리에서 무이쉬킨(『백치』의 주인공—인용자)을 만나기보다 어려웠다. 중국 중부 전선에서 수 천, 수 만의 난민들을 바라보며 내가 그들을 이해할 수 있을까 자문해 보았으나 그때 가령 학생시대에 배운 『시경』 상유편(桑柔編: 전란을 읊은 고대시가—인용자)의 표현만이 머릿속에 떠오르는 것이 이상했던 것이다.

(『小林秀雄集』, 筑摩書房, 1965, pp. 463~64)

고바야시의 시선에서 보면 중국 근대문학의 성과로 들 수 있는 것은 루쉰 정도라는 것, 그것도 깊게 들어가긴 했지만 '좁다'는 것, 또 중일전쟁의 마당에서 중국인을 이해해야 할 마당인데 그 길이 막막하다는 것으로 정리됩니다. 『대루쉰전집』(改造社, 1932. 11)이 간행된 지 7년이 지난 시점이었지요.

좁지만 깊게 중국인의 폐부에 닿은 루쉰의 작품이란 모두가 아는 바 「阿Q正傳」(1921)입니다. 좁다는 것은 이 작품이 장편급에 이르지 못한 한갓 단편이라는 점이며, 깊이에 이르렀다는 것은 이름도 성도 모르는 阿Q라는 사내가 혁명 와중에서 어떻게 살다 죽었는가를 심도 있게 그렸음을 가리킴이겠지요. 바보인 주제에 자신은 바보가 아니라고 여기며 마침내 역사 속으로 사라져간 중국 민중의 본질에 닿았기에, 이 작품 하나가 중국 근대문학의 성과이며, 장편 한 편 쓴 바 없는 루쉰을 중국 근대문학의 선구자로 인식케 했는지도 모르겠습니다.

제가 중국 근대문학에 대해 문외한이라 더 이상 언급할 수 없음이 유감입니다. 그러나 행인지 불행인지 제가 전공하는 한국 근대문학

에 이 阿Q가 아주 중요한 대목에서 등
장하고 있지 않겠습니까. '중요한 대
목'이라 했거니와 그것은 한국 근대문학
의 개척자인, 그러니까 중국 근대문학
의 개척자 루쉰에 버금가는 춘원 이광
수(李光洙, 1892~1950)가 놓인 모종
의 처지를 가리킴입니다. 그 '모종의 처
지'에서 이광수는 스스로를 "阿Q다!"라
고 외치지 않으면 안 되었던 것입니다.

발표하는 필자(와세다 대학 국제교
양학부 2007. 10. 20)

그러나 그렇다고 해서 한국 근대문학이 한 사람의 阿Q를 창조했
을까. 이 글이 겨냥한 곳은 이 점을 서툴게나마 한·중·일의 관련성
의 시각에서 조금 알아보고자 함에 있습니다.

2. 김소운과 이광수의 인연의 끈

김소운(金素雲, 1907~1981)이라면 일본의 여러분들께서는 아마
도 기억하는 분이 적지 않으리라 믿습니다. 현재도 팔리고 있는 『조
선시집』(岩波文庫, 1954)의 역자이기에 그러합니다. 일본어 표현에
특출한 재능을 지닌 김소운이기에 일본 문단에서도 지인이 많았으리
라 짐작되거니와, 다음과 같은 삽화도 이 사실을 잘 말해주고 있습
니다. 조금 길지만 그대로 옮겨보겠습니다.

中央公論의 편집자가 나를 통해서 춘원의 글 하나를 청했다. 직접
으로 편지를 보내는 것이 옳으련마는 무슨 생각인지 굳이 내게 중간

역할을 해달라는 얘기다. 나는 춘원께 편지를 써서 中央公論社의 청을 전달했다.

원고는 두어 주일 후에 中央公論社로 부치어져 왔다. 속달로 기별이 있어 나도 鎌倉에서 東京으로 나왔다.

그 원고 내용은 中央公論에서 기대했던 것과는 너무나 거리가 멀었다. 적어도 魯迅급의 관록 있는 수필 하나를 청한 것인데, 춘원이 보낸 그 원고는 "그대와 나와 한 잠자리에 자면 빈대 한 마리가 네 피도 내 피도 같이 빨아 먹는다"는 '내선일체 신앙론'이었다. 講談社의『킹』이면 모르되 中央公論쯤 되어서 이런 원고를 반가워할 리가 없다.

편집자는 몹시 어려워하면서 내 의견을 묻는다. 이미 그들은 그 원고의 냄새에 질려서 반환할 구실을 찾고 있는 기색이다.

"이 글이 실리는 것은 나도 반대입니다. 염려 마시오. 내 손으로 원고는 도루 돌려보내지오."

그렇게 대답하고 나는 그 원고에다 편지 한 장을 붙여서 이삼일 후에 서울로 도루 돌렸다. 中央公論社가 내게 중간 역할을 청한 의미를 그제야 나는 알아채었다. 대가에게 실례를 하게 될 이런 경우를 그들이 미리부터 예상에 넣고 있었다는 것은 나 혼자의 추측만이 아닌 듯하다.

그 원고가 그 뒤 경성일보에 「기미또보꾸」라는 제목으로 실렸던 바로 그 글이다. 나는 선배에 대해서 이런 객쩍은 중간 역할을 하게 된 내 위치를 한탄하지 않을 수 없었다. 더욱이나 춘원의 이런 지나친 '망령'에 대해서 짜증과 불만과 안타까움이 뒤섞인 형언치 못한 감정을 한동안 감당할 도리가 없었다.

(김소운,『三誤堂雜筆』, 진문사, 1955, pp. 112~13)

여기에는 보충설명이 조금 필요합니다. 이광수의 문제의 그 글이 「기미또보꾸」라 했으나 정확히는 「同胞に寄す」(『경성일보(京城日報)』, 1940. 10. 1~9)입니다. 여기서 말하는 '동포'란 바로 '일본인'을 가리킴인 것. 이 장문의 글은 일찍이 볼 수 없는, 일본인에 대한 이광수의 솔직한 심정을 그대로 드러낸 것이라 평가됩니다. 내선일체(內鮮一體)를 내세우며, 조선을 대륙전쟁의 병참기지로 삼기 위해서 일본인은 조선인에게 어떻게 대해야 하며, 또 어떻게 협조를 구해야 하는가를 적은 이 글에서 이광수는 창씨개명(1940. 2. 11 개시)한 가야마 미쓰로(香山光郎)으로 이름을 기재하였습니다. 일본에 협조하기 위한 조건을 내건 이 글은 일찍이 보지 못한 당당함으로 일관되어 있습니다. 이러한 대목도 들어 있습니다.

> 그대는 내가 말하는 것이 수긍되지 않겠지. 무리도 아닐 터이다. 첫째 조선이 제국의 병참기지로 되기에는 조선인의 마음이 제일 요건이라는 뜻이다. 假想하기도 심히 불길한 일이나 어느 때 이천 삼백 만이라는 조선인이 악한 마음을 먹는다고 생각해보시라. 그리고 그것이 어떤 비상시라고 상상해보시라. 그렇게 되면 병참기지는 어떻게 되는가. 논할 것도 없는 일이 아닌가.
> 조선인이 일본은 내 조국이다, 일본이 번영하고야 조선인의 생명도 번영한다고 하는 확신을 전제하고서야 병참기지란 안정성을 확보할 수 있는 것이다. (『京城日報』, 1940. 10. 5)

이광수의 「동포에 부친다」의 첫 회

방법은 하나. 일본인이 조선인을 가정에 초청하라는 것, 함께 잠자리도 하라는 것, 우정으로 상호이해가 전제되어야 한다는 것, 이를 이광수는 불교를 빌려 '불이법문(不二法門)'이라 했지요.

김소운도 주오코론샤〔中央公論社〕도 이를 읽었음에 틀림없겠지만, 김소운의 독법은 '내선일체 신앙론'이었고, 그 여세를 몰아 주오코론샤 측도 그러했다고 단언했던 것입니다. 과연 주오코론샤도 그러했을까. 모르긴 해도 병참기지론을 비롯한 이광수의 노골적인 정치론을 주오코론샤가 꺼렸던 것인지도 모릅니다. '동포에 부친다'라는, 일본인에게 외치는 이광수의 이 장문의 편지를 '기미또보꾸〔君と僕〕'라고 기억한 김소운이고 보면 그의 주장도 한번쯤은 의심해봄직도 하지 않겠습니까.

그렇지만 의심하기 어려운 사실도 이 글 속에 들어 있습니다. 김소운도 주오코론샤도 이광수를 루쉰 급으로 여겼다는 사실이 그것. 중국에 루쉰이 있다면, 적어도 그에 버금가는 조선의 인물이란 『무정』(1917)의 작가 이광수라는 사실이 김소운의 글 속에서 크게 울리고 있기 때문입니다.

3. 조선의 阿Q라 자처한 이광수

일제 말기 이광수의 행동에 대한 두 가지 에피소드가 알려져 있습니다. 누가 보아도 阿Q스러운 행동, 잠시 볼까요.

춘원은 자하문 밖에 있을 때부터 서재에 커다란 일본 국기를 달고 있었다. 부인 영숙은 어처구니가 없어서 그 이유를 물었고 춘원은 이렇게 대답하였다고 한다.

"세상 사람들이 이광수를 친일파라고 하지 않소. 그럴 바에야 뚜렷이 표적을 내는 게 오히려 낫지 않겠소."

"당신 정말 그렇게까지……"

"그게 무슨 소리요? 당신이나 나나 우리 아이들이나, 또 모든 한국 사람이 고생하는 것이 저것(일본 국기) 때문이 아니겠소. 매일 저렇게 바라보고 있으면 울화가 다소 풀리는 거요. 원수진 사람도 늘 곁에 있으면 미운 정일지라도 드는 법이오."

이와 같은 춘원을 방문한 사람의 눈에 그가 철저한 친일파로 비친 것은 물론이었다.

또 한 가지 부인 영숙을 찾아 온 어떤 부인이 이런 말을 하더라는 것이다. 남대문 로타리에 이르렀을 때 마침 정오 사이렌이 울렸는데 그 로타리 한복판에서 묵도를 하는, 두 손을 합장까지 하며 묵도하는 '국민복' 중년이 있었는데 바로 그 사람이 춘원이더라는 것이다.

(박계주·곽학송, 『춘원 이광수』, 삼중당, 1962, pp. 453~54)

이 무렵(1944) 김소운은 이광수론을 쓰기 위해 이광수의 자택을 방문했다고 합니다. 그때의 정경은 이러합니다.

몇 해 후에 서울 왔던 길로 나는 춘원의 효자동 댁을 찾았다. 「춘원론」 하나를 쓰기 위한 자료준비 때문이다.

춘원은 來意를 듣더니 쑥스러운 고소를 띠우면서,

"쓰려거던 阿Q正傳처럼 쓰시오."

한다. 내게는 가슴 찔리는 한마디이다. "나는 阿Q 같은 그런 바보라오." 춘원의 이 한마디 말이 그런 뜻인 줄은 물론 투미한 나로도 알아챘었지만, 그 말에 나는 재치 있는 대꾸를 찾지 못하고, 못들은 채 고개를 돌려버렸다.

방계자료를 내게 제공해줄 H씨에게 춘원은 나를 위해서 소개장을 쓰게 되었다. 책상 위에 편지지를 펴고 붓끝에다 먹을 축이는 것을 보고 나는 서재 한 옆에 안치된 관음불 앞에 무릎을 꿇고 돌아앉아 향을 댕겼다.

내가 외우는 普門品은 일본음이다. 천천히 삼십분이 걸리는 이 경을 나는 편지 쓰는 이에게 방해하지 않을 정도의 낮은 목소리로 외우기 시작했다.

"爾時無盡意菩薩, 卽從座起, 偏袒右肩, 合掌向佛, 而作是言, 世尊, 觀世音菩薩, 以何因緣名觀世音……"

뒤에 편지 쓰고 앉은 이가 있다는 의식이 머리에서 떠나지 않는다. 거의 이십여 분이 지나 偈間에 들어가서 그 의식 탓으로 나는 맥힌 일 없는 한 구절이 맥혀버렸다.

간발을 두지 않고 내 맥힌 구절을 뒤에서 외우는 이가 있다. 내 독경이 그대로 연해 가자 뒤에 소리는 또 잠잠해졌다.

독경을 마치고 돌아앉았을 때 나는 춘원이 합장한 양으로 책상머리에 단좌하고 있는 것을 보았다. 편지는 한 자도 쓰여 있지 않았다. 나와 같이 소리 없는 경을 읽고 있었던 것을 그제야 알았다.

같이 외우지 않고는 경이란 중간에서 선뜻 따라와지는 것이 아니다. 누구에게 보이자는 합장이요 단좌라면, 경을 마음속으로 같이 외울 필요는 없는 일이다. (『三誤堂雜筆』, pp. 113~14)

"나는 阿Q다!"라고 이광수가 공언했음이 눈에 잡힐 듯 드러나 있습니다. '阿Q처럼 나를 그려라!' 또는 '阿Q처럼 나를 論하라!'라고 조용히 절규한 형국입니다. 김소운은 과연 이광수론을 썼을까. 그는 어디에도 이광수론을 쓴 바 없습니다. 어째서 그러했을까. 루쉰만 한 역량이 김소운에게 없었기 때문일까. 아마 그럴지도 모릅니다. 또 하나 '이광수가 阿Q일 수 없다!' 또는 '이광수는 阿Q가 아니다!'라고 김소운이 직감했을지도 모릅니다. 어느 쪽이든 김소운으로서는 역부족이었을 터입니다. 그럴 수밖에 없는 것이 원래 阿Q적인 것이란 시적인 상상력과는 일정한 거리가 있는 현실인 까닭입니다. 일본어의 표현에서 당대 최고의 경지에 오른 김소운으로서도 이 현실 앞에 망연자실하여 붓을 놓을 수밖에 없었을 터입니다. 그렇다면 이 阿Q적 현실을 표현할 언어는 없는 것이었을까. 혹은 표현할 역량을 가진 작가는 없는 것이었을까.

　이 물음은 가상적이긴 해도 매우 소중합니다. 가상적이라 함은 한국어의 표현에 관련된 사항이기 때문입니다. 당대 최고의 한국어 표현자가 바로 이광수 자신이었음을 염두에 둔다면 이 사정이 어느 수준에서 이해될 것입니다. 최고의 한국어 표현자인 작가 이광수가 스스로 阿Q라 자처한 이상, 그만이 그의 '阿Q傳'을 쓸 수 있을 것입니다. 그러나 그는 그렇게 하지 않았습니다. 이유는 일목요연하지요. 스스로 阿Q라 인정하지 않았기 때문. 적어도 한국어의 영역에서는 이광수는 절대로 阿Q일 수 없다는 사실만큼 분명한 것은 따로 없었던 것입니다. "나는 阿Q다!"라고 이광수가 공언할 때 그는 춘원 이광수가 아니고 창씨개명한 '香山光郎'이었던 것입니다. 그는 이 사실을 준별했습니다. 그가 일본 문단을 향해 글을 쓸 때 이 사실이 첨예하게 드러납니다. 고바야시 히데오에게 보낸 장문의 편지 「행자(行者)」(『文學界』, 1941. 2)에서는 '香山光郎＝이광수'를 동

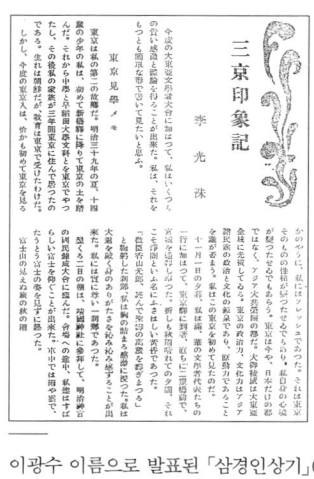 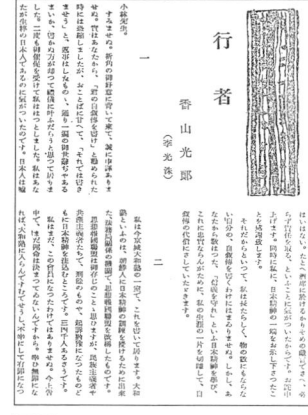

이광수 이름으로 발표된 「삼경인상기」(좌)　香山光郎과 이광수를 병기한 「행자」(우)

시에 사용했지만, 정작 마음먹고 쓴 도쿄·나라〔奈良〕·이세(伊勢) 등의 신궁 참례기인 「삼경인상기(三京印象記)」(『文學界』, 1943. 1)에서는 이광수라는 본명만을 깃발처럼 내세웠지요. 제1차 대동아작가대회(1942. 11. 1~10)에 참가하고 쓴 이 기행문에서 이광수는 자신을 고대 일본 문화를 전수한 도래인 행기(行基), 혜자대사(惠慈大師), 혜총대사(惠聰大師), 담징(曇徵) 등과 동격에 놓고 있습니다. 일본이 국빈으로 초빙한 조선인을 아시는가. 겉으로는 내가 볼모로 잡혀온 노예로 보일지 몰라도, 나 이광수는 실상은 고대 불국토의 시선에서 보면 일본 국가가 초빙한 국빈이라는 것, 대동아작가대회에 볼모로 잡혀온 식민지 조선의 문학자 香山光郎이 아니라, 쇼토쿠〔聖德〕 태자가 초빙한 국빈 자격인 이광수라는 것.

"마셔, 마셔"라는, 가와카미 씨의 권유대로 대여섯 잔을 연거푸 마셨다. 가와카미 씨도 나를 취하게 만들 참으로 보였다. 하야시 후사오 씨의 수법이다. 가야마〔香山〕라는 녀석, 속마음 한 조각을 토해

내라 라는 투였으리라. 혹은 가와카미 씨도 나도 나라 시대엔 거친 연못 기슭에서 취해 쓰러진 묵은 인연이 있는지도 모를 일이다. 내가 혜자라든가 담징의 공양을 올리기 위해 여기 와 있는지도 모른다. 행기의 일행이었는지도 모른다. 호로, 호로 하고 우는 산새 소리를 미카사야마〔三笠山: 나라 시 동쪽에 있는 산―인용자〕에서 들었는지도 모른다. 그런 인연으로 말미암아 나는 나라가 감정을 누를 수 없을 만큼 맹렬하게 그립다. 가와카미 씨도 도쿄에서 일부러 와서 나와 더불어 나라의 초승달에 가슴이 뛰었으리라.

(「三京印象記」, 『文學界』, 1943. 1, p. 76)

뿐만 아니지요. 총독부 기관지인 『매일신보』에 연재한 소설 『원효대사』(1942. 3. 1~10. 31)에서는 『무정』(1917)에서처럼 '춘원'이라고 했습니다.

여기까지 오면 다음 사실이 선명해집니다. '香山光郎＝阿Q'의 도식이 그것. 그것은 일본어가 표현할 몫이 아니면 안 된다는 것. 한국의 대작가 이광수도 일본어 표현에는 넘을 수 없는 벽이 엄연히 가로놓여 있었던 것. 그는 이런저런 일본어 소설을 썼습니다. 그러나 그게 소설급에 이른 것일까. 그 자신은 1944년의 시점에서 이렇게 실토한 바 있습니다.

대체로 조선인이 쓸 수 있는 것은 수필이겠지요. 소설을 쓰고자 한다면 그것은 일본인 아내를 얻든가 일본에 와서 몇십 년간 살아야 하는 것이니까. 〔……〕

금년에 들어 저도 국어(일본어) 작품을 네댓 편 썼지만 이런 것은 쓸 것이 아니라 생각했다. 아무래도 말솜씨가 나오지 않아서……

(최남선·이광수,「東京對談」,『朝鮮畵報』, 1944. 1, p. 12)

"대체로"에 주목할 것입니다. 이 "대체로"를 뛰어넘은 경지가 비범함이라 한다면 김소운이 그러한 범주에 들겠으나, 앞에서 본 바와 같이 그의 비범함이란 시적 표현력에 기울어 있었지요. 그렇다면 소설적(서사적) 표현력에서 비범함을 보인 한국인 표현자는 없었던 것일까. 이 물음 하나를 위해 지금까지 길을 돌아온 것입니다. 요약컨대 이광수가 "나는 阿Q다!"라고 했을 때 그가 선 자리가 香山光郞이었다는 사실입니다.

4. 김소운의 표현의 한계, 김사량의 표현의 가능성

'香山光郞＝阿Q'의 세계에서 볼 때, 그 표현은 香山光郞의 표현을 강요하게 한 혹은 가능하게 한 범주에서의 논의가 아닐 수 없습니다. 그것은 물을 것도 없이 일본어의 표현영역입니다. 이 영역의 시적 표현에서는 다행히도 김소운이 있어 그가 온몸으로 감당해 냈다고 할 것입니다. 대한민국 정부가 그에게 은관문화훈장(1980)을 수여한 것도 이 때문이었던 것입니다. 그러나 이번에도 행인지 불행인지 산문계의 표현영역에서 김소운급에 이른 표현자는 없었던가. 이렇게 물을 때 대번에 떠오르는 작가로 김사량(본명 金時昌, 1914~1950)이 있습니다. 사가〔佐賀〕고교와 도쿄제대 독문학과를 나온 평양의 부호 가정 출신인 김사량이 일본 문단에 혜성처럼 떠오른 것은 아쿠타가와상〔芥川賞〕후보작에 오른「빛속에」(1939)로 알려져 있습니다. 조선인 모친과 일본인 부친을 가진 튀기소년의 뒤틀린 심리를 조선인 대학생의 시선으로 묘파한 이 작품을 썼을 때 그의 나이는 26세였습니다. 이 작품을 두고 사토 하루오〔佐藤春夫〕는 이렇게 평했습니다. "사소설 속에서 민족의 비통한 운명을 흡족하게 엮어낸 작품"(『김사량전집(4)』, p. 104)이라고.

여기 나오는 사토 하루오란 김소운의 일역 조선시집 『젖빛 구름』을 극찬한 바로 그 사람이지요. 그는 "비유컨대 맑디맑은 지하수이다. 그것은 동해의 밑바닥에 잠겼다가 이쪽 일본 땅에 솟아올랐다. 바로 기적인 것이다. 아시아의 시심이 이 맑은 샘의 한 움큼에 의해 부활하고자 하는 깊은 하늘의 뜻인지도 모른다. 조선이 이런 식으로 우리들에게 응수할 줄이야!"(河出書房판 서문)라고까지 김소운의 표현력을 극찬했던 인물인데, 그가 이번에는 김사량의 「빛속에」를 또한 같은 수법으로 나름대로 평가했던 것입니다. 그러면 이에 대한 김사량의 반응은 어떠했던가. 어머니에게 보낸 편지 속에서 김사량은 이렇게 적었습니다.

'이로써 족한가. 이것으로 만족한가.' 저는 스스로에게 말했습니다. 아마도 그때도 뜨거움이 있었던 것 같습니다. 무엇보다 자기의 소설이 文藝春秋에 실렸기에 당황한 것이 아닙니다. 〔……〕 사랑하는 어머니, 저는 생각합니다. 참으로 제가 사토 하루오 씨가 말한 바와 같은 것을 썼는가 라고. 무엇인가 자기는 일개의 소설을 쓴 것이 아니라 뭔가 커다란, 거대한 것의 구경꾼 소용돌이 속에서 용수철로 튀어 오른 것 같은 가슴 쓰림을 느낍니다. 저는 본래 자기 작품인데도 「빛속에」는 아무래도 상쾌한 기분이 나지 않는 부분이 있습니다. 거짓이다, 아직도 자기는 거짓말을 하고 있다고. 쓰고 있을 때조차도 그러했습니다. 그 뒤 그 일에 대해 여러 가지로 선배와 벗들로부터 지적당했습니다. 저는 입을 다물 수밖에 없었습니다.

(『김사량전집(4)』, 河出書房新社, 1973, pp. 104~05)

"거짓이다" "아직도 거짓말을 하고 있다"라는 자각이야말로 이 젊은 조선 청년작가의 자존심의 근거였을 터입니다. 식민지 조선 민족의 운명에 대한 자각이되 '거짓 아닌 것'을 그려야 함이 그것입니다. 미국 유학 출신의 모친과 부유한 생활환경에다, 총독부 전매국장이라는 고급 관리를 친형으로 둔 김사량에게, 제국대학을 통해 일제의 특권적 혜택을 듬뿍 누린 계층이라는 자각과 조선 민족의 운명에 대한 자각이란 실로 모순된, 풀기 어려운 과제가 아닐 수 없습니다. 이를 풀 수 있는 계기를 김사량은 '문학'에서 찾아낸 것입니다. 그 첫번째 성과로 뚜렷한 것이 「빛속에」였던 것입니다. 그러나 어머니의 편지에서 보듯 그 성과란 것도 아직 '거짓'의 수준에 머물렀던 것. 여기서 한 발자국 내딛지 않으면 안 되었던 것이지요. 그 한 발자국 내디딘 작품의 하나로 「풀이 깊도다(草深し)」를 들 것입니다.

김사량의 소설 「풀이 깊도다」

『문학계(文學界)』와 더불어 일본 순문예 월간지의 대표격인 『문예(文藝)』가 '조선문학특집'(1940. 7)을 꾸민 바 있습니다. 여기에 실린 작품은 이효석의 「은은한 빛」, 김사량의 「풀이 깊도다」, 장혁주의 「욕심의심」, 유진오의 「여름」 등입니다(이들 작품에 대해서는 졸저, 『일제말기 한국인 작가의 일본어 글쓰기론』, 서울대출판부, 2003 참조). 광산 노동자를 다룬 「욕심의심」을 쓴 프롤레타리아계 작가 출신인 장혁주를 제쳐놓고 보면 이효석, 유진오, 김사량은 모두 제국대학 출신입니다. 이들은 어학적 재능이나 문학적 자질에서 능히, 제 용어로 하면, 이중어 글쓰기bilingual creative writing를 감행한 장본인입니다. 이 세 사람의 창작에 대한 당시 일본 문단의 평가를 잠시 볼까요.

이효석의「은은한 빛」. 주인공인 젊은 골동가에게서 조선인으로서 살아가는 하나의 방식이 엿보여 그런 의미에서 흥미가 솟는다. 파탄을 여러 곳에 드러냈지만 색깔에 풍부한 필촉 뒤에 잠긴 작가적 열정을 사고 싶다.
유진오의「여름」. 조선 하층민의 기괴한 치정을 다룬 정리된 단편. 군데군데 교묘한 곳도 있으나 자극적인 소재를 억지로 주무른 느낌이어서 인상이 약하다.
김사량의「풀이 깊도다」. 4편의 조선 작가의 소설 속에서는 이 작품이 빼어나고, 힘이 담겨 있다. 그러나 전반부와 후반부의 연결에는 필연성이 희박하여 하나의 작품으로서는 불구에 가깝다. 단지 전반부에서 적확한 인물 부조와 애수에 넘치는 서술은 이 작가의 뛰어난 자질을 말해줌에 유감이 없다. (『文藝』, 1940. 8, p. 91)

익명으로 된 이 평가에서 주목되는 것은 단연 김사량에 대한 부분입니다. 「빛속에」를 이미 보아온 일본 문단인지라 김사량의 작가적 역량이란 이름 그대로 '뛰어난 작가적 역량'의 인정에 집약되어 있습니다. 요컨대 조선적 현실을 산문계 예술로 표현할 수 있는 제일인자임을 인정한 사건으로 이 장면을 이해해도 큰 망발이라 하기 어렵지 않겠습니까. 곧 시적 표현에 김소운이 있다면, 산문계 표현에는 김사량이 있다는 것. 말을 바꾸면 김소운이 끝내 이루지 못한 "나는 阿Q다!"라는 이광수론을 김사량이 어쩌면 일본어의 표현급에 올려놓을 수도 있다는 것. 적어도 그럴 수 있는 가능성이 김사량에게 있었다는 것. 그리고 여기서 무엇보다 중요한 것은 '이광수=阿Q'의 표현이란 실패를 각오할 수밖에 없다는 사실. '전반부와 후반부의 필연성이 희박해질 수밖에 없다는 것' '작품의 불구상태'에 빠질 수밖에 없다는 것. '나는 阿Q다!'를 향해 달려가다 보면 돌연 "나는 阿Q가 아니다!"에 이르고 만다는 것. 지금 작품의 완성도와 관련된 미학이란 문제 밖이라는 것. 그만큼 이 과제는 표현 한계점에 닿아 있다는 것. 이런 사태란 김사량 개인의 힘으로도 어쩔 수 없었다는 것.

5. 조선어와 코휴지 선생의 비극적 운명

대체 「풀이 깊도다」는 어떤 작품일까요. 그 서두를 잠시 볼까요.

첩첩 산중에도 깊은 산에 둘러싸인 시골 읍의 공회당에서 옛 스승인 코휴지 선생을 다시 보리라고는 박인식(朴仁植)은 꿈에도 생각지 않았다. 군수인 숙부가 공회당에 붙들어 모은 산골 민중들 앞에서 색의장려(色衣獎勵: 흰옷입기를 금하고 색깔 있는 옷을 입기를 권장하는 총독부 시책— 인용자)의 연설을 하기 위해 연단에 모여들었을 때 그의 뒤에서 굽실거리며 바람에 불리듯 따라 나온 모가지가 긴, 통역을 맡은 쉰 살쯤인 늙은이는 틀림없는 중학 시절의 코휴지 선생이었다. 하도 뜻밖의 놀라움에 인식은 숨을 죽이며 눈을 크게 떴으나 다음 순간 점점 가슴에 응해오는 무엇인가에 부딪쳤다. 역시 선생은 옛날 모양 한 손엔 손수건을 갖고 붉은 코를 자꾸만 풀고 있다. 다만 그 손수건 이 옛날보다 훨씬 더러워져 있을 따름이었다. 숙부는 한 군(郡)의 우 두머리로서 조선어를 사용해서는 위신이 떨어진다고 여겼던 만큼 코 휴지 선생이 대신 그의 일본어를 조선어로 통역하기 위함이었다. 여 기에 와서 인식은 숙부가 일본어를 전혀 모르는 젊은 첩을 향해서도 아주 자신 있게 또한 대단한 일본어로 위세 있게 지껄이는 것을 몇 번이고 본 바 있어, 그가 누구 한 사람 일본어를 알 리도 없는 산골 민중들을 향해 부자연스럽게 통역자를 내세워 아주 서글플 정도로 서 투른 일본어의 연설을 하는 사실에 대해서는 별나게 놀라지는 않았 다. 그러나 인식은 뚱뚱하게 살진 숙부 옆에 코휴지 선생이 허우적허 우적 서서 낯을 붉히거나 코를 손수건으로 풀곤 하는 광경을 보고서 는 정말이지 '아, 저 선생이…… 참으로 비극이다'라고 뇌까렸다.

(『김사량전집(1)』, p. 149)

무엇보다 이 '비극'의 표상이 조선어와 일본어 사이에서 일어났음 에 우선 주목할 것입니다. 인식과 코휴지 선생의 관계란 오직 조선 어로 말미암았던 것입니다. "그렇다. 생각해 보면 저 코휴지 선생이 이런 산골짜기까지 밀려와 비참한 직장을 갖게 된 것도 그렇게 놀랄 일도 못된다고 인식은 마음을 가라앉히려고 스스로에게 말했다. 그 러나 뭔가 이 옛 스승의 오늘에 이른 운명에 대해서는 적어도 자기 도 약간의 간섭과 책임이 있다고 생각하자 정말이지 쓴맛을 본 기분 이었다"에서 드러난 바와 같이 코휴지 선생의 저러한 비극(운명)에 대한 간섭과 책임이 인식에게도 엄연히 있다는 자각이야말로 이 작품의 두번째 주목할 점입니다.

원래 코휴지 선생은 중학교 조선어 선생이었지요. 인식의 중학 2학년 때 전교생의 동맹휴학 사건이 있었습니다. 배속장교 배척운동이 주된 이유였지만, 그 속에다 코휴지 선생까지 포함시켰던 것입니다. 어째서일까요. 무엇보다 이 조선어 선생이 선생으로서의 품위와 자격을 갖추지 못했음에서 왔습니다.

> 코휴지 선생은 그들에게 조선어 독본을 가르쳤다. 그러나 원래 조선어 선생이란 제일 눈에 띄지 않는 존재였다. 학교의 늙은 급사까지도 시골 고향에 돌아가 술을 마시면 자기가 조선어 선생이라고 자처할 정도의 소문이 들릴 정도였다. 코휴지 선생은 흡사 이러한 사태의 표본을 몸으로 실천하듯 매일 아침 제일 먼저 등교해서 어두워서야 귀가하며 수업 중 교단에 섰을 때에도 또한 교원실에 처박혀 일을 할 때에도 하루 종일 얼굴을 새빨갛게 하여 코를 풀고 있었다. 다른 젊은 일본인 선생들은 오직 하나뿐인 이 조선어 선생인 그를 바보 취급해서 이런저런 자기들 심부름을 시키거나 부탁을 하곤 했다.
>
> (『김사량전집(1)』, p. 151)

조선총독부가 조선교육령 개정을 공포하면서 조선어 과목을 정과(정규과목)에서 수의과(선택과목)으로 한 것은 1938년 3월이었고, 잇달아 중학교 조선어 시간을 수학, 실업으로 대체시킬 것을 각 도에 시달한 것은 한 달 뒤인 4월이었습니다. 코휴지 선생의 운명도 시간 문제였을 터인데, 성급한 인식(仁植)들은 배속장교 배척운동을 하는 동맹휴학 속에 이 조선어 선생도 포함시켰던 것입니다. 인식들에게 책임이 없다고 할 수 없는 이유이기도 하지요. 이러한 천덕꾸러기 조선어 선생의 운명은 과연 어떻게 되었을까. 여기에 이 작품의 참주제가 담겨 있습니다. 그것은 작가 자신도 예상하지 못한 조선인으로서 모종의 집단 무의식의 폭발이었습니다. 작품의 파탄을 돌보지 않을 만큼 강렬한 것이어서 작가도 통제 못할 정도라고나 할까요.

이 사정을 어떻게 설명해야 적절할까. 작품이 그 정답을 쥐고 있습니다. 먼저 이렇게 물어야 합니다. '주인공 인식은 누구인가'라고. 작품에서 보면 조선에서 중학교 과정을 마쳤고 도쿄에서 의과대학을 다니고 있습니다. 그렇다면 왜 이런 산골에까지 왔을까. 화전민의 삶과 위생 관계를 조사하기 위해서라고 되어 있습니다. 그 화전민이 있는 곳 부근의 군수가 마침 삼촌이었던 것. 여기에는 설명이 조금 없을 수 없지요. 김사량은 화전민 기행 두 편을 발표한 바 있습니다. 하나는 일본어로 쓴 장문의 「화전지대를 가다」(『文藝首都』, 1941. 3~5)이고, 다른 하나는 '심산 기행의 일절'이라 부제를 달고 조선어로 쎠어진 「산가 삼 시간」(『삼천리』, 1940. 10)입니다. 후자는 전자의 앞부분에 해당되는 것이나 전자에서 K라 표시한 동행자가 김승구(金承久)라는 것, 또 R부부라 한 인물이 유화청(柳和靑)이라는 점 등이 밝혀져 있어 자료상의 구체성이 드러나 있습니다. 그러나 후자에는 또 다른 점에서 구체성이 모자라기도 합니다. 곧 군수인 그의 형에 대한 언급이 없다는 점.

강원도 산 속에 들어가기는 벌써 10여 회나 되는가 하는데 사나운 비바람에 고생하기는 이번까지 두번째일까 한다. 〔……〕 이 심산지대 사람들의 생활을 우리는 찾아 9월 초하루 경성을 떠난 것이다. 최후의 목적지는 홍천군 두촌면 소재의 가마연봉에 점재하는 화전민 부락으로 우리는 원시적 범죄의 면을 떠나 그들 화전민의 개척적 면을 세밀히

조사해보고저 하는 의도에서였다. (『삼천리』, 1940. 10, pp. 133∼34)

　　강원도 산 속 지대에 갔던 것은 이럭저럭 7, 8회가 되리라 생각되거니와 지독한 폭풍우를 만나 고생하기는 이번이 두번째이다. 〔……〕 그런데 이 홍천읍은 좋든 싫든 나에게 인상 깊은 곳이다. 나는 이 읍에 4, 5번 온 적이 있다. 그것은 친형이 이곳 군수로 2, 3년 근무한 무렵이었다. (『김사량전집(4)』, pp. 79, 87)

친형이 홍천 군수로 있었음이 일본어 표현 속에 잘 드러나 있습니다. 친형 김시명(金時明)은 사가고교와 교토〔京都〕제대 법학부를 나왔고, 함경북도 도청 산업부장을 거쳤으며, 고등문관 시험에 합격한 후에는 총독부 전매국장에까지 이른 인물입니다(安宇植, 「金史良-抵抗の生涯(2)」, 『文學』, 1970. 12, p. 145). 이 대단한 통치부의 비호 속에서 문학활동을 해온 김사량의 글쓰기란 『노마만리(駑馬萬里)』(1946)의 저 화려한 경력에도 불구하고 그의 민족주의적 표현력에는 일정한 한계가 주어졌을 터입니다. 바로 이러한 한계점의 인식이 그로 하여금 자기도 걷잡을 수 없는 모종의 돌파구를 향해 돌진하게 했을 것입니다. 코휴지 선생의 비극도 연안행도 이로써 조금은 해명될 수 있겠지요.

6. 후일담으로서의 백백교 사건

온몸으로 감행한 행위의 이 연안 탈출이 표현이라면, 「풀이 깊도다」는 그러한 돌발행위의 문학적 표현의 실험이라 할 것입니다. 코휴지 선생의 비극이란 과연 무엇일까. 그것은 영락없는 阿Q의 조선판이 아니었을까. 阿Q가 자기의 비극적 운명을 자각하지 못한 상태에서 살고 또 죽어갔다면 이 점에서 코휴지 선생도 마찬가지였다고 할 것입니다. 그 과정을 살펴보면 볼수록 그의 운명은 민족적이자 상징적이었음이 판명됩니다.

통치부의 색의장려(色衣奬勵) 운동이란 새삼 무엇인가. 이 물음에서 주목되는 것은 흰옷 착용금지 운동과의 관련성입니다. 군수의 연설에서 보듯 흰옷 착용금지 운동의 표면적 이유는 흰옷이 일상적 삶에 부적절하다는 것. 그러나 그 원본적인 것은 따로 있었던바, 색깔 있는 옷을 입음으로써 건전한 일본인이 되도록 하기 위한 것. 이 상부의 정책수행을 위해 군수가 한 짓은, 모여 있던 민중이 귀가할 때 직원들로 하여금 먹으로 ○ 또는 ×의 표시를 하기였지요. 군수의 연설을 듣고 감동한 주민들의 자발적 행동이라고 군수는 우기고 있습니다. 이 놀라운 숙부의 행동에 대한 인식의 반응은 어떠했을까. 대화체를 추려 보이면 이러합니다.

(인식:) "대체 무슨 짓을 했습니까? 저 사람들에게……"
(군수:) "내 부하들이 하고 있지."
(인식:) "아까 통역한 노인도?"
(군수:) "그렇다네. 그 사람은 옛날 내 중학 선생이었는데 지금은 군청 교화주사(敎化主事)인 만큼 말할 것도 없는 일이지."
(인식:) "…… 제 선생이기도 했습니다."
(군수:) "나도 안다네. 너희들이 부질없는 짓을 해서 그 선생이 쫓겨나 곤란할 때 채용한 것이지. 붓글씨를 잘 써 크게 도움이 되는 편이지." (『김사량전집(1)』, p. 154)

그날 밤 인식은 실로 기묘한 장면을 목격합니다. 살기를 띤 노파가 "나가라, 이 미친놈아!"라고 발악을 하며 코휴지 선생을 때리고 있지 않겠는가. "동네 사람들아, 늙은 놈이 내 한 벌밖에 없는 흰 치마에까지 먹칠을 했소"라며. 그날 밤 군수 관사에서 군수, 코휴지 선생, 인식 등이 H군 소속의 먼 산에 피어오른 화전민의 산불을 바라봅니다. 이튿날 인식은 H군 소속의 그 산으로 가고자 결심합니다.

여기까지가 「풀이 깊도다」의 전반부에 해당됩니다. 군청 직원들이 길목을 지키며 행인들의 흰옷에 먹칠을 하는 장면을 보면서 인식은 혼자서 산속으로 향합니다. 전반부와는 연결고리가 약하다고 일본 문단이 지적할 만큼 후반부는 아주 깊고도 유별납니다. '깊다'는 것은 풀처럼 깊다는 뜻이며, '유별나다'는 것은 일종의 거대한 종교적 엽기사건에 관련되었음을 가리킴입니다. 인식이 목격한 것은 화전민들이 빠져 있는 『정감록(鄭鑑錄)』에 대한 갖가지 신앙이었던 것. 백의민족(白衣民族)이 나아갈 운명에 대한 예언서의 신앙에 매달린 비참한 화전민 생활을 본 인식의 느낌은 어떠했을까. 화전민의 신앙 중심지인 황폐한 절에서 밤을 지새우며 인식은 코휴지 선생과 더불어 화전민에게 습격당해 필사적으로 도주하는 악몽에 시달립니다.

산속으로 쫓겨난 사람들은 무엇인가 하늘에서 기적이라도 내리기를 원한 나머지 언젠가는 행복한 나라에 갈 것이라고 믿고 몸을 호랑이에게조차도 주고자 한다. 이를 생각하자 인식은 가슴이 조여와, 단지 이 무서운 현실에서 눈을 감고 싶을 정도였다. 이 화전민 사내들은 조선인은 흰옷을 벗으면 구원되지 못한다는 신앙을 가졌는지도 모른다. 문득 인식의 눈앞에는 이와 대조적으로 시장 입구 포플러 나무 밑에 선 숙부와 코휴지 선생의 모습이 한순간 스쳤다.

(『김사량전집(1)』, p. 166)

또한 인식은 달빛 속에 드러난 절의 뜰에 핀 백합화를 보면서 거의 해골과 흡사한 신도들의 모습을 보고 있습니다. 백합화도 이들이 슬퍼서 속삭이듯 밤이슬에 젖어 흔들리는 것을 보고, 인식은 어젯밤 숙부와 코휴지 선생을 대했을 때와 또 다른 놀라움과 슬픔을 느낍니다.

작품은 여기까지입니다. 이렇게 본다면 작품 전반부와 후반부의 연결고리는 『문예(文藝)』의 지적대로 "필연성이 희박하며," 따라서 "하나의 작품으로서는 불구에 가깝다"라고 하겠습니다. 작가 김사량이 이 사실을 몰랐을 이치가 없고 보면 어째서 이런 결과에 이르고 말았을까. 이 물음이야말로 이 작품에 대한 음미 사항이라 할 것입니다. 작가는 작품의 완성도를 일단 포기하고 작품 외부의 사실을 끌고 들어올 수밖에 없을 만큼 이 흰옷과 관련된 조선어 선생의 운명의 깊이를 직감했던 것입니다. 그것은 '후일담'식으로 작품 외부의 일을 끌어들여 마무리 짓는 방식을 채택했던 것입니다.

"이리하여 이 기록도 또 슬픔이 많은 청춘시대의 하나의 일기이다. 그 후 세월이 3, 4년 지나 인식은 대학을 나와 지금은 도시에서 멀리 떨어진 시골에 변변찮은 병원을 낸 청년의사로 있다"라고 시작되는 이 후일담 속에는 실로 수풀보다 어둡고 깊은 외적 사건이 늪처럼 버티고 있습니다. 퇴직한 숙부는 토지 거간꾼이 되었고, 산으로 출장 간 코휴지 선생이 행방불명되었고, 인식 자신은 시골 의사가 된 현시점 앞에 솟아오른 거대한 외적 사건이란 과연 무엇인가.

1937년 4월 13일, 도하 신문들은 기사 해금에 맞추어 백백교라는 사교(邪敎) 교도의 대량 검거 소식과 더불어, 마교(魔敎) 백백교의 정체를 폭로하는 기사를 일제히 게재하였지요. 거의 매일 보도되다시피 하는 기사에 따르면, 같은 해 2월 26일 우연한 사건을 계기로 동대문 경찰서가 백백교의 존재를 알게 되어 일제 검거에 나서게 되었는바, 폭행, 협박, 사기, 살인, 부녀자 약취 등 점점 밝혀지는 백백교의 진상에 당국도 놀랐다고 합니다. 검사국의 논고에 따르면, 살해자가 314명에 달한다고 합니다(「범죄사상 공전절후」, 『조선일보』, 1940. 3. 20). 박태원의 『금은탑』(1949)에서도 묘사된 백백교 사건의 공판이 시작된 것이 1940년 3월 14일이고, 판결이 난 것은 같은 해 4월 5일입니다. 자결한 교주 전해룡을 제외한 주동급 간부 12명이 사형, 2명이 무기징역, 나머지는 징역 15년에서 8개월까지 언도 받은 전대미문의 사건이었습니다.

시방 의사인 인식의 손에는 바로 그 백백교 사건의 특집기사가 실린 잡지가 쥐어져 있습니다. 그 속에는 놀랍게도 인식이 왕년에 찾아갔던 H군 소속 화전민의 그 현장도 포함되어 있지 않겠는가. 필시 색의장려 운동을 펼치려 화전민 속으로 출장 간 군청 교화주사 코휴지 선생이 백백교도에 의해 살해되었을 터입니다(백백교와 「풀이 깊도다」의 관계에 관한 자세한 논의는 南富鎭, 「白白教事件と朝鮮の現實」 『近代文學の'朝鮮'』, 勉誠出版, 2001 참조).

불쌍한 코휴지 선생이 그 산중 폐사에 나아가 어떻게든 하여 화전민들을 모았는지 모른다. 그래서 혼자 신나게 먼저 야릇한 일본어로 말하고, 그 다음엔 자기의 본분인 통역을, 조선어로 하는 사이에 뒤에서 두 사람이 덮쳐 죽이지 않았을까. 이런 생각에 인식은 멈출 수 없는 슬픔에 빠져드는 것이었다. (『김사량전집(1)』, p. 169)

7. 표현의 한계 돌파—행동으로서의 연안 탈출

코휴지 선생의 일대기를 정전(正傳)으로 썼다면 그것은 어떤 모양이어야 했을까. 명민한 작가 김사량이 이 점에 유의한 바 있었다고 보는 것은, 그것이 없었다고 보는 것만큼 환상적인 것은 아닐지도 모릅니다. 작가는 코휴지 선생의 정전 쓰기를 포기한 대신 이를 상징화하는 쪽을 택하고 말았습니다. 그도 그럴 것이 코휴지 선생의 운명과 그 비극성이란 '조선어'에서 말미암았기 때문입니다. '조선어'란 새삼 무엇이뇨. 작가 김사량 자신이 창작하는 모국어가 아니었던가. 이 모국어를 죽이고자 하는 제국 일본의 폭력 앞에서 그 일본어로 코휴지 선생의 정전을 어찌 쓸 수 있겠는가. 정전이라면 모국어인 조선어로 비로소 쓸 수 있었을 터입니다. 「阿Q正傳」의 작가 루쉰이 그 뚜렷한 사례입니다.

자기 이름도 쓸 줄 모르는 阿Q에게 확실한 것은 정체불명이긴 해도 성이 '阿'라는 것뿐이지요. 정전 쓰기의 근거는 오직 이 '阿'뿐이었지요(이가원 옮김, 동서문화사, p. 77). 위즈앙[未莊] 마을의 모든 사람들이 유래 있는 성과 이름을 갖고 있지만, 阿Q만은 그렇지 않다는 사실은 무엇을 가리킴일까. 중국 민중의 나아갈 길이 혁명이라면, 그 혁명에 제일 자유롭게 놓일 수 있는 인물은 阿Q밖에 없을 것입니다. 성과 이름이 분명한 사람이라면 혁명에 대한 찬반의 선택은 거기에서 오는 비극을 각오한 연후에야 가능할 것입니다. 이런 목숨을 건 문제에서 자유로울 수 있는 존재는 阿Q뿐입니다. 그에게 혁명이란 선택사항이 아닙니다. 있어도 좋고 없어도 그만인 것이지요. 그럼에도 불구하고 阿Q는 혁명의 희생자가 되고 맙니다. 이러한 모순을 정면으로 그릴 수 있는 것은 모국어에서나 가능할 터입니다. 요컨대 루쉰의 경우 阿Q란 정전을 쓸 수 있는 소재이자 내용이었지요. 이름도 성도 불분명한 인물의 정전 쓰기야말로 소설이 제일 잘할 수 있는 영역임을 루쉰은 투철히 알고 있었지요.

코휴지 선생의 경우는 어떠했던가. 그의 운명적 비극성이 '조선어'에서 왔음은 거듭 지적될 점입니다. 작가 김사량은 조선어를 말살하고자 덤비는 제국 일본의 언어로 코휴지 선생의 정전을 쓰고자 했던 것입니다. 그는 김소운에 버금가는 일본어 표현력의 보유자였지요. 김소운은 '阿Q 이광수 정전' 쓰기를 결국은 포기하고 말았는데, 그럴 수밖에 없는 것이 일본어의 시적 표현의 한계 때문입니다. 일본어의 산문적 표현 한계에 이번에는 김사량이 부딪쳤던 형국이지요. 그도 포기할 수밖에요.

이 사실은 다음 한 가지 점을 분명히 해줍니다. '조선의 阿Q正傳'이 씌어지지 않은 것은, 다른 여러 사정도 있었겠지만, 그 중의 하나로 김소운이나 김사량이 지닌 일본어 표현의 한계도 지적될 것입니다. 그렇다면 지금까지 논의해온 「풀이 깊도다」는 무엇인가. 그 답변 중의 하나는 이러합니다.

그것은 '조선의 阿Q正傳'을 쓰려다 실패한 작품에 다름 아니라는 것. 그럼에도 그것의 의의는 '조선의 阿Q 假傳 또는 別傳'의 하나일 수 있음입니다. 중국 위즈앙 지역 사람인 阿Q가 혁명 와중에서 죽어간 경위가 그럴 수 없이 투명함에 비해, 조선의 阿Q 코휴지 선생이 깊고 깊은 풀 속에 잠겨 아득한 것도 이로써 조금 설명될 터입니다.

「阿Q正傳」의 저자 루쉰은 이렇게 자신 있게 말할 만큼 투명했지요. "만일 중국이 혁명하지 않으면 阿Q도 않는다. 혁명한다면 阿Q

도 한다"(「阿Q정전의 成因」)라고. "나는 내가 본 것이 결코 현재의 전신이 아니라 아마도 후신이라는 것, 그것도 2, 30년 후일지 모른다는 두려움조차 느끼고 있다"라고(竹內好, 『魯迅』, 未來社, 1971, p. 109에서 재인용).

조선의 일본어 표현 작가 김사량은 그 표현의 한계 탓에 이런 자신감을 가질 수 없었지요. 그가 이 뒤틀림의 자기모순에서 벗어나는 길은 단 하나. 일본어 글쓰기의 붓을 꺾기가 그것. 붓을 꺾고 그 자리에 행동을 놓기. 그 길만이 루쉰 모양 자신감을 회복하는 길이었던 것. 1945년 5월 31일 연안 탈출(『김사량전집(4)』 연보)이 그것입니다. 그의 조선어 표현력 회복은 이 행동을 통해서 가능했습니다.

결론을 맺지요. 조선의 阿Q 이광수는 김소운의 표현력으로도, 김사량의 그것으로도 결코 씌어질 수 없었다는 것. 코휴지 선생이 阿Q가 아니듯 이광수도 阿Q일 수 없다는 것.

〔와세다 대학 국제교양학부 초청강연문, 2007. 10. 20〕

'阿Q=香山光郎'의 글쓰기와 '춘원=이광수'의 글쓰기

1. 춘원 탄생 백주년 기념 강연회 감상법

'춘원 이광수 선생 탄생 백주년 기념 강연회'가 조선일보사 미술관에서 열린 바 있었다. 때는 1992년 3월 3일 오후 6시부터 8시까지. 2권의 팸플릿이 배포되었는바, 하나는 식순 및 기초자료를 담은 32쪽 분량의 대형판이었고, 다른 하나는 두 강연의 요지를 실은 21쪽 분량의 같은 대형판. 이 나라 문학사에서 첫번째로 전집이 나온 바 있는 이광수이고 보면 자료도 논의거리도 풍부한지라 별로 이상한 일은 아니라 할 것이다. 다만 조금 주의 깊은 청중이라면 이 행사의 주최 측에 대해 조금은 의아스럽게 생각했을지도 모른다. 춘원 기념사업회장(안병욱)의 기념사가 있고, 또 기념행사 위원으로 강영선, 강신재, 구상, 권영민, 김동길, 김윤식, 노양환, 백낙청, 안병욱, 안호상, 윤석중, 이영근, 피천득, 홍윤숙 등 무려 67명의 명단이 실려 있기는 하나, 이 명단이 춘원 기념사업회와 어떤 관계에 있는지 썩 불투명하게 되어 있기 때문이다. 이 점에 대해서는 사소하나마 한 가지 증언을 내가 할 수 있을 것 같다.

『이광수전집』을 삼중당으로부터 인수받아 새로이 간행한 우신사 대표 노양환 씨에게 연락을 받고 내가 시내 모처에 간 것은 1990년 12월 16일 저녁이었다. 1992년 2월 28일(음 2월 1일)을 기해 춘원 탄생 백주년 기념행사를 실시하기 위한 준비모임이라 했다. 안병욱(춘원 기념사업회 이사장), 김응수(삼생원 원장), 윤홍로(단국대), 이정화(춘원의 따님), 김창성(전남방직 회장), 그리고 김윤식이 이사 명단에 들어 있었는바, 정작 이 자리에 참석한 사람은 나를 포함한 안병욱, 김응수, 윤홍로 등 4명과 따로이 감사 김태석(홍사단 총무)·양화승(유족 친척), 간사 노양환 등을 포함하면 총 8명이었다. 토의 안건은 (1)이사 선임(위의 명단 포함), (2)탄생 백주년 기념강연 개최, (3)기념출판, (4)기념관 건립 추진, (5)재원문제 등등이었지만, 중심논의는 2년 뒤에 열릴 백주년 기념강연회였다. 이 자리에 참석한 8명 가운데 제게 강렬한 인상을 준 분이 있었는바, 이 기념회 감사로 임명된 김태식 씨가 그다. 그의 직함은 바로 홍사단 총무였던 것이다. 안병욱 씨와 홍사단의 관계는 씨가 1982년도 홍사단 공의회장(홍사단 단우번호 1440호)을 역임한 바 있어 잘 알려져 있기에 놀랄 일은 아니었다.

진작부터 춘원과 홍사단의 관계를 겉으로나마 제법 알고 있다고 자처해온 내가 놀란 것은 따로 있었다. 그것은 1990년 당시까지도 춘원과 그 주변을 둘러싼 일의 중심에 홍사단이 자리 잡고 있다는 엄연한 사실에서 왔다. 춘원이 홍사단 원동(遠東) 위원부에 입단한 것은 1920년 4월 26일이며, 단원 번호는 103호이다. 그것은 상해 망명시절 임시정부 각료급이었던 춘원이 초창기 임시정부의 살림을 맡았던 도산과 깊은 관련을 맺은 결과였다. 이때 춘원의 흥사단 입당 문답서가 흥사단의 이 무렵의 성격을 규정하는 표준적 사료가 되어 있을 정도로 춘원과 흥사단의 관계는 거의 절대적이라 할 만하다. 상해 망명에서 자진 귀국한 뒤에 쓴 춘원의 「민족개조론」(『개벽』, 1922. 5)은 흥사단의 이념을 표현한 문건이다. 춘원의 붓으로 도산의 사상이 그 일부나마 세상에 소개됨으로써 흥사단 운동의 깃발이 본국에 올려졌다고 흥사단사는 기록하고 있다(『흥사단 운동 70년사』, p. 119).

상해에서 1921년 4월(『조선일보』는 1921년 4월 4일로 보도)에 귀국한 춘원의 첫 사업이 자택에 '수양동우회' 간판을 다는 일이었고, '동우구락부'와 합쳐 '수양동우회'가 되고, 1929년 이것이 '동우회(同友會)'로 발전했음은 모두가 아는 일. 어디까지나 수양을 이념으로 한 민족운동이기에 합법적 절차를 거친 단체지만, 중일전쟁(1937. 7. 7)으로 치닫고자 한 일제는 그 한 달 전, 이른바 동우회사건(1937. 6. 7)을 일으켜 이광수를 비롯 42명을 검거하였고, 춘원에게 징역 5년(구류 통산 60일)의 유죄 판결이 난 것은 1940년이었다. 또한 3심 공판에서 무죄가 된 것은 1941년 5월이었다. 도산이 없는 동우회의 국내 최고책임자가 춘원이었음은 이를 보아도 짐작된다. 한국의 최고 작가로 군림한 춘원은 자주 자기의 문학행위를 두고 '여기(餘技)'라 말하곤 했다. '그런 네 본기(本技)란 무엇인가' 하고 묻는다면 절로 해답이 주어진다. 동우회 운동(흥사단)이 그것. 그가 창씨개명(1940. 2~8)에 누구보다 앞장섰고, 내선일체의 온갖 글을 썼음은 천하가 아는 일. 춘원이 조선문인협회 회장(1939. 10)에까지 나아가자, 담당판사인 가마야(釜屋)는 그러한 행위가 재판에 장애가 된다는 지적을 하기도 했다. 춘원이 회장직을 사임했음은 물론이다.

11살에 고아가 된 춘원을 보살핀 것은 동학(천도교) 박찬명 대령이었고, 또 동학 장학금으로 도일한 바 있거니와 포덕천하(布德天下), 광제창생(廣濟蒼生), 보국안민지대도대덕(輔國安民之大道大德)이라는 동학 이념은, 자기의 고백대로 평생을 지배한 그의 사상적 줄기이기도 했다. 개인보다 '큰일'이 있다는 것, 또 세상을 위하는 일만이 사람의 직분이라는 것에 목표를 둔 동학 이념이 그에게 동우회와 모종의 친근성을 갖게 한 것이었는지도 모른다. 인류 구제의 바른 길이 상쟁(相爭)에서가 아니라 상애(相愛)에 있다는 큰 이념 위에 동우회도 서 있다고 춘원은 믿었다(『전집(10)』, p. 172).

동우회(1937년 8월 6일 해산)가 홍사단의 국내조직의 별칭이며 도산(島山) 없는 홍사단(1938년 3월 10일 도산 사망)의 첫번째 지도적 인물이 춘원이라면, 그리고 친일 문제와 납치 문제 등으로 착잡할 뿐 아니라 유족도 모두 국내에 있지 않은 상태에서 춘원 탄생 백주년 기념회의 중심체가 홍사단일 수밖에 없음도 자명한 일이라 할 것이다. 그럼에도 내가 이 점에 새삼 놀란 이유는 과연 무엇일까. 춘원이 일찍이 문인에 지나지 않는다고 생각하고, 따라서 문학 논의만을 일삼아온 나로서는 그가 늘 버겁고 난감한 존재이기 때문이다. 이 생각은 『이광수와 그의 시대』(1981~1985)를 쓸 때도 그러했고, 지금도 마찬가지다.

이 글은 춘원 탄생 백주년 기념강연 이래 내가 새로이 인식한 이중어 글쓰기 공간에서 이광수의 표정 한 가지를 '阿Q=香山光郎의 글쓰기'와 '춘원=이광수의 글쓰기'라는 매우 도식적인 시각으로 살펴보고자 함에 있다.

2. 한 일본인 한국문학 연구자의 자기성찰

춘원 탄생 백주년 기념강연회에서는 두 사람이 나섰는바, 그 하나는 나의 「춘원의 생애와 사상」이었다. 아마도 졸저 『이광수와 그의 시대』(한길사, 1986; 솔출판사, 2001)로 말미암아 의뢰되었을 터여서 대외적으로 보아 그때로서는 어쩌면 자연스런 일이었는지도 모른다. 그러나 내가 조금 뜻밖이라 느낀 것은 「시대상황과 이광수」라는 제목의 발표자가 외국인, 그것도 일본인 사에구사 도시카쓰〔三枝壽勝〕씨라는 점이었다. 어째서 주최 측은 하필 사에구사(도쿄 외대) 씨에게 이런 제목의 강연을 의뢰했고, 또 씨는 얼마나 망설이며 이를 받아들였을까. 앞의 의문은, 씨의 중후한 논문 「이광수와 불교」(『朝鮮學報』 제137집)를 알고 있기에 그럴 법하다고 이해되는 측면이 있었으나, 뒤의 의문은 이 강연을 듣기 직전까지 물리치기 어려웠다.

예의 강연 첫 마디는 이러했다. "제가 한국어를 배우기 시작했을 때부터 가장 궁금한 존재가 춘원 이광수였다"라고. 그리고 씨는 급히 덧붙였다. "이제 와서 그 자세한 이유는 알 수 없게 되었지만"이라고. 처음 한국어를 배우기 시작했을 때부터 가장 궁금한 존재가 이광수라는 사실은 무슨 뜻일까.

당시로서는 이광수를 이해할 수 없다면 한국문학도, 한국인도 이해할 수 없을 것이라 느꼈다면, 듣기에 따라서는 씨의 한국말 공부가 이광수론을 쓰기 위해 비롯되었다고 볼 수조차 있다. 한국에 관심을 갖고 한국말을 배우고자 결심한 일본인이라면, 이광수가 내포한 우여곡절에서 한일관계의 역사가 빚어낸 비극의 일단을 그가 상징적으로 보여주고 있다고 보았을 터이다. 이 경우 이광수는 한일관계의 한국 측 비극의 상징이 될 터이다. 이러한 이광수 인식은 비단 씨뿐 아니라 많건 적건, 또 알게 모르게 많은 일본인 한국 연구자에게 공통된 심리적 현상이었던 것으로도 볼 수 있을지 모른다. 이를 두고 지적 호기심이라 할 수도 있다. 이러한 지적 호기심이 연구의 원동력이며 그 치열성에 따라 밀도 높은 연구도 생산될 것임에는 틀림없다. 이를 두고 학적 성취 또는 과학(학문)이라 할 것이다. 그렇기는 하나 그 학문이 아무리 정밀하더라도 이광수론에서는 뭔가 부족하거나 적절하지 않은 바가 있을지도 모른다는 의문이 끝내 남을 법하다. 그도 그럴 것이 한일관계의 비극적 상징물로서 이광수가 지닌 윤리적 과제가 그것이다. 앞에서 사에구사 씨가 급히 덧붙인 대목이 이 점을 새삼 자각하게 하고 있어 인상적이다. "역사 속에 휩쓸리고 희생된 사람을 통해서 역사를 보려던 것은 너무나 오만한 태도"인지도 모르기 때문이다. 아무리 그 당사자의 생애로부터 감동을 받았다 해도 지나간 사람의 생애에서 교훈이나 감동을 받는 것은 후세인의 오만이라 일반적으로 말해질 수 있겠지만, 이광수의 경우는 특히 일본인 연구자에겐 학문적 과제를 웃돌거나 못 미치는 영역을 끊임없이 강요하고 있다고 볼 것이다. 사에구사 씨가 "이제 와서 그 자세한 이유는 알 수 없게 되었다"라고 한 것이 이 점을 새삼 암시해 놓고 있다. 씨에게 이광수는 '이중의 오만'을 강요케 했던 것이다.

사에구사 씨는 이 '이중의 오만'을 어떻게 극복하고자 했을까. 이 물음은 소중한데, 이것이 일본인의 한국문학 연구에 대한 모종의 윤리적 감각에 관련된 사항이기 때문이다. 그것은 한국문학 연구의 경우에 어디까지나 한국의 '문학'에 대한 연구에로 향하기에 관련된다.

과거 일본이 무엇을 했는가를 반성한다는 건 일본 사람이 잘못했다고 생각하니까 말하는 거지? 그리고 그런 걸 한국문학을 통해서 안다는 것은 자기들의 희생자한테 어떤 상처를 남겼는가를 알려고 하는 것이고, 그 일을 통해서 자기들이 현재 얼마나 그것을 반성하고 있는가를 알리는 일이 되지 않는가? 요컨대 그 작업을 통해 구제받는 것은 일본 사람 쪽이라는 것이지. 살인범이 자기가 죽인 자나, 상처 입힌 피해자의 상태를 보고 싶어하는 것과 똑같은 심리가 아니냔 말이야.

(「한국문학, 읽지 않아도 되는 까닭」,
『사에구사 교수의 한국문학연구』, 베틀북, 2000, pp. 11~12)

이 이중성에서 벗어나는 길은 씨의 경우 분명한데, 한국문학을 가능한 한 제3의 시선으로 바라보기로 요약된다. 한국문학은 영문학이나 중문학 혹은 일본문학과 같은 개별 문학이라는 시선에서 연구하기가 그것이다. 그렇다면 학문에는 국경이 없지만 학자에게는 조국이 있다는 명제도 있거니와, '과연 일본인 사에구사 씨는 이 명제에서도 자유로울까'라는 의문이 없지는 않으나, 씨가 몸부림친 이 문제의식은 씨의 남다른 명민함이라 할 것이다. 이 이중의 과제는 워낙 미묘한 것이어서 일본인 조선문학 연구자를 어느 시기까지 몰고 갈지 알기 어렵다. 굳이 세대적인 시선을 도입하자면, 사에구사 씨 이전과 이후로 나눌 때 그 준거로 이광수론의 유무로써 판단할 수도 있을 법하다는 예감을 나는 좀처럼 물리치기 어렵다. '포스트 사에구사 세대'에 오면 이러한 모종의 오만의 콤플렉스 따위란 아예 없을지도 모르며, 문학 연구도 한갓 문화 연구cultural studies의 소재에 속할지도 모를 일이다. 여기서 잠시 근자 문학 연구의 한 가지 현상에 주목해보면 어떠할까.

3. 이중어 글쓰기 공간의 글쓰기 현상론

오늘날 국내 대학의 국어국문학과는 약 120개이며, 일어일문학과는 약 80개로 되어 있다. 문화 연구의 범주에서 보면 이들 학과와 관련된 영역의 한 가지는 이른바 일제 말기일 것이다. 그것은 한국 근대문학의 성립과 분리시켜 논할 수 없다.

근대문학이란 새삼 무엇일까. 주지하는바 그것은 국민국가의 언어로 하는 문학이 아닐 수 없다. 근대국가를 전제로 한 것이 근대문학이라 할 때 당연히도 한국 근대문학에는 한국의 근대국가가 전제되어 있다. 임시정부(1919)가 그 가시적 존재이며 그 언어적 측면을 위임받은 곳이 '조선어연구회'의 후신인 '조선어학회'였다. 맞춤법 통일안을 비롯, 조선어의 사용법이 이 기관에 의해 제정되었고, 문인들이 이를 지지했음은 역사적 사실이 잘 말해놓고 있다. 엄밀히 말해 당초 일제는 다른 제도들은 통치기구 속에 넣었지만 문학제도만은 그로부터 제외시켰던 것이다. 그런 일제 통치부가 문학제도까지도 통치부에 편입시키고자 한 것이 저 악명 높은 '조선어학회 사건' (1942. 10 .1)이다. 33인을 문제삼아, 총독부 시정일(始政日, 공휴일)에 맞추어 일으킨 이 사건으로 말미암아 한국 근대문학은 광복 때까지 암흑기에 접어들거니와, 엄밀한 의미에서 이는 공백기나 다름없다고도 할 것이다.

통치부의 시선에서 보면 이 시기의 문학이란 과연 무엇일까. 일어로 씌어졌다고 해서 일본문학이라 할 수 있을까. 식민지 문학이라 한다 해도 그것은 기묘할 터이다. 왜냐하면 이 기간(1942. 10. 1~1945. 8. 15)에 씌어진 문학이란 문학이기에 앞서 글쓰기의 범주에 들기에 그러하다. 그것도 일어로도 조선어로도 쓸 수 있고, 또 조선어로 쓸 때도 의식의 분열에 걸쳐 있는 것이기에 그러하다. 그 글쓰기는 국내, 만주, 일본 본토 등 여러 매체를 이용했기에 상당한 분량에 해당된다. 이를 두고 '이중어 글쓰기 공간space of bilingual writing'이라 잠정적으로 규정해보면 어떠할까. 식민지적 글쓰기에서 탈식민지적 글쓰기에 이르기까지, 또는 국적 불명의 글쓰기에 걸쳐 있는 실로 기묘한 공간이 늪처럼 놓여 있는 형국이다.

이 기묘한 이중어 글쓰기의 공간을 가능하게 한 조건을 문제삼는다면 무엇보다 외적 조건을 문제삼겠고 또 그것이 중요하지만, 이에 못지 않게 내적 조건도 고려하지 않을 수 없음도 사실이다. 문인이란 글 쓰는 사람을 가리킴이라면 글쓰기의 원초적 욕망은 이른바 내적 조건에서 비롯된다. 이 점이 문학사적 사건으로 논의된 사례의 하나가 8·15 광복 직후에 벌어진 좌담회 '문학인의 자기비판'이다. 김남천, 이태준, 한설야, 이기영, 김사량, 이원조, 한효, 임화 등이 봉황각에서 '문학인의 자기비판' 좌담회를 연 것은 1945년 12월 말이었다. 이 자리에서 이태준이 "나는 조선작가로 최후까지 조선어와 운명을 같이하려 하지 않고 그렇게 쉽사리 일본말에 붓을 적시는 사람을 은근히 가장 원망했습니다"라고 했을 때, 김사량의 반론은 글쓰기의 원초적 욕망에 근거했다. "최저의 저항선에서 이보 퇴각, 일보 전진하면서 싸우는 것"이 문화인의 임무라는 전제에서 김사량이 지적한 것은 자기 결백성의 변명과는 일정한 거리가 있었다. 암흑기에서도 조선어로 작품을 써서 땅에 묻어둔 사람이 아니면 감히 김사량 자신의 일어 창작을 비판할 수 없다는 것이 김사량의 자기비판에 놓인 핵심이었다(『인민예술』제2호, p. 46). 말을 바꾸면 문학자란 원초적으로 글쓰기의 욕망에서 출발한다는 것, 그것은 또 저절로 발표욕에 직결됨을 가리킨 것이었다. 이러한 시선에서 이중어 글쓰기 공간을 바라본다면 어떠할까. 이러한 전제에서 이 공간에서의 글쓰기 유형을 잠정적으로 정리해보면 아래와 같다.

 (1) 이중어 글쓰기 제1형식 — 이효석, 유진오, 김사량 등의 글쓰기. 조선적 토착성과 선비 기질을 문제삼은 「여름」「남곡선생」의 유진오와, 「봄의상」「은은한 빛」의 이효석, 「풀이 깊도다」「향수」의 김사량을 한데 묶는다면, 그리고 여기에다 이중어 글쓰기 제1형식의 범주를 설정한다면, 그 특성은 과연 무엇일까. 첫째, 그들이 조선어 글쓰기에서 원본적 밀도를 이미 보였다는 점, 둘째, 이들의 일본어 감수성이 특출했다는 점을 들 것이다. 제국대학 출신인 이 셋의 언어 감각과 일본 독자를 향한 지향성이 어느 수준에서 합치된 결과일지도 모른다.
 (2) 이중어 글쓰기 제2형식 — 창씨개명의 글쓰기와 본명의 글쓰기로 분열되는 이 유형에는 가야마 미쓰로〔香山光郞〕의 글쓰기와 이광수의 글쓰기가 있다.
 (3) 이중어 글쓰기 제3형식 — 결론부터 말하면 최재서의 글쓰기가 이 범주에 든다. 그가 『인문평론』 『국민문학』을 주재하고 또 인문사를 경영하면서 창씨개명으로 나아간 것은 놀랍게도 1944년 1월로 되어 있다. 이시다 고조〔石田耕造〕가 그것이거니와 이러한 결심의 근거를 징병제 및 학도병 실시에다 두고 있음이 판명된다.
 (4) 이중어 글쓰기 제4형식 — 한설야의 글쓰기가 이에 해당된다. 매우 특이하게도 습작기부터 조선어와 일본어의 양쪽 글쓰기를 동시에 감행하고, 또 이러한 태도를 멈추지 않고 일제 식민지 통치 전 기간에 걸쳐 감행한 경우가 한설야이다.

(5) 이중어 글쓰기 제5형식—『처녀지』의 작가 이기영을 두고 이중어 글쓰기의 범주로 규정함에는 설명이 따로 없을 수 없다. 매우 특이하게도 작가 이기영의 창작활동을 통틀어 일본어 창작은 없다. 그러나 그가 쓴 『대지의 아들』(1939~1940) 『처녀지』(1944) 등의 장편에 사용된 조선어는 단연 이중어적 성격을 띠고 있다.

(6) 이중어 글쓰기 제6형식—「원정」의 시인 김종한이 이 범주에 든다.

어찌 이중어 글쓰기 유형이 제6형식만으로 정리되랴. 아마도 다른 분류방식으로 하면 양상이 크게 달라질 터이다. 요컨대 다양한 글쓰기 유형이 거기 펼쳐져 있었다고 볼 것이다(졸저, 『일제말기 한국작가의 일본어 글쓰기론』, 서울대출판부, 2003; 『20세기 한국작가론』, 서울대출판부, 2004).

4. '나는 阿Q다'의 글쓰기 현상

제2형식으로서의 이광수 글쓰기는 "나는 阿Q다!"와 "나는 阿Q가 아니다!"로 정리될 법하다(졸고, 「조선의 阿Q 코휴지 선생」, 와세다대학 국제교양학부 초청강연문, 2007. 10. 20; 이 책의 pp. 213~39). 김소운의 증언에 따르면, 창씨개명한 이광수는 스스로를 망설임도 없이 阿Q라 정의했다(『삼오당잡필』, pp. 113~14). 이를 증거하듯 그는 자기 서재에도 일장기를 걸어놓았고, 정오 사이렌이 불 때는 중인환시 속에서도 일본 천황을 향해 묵도했다(박계주·곽학송, 『춘원 이광수』, 삼중당, 1962, pp. 453~54). 그러나 그가 일본 문단을 향해 글을 쓸 때는 사정이 크게 달랐다. 당대 일본 평론가이자 『문학계(文學界)』의 주도적 인물인 고바야시 히데오〔小林秀雄〕에게 보낸, 아직 재판 중에 있어 전전긍긍하는 이광수의 모습이 담긴 장문의 글 「행자(行者)」(『문학계』, 1941. 2)에서는 '香山光郎=이광수'를 동시에 사용했지만, 정작 마음먹고 쓴 도쿄·나라·이세 등의 신궁 참례기인 「삼경인상기(三京印象記)」(『문학계』, 1943. 1)에서는 이광수라는 본명만을 깃발처럼 내세웠다. 제1차 대동아작가대회(1942. 11)에 참가하고 쓴 이 기행문에서 이광수는 자신을 고대 일본 문화를 전수한 도래인 행기, 혜자대사, 혜총대사, 담징 등과 동격에 놓고 있다. 일본이 국빈으로 초빙한 조선인을 아시는가. 겉으로 보기에는 볼모로 잡혀온 노예로 보일지 몰라도, 나 이광수는 실상은 고대 불국토의 시선에서 보면 일본 국가가 초빙한 국빈이라는 것, 대동아작가대회에 볼모로 잡혀온 식민지 조선의 문학자 香山光郎이 아니라, 쇼토쿠〔聖德〕 태자가 초빙한 국빈 자격인 이광수라는 것.

"마셔, 마셔"라는, 가와카미 씨의 권유대로 대여섯 잔을 연거푸 마셨다. 가와카미 씨도 나를 취하게 만들 참으로 보였다. 하야시 후사오 씨의 계략이다. 가야마라는 녀석, 속마음을 토해 내라 라는 투였으리라. 혹은 가와카미 씨도 나도 나라 시대엔 거친 연못 기슭에서 취해 쓰러진 묵은 인연이 있는지도 모를 일이다. 내가 혜자라든가 담징의 공양을 올리기 위해 여기 와 있는지도 모른다. 행기의 일행이었는지도 모른다. 호로 호로 하고 우는 산새소리를 미카사야마〔三笠山〕에서 들었는지도 모른다. 그런 인연으로 말미암아 나는 나라가 감정을 누를 수 없을 만큼 맹렬하게 그립다. 가와카미 씨도 도쿄에서 일부러 와서 나와 더불어 나라의 초승달에 가슴이 뛰었으리라.

(「삼경인상기」, 『文學界』, 1943. 1, p. 76)

뿐만 아니다. 총독부 기관지인 『매일신보』에 연재한 소설 「원효대사」(1942. 3. 1~10. 31)에서는 『무정』(1917)에서처럼 '춘원'이라 했다. 여기까지 오면 다음 사실이 선명해진다. '香山光郎＝阿Q'의 도식이 그것. '香山光郎＝阿Q'의 글쓰기와 '이광수＝춘원'의 글쓰기를 준별한다고 해서 문학적인 과제가 쉽사리 해결되는 것은 물론 아니다. 두루 아는 바, 춘원의 처녀작으로 세상에 알려진 것은 「愛か(사랑인가)」(『白金學報』 제19호, 1909. 12)이다(김윤식 편역, 『이광수의 일어창작 및 수필선』, 역락, 2007). 소년의 동성애적 지향성을 다룬 이 단편은 그 내용 여하를 떠나 하나의 문학사적 사실에 속한다. 한국 근대문학의 개척자라 일컫는 이광수의 처녀작이, 필리핀 문학의 아버지라 불린 호세 리살Jose Rizal이 지배자의 언어인 스페인어로 소설을 썼듯, 일어로 씌어졌음은 음미될 사항이 아닐 수 없다. 또 이광수가 공들여 쓴 일어소설 「만영감의 죽음」(『개조』, 1936. 8)은 그의 작가적 능력을 드러낸 것이긴 했다. 그러나 과연 한국인으로서 일어로 창작을 할 수 있을까에 대해서는 이광수도 매우 회의적이었음이 판명된다. 1943년 10월 조선인 학병 권유차 육당과 함께 도일한 이광수는 육당과의 대담에서 이렇게 실토한 바 있다.

대체로 조선인이 쓸 수 있는 것은 수필이겠지요. 소설을 쓰고자 한다면 그것은 일본인 아내를 얻든가 일본에 와서 몇십 년간 살아야 하는 것이니까. 〔……〕
금년에 들어 저도 국어(일본어) 작품을 네댓 편 썼지만 이런 것은 쓸 것이 아니라 생각했다. 아무래도 말솜씨가 나오지 않아서…….
(최남선·이광수,「도쿄대담」,『조선화보』, 1944. 1, p. 12)

"대체로"에 주목할 것이다. '특수한'을 전제로 할 수도 있기에 그러하다. 이광수, 그는 '대체로'인가 '특수한'인가. 물론 후자에 가까울 것이다. 그럼에도 불구하고 그가 '대체로'에 자기를 포함시키고자 한 것은 의미심장하다고 할 것이다. 그것은 이중의 의미를 포함하고 있는바, '香山光郞＝阿Q'의 글쓰기에 대한 자기변명일 수도 있다는 것이 그 하나라면, 다른 하나는 '이광수＝춘원'의 글쓰기에서도 그 한계를 실감했다는 것이 다른 하나이다. '이광수＝춘원'의 글쓰기에서도 일어 창작 앞에서는 벽을 느꼈다는 사실의 고백으로 이 '대체로'를 수용한다면 그것은 개인의 재능이나 자질의 문제와는 또 다른 사실을 암시해놓은 것이라고 볼 수도 있기 때문이다. 조지프 콘래드 모양 전력투구한다면 언어의 벽이 창작의 수준에서도 극복될 수 있으리라. "일본 아내를 얻든가, 일본에 와서 몇십 년간 살아야 하는 것"이 그것인데, 이광수는 그렇게 하지 않았다. 이중어 창작의 어려움을 말해놓았을 따름인 듯한 이 고백에서 정작 그가 드러내고자 한 것은 과연 무엇이었을까. 그가 일본인 아내도 얻지 않았고 일본에 가서 몇십 년간 살아보지도 않았음에서 오는 자기한계 앞에 섰을 때, 비로소 그가 자신의 역량을 스스로 확인할 수 있었음을 '대체로'가 가리킴이 아니었을까. 일어 창작에 절망한 이광수가 할 수 있는 영역은 수필이었던 것이다. 조선인인 이광수가 제일 잘할 수 있는 것은 수필이며 그것이 '대체로'라면, 이 이중어 공간에서 이광수 글쓰기의 본령은 문장(수필)에 국한된다. 그 문장력의 글쓰기에서 최고의 표현자가 되기야말로 문인 이광수의 야심이 깃들인 곳이 아닐 수 없다. 그것이 바로 그의 회심의 글 「삼경인상기」이다.

5. 「삼경인상기」가 놓인 자리

1942년 11월 3일 도쿄에서 열린 제1회 대동아문학자대회에 참가한 이광수가 조직 실무책임자이자 평론가인 가와카미 데쓰타로〔河上徹太郎〕를 중심으로 하야시 후사오〔林房雄〕, 고바야시 히데오, 아오야마 지로〔青山二郎〕, 구메 마사오〔久米正雄〕 등과, 김사량의 주선으로 아키다 우자크〔秋田雨雀〕를 만났고, 가와카미와는 나라까지 동행했다. 위에서 잠시 인용했듯, 이광수는 가와카미의 간계에 말려들어 대취하지 않으면 안 되었다. 그 장면을 세 가지 시선에서 살펴본다면 어째서 「삼경인상기」가 문장으로서의 일본어 글쓰기에서 이광수의 자존심의 근거인가를 조금은 엿볼 수 있을지 모른다.

(A) 나라〔奈良〕 호텔에 들었다.
저녁 식사 후 일행은 산책을 나갔다. 중지(中支: 중국 중부—인용자) 대표 周化人 씨도 일행에 뒤처지지 않으려고 언덕을 뛰어 내려갔다.
나는 호텔 뜰에 초승달이 지는 것을 바라보며 옛날을 떠올렸다. 그 초승달이 아주 크게 보였다. 그것이 지는 곳은 이코마야마〔生駒山〕일까. 가와카미 데쓰타로 씨도 함께 달을 바라보았다.
나는 가와카미 씨에게 이끌려 호텔의 술집으로 갔다. 구메 마사오 씨가 도쿄에서 가져온 산토리가 한 병 남아 있는 모양이어서 위스키 소다로 하여 마셨다. 썩 맛있었다.
"마셔, 마셔"라는, 가와카미 씨의 권유대로 대여섯 잔을 연거푸 마셨다. 가와카미 씨도 나를 취하게 만들 참으로 보였다. 하야시 후사오 씨의 계략이다. 가야마라는 '녀석, 속마음을 토해내라'라는 투였으리라. 혹은 가와카미 씨도 나도 나라 시대엔 거친 연못 기슭에서 취해 쓰러진 묵은 인연이 있는지도 모를 일이다. 내가 혜자라든가 담징의 공양을 올리기 위해 여기 와 있는지도 모른다. 행기의 일행이었는지도 모른다. 호로 호로 하고 우는 산새소리를 미카사야마〔三笠山〕에서 들었는지도 모른다. 그런 인연으로 말미암아 나는 나라가 감정을 누를 수 없을 만큼 맹렬하게 그립다. 가와카미 씨도 도쿄에서 일부러 와서 나와 더불어 나라의 초승달에 가슴이 뛰었으리라.

좋다. 마시자. 속마음이랄까, 흙탕물을 토해도 좋다. 나에겐 중생에 대해 감출 만한 그 어떤 것도 갖고 있지 않다. 취해서 내보일 추함이 있다면 그것이 나의 참모습이리라. 내겐 진심을 구하는 벗에게 내 있음 그대로를 보이지 않고 어쩔 것인가.

11시까지 마시고 떠들었다. 세 시간이나 지났다. 구사노 신페이 씨도 도중에 끼어들었다. 무거운 상판이나 뜻밖에도 부드러운 인물이다. 시인인 것이다.

구메 씨가 왔을 땐 산토리 병은 비어 버려서 구메 씨는 마시고 싶은 표정을 짓고 있었다. (「삼경인상기」, p. 76)

(B) 처음 우리들이 제일 걱정한 것은 우리들의 국가적 목적과 그들의 입장이 만약 상용하지 않는다면 어떻게 될까에 있었다. 만주국 측은 대체로 괜찮았으나 참전하고 있는 중국 측의 체면이 서지 않을 경우가 생기는 일이 제일 염려스러운 것이었다. 그럴 경우 중국인의 오만스러움, 또 그로부터 일어날 정치적 입장에의 영향 등이 우려되었다. 그와 유사한 (사건의) 전례도 있어 그런 것이 우리들에게 호의

적으로 경고되었다. 우리들 문학자로서도 문단이 생긴 이래 유례없을 정도의 정치성을 띤 사업을 우리들 자신의 손으로, 더구나 국가의 이 정치적으로 가장 중요한 시기에 손수 다루는 것이다. 결국 우리들은 갖가지 의견을 조정한바, 표면상 평정하게 될수록 문학자의 솔직함으로 타개하기로 하되 처음부터 마음 밑바닥에는 만일의 경우에는 한발도 물러날 수 없다, 라는 비수를 품고 그들을 맞이할 참이었다.〔……〕

밤에는 구사노 군과 가야마 씨와 늦게까지 바에서 술을 마셨다. 평생 사람들 앞에서 술을 삼간 듯한 가야마 씨가 놀랄 만큼 입이 가벼워진 것도 낮의 흥분 때문이었으리라. 씨의 성실함은 시종 나를 감동시켰다. 혹은 사적(史的) 사실을 내가 알지 못했을 때 씨는 문득 "그대는 아직 일본인이 아니다"라는 말을 나는 참으로 즐겁게 받았다. 그럼에도 아직 씨가 자기고백을, 우리들에게는 불필요한 다짐을 억지로 하는 투로 강조할 때 우리들은 어떤 괴로운 그늘을 씨의 표정에서 읽어내어 슬프고도 침울해지는 것이었다. 그 때문에 마지막에는 내가 그대가 죽으면 아드님을 내가 맡겠다고 하자, 씨는 그래, 참으로 부탁한다, 그렇게 되면 훌륭한 일본인으로 키워주게, 라고 힘주어 내 손을 쥐었다.

(가와카미 데쓰타로, 「대동아문학자회의 전후」, 『문학계』, 1943. 1, pp. 56~60)

(C) 나라〔奈良〕호텔의 두번째 밤이었다. 출기에 바에 가니까 지난밤에 왔던 가와카미 데쓰타로 씨가 있었다. 옆에는 이광수씨와 구사노 신페이〔草野心平〕씨가 앉아 있었다.

무심코 들어갔더니, 어젯밤과는 공기가 달랐음이 느껴지자마자 구사노 씨가 이광수씨에 대하여 하는 뱃속 깊은 곳에서 나오는 소리가 들렸다. 그것은 이광수씨에의 격한 비난이며 그것도 눈물을 흘리는 그런 것이었다.

　나는 서먹하여 떠나려 했지만 가와카미 씨의 권유로 의자에 앉아 잠자코 듣고 있었다. 이씨에 대해 구사노 씨와 가와카미 씨가 비판을 가하고 있었다. 이전의 사정은 알지 못하나 반도 작가로서의 괴로움을 우연히 누설한 일에서 그러한 괴로움을 내세워 어쩌겠다는 것인가, 문학의 괴로움이란 이런 것이 아니다, 라고 야단치고 있는 것처럼 보였다.

　나는 여기서 그 논의를 적고자 하지 않는다. 단지 조선 문학의 창시자인 이광수씨와 평론가 가와카미 씨와 시인이자 난징 정부의 문화 공작에 임한 구사노 씨가 정색을 하고 자기를 모조리 털어내고 있는 그 진지함에 감동되었음을 고백하고 싶은 것이다. 나는 내가 야단맞는다고 생각했다.

(하마다 하야오, 「회의 인상」, 『文藝臺灣』, 1942. 12, p. 21)

　(A)에서는 일본국 초청 국빈으로 온 조선인 이광수의 당당함이 손에 잡힐 듯이 넘쳐나고 있다. 그러나 현실은 어떠했던가. (B)에서 보듯 볼모로 잡혀온 조선인 이광수에서 한 치도 벗어날 수 없었다. 일본 측도 "한발도 벗어날 수 없다는 비수를 품고" 아시아 작가들을 맞이했던 것이며, 그 비수를 품고 여차하면 심장을 찌를 태세로, 속마음을 엿보고자 특별히 이광수에게 술을 퍼 먹이고 있었다.

　한편 적어도 형식적으로 같은 볼모의 처지에 있는 대만의 대표 하마다 하야오[浜田隼雄]의 증언에서는, (C)에서 보듯 실로 보아서는 안 될 장면의 하나였다. 훗날 한 일본인 비평가가, 이 장면을 두고 일본 문인이 이민족 문인의 "내면을 감시·검열한 검열관, 스파이 몫을 했다"라고 지적한 바 있거니와(가와무라 미나토〔川村湊〕, 『만주붕괴』, 文藝春秋社, 1997, p. 13), 요컨대 비수를 품은 일본인과 그 앞에 알몸으로 노출된 조선인 볼모의 정신적 대결이 「삼경인상기」의 참주제였고 그 문장화였다. 본명 '이광수=춘원'의 이름을 깃발처럼 내세워 이광수는 「삼경인상기」를 일어로 썼다. 그가 말하는 '대체로'의 글인 '수필'인 셈이다. 수필이란 새삼 무엇인가. 그가 말하는 수필이란 자기를 말하는 것, 일종의 자기 고백체 글쓰기였던 것. 본명을 가지고 일어 글쓰기가 가능한 '대체로'의 영역이 거기 있었다.

6. '우자의 효성'의 묘지

조선의 阿Q라 자처하고 그것에 걸맞은 글쓰기와 행동을 한 춘원은 훗날 이를 '우자(愚子)의 효성'이라 했다. 시 「인과(因果)」의 일부를 보면 이러하다.

    그러나 나는 믿었습니다.— 因果의 理法을, 힘의 不滅을
    내가 바치는 머리카락만 한 힘도 쌓이고 쌓이면 무엇이 되리라고
    내가 호호 부는 다슨 입김이 三千里 三千萬의 어느 몸을 조금이라도 녹이리라고
    그런데 나는 民族反逆者의 罪名으로 法에 걸렸습니다
    法官은 나를 꾸짖고 新聞은 나를 辱說합니다
    親知도 "왜 가만히 있지 않았느냐" 합니다
    아마 잘하느라 한 것이 모두 잘못이었던 모양입니다.

모처럼 제간에는 한다는 것이 모두 꾸중 들을 일을 저질렀던 모양입니다

나는 깊이 反省해 보았습니다

내게는 不純한 動機가 없었더냐고

내 名利慾을 爲한 것이 없었더냐고

利慾은 이미 떠났다 하더라도 名慾은 없었더냐고

나는 民族의── 적어도 民族의 一部, 民族主義者, 靑年, 學生의 受難을 緩和하려고 내 愛國者라는 名譽를 버렸다

그러나 그 名譽를 버렸다는 名譽를 貪함은 아니었던가

나는 진실로 猛獸에게 물리려는 사람을 〔救〕하려고 내 몸을 내어던졌던가──

나는 이렇게 反省하였습니다

그러나 나는 이렇게 結論하였습니다

내게도 名利慾은 있었다. 그러나 이 일에서 나는 名利慾을 發한 記憶은 없다고

그러나 세상은 내 속을 잘 믿어주지 아니할 것입니다

"네가 어찌 그렇게 갸륵한 사람이겠느냐, 僞善者!" 하고 비웃을 것입니다

세상은 내가 "죽을 죄로 잘못했습니다. 나는 내 名利를 爲하여서 民族을 反逆했습니다" 하는 懺悔만을 要求할 것입니다

그러나 나는 아무리 謙遜을 꾸미더라도 그런 거짓말은 할 수 없습니다

나를 어리석었다면 그것은 首肯도 하겠습니다

大局을 볼 줄 몰랐다 하면 그럴 법도 하겠습니다. 저를 모르는 誇大妄想이었다 하면 그럴 법도 하겠습니다

"네까짓 것이 하나 나서기로 무슨 民族受難 緩和의 效果가 있었겠
느냐" 하면
거기 대하여서도 나는 하겠습니다
어리석은 誇大妄想— 아마 그럴는지도 모릅니다
나는 '愚子의 孝誠'이라고도 저를 評해 보았습니다
(「인과」부분, 미발표시첩 『내노래』 수록; 『이광수전집(9)』, 우신사, pp.
540~41)

'우자의 효성'으로 스스로를 규정하고 또 이로써 삶을 정리한 『무정』의 작가 춘원 이광수는 어떻게 그 육체적 삶을 마감했을까. 춘원 이광수 선생 탄생 백주년 기념강연회에 유족 대표로 나온 춘원의 삼남 이영근 씨의 증언은 이러했다.

저희는 6·25 때 납북되신 아버님의 행방을 찾고자 북경으로, 연변으로 헤매다가 작년에는 드디어 평양엘 갔습니다. 대동강을 오른쪽에 끼고 강동으로 가는 길을 따르니 왼쪽으로 "대성산 위에 검은 구름이 덮이고 능라도 버들잎이 유난히 흔들리니 비가 오려함이 아닌가"라고 읊으신 경치가 눈앞에 펼쳐졌습니다. 거기에서 얼마 안 가 아버님께서 즐겨 찾으시던, 단군능으로 가는 길가 양지바른 곳에 묘가 있었습니다. "술 한잔 따라놓고 배 한 개 벗겨놓고 눈감고 아버지 생각하는 나……"라고 읊으신 아버님의 시 한 구절을 생각하며 술 한잔을 올리니, 저에게는 곡절이 중첩하고 다난하였던 아버님의 일생의 굴곡들이 눈앞에 스쳐 지나갔습니다.
아버님은 아무도 찾아올 수 없는 이 먼 곳에 파묻히셨습니다.
(「아버님을 생각하며」, 기념강연회 책자, pp. 10~11)

이러한 증언과 함께 씨는 거기서 찍은 사진 한 장을 공개했다. 이미 도하 신문들에 소개된 것이긴 하나(『조선일보』, 1991. 8. 3), 북한이 1950년 10월 25일에 죽은 그의 유해를 수습하여 상석을 갖추어 한

평양시 삼석구역 원신리 소재 이광수의 묘. 삼남 이영근(李榮根) 씨가 찍은 것(1991)

자로 쓴 대리석 비석 '李光洙先生之墓'와 함께 묘소(평양시 삼석구역 원신리)를 만든 것은 1970년대였다(졸저, 『이광수와 그의 시대 (1·2)』, 개정증보판, 솔출판사, 2001, 부록(I) 참조). 오늘날에는 평양 근교에 있는 '월북인사 묘역'(평양시 용성구역 용궁1동)으로 옮겨져 있다. '월북인사 묘역'의 무덤에 대해서는 아래와 같은 뒷말이 보도된 바 있다. 2005년 7월 하순, 민족문학작가회의 주도로 60년 만에 남북 작가의 만남이 공적으로 이루어진 바 있거니와, 일행이 월북 인사 62명의 묘소를 찾았는데, 뜻밖에도 거기서 한글로 된 '리광수 선생' 무덤에 마주쳤다 한다. 의아해하는 그들에게 안내인이 한 설명은 이러했다 한다. "통 큰 정치의 일환"(『동아일보』, 2005. 7. 27)이라고. 이와 성격은 조금 다르지만 "통 큰 정치의 일환"의 사례는 8·15 직후에도 있었다. 두루 아는 바 국민적 필독서의 하나로 되어 있는 『백범일지』는 초등학생도 읽을 수 있는 우리말로 되어 있다. 한문에 토를 단 원본 『백범일지』를 누가 이토록 유려하게 윤문했을까. 이 윤문사업을 춘원이 자청했고, 백범이 이를 승인한 결과라는 한 가지 증언이 있다.

아버님은 그의 행실에 망설였는데 누군가가 글 솜씨도 있는 사람이고 속죄하는 기분으로 맡겠다니 시켜보라고 했대요. 그가 윤문을 한 건 사실이나 아버님이 그걸 알고 맡기셨는지는 의문입니다.

(「김신 씨의 대담」, 『신동아』, 1986. 8, p. 347)

조선왕조 개국 501년이자 고종 29년이요, 또 동학혁명과 청일전쟁이 일어나기 두 해 전인 1892년에 태어나 11세에 고아가 되었고, 동학의 장학금으로 도일 유학길에 올랐으며, 아명 이보경(李寶鏡)으로 처녀작 「愛か」(1909)를 썼으며, 『무정』(1917)과 『원효대사』(1942)를 필명 춘원의 이름으로 썼고, 「삼경인상기」를 본명 이광수로 쓴 곡절 많은 한 사람의 생이 마감됐다.

결론을 맺기로 한다. 당초 이 글이 겨냥한 것은 '阿Q=香山光郞'의 글쓰기와 '춘원=이광수'의 글쓰기를 각각 분리시켜 검토함에 있었다. 그것은 이른바 암흑기에 대한 새로운 시선 도입이 전제되지 않고는 그 시도 자체가 무의미하다고 판단되었음에서 왔다. 암흑기 공간이란 표현이 잘 말해주듯 그것은 한국 근대문학의 지평에서 벗어나지 않는다. 이에 비해 이중어 글쓰기 공간이란 표현은 한국 근대문학의 지평과는 별개의 지평이라 할 것이다. 전자가 상대적으로 '문학적인 것'이라 말해지는 것에 무게중심이 있었다면, 후자는 '글쓰기'로 열려진 공간이라 비유될 수도 있다. 국적 불명의 글쓰기, 또 탈식민

이광수의 묘. 평양시 용성구역 용궁1동 소재 월북인사 묘역(『동아일보』, 2005. 7. 27)

지적 글쓰기의 논의를 불러일으킬 수 있는 가능 공간인 만큼 이에 대한 논의는 좀더 적극적일 필요가 있다. 그러한 논의의 실마리로 '阿Q＝香山光郎'의 글쓰기와 '춘원＝이광수'의 글쓰기도 일정한 몫을 할 수 있을 것이다.

〔국제한국학회 학술발표회 기조발표문, 서울대, 2007. 12. 8〕

최재서의 고민의 종자론과 도키에다[時枝] 국어학
── 경성제대 문과와 『국민문학』지의 관련양상

1. 여섯번째 제국대학, 경성제대

　제국 일본이 도쿄, 교토, 도호쿠, 규슈, 홋카이도에 이어 여섯번째로 경성제국대학을 개설한 것은 1926년이었다. 당초 조선제국대학으로 계획된 것이었으나 돌연 경성제국대학으로 명칭이 바뀐 것에 대해서는 다음과 같은 곡절이 있었다. 총독부가 제출한 대학관제안이 내각 법제국(法制局)에서 심사를 거칠 때, 법제국의 반대에 부딪혔는바, 이유는 만일 조선제국대학으로 한다면 "조선에 제국이 성립된 것같이 해석할 자도 있다는 점"에 있었다. 하루라도 빨리 심사를 마쳐야 할 총독부는 원안을 밀고 나가지 않고 법제국의 의견을 수용하여 경성제대로 한 것이다. 어디까지나 제국대학으로 창설하고자 한 총독부와 조선교육령에 의한 보통의 대학으로 족하다는 법제국의 의견대립에서 전자가 진 결과였다(『紺碧遙かに-京城帝國大學創立

경성제국대학 정문과 전경〔이충우, 『경성제국대학』(다락원, 1980)에 수록된 화보〕

50週年紀念誌』, 耕文社, 1974〔비매품〕, p. 16).

고등학교가 없는 조선인지라 예과를 설립한 것은 1924년이었다 (처음에는 2년제였으며, 3년제로 된 것은 1939년). 문학과에는 14개의 전공이 있었는바 조선에 관한 것은 조선사학, 조선어문학 이외에 종교학·종교사와 사회학도 조선을 그 연구대상으로 한 것이었고, 설립목적에 걸맞게 동양학으로서 중국학 강좌도 큰 몫을 했다. 민립대학 설립운동을 잠재우고 설치된 이 대학이 민족운동의 모태로 되는 것을 두려워한 조선총독부는 대학 규모가 커지는 것을 엄중히 제한함과 동시에, 당초 제국대학령 제1조를 1940년에 와서는 더 강하게 규정하고 있었다.

> 대학은 국가에 수요한 학술 및 응용을 교수하며 아울러 그 온오를 연구하여 특히 황국(皇國)의 길에 기초하여 국가사상의 함양 및 인격의 도야에 유의하며 그로써 국가의 주석이 됨에 족할 충량유위의 황국신민을 연성함에 힘쓰는 것으로 한다.
>
> (윗점이 대학령보다 강한 규제임: 인용자)

이러한 식민지적 규제 밑에서 세워졌기에 학생 구성면에서도 그다운 제약이 주어졌다. 1929년 제1회 법문학부 졸업생 총 67명 중 조선에 적을 둔 학생(조선인)은 28명이었다. 의학부는 45명 중 12명이 조선인이었다. 1940년의 경우 법문학부 입학생 81명 중 조선인은 30명이었고, 의학부는 70명 중 27명이었다. 이는 해양 연구를 목표로 세운 타이페이 제대와는 현저히 다른 것이다(이즈미 세이치〔泉靖一〕,「구식민지제국대학교」,『中央公論』, 1970. 9). 경성제대 법문학부의 문과 분야는 문학과, 철학과, 사학과로 구분되며, 그 각 분야별 전공과 강좌를 보면 아래와 같다(참고로 말하면 전공은 1학년 말에 결정한다).

- 문학과 — 국어학·국문학(2강좌), 조선어학·조선문학(2강좌), 지나(중국)어학·지나문학(1강좌), 영어학·영문학(1강좌), 외국어학·외국어문학(1강좌, 전공은 없음)
- 철학과 — 철학·철학사(2강좌), 윤리학(2강좌), 심리학(2강좌), 종교학·종교사(1강좌), 미학·미술사(2강좌), 교육학(2강좌), 중국철학(1강좌), 사회학(1강좌, 전공은 없음)
- 사학과 — 국사학(2강좌), 조선사학(2강좌), 동양사학(2강좌), 서양사학(1강좌, 전공은 없음)

(총 3학과, 14전공, 27강좌 —『경성제국대학일람』, 1931년판)

이러한 문과 분야의 다양한 전공과 강좌는 당시의 법문학부 부장 하야미 히로시〔速水滉: 훗날 제5대 총장〕의 말대로 사치스러울 정도였다.

내지의 대학에서는 한 강좌뿐인 학과가 경성대학에서는 두 강좌로 되어 있는바, 이는 내지의 대학에는 정교수 외에 조교수 또는 강사가 필요하면 뜻대로 얻을 수 있거나 적어도 쉬웠다. 그 때문에 강좌가 하나라도 조교수 또는 강사를 적절히 할 수 있어 실제로는 두 강좌 또는 세 강좌로 할 수 있었다. 〔……〕 그런데 단 경성대학 쪽은 토지(지리) 관계상 곤란했다. (『경성일보』, 1927. 2. 27)

그렇기 때문에 경성제대는 이토록 많은 강좌를 확보했는데, 그로 인해 65만 권이라는 장서와 더불어 동양학 관계의 연구기관으로 만들어질 수 있었다.

2. 조선어문학 제2강좌 ─ 오쿠라 교수

황국의 길에 기초한 충량유위한 황국신민 되기를 전제로 한 이 대학에 조선어문학 전공이 설치된 것은 어쩌면 당연한 처사였는지도 모른다. 이 학과에서는 대구고보 교장인, 도쿄제대 국한과(국어국문학과) 출신의 다카하시 도루〔高橋亨〕가 제1강좌(문학)를, 제2강좌(어학)에는 도쿄제대 출신으로 조선총독부 편수관(경성고보 및 경성의학전문학교 교수 겸임)을 역임하고 경성제국대학 교수가 되기 위한 조치로 문부성 파견의 서구 유학 2년 만에 귀국한 오쿠라 신페이〔小倉進平〕가 맡았다.

이 두 교수 외에 조선문학 강사로는 어윤적(1933), 정만조(1933~1935), 김태준(1939~1940), 조선한문에는 권순구(1936~1941),

조선어 강사로는 고노 로쿠로〔河野六郎〕 등이 있었다. 독일식 강좌제를 채용한 제국대학 편제에서 교수의 권한은 거의 절대적이었다. 제2강좌의 교수 오쿠라의 전공은 조선어였고, 특히 그는 방언학의 대가였다. 그는 도쿄제대 언어학과를 나왔다. 그의 동기 및 선후배들은 각기 조선어, 아이누어, 류큐어 등의 전공을 통해 팽창하는 제국에 이바지했다. 이 중 오쿠라의 조선방언 연구와 그 성과는 가히 독보적이었다. 방언 조사차 당나귀를 타고 벽지를 헤매는 총독부 관리 오쿠라의 행적은 학자로서의 성실성이라 할 것이다. 그의 방언 연구의 성과는 바로 유학 전에 집필한 학위논문이자 훗날 학사원 사은상을 받게 된 「향가 및 이두에 대하여」(1929)였다. 이로써 그는 향가에 대한 해독에 성공했고, 그것이 미친 영향은 매우 컸다(졸저, 『한국근대문학사상연구(1) ― 도남과 최재서』, 일지사, 1984). 그러나 그의 진가는 역시 방언 연구에 있었다. 그것은 총독부 고급 관리인 그가 당시로서는 치안이 확보되어 있지 않은 산간벽지에 당나귀를 타고 방언 조사에 임한 열정의 소산이기도 했다. 그의 연구태도는 또 한 사람의 조선어학자인 가나자와 쇼자부로〔金澤庄三郎〕와는 썩 달랐다. 가나자와의 학설은 일선 언어동조론(日鮮言語同祖論)이었는바, 일본어와 조선어가 고대로 올라갈수록 같은 계통에 속한다는 이 학설의 귀결점은 훗날 내선일체의 빌미를 제공하기에 이르게 된다. 그러나 오쿠라의 학설은 이와는 엄격히 구별되었다. 그의 연구 목적은 조선어 자체의 체계화에 있었다. 그 방법론은 방언을 통한 고대 조선어의 복원작업이었다. 그가 중시한 것은 바로 체계성이었다. 향가의 형식(완성체)이 8구체냐 10구체냐를 둘러싼 논쟁(쓰치다 교손〔土田杏村〕), 또 「원왕생가」의 작자 문제를 둘러싼 논쟁(양주동)에 대해 그가 보인 태도에서 이 점이 확연하다.

요컨대 향가의 해석에 관해 내가 희망하는 바는 비교적 알기 쉬운 한자 한 구절만을 수습하고 이를 탐구하는 것으로써 만족치 않고, 향가의 각 장 그것을 전체로써 다루어 조리있는 주해를 베푸는 것에 힘쓰고자 한다.

(야스다 도시아키〔安田敏朗〕, 『언어의 구축』, 三元社, 1999, p. 152)

오쿠라 교수의 이러한 태도가 지닌 중요성은 조선어 연구의 독자성에서 찾아진다. 고대 조선어의 복원과 그 체계화는 내선일체 사상이 판치는 군국주의적 현실에서도 영향받지 않았다. 이 사실은 크게 강조되어야 할 성질의 것인바, 1933년 그는 도쿄제대 교수로 전출되었으나 경성제대 겸임교수이기도 했다. 후임인 제자 고노 조교수는 실상 오쿠라의 연장선상에 있었다. 또 제1강좌가 다카하시 교수의 정년(1939) 이후에는 공석이었음을 감안할 때, 조선어문학과는 전 과정을 통해 오쿠라의 독무대였음이 판명된다. 이러한 독무대에서 일선 언어동조론과는 무관한 조선어의 독자적 체계화가 학문적으로 이루어졌다는 것은 음미할 사항이 아닐 수 없다(어째서 오쿠라 조선어학은 그렇게 도도할 수 있었을까. 어째서 그에게는 조선인에 대한 자의식이 없었을까. 이에 대한 의문은 야스다의 『언어의 구축』, pp. 124~25 참조). 대학령보다 더 엄격한 식민지적 규제를 전제로 한 경성제대에서의 일임을 염두에 둘 때 더욱 그러하다고 할 것이다. 그의 제자인 이희승, 방종현, 이숭녕 등과 한글학회의 최현배 등에게 미친 영향의 어떠함도 이런 문맥에서 온다. 오쿠라의 이러한 태도의 중요성은 다음 사실과 비교할 때 비로소 빛을 발한다고 할 것이다.

3. 국어국문학 제2강좌— 도키에다 교수

경성제대의 수석이랄까 간판학과 및 그 학문이란 무엇인가. 물을 것도 없이 그것은 제국 일본의 인문학 제1번지인 국어국문학이다. 이 학과의 교수로 예정된 인물은 도쿄제대를 나와 5고를 거쳐 우라와〔浦和〕고교 교수로 있던 다카기 이치노스케〔高木市之助〕였다. 교수가 되기 위해 두 해 동안 유럽 유학(교수 되기 위한 정부의 정책)에 임했을 때 현지에서 만난 조선총독부 고위 관리가 그에게 이렇게 말했음을 훗날 상기해놓았다. 조선인은 1천 5, 6백만 명인데 현재 재조선 일본인은 40만뿐이라는 것, 대학이라도 만들어 일본인이 조선에 많이 오도록 해야 한다고. 실제로 다카기는 총장으로부터의 두 번째 교섭자였다. 첫번째 교섭자는 식민지로 새로 편입된 조선에 가기를 거절했던 것이다. 그러나 그는 경성제대 교수 중 학문 이외에 한 몫 챙기겠다든가 출세하겠다든가 하는 이른바 식민지 근성을 가진 자는 한 사람도 없었다고 강조했다. 도쿄제대의 아카데미시즘 이식에 그 초점이 있었던 만큼 조선 사회에서도 일정한 인기가 있었다. 실제로 이 대학이 65만 권의 장서를 확보했음에서도 이 점이 인정된다. 대학이라는 하나의 '치외법권적 영역'이 어느 수준에서 성립된 결과였다. 바로 이것이 다카기의 국문학에 영향을 미쳤다. 청강생 중에는 조선인도 있었고, 식민지에서 부자가 된 자의 자제도 있었다. 그가 조선에 와서 강하게 민족의식을 느낀 것은 그 자체 조선 민족에 대한 애정이기보다 '관심'에 지나지 않았다. 그것은 조선인 학생과 일본인 학생이 서로 어울려 피크닉도 가는 그런 순수한 관심이었다. 그러나 관심의 하나로 이런 실례를 들고 있어 인상적이다.

최재서라는 학생이 있었는데 영문학 전공의 이 사내를 사토 기요시〔佐藤淸〕군(그는 영문학 교수로 내가 체영〔滯英〕중 같은 하숙에 있어 매우 신세를 졌거니와 경성에 와서도 교우회에서 큰소리치는 시인 기질의, 아니 사실 유명한 시인이거니와)은 썩 귀여워했다. 졸업 후엔 강사가 되기도 하여 내게도 자주 놀러 왔다. 그는 학생시절은 친일파로 간주되어 조선인 학생으로부터 얻어맞기도 했다. 그런데 이 최 군이 어느 정월 휴가에 맥주병을 두세 병 들고는 대단한 기세로 밤중에 집으로 쳐들어와 "선생들이 아무리 겁주어도 우리들 조선인의 혼을 빼앗을 순 없다"라는 대단한 말을 하고 건들건들 나가는 것이었다. 그가 술버릇이 나빴다고 하면 그만이겠으나 나로서는 그렇게 생각되지는 않았다. 곧 내가 14년간 의식하여 온 민족의식도 뒤집어보면 역시 이러한 것이 아니었나 하고 여겨진다. (『국문학 50년』, 岩波新書, 1967, p. 140)

다카기 교수는 경성제대 국(일)어국문학과 창립 교수이다. 그는 아베 요시시게〔安倍能成〕, 하야미 히로시, 후지쓰카 지카시〔藤塚隣〕, 도자와 데쓰히코〔戶澤鐵彥〕에 이어 여섯번째 법문학부장(1933~1934)을 역임한 바 있다. 1931년 법문학부 철학과·사학과·문학과 강의 중 일어일문학 전공 강좌를 보면 다음과 같다(『청구학총』제4호에 의거).

- 다카기 이치노스케〔高木時之助: 교수〕─소설사(헤이안조에서 무로마치에 이르기까지), 역대민요선(2), 국어국문학 강독 연습(1)
- 아소 이소지〔麻生磯次: 조교수〕─국문학개론(2), 근세문학연습(2)
- 도키에다 모토키〔時枝誠記: 조교수〕─국어학사(2), 한자한어수

입에 기초한 국어학상의 제문제(2)

이렇게 보면 국어국문학 전공 분야의 교수요원이 3명임을 알 수 있다. 이 사실은 다른 학과에 비해 이례적일 뿐 아니라(조선어문학과에는 교수 2명뿐), 다른 제국대학의 경우와도 견주어 특징적이다. 이에 대해 다카기 교수는 다음과 같이 해명해놓았다.

> 국문학의 강좌란 도쿄(제대)를 제하면 교토(제대)에도 당시는 두 개, 기타엔 하나뿐이었다. 경성에는 당초엔 하나였던 것을 창설 직후 두 강좌로 했다. 당시엔 내가 혼란을 틈타 두 강좌로 해버렸다고 자주 비난당했으나 실상은 그렇게 교활한 범죄를 범한 것은 아니다. 국문학과 국어학이란 분야가 전연 다르며 성격도 다르다. 이것을 한 사람의 교수로 담당하는 법은 없다고 생각했기에 국어학의 강좌가 당연히 있어야 한다는 가정 밑에 교수회에 후보자를 내세워 그 후보자의 승인을 얻고 나면, 후보자가 승인된 이상 강좌는 당연 승인되는 것인 만큼 조금은 괴변이 아닌 것은 아니다. 바로 그 후보자가 도키에다 모토키 군이었다. (『국문학 50년』, p. 143)

국어학 담당 교수직부터 얻어낸 다카기 교수가 정작 당사자를 물색하자 제일 후보자로 떠오른 인물이 도키에다였다. 그러나 교섭 결과는 순조롭지 않았다. 부잣집 아들(당시 그의 부친은 요코하마 쇼킨〔正金〕은행 중역)인 도키에다가 식민지 조선 같은 곳까지 올지 의문이었으나, 도쿄제대 국어국문학과(1925)를 나와 제2 도쿄시립 중학 국어교사이던 그의 승낙이 얻어졌다. 이로써 제1강좌(국문학), 제2강좌(국어학)가 성립되었다. 그렇다고 제3강좌까지 욕심을 내기에는 무리였다. 교토 쪽도 두 강좌이며 규슈 쪽은 한 강좌뿐인 형편이었다. 제1 또는 제2강좌 밑에 올 수 있는 교수는 만년 조교수를 전제로 할 수밖에 없는 형편이며, 그것도 도키에다보다 나이가 낮아야한다는 난점까지 겹쳤는데도 제6고 교수였던 아소 이소지가 조교수로 제1강좌 쪽에 보강되었다. 조수로는 당시 경성에서 중학에 근무하던 도미야마 다미조〔富山民藏〕가 발탁됨으로써 체제가 확립되었던 것이다. 학과에서 배운 학생의 회고록에는 이렇게 기록되어 있어 그 분위기를 전해준다.

국어국문학 연구실은 도서관에 이어진 서쪽 건물. 그것도 제일 북쪽 구석이었다. 교수용 두 개의 방 외에 제일 북쪽 끝 한가운데 방이 과도서실이었고 북측이 교수용, 남측이 학생용이었다. 교수용 두 방에는 다카기 이치노스케, 아소 이소지 두 선생이 있었고 학생과 공용인 방에는 도키에다 모토키 선생이 있었다. 도키에다 선생 방은 아마도 대학 연구실 중 북풍이 휘휘 불어오는 방인데 (거기서) 선생의 저 『국어학 원론』이 구상되고 쓰어진 것이다. 학생용 연구실의 한구석에는 조수 스도 마쓰오〔須藤松雄〕씨가 있었고 우리들 학생은 한 개 놓인 테이블을 둘러싸고 여기서 학문의 길을 밟았다. 급우와 잡담이라도 하고 있다가 도키에다 선생으로부터 한번 주의를 받은 바 있었다. 독창적인 도키에다 어학의 수립에 전념하고 있던 선생으로서는 우리들 같은 게으른 학생의 존재란 갖가지 의미에서 방해였지 않았을까 싶다. 좌우간 환경의 좋고 나쁨을 구실로 별로 공부다운 공부를 하지 않은 스스로의 일이 회고된다.

(제5회 졸업생 야마자키 요시유키〔山崎良幸〕, 「연구실의 회고」,
『紺碧遙かに』, p. 629)

4. 도키에다 국어학의 명성

　식민지에 세워진 세 가지 대학(대만의 타이페이 제대, 만주국의 건국대학) 중에서 경성제대가 제일 큰 비중을 갖는 것은, 초대 법문학부장이 천명한 바와 같이, "동양학 연구의 중심이 될 독특한 사명을 가짐"(아베 요시시게, 「경성제국대학에 부치는 희망」, 『문교의 조선』, 1926. 6, p. 16)에 있었다. 이러한 사명감은 문과 분야의 문·사·철의 14개 전공의 편제에서도 확인된다. 그리고 이러한 사명감은 물론 제국 일본의 대륙정책 수행의 일환이긴 해도 근대 학문적 성과를 일정한 수준에서 이루어냈음도 사실이라 할 것이다. 그렇다면 한 가지 의문이 없을 수 없다. 동양학을 목표로 한 것이라면 국사라든가 국어국문학이란 무슨 쓸모가 있었을까가 그것. 국학연구의 제1번지가 국사 및 국어국문학임은 주지의 사실이긴 해도 그 기여도에서 어떠할까. 이 물음에 정면으로 응해오는 존재가 바로 훗날 『국어학 원론』의 독자적 학문체계를 수립한 도키에다(1900~1967) 교수이다. 1925년 대학을 나온 그가 경성제대에 조교수로 온 것은 1927년이었다. 그는 1943년 도쿄제대로 전임될 때까지 제2강좌인 국어학을 가르쳤다(소쉬르 번역자 고바야시 히데오〔小林英夫〕는 1929년 강사로 와서 1932년 조교수로 승진하여 제2강좌에 임했다. 『경성제국대학 일람』 참조). 이 과정 속에서 그가 해낸 업적은 유례없이 독창적인 것으로 평가되고 있다. 이른바 심적 과정으로서의 언어본질관, 언어주체성의 이론 등을 비롯, 일본어가 갖는 독자성을 학문적 수준에서 성취한 것이라 아래와 같이 고평되곤 했다.

'도키에다 언어학'은 국어 주체의 언어행위(언어과정)에서 실현된 국어의 자기기술로서 성립된다. 이는 언어주체를 전제로 한 언어과정에 언어적 본질을 파악한 '도키에다 언어학'이 '도키에다 국어학'으로 성립됨을 의미하는 것이다. 그리하여 '심적 과정설로서의 언어본질관'을 총론 속에 이끌어 넣어 도키에다의 『국어학 원론』은 1941년에 성립된다. 서구 유학에서 돌아온 도키에다가 새로운 국어학 형성의 필요를 주장한 이래 12년이 경과했다.
(고야스 노부쿠니〔子安宣邦〕,「한자와 국어의 사실—도키에다 언어과정설의 성립」,『비평공간』, 2002. 3, pp. 66~67)

보다시피 '도키에다 언어학'이 마침내 '도키에다 국어학'으로 성립될 수 있었음을 말해주고 있다. 도키에다 국어학이 제시한 辭(용언 활용어)와 詞(명사·동사 등 단일의미어)의 관계의 밝힘이 얼마나 일본어의 본질에 육박한 것인가는 요시모토 다카아키〔吉本隆明〕의 고명한 저술인 『언어에 있어서의 미란 무엇인가』(제1권)의 이론적 바탕을 이루고 있으며, 그 영향력은 최근에까지 뻗어 있을 정도이다(가라타니 고진〔柄谷行人〕,「일본정신분석(4)」,『비평공간』, 1993. 8; 아즈마 히로키〔東浩紀〕,『우편적 불안들』, 朝日文庫, 2002).

이 장면에서 무엇보다 중요한 것은 식민지의 경성제대와 국어학의 관계에 대한 도키에다 교수의 깨달음에 대해서이다. 만일 그가 식민지 대학의 교수가 아니었던들, 다시 말해 그를 에워싼 압도적인 조선어의 압력이 아니었다면 결코 이루어질 수 없는 그런 깨달음이 그것이다.

오늘날 국어학이 대상으로 하는 것은 먼 외진 곳에 있는 방언일 경우도 있고, 국가의 영토를 넘은 지방에서 사용되는 일본어일 경우도 있으며, 또 일본 민족이 아닌 자들이 사용하는 일본어일 경우도 있다. 이때 국어의 명칭은 이미 국가도 민족도 넘어선 것을 의미하는 것이며 국어는 곧 일본어적 성격을 갖는 언어의 총칭인 것이다.

가령 일본 국내에서 사용되는 것일지라도 조선어, 아이누어, 대만어와 같은 것은 국어학의 대상으로는 생각할 수 없다. 그것은 일본민족이 사용하는 언어가 아니라는 이유에서도 아니고 또 국가가 표준으로 인정하지 않는다는 이유에서도 아니다. 그런 것은 일본어적 성격을 갖지 않은 언어인 까닭이다. 〔……〕 야마다 요시오〔山田孝雄〕 박사는 그의 저서 『국어학사요』 속에서 국어는 일본 국가의 표준어여서 국가의 통치상 공인하여 표준으로 세운 언어라는 것으로 정의하고 있으나, 이런 생각은 협의의 국어와 국어학에서 말하는 국어와의 혼동이거나 혹은 전의로써 원의를 설명하고자 하는 오해이다. 국가가 통치상 표준으로 인정한 국어는 일본어의 전체가 아니라 그 일부인 것이다. (도키에다 모토키, 『국어학사』, 岩波書店, 1940, pp. 4~5)

1932년에 간행된 『국어학사』를 1940년에 재간한 이 책에서 특징적인 것은 '국어의 이름'이란 일절이 부가된 점이다. 그 이유 중 하나로 이언어 화자(異言語話者)가 많이 일본어를 하게 된 외적 상황을 들고 있다(야스다 도시히코, 『식민지 속의 '국어학'』, 三元社, 1998, p. 91). 이는 유독 도키에다에게만 적용되는 것은 아니었다. 도키에다가 비판한 야마다 요시오도 일본 국적 이외에도 일본어 이용자가 있음을 인식하여 '국어=일본어'에 이른다. 다만 그는 '국가성'을 버리지 않음에서 도키에다와 구분된다. 도키에다에 있어 일본어란 국가의 언어 혹은 민족의 언어이기에 앞서 개별 언어였던 것이다. 이 사실은 아무리 강조되어도 지나침이 없는데, 왜냐하면 여기에 도키에다 국어학의 독창성의 근거가 놓였기 때문이다. 일본어를 국가(민족)로부터 분리시켰을 때 비로소 그것이 객관성 곧 사물로서 관찰대상에 이를 수 있었다. 이러한 객관적 연구의 시점을 확보할 수 있었던 것은, 선험적 조건인 그의 학자적 자질을 제하고 그 으뜸 조건을 든다면 경성제대 교수라는 경험적 입지조건이 아닐 수 없다.

5. 도키에다 국어학의 독창성 근거

대체 경성제대란 어떤 곳이었을까. 국어국문학과를 창설한 다카기 교수는 40만 재조선 일본인이 1천 5, 6백만의 원주민에 둘러싸인 형국임을 이렇게 묘사한 바 있다.

> 이런 관계를 내 경험으로 말하면 처음 도착한 다음날이 바로 이왕가의 장례식 날이었다. 나는 때마침 그날 청량리에 신축된 대학 예과를 처음 방문했다. 가는 전차가 있어 그것에 타자 승객이 너무 많았는데 하나 빠짐없이 흰옷의 조선인이었다. 〔……〕 그 속에 나 홀로 달랑 놓여 무언가 기분 나쁜 민족적 위압감을 느꼈다. 도착하자마자 만난 이민족으로서 또한 지배자의 한 조각 책임을 이 몸으로 느낀 이 인상은 아마도 평생 잊지 못할 것이다. (『국문학 50년』, p. 136)

이러한 느낌(인상)은 많건 적건 또 알게 모르게 동료이자 후배 교수인 도키에다에게도 응당 있었다고 보는 것이 자연스럽다. 그렇다면 이 야심찬 조교수 도키에다에게만 유독 인상적으로 느껴진 것이 따로 있었다고 보는 것도 역시 자연스럽다. 그것은 다음 세 가지 사항이다.

첫째, 경성제대가 지닌 국제적 성격. 일본 내의 제국대학에서는 감지되지 않은 식민지적 조건과는 분리되지 않는 별개의 학문적 분위기가 그것이다. 1924년부터 경성제대에 근무했다가 1941년 센다이〔仙臺〕에 있는 도호쿠〔東北〕제대로 전임한 바 있는 헌법학 교수 기요미야 시로〔淸宮四郎〕의 증언은 이러했다.

경성제대의 한 가지 특징으로 여겨지는 것은, 도호쿠제대에 와서 알아차린 것인데, 경성에 있음이란 국제적 훈련을 하고 있었던 것이었지요. 도호쿠에 와서 보니 도호쿠대학이란 것은 선다이대학이라는, 그런 느낌이었거든요. 이것이 다른 대학과 매우 달랐다고 생각됩니다. 시야가 넓었지요. (『紺碧遙かに』, p. 720)

둘째, 이 점이 중요한데, 국어국문학과 제2강좌로 도키에다 뒤에서 그를 보좌했고 또 동료 교수였던 고바야시 히데오 조교수의 존재였다. 고바야시는 참으로 날쌔게도 저 세기적 언어학의 명저로 알려진 소쉬르의 『일반언어학 강의』(1916)를 『언어학원론』(岡書院, 1928)이라는 이름으로 번역했던 것이다(1940년의 개정판은 岩波書店). 가히 언어학의 혁명이라 평가되는 소쉬르의 언어학이 20세기 중반 철학상의 구조주의의 기초를 놓았음은 모두가 아는 일이거니와, 이 저술 앞에 야심찬 도키에다 교수는 어떤 자세를 취했을까.

이 물음은 매우 중요한바, 제국주의 대열에 후발주자로 뛰어든 일본 사상계에 주어진 과제이기도 했기 때문이다. 그러한 과제의 응답으로 자주 거론되는 것이 장소의 철학 또는 순수의식의 철학으로 말해지는 니시다 철학이다. 서구 중심의 사상에 추종하는 과정을 겪어 일본의 독자성 확보를 위한 사상의 자립적 근거 모색은 어쩌면 당연한 추세였을 터이다. 실제로 제1차 세계대전 직후 일본 제국의 군사력은 세계 제4위의 수준에 있었다. 이에 걸맞은 사상의 모색이 학자에게 주어진 사명감이었다고 보는 것 또한 자연스럽다. 도키에다 국어학이 소쉬르의 언어학에 도전적 태도를 취한 것 또한 자연스러운 일이라 할 것이다. 그 결과로 나타난 것이 「심적 과정으로서의 언어본질관」(1937)이다. 이에 대한 전문가들의 견해는 대체로 그가 소쉬르를 오독한 것으로 보고 있다.

> 도키에다는 언어의 본질을 통해 화자의 심적 과정으로 이해하고자 한다. 언어주체의 표현의식을 전제로 한 언어적 표현과정에 언어의 본질이 있다고 보는 것이다. 이것이 도키에다의 언어과정설이다. 그런데 이것은 두루 아는 바 소쉬르 비판을 통해 구성되었다. 〔……〕 그러나 도키에다에 있어 소쉬르는 자기의 언어학적 이해의 성립을 위한 부정적 매개로서였다. 〔……〕 도키에다에 있어 소쉬르 언어이론이란 테제로서의 도키에다 언어이론의 성립을 전제로 한 안티테제인 것이다. 도키에다의 언어과정설은 소쉬르 언어이론을 언어구성설로서, 다시 말해 자기의 안티테제로서 구성함으로써 성립되는 것이다.
> (고야스 노부쿠니, 「한자와 국어의 사실」, pp. 60~61)

도키에다가 파악했듯 소쉬르의 언어관이 '구성설'에 해당되느냐의 여부에 대해서는 여러 논란이 있었다. 그러나 오독이든 아니든 중요한 것은 도키에다의 언어과정설이 그 안티테제로 성립되었다는 사실에서 온다. 그것은 도키에다 언어학의 다음 행보에 직접적으로 연결되는 것이어서 어쩌면 운명적인 것인지도 모를 일이다. 언어과정설이란 주체적 언어관을 전제로 했기에 "언어란 화자의 가치의식에 기초하여 성립되는 것이다"라는 명제 위에 성립된 것이었고, 따라서 그것은 이론과 실천의 분리불가능한 데로 향하기 마련이었다. 그가 조선에 있어서의 일본어 관계를 논의하게 되는 빌미도 여기에서 온 것이었다.

셋째, 1940년 이래 그가 놓인 식민지적 조건의 특수성을 들 것이다. 그의 언어과정설에 기초한 이론과 실천의 과제가 일본어 속에서 튕겨져나와 식민지 조선어에 적용되는 장면이 이에 해당된다. 도키에다 국어학의 아킬레스건이 여기에서 말미암았다.

6. 도키에다 국어학과 제국주의

일본어를 광의와 협의로 나눌 때 전자에는 표준어 외에 방언이나 아이누어와 같은 것도 포함되지만, 그리고 이 모두가 국어학의 연구 대상이지만, 후자는 표준어 곧 특수한 가치를 가진 '가치적 일본어'만 가리킨다고 보는 것이 주체적 언어과정설에 기초된 도키에다 국어학의 기본명제였다. 그렇다면 이 이론을 실천에 옮길 때는 어떻게 될까. 언어가 화자의 가치의식에 기초하여 성립되는 것이라면, 협의의 국어란 국가통치의 가치의식에 기초하여 성립되는 것이고, 따라서 국어정책 및 국어교육을 문제삼은 마당에서는 이 협의의 일본어여야만 했다. 곧 도키에다 국어학이 실천을 전제로 한 것이기에 국어정책 및 국어교육을 끝내 외면할 수 없게 되며, 바로 그때 그는 광의의 일본어에서 벗어나 협의의 일본어를 대상으로 하지 않으면 안

되었다. 「국어와 국어교육」(『문교의 조선』, 1940. 7)을 그가 쓴 것은 이 때문이다. 이 글에서 주목할 대목은 국어를 '기술(技術)적 소산'으로 본 것이다.

> 국어는 결코 과거의 전통상에 기계적인 인과율에 의해 그의 역사를 구성해가는 것은 아니다. 나는 언어란 그 본질로서 기술적 표현행위라고 생각하고 있다. 기술이기 위해서는 언어의 표현에는 반드시 목적의식이 따른다. 언어표현의 목적 의식은 우리들의 언어를 표현하는 경우의 상황이라든가 담화의 상대에 따라 달라지나, 그러한 목적의식을 실현하기 위한 기술이 필요하다. 아이들이 말하는 경우는 거기에 상응한 표현을 취할 필요가 있고, 상밀한 이론을 설하기 위해서는 언어는 엄밀할 필요가 있다. 거기서 국어의 이러한 이상을 고려할 국어문제에는 당연히도 국어를 기술적 소산이라 생각하는 바의 언어본질관이 필요해진다.
>
> (야스다 도시아키, 『식민지 속의 '국어학'』에서 재인용)

기술적 소산이란 새삼 무엇인가. 언어란 사회의 공유재산인 만큼 개인의 의지가 관여할 수 없다는 서양식 언어도구관 또는 언어기계관을 비판한 마당에서 도키에다 국어학이 우뚝 서고자 했다. 언어의 표현에는 스스로 한계가 있음도 사실이나 개인의 창조적 범위가 스며들 틈이 없다고는 생각하지 않는다는 것, 이를 두고 그는 '기술적 소산'이라 불렀고, 이로써 국어정책에도 관여할 수 있다는 명분을 찾았다. 한 연구자는 바로 여기에 도키에다 국어학의 함정이 있음을 지적, 그 함정이 마침내 조선어 문제에 닿고 말았다며 다음과 같이 비판하고 있다.

여기서는 '개인' '우리들'의 가치의식으로써 언어에 관여하게 됨을 말하고 있다. 이 입장이 앞에서 말한 '언어과정설'의 기초로 되어 있다.

그러나 도키에다 최대의 실패는 이러한 언어관으로써 구체적으로 조선의 언어정책에 관해 제언을 하고자 할 때 '화자'의 가치의식에 대답하고자 하지 않은 점에 있다. '화자'를 '국가'로 바꾸어 '협의의 국어'의 정의를 내리듯 '가치의식'의 주체는 자유롭게 바꿔치기할 수 있고 당연히 그 언어의 모국어 화자가 아닌 자가 거기에 들어가도 되는 것이라 말하고 있다. (위의 책, p. 98)

바꿔치기의 명수라고도 비판될 법한 상황은 1942년에 오면 더욱 노골화된다. 일본인으로서 가치의식의 주체가 '조선어' 속으로도 거침없이 들어온다는 것은 논리의 일방통행이 아닐 수 없다. 가치의식의 주체가 조선인이라면 사정은 판이하게 달라진다는 사실을 도키에다 국어학은 일고도 하지 않았던 것이다. 만일 도키에다 국어학이 전후 최대의 학문적 독창성이며 소쉬르에 맞서는 굉장한 것이라면, 조선어에 대한 이러한 비논리성은 어떻게 합리화될 수 있을까. 도키에다 국어학의 조선에 대한 교육정책의 최종적 처리방식은 다음에서 새삼 분명해졌다.

이 문제에 대한 나의 결론을 솔직히 말한다. 반도인은 모름지기 조선어를 버리고 국어에 귀일하기라고 생각한다. 국어를 모국어로 하고 국어상용자로서의 언어생활을 목표로 하여 나아가기라고 생각한다. 〔……〕 이중언어생활을 탈각하고 단일한 국어생활에 귀착한다는 것은 조선통치의 반도인에 주는 어떠한 복리에도 뒤지지 않는다.

「조선에 있어서의 국어」,『국민문학』, 1943. 1, p. 12)

이러한 경지는 조선인의 처지에서 보면 조선 총독의 목소리와 크게 다를 바 없다.『국민문학』에 실린 이 논문은『도키에다 모토키 박사 논저·논문 목록』(1976)에도 수록되어 있지 않은 것으로 지적되어 있다(야스다 도시아키,『식민지 속의 '국어학'』, p. 130. 이 논문을 굳이 한국어로 번역하는 것은 이런 곡절과 무관하지 않다. 졸역의 부록 pp. 299~304 참조). 이러한 조선총독식 발언을 한 도키에다 국어학을 두고도, "물론 그는 제국주의자였던 것은 아니다. 실제로 그가 있던 조선에서 표준어로서의 일본어 사용을, 성명에 이르기까지 강제코자 하는 '국어정책'이 행해지고 있는 것을 공연히 비판했던 것이다"(가라타니 고진,「일본정신분석(4)」,『비평공간』, 1993. 8, p. 254) 라고 할 수 있을까. 물론 가라타니의 이러한 지적은『국민문학』에 실린 도키에다의 논문을 보지 못했기에 나온 약간의 오해였을 터이다.

7. 고민의 종자론 — 최재서의 경우

조선인은 마땅히 모국어인 조선어를 버리고 일본어를 모국어로 하라, 그 길밖에 다른 길은 없다,라는 명제를 조선총독이 말했다면 그것은 물론 정치적 발언에 속할 터이다. 총독부가 조선인 지원병이라는 수식어를 띤 징병제 실시 준비위원회를 설치하고(1942. 5), 일본 각의에서 조선징병제도 실시 요강이 결정되고(1942. 11), 이를 공포한 것은 1943년 3월 1일이었고, 학병제를 공포·실시한 것은 1943년

10월이었다. 조선인이 일본어를 구사해야 한다는 것의 큰 테두리는 물론 '내선일체론'에 기초한 것이지만, 그 제일 첨예한 부분은 바로 조선인 징병제에 놓여 있었다. 일본인과 함께 조선인이 목숨을 내걸고 적과 싸워야 되는 마당이라면 무엇보다 우선하는 것이 의사소통이 아닐 수 없었다. 다른 문화적 성숙도와는 별개인 이 문제는 늑장을 부릴 수 있는 것이 아니었다. 시급한 과제로 이것만큼 절박한 것은 없었던 것이다.

대체 통치 이후 일본어 보급률은 어떠했던가. 1942년 현재, 다음과 같았다.

연도	조선인 수	일어 가능자	백분율(%)
1913	15,169,923	92,261	0.61
1915			1.20
1918	16,697,017	303,907	1.81
1920			3.00
1923	17,446,913	712,267	4.08
1928	18,667,334	1,290,241	6.91
1930			7.40
1931			7.55
1932			7.55
1933	20,205,591	1,378,121	7.70
1935			7.81
1938	21,950,716	2,716,807	12.38
1939	22,098,310	3,069,032	13.89
1940	22,954,563	3,573,338	15.57
1941	23,913,063	3,972,094	16.61
1942	25,525,409	5,089,214	19.94

* 출전: 『조선연감』(1945년 판), 경성일보사, p. 130

이를 세분해보면 다음과 같다.

연도	이해 가능자	회화 가능자	총계(%)
1929	900,157	540,466	1,440,623(7.67)
1942	2,353,843	2,735,371	5,089,214(19.94)

* 출전: 「부록 참고통계표」, 『조선사정』, 조선총독부, 1943. 12. p. 9

중국 전선에서 전사한 첫 조선인인 이인석, 이형석 등의 전사 장면을 묘사한 전선 체험기가 있다. 저자는 경남 거창군 직원으로 근무했고, 그의 친구인 신기섭은 통역을 지원한 것으로 되어 있으며, 또한 그의 친구인 노철상은 진주중학 출신이었다. 이들에게는 일어 해독이 가능했음을 알 수 있다(오무라 겐조〔大村謙三〕, 『싸우는 반도 지원병』, 동도서적주식회사, 1943. '오무라 겐조'는 창씨개명 후의 이름). 징병제 실시가 국어 상용의 첨예한 정치적 부분이라면, 이에 버금가는 문화적 영역은 단연 문학이 아닐 수 없다. 문학에서 일어 사용 여부에 대한 논쟁이 본격적으로 시작된 것은 구 카프계 비평가인 한효의 '소위 용어관의 고루성에 대하여'라는 부제로 된 「국문문학문제」(『경성일보』, 1939. 7. 26~8. 1)이다. 이에 대한 반박문 성격의 글 「문학의 진실과 보편성」(『경성일보』, 1939. 7. 26~8. 1)은 김용제에 의해 씌어졌다.

로댕의 '이중의 진실' 개념을 도입한 한효의 비판의 요점은 이러했다. 예술가에겐 내적 진실과 외적 진실이 있는바, 이 두 가지의 일치 속에 참예술이 있다는 것. 이 점에 비추어보면 노벨상 작가 펄 벅의 『대지』는 중국을 그렸으나 그 외적 진실에 지나지 않지만, 루쉰의 작품은 어떠한가. 중국을 그렸으되 외적·내적 진실을 동시에 그렸기에 서로 뚜렷이 구분된다는 것이다. 한효가 설사 여기서 『대지』가 영어로 씌어졌다는 지적을 하지 않았으나, 문학적 현실이란 그 작가의 현실 속 언어로라야 비로소 예술작품으로 이루어질 수 있다는 것, 따라서 일본어로 쓰는 조선인의 작품이란 비현실적임을 주장한 셈이 된다.

그렇다면 누군가 있어, 가령 조선인으로서 조선 현실을 일어로 쓰는 것이 조선어로 쓰는 것만큼, 혹은 버금가는 수준으로 현실적으로 자연스럽다면 어떻게 될까. 이 물음에 대해 한효의 대답은 원리적으로는 자명할 터이다. 이른바 이중어 글쓰기의 장이 열릴 수 있는 영역이 그것이다. 이효석, 유진오, 김사량 등의 일어 창작이, 어느 수준에서는 이런 범주에 접근한 것인지 아닌지를 논의해볼 만한 성질의 것이리라.

한효에 대한 김용제의 반론은 이와는 썩 다른 방향에서 전개되었는바, 그 논의의 핵심은 '일본어=문화어'에 놓여 있었다.

> 국어(일본어—인용자)는 이미 문화어여서 조선어보다 우수한 언어다. 사실상 동양에 있어 국제어이며 조선에 있어서는 문자 그대로 국어다. 〔……〕
>
> 조선의 말과 글은 그 자체가 조선 문화는 아니다. 그렇게 생각하는 것은 민족적 감정이나 정치의식에서 오는 착각이라 생각한다. 물론 조선의 문장은 조선 문화의 전통적 표현도구였지만 그것이, 그것만이 어떤 시대에도 어떠한 문화적 환경 속에서도 유일한 것이 아님을 알아야 한다. (『경성일보』, 1939. 7. 27)

'일본어=문화어'라는 도식이 현시점에서는 피할 수 없는 사실이라고 본 김용제의 논법은 일어로도 조선어로도 '자유자재로' 쓸 수 있는 조선작가를 전제로 한 것이다. 이 경우 '자유자재'란 두 언어가 거의 모어 수준이거나 준(準)모어일 때 비로소 선택의 여지가 생기기 때문이다. 조선어를 모어로 하고 중등교육에서 겨우 일어를 익힌 조선작가들에게는 아무리 일본어가 문화어이며 그로써 창작하면 고급문학이 된다고 외쳐보아도 거의 무의미한 헛소리일 터이다. 문화어란 그만큼 섬세한 언어를 가리킬 터이며 고급문학 역시 그러한 것이라면, 김용제의 주장은 '문학적인 것'을 도외시했거나 다른 의도를 겨냥했음이 금방 드러난다.

문화어와 비문화어의 구별을 설정하고 조선작가들로 하여금 문화어인 일본어로 글쓰기를 주장하는 김용제의 논법이 문학의 진실성과는 범주가 다른 것임에 착목하고, 한효의 논법에 기울어지면서 이를 한층 심화시킨 논설이 구 카프 서기장 임화에 의해 쓰어진 바 있다. 「말을 의식한다」(『경성일보』, 1939. 8. 16~20)가 그것이다. 이 글에서 임화는 네 가지 항목으로 논의를 펼쳤는데, 이를 순서대로 살피면 다음과 같다.

(A) '좋은 말'과 '좋지 않은 말'

작가를 목수에 비유함으로써 임화는 창작이 집짓기의 일종이라 본다. 목수가 최선의 도구와 재료를 사용했을 때 비로소 좋은 집이 지어지듯, 작가 역시 '좋은 말'이 필수적이다. 이때 비로소 기술(技術)의 개념이 태어난다. '기술이 있고서야 의도라든가 정신의 선악이라 할 것이다'라고 그가 말할 때, 이데올로기라든가 정신 제일주의라든가 기타 목적의식이란 아무리 대단하다 할지라도 적어도 예술에서는 이차적이거나 부차적임을 천명한 셈이 된다. 이데올로기 우선주의를 내세워 언어에 대한 작가적 원본주의적 원리를 우습게 보았던 카프 문학의 이론가 임화 자신의 통렬한 아이러니랄까, 자기반성이 선명히 드러나고 있다.

좋은 말에 대한 자의식 갖기야말로 작가의 원점임을 의심하는 일은 소리의 성질이나 선율의 메커니즘에 열중하고 있는 음악가를 의심하는 것과 흡사하지 않겠는가. 그럼에도 후자에 대해서는 아무도 의심치 않으면서 전자에 대해서만 의심하는 것은 왠 까닭일까. 이렇게 스스로 물은 임화는 "당연히 모순이라 할 것이다"라고 단언한다. 이런 모순을 저지르고 있는 문단을 향해 임화는 대성일갈한다.

"근자 우리 조선 문단의 젊은 제군들이 이 지상(『경성일보』에서의 한효, 김용제의 논쟁―인용자)에서 열린 논쟁을 나는 매우 가소로운 일의 하나로 느끼고 있는 사람의 하나"라고 전제한 뒤, 그 이유를 이렇게 적었다. "제군들은 말을 실제로, 말만을 논의하고 있는 것처럼 보인 반면, 실상은 말에 대해 가능한 한 너무도 적게 또한 논의함이 거의 없었다고 말할 수 있기 때문"이라고. 임화가 이 글을 쓴 동기가 어디에 있었는가를 엿볼 수 있는 대목이거니와, 문화어인 일본어냐 모어인 조선어냐를 두고 일으키는 논쟁이란 '용어'의 문제인데, 임화가 보기엔 이런 논의란 문인에겐 전혀 무의미함을 지적한 셈이었다. 작가란 어떤 경우에도 최선의 언어를 사용한다는 것, 따라서 '좋은 말'이란 자기가 표현하기에 알맞고 타인이 읽기에 알맞은 것이어야 한다. 그렇지 않은 부자연한 말은 좋지 않은 말이다. 창작을 일본어로 할 것이냐 모어인 조선어로 할 것이냐에 대한 논쟁이란 이로 보면 작가에게는 있을 수 없다. 어느 쪽이든 자연스럽기만 하면 '좋은 말'급에 속하기 때문이다. 이런 처지에 섬으로써 임화는 실상 대단한 정치적 발언을 했음이 판명된다. 조선어를 모어로 하는 조선 작가들 중 그 누구도 문화어인 일본어를 '자연스럽게' 구사할 수 없다는 사실로 말미암아, 이른바 시국적인 과제인 '용어' 문제를 무화시키고자 했기 때문이다.

(B) 작가의 마음과 표현의 의지

작가의 마음이란 무엇이뇨. 그것은 표현의 의지가 아닐 수 없다. 집짓는 일이 정교함과 편리함을 구하듯 표현의 의지란 완벽함과 미를 의욕한다. 이것만이 전부이기에 어떤 정치적 경향성도 앞설 수 없다. 작가의 이런 의지를 충족시킬 수 있는 말은 어떤 것일까. 물을 것도 없이 자연스런 말이다. "그것은 말할 것도 없이 그 작가의 날 때부터의 말, 일상생활에서 불편과 부자유함이 없는 말"이다. 여기에 어찌 도덕상의 의무나 윤리의식이 끼어들겠는가.

(C) 완전히 아름다운 표현과 작가 심리

작가는 어떻게 하면 완벽하게 또 미적으로 표현을 완성할 수 있을까. 이 물음에 임화는 민첩하다. '기술은 언제나 윤리를 거부한다'는 명제를 내세움이 그것이다.

이러한 임화식의 기술 원리주의랄까 작가 만세주의적 발상이 정작 작품의 '내용'에 대해서는 어떻게 피해나갈 수 있을까. 임화는 그리스 조각을 내세웠다. 제작과정 또는 기술 속에 어떤 '내용'도 나름대로 정립된다는 논법이 그것이다. "아름답지 않은 것은 형태가 없는 것이며 형태가 없는 것은 선일 수 없으며 또 진실일 수도 없다"라고.

(D) 표현수단으로서의 정신표지

임화의 이러한 기술 제일주의적 발상이 작가중심주의적 처지에서 나온 것이거니와, 그렇다면 독자중심주의 쪽에서 바라본다면 어떻게 될까. 이런 물음에 임화도 여전히 둔감하다. 작품의 심판자가 독자이지만 작가는 독자를 감도·교화시키고자 하는 욕망을 갖고 있다. 이 욕망이 곧바로 표현의 기원이거니와 임화는 이를 '문학의 정신'이라 본다. 이 정신과 심판자인 독자의 관계 속에 비로소 표현의 문제가 성립될 터이다. 표현의 과정에서 성립된 것이 작품이다. 표현이 이러하기에 표현의 수단인 말이 정신의 표지는 아니다. 그럼에도 말을 흡사 국경표지(國境標識) 모양 생각하는 논의는 빨리 시정되어야 한다고 그는 주장한다. 임화의 이런 주장이 겉으로는 기술(표현) 원본주의이자 작가 중심주의이지만, 지극한 정치적 발언임은 이로써 잘 드러났거니와 그는 이런 주장의 연장선상에서 「현대조선문학의 환경」(『문예』, 1940. 7)을 썼다.

이상의 논의에서 보듯 창씨개명이 실시된 1940년 직후만 하더라도 문단에서의 일어 사용 문제는 각자의 취향에 따른 것에 지나지 않았다. 일어가 문화어인 만큼 그쪽으로 창작할 수 있는 사람은 그렇게 하면 되는 것이라는 쪽에 한설야, 김용제가 서 있다면, 모국어를 떠나서는 진짜 창작이란 불가능하다는 쪽에 임화가 섰다. 그러나 1942년에 이르면 사정이 크게 달라진다. 태평양전쟁(1941. 12)이 시작되고 조선인 병역 문제가 닥친 것이었다. 조선어학회 사건(1942. 10. 1)을 몇 달 앞둔 시점에서는 일어란 이미 선택사항일 수 없었다. 조선 유일의 문예 월간지 『국민문학』(당초 연 4회는 일어판, 나머지는 조선어판 예정)이 전면 일어판으로 전환된 것은 1942년 5·6월 합병호부터였다. 그 편집후기에서 주간 최재서는 이렇게 썼다.

용어의 문제가 해결되어 본지로서는 최대의 문제가 해결된 것이다.

조선어란 최근 조선의 문화인에 있어서는 문화의 유산이기보다는 고민의 종자였다. 이 고민의 껍질을 깨지 않는 한 우리들의 문화적 창조력은 정신의 수인(囚人)이 될 뿐이다. 이러한 고민을 안고 잠 못 이룰 때 문득 떠올라 다시 읽은 것이 블레이크의 시이다.

(『국민문학』, 1942. 5·6, p. 208)

최재서는 권두언「태양을 우러러」를 썼다. 영국 시인 W. 블레이크의「고대시인의 목소리」의 일절을 인용한 이 글에서 최재서는 이렇게 끝을 맺었다. "특히 조선의 문화인에 있어 죽은 자의 뼈에 걸려 엎어질 위험이 많은 과거에의 집착이라 말해질 수 있는 것은 오늘엔 보잘것없는 죽은 자의 뼈에 걸려 넘어지는 결과로 되는 정세에 맞닥뜨려 있다. 특히 징병제가 발포된 오늘날 사태는 이미 논의의 여지를 허락하지 않을 정도로 명료해진 것이다. 문화인은 마침내 그 의의를 알아차려 태양을 향해 명랑한 심경으로 떠오를 터이다"(「태양을 우러러」, p. 3)라고. 이어서 그는 권두 평론「징병제 실시의 문화적 의의」를 썼다. 그 뒤『국민문학』의 편집방침은 오직 징병제에 일관·집중되었음이 판명된다. 좌담회「군인과 작가, 징병의 감격을 말한다」(1942. 7)를 위시하여 8월호에는 징병제 기념논문 당선 특집호를 냈고, 12월호에는 대동아전쟁 1주년 기념호를 냈으며, 마침내 1943년 1월호에는 국어 특집호를 냈다. 그 권두 논문이 바로 경성제대 교수 도키에다 모토키의「조선에서의 국어— 실천 및 연구의 제상」이었다.

8. 『국민문학』과 사토 기요시[佐藤清] 교수

　『국민문학』이 전면적으로 일어판을 만들게 된 정치적 계기는 조선인 징병제 실시였다. 이 정치적 사건이 주간 최재서로 하여금 '고민의 종자'인 조선어에서 벗어나게 한 빌미였다. 그렇다면 모국어인 조선어를 떠나서도 문학이 가능할까. 이 물음은 두 가지 점을 전제로 했을 때 비로소 그 실천적 의의가 주어질 수 있다. 이른바 이중어 글쓰기의 가능성을 전제로 할 경우 어떤 개인의 특수한 경우가 그 하나이다. 가령 조지프 콘래드 모양 그가 놓인 특수상황에서 말미암았기에 그가 이루어낸 문학은 그의 개인적 자질의 몫으로 될 것이다. 다른 하나는, 그러니까 『국민문학』의 경우는 이와 사정이 아주 다르다. 식민지 교육의 수준에 관련된 문제인 까닭이다. 조선인으로 식민지 교육을 받은 지식인이 종주국의 언어인 일본어로 창작에 나아갈 수 있느냐의 여부에 걸리는 문제의 으뜸 조건은 과연 무엇일까. 이 물음은 결국 문화자본에 관련될 사항이며 구체적으로 이것은 교육제도와 관련성을 가지고 있다. 실제로 이 무렵 일어로 창작한 조선작가의 작품으로 문학적 수준에 올라 내외에서 인정된 것은 이효석의「은은한 빛」(『문예』, 1940. 7)「엉겅퀴의 장」(『국민문학』, 1941. 11)「봄의상」(『주간 아사히』, 1941. 5)과 유진오의「여름」(『문예』, 1940. 7)「남곡선생」(『국민문학』, 1942. 1)과 한설야의「피」(『국민문학』, 1942. 1)「그림자」(『국민문학』, 1942. 11), 그리고 김사량의「빛속으로」(『문예수도』, 1939. 10)「풀이 깊다」(『문예』, 1940. 7)「향수」(『문예춘추』, 1941. 7) 등이다. 그러나 이들 일어 창작이 문학적 범주에 접근되었는지, 기껏해야 지방색의 수준에 멈추었는지는 '문학적인 것'의 이름으로 자주 음미될 과제가 아닐 수 없다(경성 제

1고보생이던 유진오의 기록에 따르면, 그들이 쓰던 일어 교과서는 일본인 중학용 교과서와는 달리 총독부에서 특별히 편찬한 아주 저급한 내용의 것이어서 정말로 일본어나 일본문학을 가르치기 위한 것이 아니라 관청용이나 상업용의 간단한 실용어를 가르치는 것이었다. 유진오, 「편편야화」, 『동아일보』, 1974. 3. 15).

여기서 주목되는 것은 이효석, 김사량, 유진오 등이 모두 제국대학 출신이라는 점. 이는 제국대학이야말로 글쓰기에 있어서도 단연 문화자본의 상위에 있었음을 보여주는 한 가지 사례가 아닐 수 없다. 그렇다면 조선 유일의 월간 순문예지인 막강한 『국민문학』의 힘의 근거는 어디에서 말미암았을까. 이 물음은 아무리 강조되어도 지나침이 없다. 두루 아는 바 올해로 탄생 백주년을 맞는 주간 최재서(1908~1964)는 경성제대 법문학부 문학과(영문학 전공 제3회) 출신으로 경성제대 영문과의 첫번째 강사로 발탁된 바 있는 출중한 학구였으며, 그의 논문 「T. E. 흄의 비평적 사상」이 일본 유수의 철학지인 『사상』(1934. 12)에 실릴 정도였다. 뿐만 아니라 당대의 난해한 작품인 『천변풍경』(1936)과 「날개」(1936)를 명쾌히 해명한 문제적 평론 「리얼리즘의 확대와 심화」(1936)를 쓴 바 있는 평론가이기도 했다(졸저, 『한국근대문학사상연구(1)』, 일지사, 1984). 그러나 그의 개인적 자질이나 역량이 아무리 대단하더라도 그것만으로는 문화자본의 의의를 가질 수 없다. 최재서의 역량이 빛날 수 있었던 것은 그 실천력에 있었는바 이는 그가 속한 문화자본(부르디외 용어)의 힘에서 왔던 것이다. 그 문화자본이 바로 경성제국대학 문과였다.

『국민문학』을 '고민의 종자'인 조선어를 버리고 일어 전용지로 전환하게끔 최재서를 강요한 직접적 힘은, 앞에서 보았듯 조선인 징병제 실시에서 온 것이다. 그렇다면 『국민문학』으로 하여금 일본문학이 되게끔 한 원동력은 과연 무엇이었던가. 그것은 바로 경성제대가 갖고 있는 압도적인 문화자본이었던 것이다. 이 문화자본의 문학적 전환을 단적으로 보여주기 위해서는 다음 시 한 편이 제일 적절하다.

> 한 포기의 상추,
> 잘 씻은 한 포기 상추,
> 기름을 조금 치고,
> 가는 소금을 뿌리고,
> 따뜻하게,
> 내 손수 지은 밥을 싸서 먹는다,
> 석양을 향해,
> 떨어지는 아카시아를 향해,
> 혼자서 먹는 상추,
> 최재서가 가르쳐주어,
> 올해도 먹는 맛좋은 상추,
> 그런데 이것도
> (길고 긴 세월이 지난 뒤)
> 올해까지 오고 말았지만,
> 그 맛에는 털끝만큼의 푸념도 없다.
> 그렇지만 이 상추에 깃든 맛,
> 그 누가 이 맛을 분석하며,
> 그 누가 이 맛을 종합하랴.

이 시는 『국민문학』(1944. 8)에 실린 사토 기요시의 「상추」 전문이다. 경성제대 영문과의 창설자이자 주임교수이며 시인이자 키츠 전공의 사토(1885~1960) 교수는 특이한 개성을 지닌 인물이었다(오카모토 하마키치〔岡本濱吉〕,「성대교수 평판기」,『조선 및 만주』, 1937. 3). 그가 가장 아낀 제자가 바로 최재서였거니와 그의 시집『벽령집(碧靈集)』이 최재서의 인문사에서 간행된 것은 조선 체류 17년째 되던 1942년 10월이었다. 대체 '벽령'이란 무엇인가. 그는 조선 체험의 정수를 이 시집에 담았는데, 그 상징어가 '벽령'이었다. 일본의 북부 출신인데도, 사토 교수의 서울 체험에서 첫번째 충격은 "목을 조르는 듯한 추위"였고, 그다음은 황토 위에 내리쏟아지는 햇빛이었다. 세번째이자 가장 강렬한 것이 밤하늘의 짙푸름이었다. 초저녁에서 새벽하늘, 그 어둠 속에서 명징하게 깃든 벽공, 그는 이것이야말로 하늘의 미(美)라 읊었다. 가까이 가면 얼굴까지 물들 정도의 이 짙푸름이 그를 매료시킨 조선이었다. 독실한 침례교인이기도 한 그에게는 인간 따위란 안중에도 없었다. 벽공, 그것이 바로 혼령이었던 것이니까. 이 대단한 탐미주의자를 두고 애제자 최재서는 이렇게 적었다. "무엇보다 선생의 시혼을 가장 깊이 움직인 것은 조선의 벽공이다. 대부분의 일본인이 조선의 벽공을 노래했기에 그 자체는 별로 다를 바 없으나, 선생만큼 그 벽공의 준엄함과 두려움과 아름다움을 몸으로 느낀 시인은 아직 한 사람도 없다"(「시인으로서의 사토 기요시 선생」,『국민문학』, 1942. 11, p. 85)라고.

이 대단한 사토 교수의 직계제자가 최재서였다는 사실은 『국민문학』을 염두에 두는 한 촌시도 잊어서는 안 되는 사항 중의 하나이다. 사토 교수의 최재서 사랑이란 그 자체가 영문학 사랑이었고 나아가 『국민문학』에까지 뻗었던 것이다. 여기에는 별고를 요하는 사상상의 중요 과제가 잠복되어 있는바, 이른바 T. E. 흄의 신고전주의 이론이 그것이다. 반낭만주의 선언에 해당되는 흄의 사상이란 철저한 반

휴머니즘 위에 놓인 것이며, 이를 경성제대에서 제일 먼저 공부한 장본인이 최재서였다. 이른바 주지주의 이론이 그것이거니와 『국민문학』이 놓인 반휴머니즘적 사상도 이와 깊은 맥락이 닿아 있었다. 사토 교수는 실제로 『국민문학』에 중요한 논객으로 또 시인으로 활동하기조차 했다. 사토 교수를 둘러싼 좌담회(1942. 12), 권두시 「제국해군」(1943. 1), 시 「혜자」(1943. 3), 평론 「문어시가인가, 구어시가인가」(1944. 5~6), 시 「학도출진」(1944. 12) 등이 그것이다.

한편 최재서는 영문과 동창인 일본인 데라모토 기이치[寺本喜一], 스기모토 나가오[杉本長夫] 등을 『국민문학』의 중요 집필자로 기용했다. 이런 의미에서 경성제대 법문학부 문과계가 『국민문학』의 보이지 않는 버팀목이었음이 판명된다. 도키에다 국어학이 『국민문학』지에 큰 얼굴로 등장한 것도 이런 문맥에서이다. 끝으로 불가사의한 것은, 최재서의 창씨개명이 1944년 1월 1일에 이루어졌다는 점이다. 그동안 그는 본명 최재서로 『국민문학』을 내고 있었고 또 이 본명으로 활동했다.

9. 환각으로서의 '벽공'

『국민문학』과 문화자본으로서의 경성제대 법문학부 문과계의 관계를 음미함에 있어 풀어야 할 과제는 한둘이 아니겠으나, 그 중의 하나는 관련자들 내부의 자기모순에 대한 사항이다. 구체적으로 그것은 이중어 사용과 문학의 관계항이다. 『국민문학』의 중요성이 이러한 이중어 사용의 한계를 돌파하고 국어(일본어) 단일화 사용으로 나아갔음에서 찾아진다고 할 때, 그 밑에 깔려 있는 모순은 어떻게 설명될 수 있을까. '고민의 종자'인 조선어를 버리고 창졸간에 학습된 일본어로 창작할 때 과연 그런 일이 실제로 가능한가. 그런 창작도 문학 축에 들 수 있을까. 거기까지에 이르는 기간은 또 얼마나 될까. 이런 미증유의 실험이 『국민문학』 속에 깃들어 있었다. 이 내부적 실험은 외부(임시정부)의 시선에서 보면 너무도 터무니없는 망상 중의 망상이겠으나, 그 나름의 실험 축에 드는 것이 아닐 수 없다. 적어도 이 내부적 실험 속에는 문학과 언어가 국적과 어떻게 관련되며, 또 그 한계 및 가능성이 무엇인가라는 과제가 어느 수준에서 논의되고 있었다는 사실은 지울 수 없다.

결론을 맺기로 한다. 그것은 다시 이렇게 묻는 것이기도 하다. 대체 경성제대란 무엇이었던가가 그것. 이에 대해 『벽령집』의 사토 교수는 훗날 외부에 서서, 한때 내부인이었던 스스로와 경성제대를 마치 환각인 듯 이렇게 회고해놓고 있다.

경성제대에는 매우 엄격히 선발된 소수의 입학자로 이루어진 예과가 있었으며 따라서 문학부에 오는 학생은 소수였으나 영문과에 모이는 학생이 제일 많았으며 수재도 적지 않았다. 특히 조선인 학생의 우수한 자들이 모인 것은 제국대학의 이름에 이끌렸다기보다도 외국문학에 그들의 목마름을 풀어주는 어떤 요소가 제대 속에 있었던 탓이다. 20년간 조선인 학생과 교제하는 동안, 얼마나 그들이 민족의 해방과 자유를 외국문학 연구에서 찾고자 하고 있었던가를 알고 충격을 받지 않을 수 없었다.

(「경성제대 문과의 전통과 그 학풍」, 『영어청년』 59;
『사토 기요시 전집(3)』, 詩聲社, 1964, p. 259)

이 점에서 보면 그의 시집 『벽령집』의 의미가 새삼 분명해진다. '벽령,' 그것은 경성제대 교가에 진작부터 그대로 박혀 있었다.

    짙푸른 하늘 저 멀리에 학이 춤추는 고려벌판
    빛은 널리 퍼져, 서울의 동녘
    천년의 소나무 그늘에 모인 우리들
    가슴에 불타는 것은 진홍의 솟는 피
    넘치는 기개야말로 고귀한 보배(1절)
    (紺碧遙かに鶴舞ふ高麗野
    光はあまねき 都の東
    千歳の松陰 集へる我等
    胸ぬちたぎるは 眞紅の血潮
    あふるる意氣こそ 尊きたから)

"벽공 아득한 하늘 저 멀리"로 표상되는 경성제대란 무엇이었던가. 그 내부인에게 그것은 환각 속에서 '고민의 종자'를 넘어서는 둘도 없는 뼈아픈 실험장이 아니었을까.

〔『현대문학』, 2008. 6월호〕

| 부록 |

조선에서의 국어
── 실천 및 연구의 제상

도키에다 모토키〔時枝誠記〕

　조선에서의 국어가 내지의 그것과는 달리, 그것의 실천 및 연구에 특수한 문제를 많이 포함하고 있다는 것은 지금 새삼스레 말할 것도 없는 것이지만, 그러한 문제들을 하나로 망라하여 체계적으로 관찰하는 일은 종래 등한시되어왔기 때문에 나는 그 필요에 대해 지금까지 크게 통감해왔다. 반도에서의 국어 문제에 가장 많은 관심을 가져야 할 경성제국대학 국어국문학과에서도 한정된 소수 인원들이 기초적인 학술이론의 탐구에 쫓겨 실천적 부면에 진력할 수 없었다는 어쩔 수 없는 이유도 있지만, 장래에는 이 방면으로도 진용의 확충을 도모해야 한다고 통감한다. 1942년 6월 대학 내에 국어조사실이 설치되고, 그러한 문제에 대해 조사연구를 시작하게 된 것은 다소나마 그 방면에 미력을 다하고 싶다는 염원의 일단을 보인 것이다. 반도 통치의 총감독인 총독부에 대해서도 똑같은 이야기를 할 수 있고, 국어에 관한 조사연구기관 하나 권위자 하나 가지지 않은 현상에서는 기껏 교과서의 편집이나 추상적인 국어 실천의 이념밖에 수립할 수 없는 것도 또한 어쩔 수 없지만, 장래 이 방면에도 백년대계가 세워져야 한다는 절실한 염원을 금치 못한다.
　조선에서의 국어가 특히 오늘날 많은 문제를 가지고 있음은 누구라도 직시

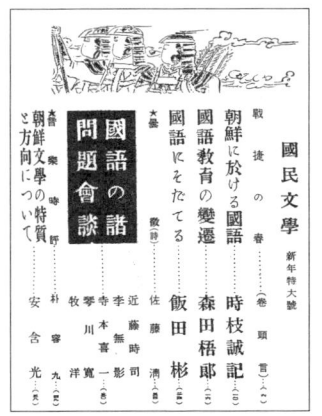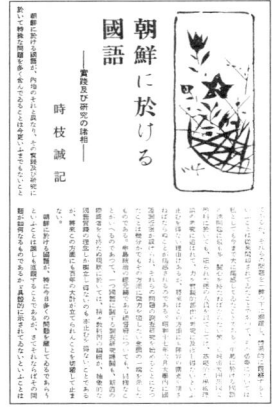

도키에다 모토키의 「조선에 있어서의 국어」 첫 부분(우)과 이 글이 수록된 『국민문학』(1943. 1) 의 표지(좌)

할 수 있겠지만, 그렇다고 그 문제가 어떠한 것인가가 구체적으로 표현되어 있지 않다는 것은 결코 문제가 없는 것도 아니고 또 문제의 중요성이 적은 것도 아니라, 실은 문제의 소재를 인식할 수 없기 때문이다. 이처럼 각기 마음대로 단편적인 문제를 자신의 견지에 서서 논의한 결과, 문제는 점점 더 혼란에 빠지고 그 귀추를 발견할 수 없는 결말에 빠질 것이기 때문에 이것은 반도에서의 국어의 장래에 진정으로 우려해야 할 일이라고 하지 않을 수 없다. 따라서 오늘날 요구되는 것은 이미 말한 바와 같이 조선에서의 국어 문제를 될 수 있는 한 망라하여 이에 체계를 부여하는 일이다. 체계를 부여한다는 것은 자칫하면 상식론 때문에 왜곡될 국어의 제문제를 정당한 위치로 되돌리는 것에 다름 아니다. 이것은 조선에만 한정된 것은 아니지만, 국어의 문제가 단편적으로 취급된 결과 그 일단에서는 아무리 합리적으로 해결할 수 있었던 것처럼 보여도 다른 문제에 이르면 그 원리가 바로 모순을 노정하는 일이 아주 많은 것도 사실이다. 그것은 문제의 배후에 확고한 이론이 없고 또 문제 자체가 체계적으로 고찰되지 않기 때문이라고 생각한다. 일례를 들면 일찍이 영미 사상 배격에 편승하여 외래어 배척이 논의된 적이 있다. 이것은 일시적으로는 정치적 효과가 있고 일부의 갈채를 받을 수 있었을지도 모르지만, 문화와 언어의 관계에 대한 근본적인 통찰과 국어의 역사에 대한 이해가 결여되어 있는 것이다. 이 때문에 곳곳에서 모순을 노정하여 일시적 유희로 끝난 것은 편협한 애국심의 폭로를 보여주는 이상의 것이 아니었다.

  내가 아래에서 취급하려고 하는 문제들이 도대체 조선의 국어 문제에 대한 조감도를 작성할 수 있다고는 털끝만치도 생각하지 않지만, 기도하는 바는 이미 말했던 것처럼 정신에 기초한 것이고, 장래 외지의 국어 문제의 전면적인 체계 수립에 한 계단으로 될 수 있으면 다행이겠다.

  조선에서의 국어 문제가 내지의 그것과는 현저히 다른 가장 중요한 점은 조선에서의 국어생활의 주체가 되는 것이 모어를 달리하는 반도인과 국어를 상용하는 내지인으로 성립되어 있다는 사실이다. 따라서 반도에서의 국어문제는 근본적으로 보아 조선어에 대한 문제와 국어 자체에 관한 문제라는 두 가지를 포함한 것임을 잊어서는 안 된다. 이것은 아주 자명한 것처럼 보이지만 우리들은 우선 이러한 가장 명확한 문제로부터 출발할 필요가 있다.

  국어 자체에 관한 문제는 물론 조선에만 한정된 특수한 문제가 아니라 중앙의 국어문제와 밀접하고 떨어질 수 없는 체계에 있지만, 조선에서는 더욱 그 특수한 사정 때문에 복잡한 내용을 가져왔던 것이다. 그것은 조선에 살고 있는 내지인이 소위 내지 각 방언의 사용자의 잡다한 집단으로 구성되어 있다는 것에서 기인한다고 생각한다. 그리고 그것이 끊임없이 반도인의 국어생활과 밀접히 교섭하고 있다는 것은 한층 그 문제를 복잡하게 만드는 것이기 때문에 조선에서 반도인의 국어생활을 정당하게 지도하기 위해서는 우선 내지인의 국어생활 자체를 바르게 확립할 필요에 부딪히게 되는 것이다.

  반도인에 대한 국어의 문제는 반드시 조선어에 대한 문제와 관련되어 있는 것이고, 이 문제는 아주 중대하고 또한 미묘하다. 국어 상용, 국어 보급 등 반도 조선정책의 이념이 무엇에 기초하고 있는가. 또 그것에 대해 조선어를 어떻게 처치해야 하는가의 문제가 피상적인 감정문제를 떠나 근본적으로 고구되는 것은 조선에서의 국어문제를 생각하는 데 극히 중요한 것이라고 생각한다.

이 문제에 대한 나의 결론을 솔직하게 말하면 반도인은 당연히 조선어를 버리고 국어로 돌아가야 한다고 생각한다. 국어를 모어로 하고 국어 상용자로서의 언어생활을 목표를 향해 나아가야 한다고 생각한다. 오늘날 조선어의 현 상황은 밀리는 한어한자의 압도적 세력과 근대에는 국어와의 접촉 때문에 심한 혼란과 불통일에 빠졌으므로 반도인의 언어생활이 반드시 행복하다고는 할 수 없다. 이러한 현 상황을 탈각하는 유일한 길은 국어에 의해 반도의 언어생활을 통일하는 외에는 길이 없다. 한국병합이라는 역사적 일대 사실은 바로 이것을 언어생활에까지 적용함으로써 완성될 것이다. 국어적 통일이라는 것은 통일국가의 하나의 상징이라고 하지 않을 수 없는데 국어로의 통일이라는 것은 반도인에게 가장 내면적 또 정신적인 하나의 복리(福利)이다. 이중언어생활을 탈각하고 단일한 국어생활로 귀착시키는 것은 조선 통치의 반도인에게 주는 어떠한 복리에도 뒤지지 않는 것이다. 국어를 모어화한다는 것이야말로 하루아침에 성취할 수 있는 것은 아니지만, 조선에서의 국어교육에 관여하는 자는 모두 이 이상을 향해 매진해야 한다고 생각한다.

　언어는 과학적 대상으로 관찰되는 경우 오랫동안 오로지 언어의 분열대립상에서만 파악되어 그것이 언어의 자연스럽고 또한 진정한 모습인 듯 생각되어, 그 때문에 또한 방언에 대한 이상한 흥미와 존중이 생겨났던 적이 있었다. 그러나 언어는 또한 분열과 대립을 극복하여 통일로 향하는 것이고 그것도 또한 언어의 자연스런 모습임을 잊어서는 안 된다. 이것은 자연과학적 언어 관찰로부터 문화 과학적 언어 관찰로의 전향을 의미한다. 우리들이 조선에서의 국어 문제를 생각할 경우에도 이러한 언어 연구의 근본적 태도의 추이를 잊어서는 안 된다.

　다음으로 생각해야 할 것은 국어와 일본어의 개념상의 차이에 대해서이다. 이것은 일찍이 일본어 교육진흥회 기관지 『일본어』(1942. 8월호)에서 말했던 것이기 때문에 여기서 다시 말하지는 않겠지만 요약하면 국어는 국가의 언어라는 의미이고 일본어가 단지 일정한 언어적 성격을 가진 언어로서의 명칭임과 달리 국어는 하나의 가치적 개념이다. 이러한 구별은 언어에 대한 깊은 성찰로부터 생겨나는 것이고, 또한 반도에서의 국어 지도의 근본적 관념이 되는 것이다.

국어는 국가의 언어로서 일면 아주 엄숙하게 취급되어야 하는 것, 국법을 침해할 수 없는 것과 마찬가지의 것이다. 그러나 반도인이 국어에 대한 마음가짐에서 가장 결여된 것은 아마 국어에 대한 친애의 정일 거라고 생각한다. 그것은 아직 반도인에게는 국어가 모어가 아니라는 사실, 따라서 국어를 통해 엄마의 자애와 친구의 신의를 감득하는 기회를 부여받지 못한다는 사실이다. 이것은 국어생활의 일원화를 수립하는 데에 가장 큰 장애라고 해도 좋을 단순한 개념적 지식일 뿐만 아니라, 국어를 통해 깊은 감정생활을 맛보지 않으면 진정으로 국어에 대한 친애의 정도 가질 수 없을 터이고 이래서는 그 언어생활도 진정으로 행복하다고는 말할 수 없다. 언어는 하나의 사상 매개의 기관임과 동시에 또한 하나의 인간적 행동이고 그 자체 고유한 가치를 가진 것이다. 세련된 언어는 그것만으로 하나의 예술이다. 우리들의 일상 비근한 생활, 예를 들면 밥을 먹는 것, 거리를 걷는 것, 방을 정돈하는 것, 이러한 것도 굶주림을 채우기 위해, 쇼핑을 하기 위해, 독서를 하기 위한 수단일 뿐만 아니라, 그 자체가 하나의 즐거움이 되어야지 진정으로 생활이 되는 것인데, 언어도 바로 이러한 경지에 들어가서야 비로소 생활로서의 의의를 가질 수 있다. 조선에서의 국어 교육에서는 위와 같은 국어를 즐기는 경지의 개척이야말로 우선 염두에 두어야 한다. 이러한 문제에서 국어의 미의 문제도 생각되어야 하고, 반도인에 대한 국어 교재의 음미도 이루어져야 한다. 나는 일찍이 어떤 필요에서 조선에서의 국문법을 가르칠 때 내선인 사이에 구별을 둘 필요가 있는지 없는지라는 질문을 한 적이 있는데, 그때 많은 사람들로부터 얻은 답은 그럴 필요가 없다는 것이었다. 만약 위와 같은 답이, 내선인 사이에 구별을 두는 것이 내선일체의 취지에 반한다는 사고로부터 나왔다면 그것은 내선일체에 대한 큰 오해라고 말하지 않을 수 없다. 위에서 말한 바와 같은 반도인의 국어생활의 현상황에 철저하고자 한다면 내선인 사이에 차이가 있는 것은 당연하고 이것을 명확하게 하는 것이 결국 내선을 무차별로 이끄는 행위일 거라 생각한다. 이 문제에 관련하여 여자에 대한 국어 교육이 반도에서는 특히 중대한 의의를 갖게 될 거라는 것도 일찍이 말한 바이다.

　국어와 일본정신의 관련도 누누이 이야기되어왔지만 대개는 추상론에 빠져 언어의 본질과 언어가 표현하는 세계의 관련에 대한 고찰이 희박한 듯 생각된다. 따라서 위에서 말한 것과 같은 골계에 가까운 외래어 배척과 국어순화운동이 반복되는 것인데, 생각하면 이러한 일들은 누구라도 일가견을 가지고 있다는 국어에 대한 너무나도 안이한 태도와, 국어의 기초적 연구의 이론을 공급해야 할 국어학 그 자체가 국어의 실천방면에 관한 이론에서 아주 빈곤하다는 데에 기인한다고 생각한다. 국어가 일본 정신을 담고 있다는 것은 일본 정신이 국어로만 완전히 전달될 수 있다는 의미이거나 아니면 국어의 언어로서의 특질 가운데 일본 정신을 구현하고 있다는 것인데, 그러한 점은 국어의 전문 학술서에 대해서도 반드시 명확하지는 않다. 반도에서의 국어 교육은 이러한 문제를 정면으로부터 취급한다는 것에서도 내지의 국어 교육보다 혜택을 받은 입장에 있다고 할 수 있다.

　이번은 주로 반도인에 대한 문제, 대조선어의 문제를 취급했는데, 나아가 국어 자체가 가진 문제와 국어의 학술적 연구의 관계에 대해 생각해야 할 문제가 있지만, 여기서는 우선 붓을 놓는 것으로 하겠다. 문제의 취급방법이 단편적이되어버렸는데, 내가 기도하는 바는 이미 말한 바와 같이 잡다한 문제를 구심적으로 근본원리로 되돌리는 것인데, 충분히 힘이 미치지 못했기 때문에 이로(理路)의 명확함을 결여하게 된 것은 관용을 구하는 바이다.

〔김윤식 옮김, 『국민문학』, 1943. 1〕

북두시학(北斗詩學)의 윤리감각
── 청마의 북만주 체험

1. 「절명지지」와 「춘신」 틈에 낀 「호화스런 권족들」

경남 마산에서 낸 시 동인지 『낭만파』(제3호, 1947. 1)에는 머리말 다음의 맨 앞자리에 청마의 시 3편이 실려 있다. 「호화스런 권족들」 「춘신」 「절명지지」 등이 그것. 이어서 김달진의 「경건한 정열」, 박두진의 「귀거래」, 박목월의 「아미산」 「열두이랑 밀을 갈아」 등이 실려 있음을 보면, 이 동인지가 당시 맹위를 떨치던 조선문학가동맹계와 맞섰던 김동리 중심의 조선청년문학가협회의 영향권 밑에 있었음을 짐작할 수 있다. 조향이 쓴 머리말에서도 이 점이 확인된다. 우선 청마의 다음 두 작품에 주목해보기로 한다.

절명지지(絶命之地)

고향도 사랑도 회의(懷疑)도 버리고
여기에 굳이 입명(立命)하려는 길에
광야(曠野)는 음우(陰雨)에 대해(大海)처럼 황막(荒漠)히 거칠어
타고 가는 망아지를 소주(小舟)인 양 추녀 끝에 매어 두고
낯설은 호인(胡人)의 객잔(客棧)*에 들어 홀로 앉으면
오열(嗚咽)인 양 회한(悔恨)이여 넋을 쪼아 시험하라
내 여기에 소리 없이 죽기로
나의 인생은 다시도 기억하지 안하리니

* 객잔(客棧): 여인숙(旅人宿) (※시집 『생명의 서』에서는 「절명지」로 표기되었음.)

호화스런 권족(眷族)들

즐겁고도 호화스런 권족들
이 땅에 생(生)을 의탁한 너희도 한결같이 영화하라

여기는 아시아에 굽이치던 알타이의 어두운 세기(世紀)의 거맥(巨脈)이
남(南)으로 화안히 트인 사라센 비단결 같은 푸른 태평양을 찾아 나온
계절의 고운 명암의 무늬가
가실 새 없이 스쳐가고 스쳐오는 보라빛 반도(半島)
그 어느 애초 때 슬픈 교망(翹望)의 배달족속 선구가
이 아름다운 지역 어느 쪽 령(嶺)머리를 헤치고 햇빛같이 넘어서서

처음으로 가지 휘어 우로(雨露) 피할 집 엮어 연기 올리고
활 공중에 쏘고 땅에 광이 넣어
깊이 깊이 묻혔던 산울림을 놀라이던 그 옛 옛 옛날을 기억하느뇨
그리고 너희와 더불어 아득히 우러른 만년(萬年)!

아아 줄기차고도 호화스런 권족들
삼림(森林)이여 너희는 우주의 구원한 의지를 받들어
아름드리로 자라 하늘도 어두이 칠칠히 땅에 번지고
모든 금수 가운데도
사나운 범 이리로부터 어질고 소심한 노루 토끼에 이르기까지
서로 쫓고 쫓기고 포효(咆哮)하고 비명(悲鳴)하여 원시 그대로
즐거이 살고
공중에 나는 새는 항상 신의 총명과 축복을 입어 가지에 깃들어
이 나라의 호호(浩浩)한 대기와 좋은 밤과 낮을 하염없이 노래하고
가지가지 요조(窈窕)의 화초(花草)는
여기에 기름진 땅과 맑은 시내 있으니
그 적적히 호사스런 꿈으로 짠 화문석(花紋席)을 곳곳이 깔라
그리고 그밖에 이름도 없는 어패조류(魚貝藻類)와 무수한 생물들도
이 복된 지역(地域)자락의 변두리와 그 그늘에 의지하여
한없이 낳고 묻고 즐거이 살고 놀찌니
아아 줄기차고도 호화스런 권족(眷族)들이여
이같이 너희도 이 족속과 더불어
저 한가지 해 곱고 빛나는 해 우러러 달고 달게 영화할지니

그리하여 오월(五月)이라 이 나라의 명절날이 오거들랑

연지 찍고 분 바르고 창포 뿌리 주사(朱砂) 찍어 머리 꽂고
짐승은 짐승끼리 사람은 사람끼리 나비는 나비끼리
아아 우리 우리 즐거움에 무르녹는 가슴 얼싸안고
확확 달아 숨막히는 사랑 아찔 아찔 취하여
이 동산 그대로 꽃밭을 꽃밭을 이룰거나!

정황으로 보아 「호화스런 권족들」은 광복 조국의 국토예찬의 성격으로 읽힌다. 1946년에 쐬어진 이 시에서 주목되는 것은 직선적이자 초월적인 경직된 청마 특유의 수사학에서 벗어나 다분히 해설적이며 어쩌면 요설에 가깝다고도 할 수 있다. 광복의 환희가 상당히 지난 시점도 작용되었을지 모르나, 아마도 종래의 청마식 시적 운용으로는 새로운 역사 앞에 어떻게 적응해야 좋을지 여유를 가지고 관망하는 그런 심정의 산물이었는지도 모를 일이다. 여기서 그가 한 발자국 나아간 것이 「춘신」이 아니었을까.

춘신(春信)

꽃등인 양 창 앞에 한 그루 피어 오른
살구꽃 연분홍 그늘 가지 새로
작은 멧새 하나 찾아와 무심히 놀다가나니

적막한 겨우내 들녘 끝 어디메서
적은 깃을 얽어 다리 오그리고 지나다가
이 보오얀 봄 길을 찾아 문안하여 나왔느뇨

앉았다 떠난 아름다운 그 자리 가지에 여운(餘韻) 남아
뉘 모를 한때를 아쉽게도 한들거리나니
꽃 그늘에서 그늘로 이어진 끝없이 작은 길이여

이것은 『청마시초』의 바탕의 하나를 이루었던 「의주길」에 이어진 순수서정, 특히 연가풍의 서정에서 한 발자국 나아간 서정시라 할 만하다. 그렇다면 저 「절명지지」는 무엇일까. 돌아보아야 눈이 닿지 않는 북만주 황야, 이 절체절명의 장면에까지 짙은 삶의 허무와 정면 대결하는 지난날 자신의 북만주 체험을 내세운 것이 아니겠는가. 이렇게 보아온다면 「호화스러운 권족들」이 놓인 자리는 『청마시초』의 제1주제인 「깃발」계와 「의주길」계의 한가운데라고 할 수 있다. 광복의 조국에서 장차 어떤 몸짓으로 시를 운영할 것인가. 「춘신」계냐 「절명지지」계냐의 한가운데에 서 있는 1946년의 청마 모습이 거기 있었다.

이렇게 본다면 금방 반론에 부딪칠 수 있을지 모른다. 1946년 4월

앞줄 오른쪽부터 차례대로 조연현, 한 사람 건너 유치환, 김말봉, 뒷줄 왼쪽부터 차례대로 김광주, 김동리(부산 피난 시절 1951~1953)

4일 YMCA에서 창립된 조선청년문학가협회 부회장(김달진과 공동) 이며 제1회 '조선시인상'(1946년 6월 20일 조선청년문학가협회 제정) 을 받은 청마이고 보면, 그리고 제2회 조선청년문학가 전국대회 (1947. 10. 5)에서는 회장(부회장은 서정주, 김달진)으로 뽑힐 만큼 대단한 청마이고 보면, 벌써 그는 확고히 자기의 입장을 택했던 것 이다.(졸저, 『해방공간 문단의 내면풍경』, 민음사, 1996). 김달진, 박 목월, 박두진, 서정주 등과 더불어 청마가 김동리 노선에 이미 확고 히 섰다는 사실과 「호화스런 권족들」의 거리 재기란 과연 무엇일까. 이는 이 나라 정신사적 문맥을 묻는 것으로 된다.

해방공간에서 형성되어 대한민국 정식정부(김동리 용어) 이래 이 룩된 이른바 '문협정통파'란 무엇인가. 김동리, 서정주, 김달진, 유 치환 등이 주축이 되어 이루어진 문협정통파의 정신사적·미학적 문 맥의 형성과정 분석에서 『낭만파』는 상당한 실마리를 제공한다. 김 동리의 평론 「시에 대하여」(제4집)가 실려 있는바, 이는 김달진의 「경건한 정열」과 청마의 「절명지지」 그리고 서정주의 「부활」을 아우 르는 도저한 시론의 전개였다. '구경적 생의 형식'으로 집약되는 이 른바 문협정통파의 정신사적 문맥이 두목 김동리에 의해 새삼 제시 됐다. 노자의 자연관, 장자의 우주관, 그리고 왕유와 도연명을 포괄 하고 또 서정주의 생의 율려(律呂)를 싸잡아 '고조된 인간 혼의 고 백'으로 김동리는 시를 정의했다(졸고, 「김동리의 시에 대하여」, 『서정 시학』, 2007. 가을호; 졸고, 「김달진 문학의 문학사적 의의」, 『월하 탄 신 백주년 기념논문』, 2007. 5).

대체 호화스런 권족들이 놓인 자리는 어디쯤일까. 광복의 세계를 읊은 점에서 김기림의 「새나라송」(1946)과 닮았지만, 후자의 주체 적 역동성에 비해 막연하고 낙관적이기까지 하다고 볼 것이다. 이런 엉거주춤한 자리에서 그를 유혹한 것이 「춘신」이지만 또 그것은 「절명지지」의 '고조된 혼의 고백'이 서정적 안이함을 매섭게 감시하고 있는 형국이다. 이 글은 「절명지지」로 표상되는 '고조된 고백'이 어떻게 광복 이후 전개될 청마 시를 감시하고 규정하며 또 고양시켰는가를 살피고자 함에 있다.

2. 생활인의 북방 체험 — 율법과 수직적 초월성의 균형감각

이 나라 근대정신사에서 가장 고양된 정신사적 체험지를 꼽는다면 그 중의 하나로 청마의 북만주 체험을 들 것이다. 나라와 겨레가 함께 어려웠던 일제 말기 많은 문인들이 자의로 또는 타의로 만주 체험을 했다. 서정주의 만주 체험은 이러했다. "참 이것은 너무 많은 하늘입니다. 내가 달린들 어데를 가겠습니까"(「만주에서」 부분)라고. '너무 많은 하늘'을 그는 체험했다. 김달진의 만주 체험은 이러했다. "나는 강남 제비 새끼처럼/ 새론 옛 고향을 찾아왔거니// 난생처음으로 마차도 타보았다/ 호궁소리도 들어 보았다/ 어디 가서 나 혼자라도 빼주 한잔 마시고 싶고나"(「용정」 부분). 육사의 체험은 이러했다. "하늘도 그만 지쳐 끝난 고원/ 서리발 칼날진 그 위에 서다"(「절정」 부분)라고. 서정주에게는 하늘이 크다든가 넓지 않고 너무 많았다. 그 점에서 그 나름의 시적 체험이지만 그에 그쳤을 뿐이다. 김달진에게 만주란 그냥 길손의 체험이다. 아나키스트답게 육사의 체험(그가 말한 '북방'이 만주인지의 여부는 불명하나)은 절대적이긴 해도 단연 관념성이어서 삶과 일정한 거리가 있다. 이에 비해 청마의 체험은 단연 이질적이다. 본격적이고 또 어쩌면 전면적이기까지 하다. 가솔을 전부 이끌고 갔기에 그러하다.

> 興安嶺 가까운 北邊의
> 이 曠漠한 벌판 끝에 와서
> 죽어도 뉘우치지 않으려는 마음 위에
> 오늘은 이레째 暗愁의 비 내리고
> 내 망난이에 본받아
> 화톳장을 뒤치고
> 담배를 눌러 꺼도
> 마음은 속으로 끝없이 울리노니
> 아아 이는 다시 나를 過失함이러뇨
> 이미 온갖을 저버리고
> 사람도 나도 접어주지 않으려는 이 自虐의 길에
> 내 열 번 敗亡의 人生을 버려도 좋으련만
> 아아 이 悔悟의 앓임을 어디메 號泣할 곳이 없어
> 말없이 자리를 일어나와 문을 열고 서면
> 나의 脫走할 思念의 하늘도 보이지 않고
> 停車場도 二百里 밖
> 암담한 진창에 갇힌 鐵壁 같은 絶望의 曠野! (「광야에 와서」)

대체 어떤 이유로 이 광막한 벌판 끝에까지 왔을까. 탈주할 사념의 하늘도 보이지 않는 북만주행은 어째서 이루어졌을까. 딱하게도 이에 대한 분명한 연구는 아직 이루어지지 않는 형편이다. 그러나 사실만은 분명하다. 청마가 통영 소재 통영협성사립상업학원 교사직을 버리고 빈강성 연수현 유신구로 간 것은 1940년 3월이다. 여기에 대

해서는 형수의 도움설(문덕수, 『청마유치환평전』, 시문학사, 2004), 형 유치진, 김욱주, 최두춘 등의 도움이었다는 심도 있는 설(박태일, 「청마 유치환의 북방시 연구」, 제40회 한국어문학회 전국학술대회, 2007. 10. 27) 등이 있다. 유치진은 『국민문학』(1943. 10)의 '북방문화권 특집호'에 「昌城屯にて」라는 장문의 상세한 현지 르포(일문)를 쓴 바 있거니와, 유씨 형제와 만주 입식관계 및 통영인들과의 관련도 논의의 대상이 될 만하다.

여기에는 상당한 설명이 없을 수 없다. 정밀한 청마 전기가 씌어져야 될 이유는 참으로 많고 소중하다. 청마의 만주행이 '지사형 도피설'이냐 '개인형 도주설'이냐에 대해 아직도 정설이 없다(박태일, 「청마 유치환의 북방시 연구」, pp. 293~94). 현재까지 알려진 분명한 사실은 두 가지이다. 하나는 솔가해서 갔다는 점, 이 사실은 아무리 강조해도 지나치지 않는데, 왜냐하면 유랑도 방랑도 아니고 또 이념이거나 사상이거나 이데올로기를 위한 방편만이 아니었기 때문이다. 가솔한 북만주행이란 새삼 무엇인가. 이 물음을 건너뛰면 청마의 북만주 체험은 핵심을 잃기 쉽다. 그는 거기에서 어린아이의 죽음을 겪었고, 그 광야에 묻기까지 했던 것이다. 그의 식솔은 맏딸 인순(11세), 춘비(9세), 자연(8세), 맏아들 일향(5세)이었고, 그곳에서 둘째아들 문성을 얻었다. 그러나 맏아들 일향이 거기서 죽었다.

　　세월은 진실로 복된 손길인양 스쳐 흘러갔고나
　　세상에 허다한 어버이 그 쓰라림을 겪었겠고
　　어려서 죽은 자 또한 너만이 아니련만
　　자칫하면 터지려는 짐승 같은 슬픔을 깨물고
　　어디다 터뜨릴 수 없는 분함으로

너의 적은 관에 뚜껑하여 못질하고
음한히 흐린 十一月 북만주 벌 끝에
내 손으로 흙덮어 너를 묻고 왔나니 (「육년 후」 부분)

그야 어려서 죽은 자가 어찌 그의 아이뿐이랴. 그러나 생활인으로 북만주의 광야에서 삶을 체험한 문인은 청마밖에 없다는 사실이 유별나고 또 특권적이랄까 고유하기까지 한 것은 다음과 같은 작품을 대할 때도 반드시 적용된다.

十二月의 北滿 눈도 안 오고
오직 萬物을 苛刻하는 黑龍江 말라빠진 바람에 헐벗은
이 적은 街城 네거리에
匪賊의 머리 두 개 높이 내걸려 있나니
그 검푸른 얼굴은 말라 少年같이 적고
반쯤 뜬 눈은
먼 寒天에 糢糊히 저물은 朔北의 山河를 바라고 있도다
너희 죽어 律의 處斷의 어떠함을 알았느뇨
이는 四惡이 아니라
秩序를 保全하려면 人命도 鷄狗와 같을 수 있도다
혹은 너의 삶은 즉시
나의 죽음의 威脅을 意味함이었으리니
힘으로 써 힘을 除함은 또한
먼 原始에서 이어온 피의 法度로다
내 이 각박한 거리를 가며
다시금 生命의 險烈함과 그 決意를 깨닫노니

끝내 다스릴 수 없던 無賴한 넋이여 瞑目하라!
아아 이 不毛한 思辨의 風景 위에
하늘이여 恩惠하여 눈이라도 함빡 내리고지고. (「首」)

두루 아는 바와 같이 「首」는 많은 논자들이 갑론을박 해왔고, 앞으로도 아마 그러할 것이다. 청마 자신은 율법을 어긴 비적을 긍정할 수밖에 없었을 터이다. 왜냐하면 아무리 가혹한 북만주의 황야이고 절명지라 하나 가족과 함께 생활하는 현실 속에서는 그것을 지탱하는 율법이 있어야 비로소 가능하다. 이를 부정함이란 생활을 부정하는 것이어서 북만주 체험 자체가 성립될 수 없게 된다. 생활인으로서 가능한 것은 다만 비적에 대한 인간적인 동정심 정도에 지나지 않는다. 물론 그 율법의 주체가 중국인이냐 관동군 비호하의 위(僞)만주국인이냐를 따질 수도 있다. 비적의 머리가 독립군의 그것일 수도 있다는 논의도 있을 수 있다(장덕순, 「일제암흑기의 문학사」, 『세대』, 1963. 12).

또 실제 정황으로 보아 그렇게 보기 어렵다는 주장을 펼 수도 있으리라(홍정선, 「청마 유치환을 향한 친일의혹, 그 문제점에 대하여」, 『시문학』, 2008. 3). 그러나 어느 것도 청마의 처지에서 보면 무의미하기 쉽다. 그 율법에 따라 살아가고 또 그럴 수밖에 없었던 까닭이다. 이 율법 부정이란 청마의 북만주 체험 자체의 부정에 가까운 것이다. 생활인 청마에게 중요한 것은 물론 따로 있었다. 그것은 그만이 고유하게 갖고 있는 것, 이른바 『청마시초』의 제1주제인 깃발로 표상되는 수직적 초월성이다(수직성에 대해서는 김현, 「깃발의 시학」, 『한국현대시문학대계』(15), 지식산업사, 1981; 이어령, 『시 다시 읽기』, 문학사상사, 1995 참조). 그는 이 수직적 초월성으로 율법과 자기의 거리를 재고 있었다. 바로 북두(北斗)가 그것.

> 저물도록 학교에서 아이 돌아오지 않아
> 그를 기다려 저녁 한길로 나가보니
> 보오얀 초생달은 거리 끝에 꿈같이 비껴 있고
> 느릅나무 그늘 새로 화안히 불밝힌 우리집 영머리엔
> 北斗星座의 그 찬란한 譜局이 神秘론 標ㅅ대처럼 지켜
> 있나니
> 때로는 하나이 病으로 눕고
> 또는 구차함에 항상 마음 조일지라도
> 도련도련 이뤄지는 너무나 擬古한 團欒을
> 먼 天上에선 밤마다 이렇게 지켜 있고
> 人間의 須叟한 營爲에
> 宇宙의 無窮함이 이렇듯 맑게 因緣되어 있었나니
> 아이야 어서 돌아와 손목 잡고
> 北斗星座가 지켜 있는 우리집으로 가자
>
>   (「驚異는 이렇게 나의 身邊에 있었도다」)

 북방 창공에 깃발보다 더욱 뚜렷한 북두가 그가 갈 수 있고 가야 할 길의 지도 몫을 하고 있지 않겠는가. 그 북두가 가족을 오롯이 지키고 있지 않겠는가. 천상의 질서가 뚜렷이 지켜주고 있다고 믿기에, 지상의 율법이란 비록 불완전하고 비정하고 또 잠정적이자 일시적인 것이긴 해도 어느 수준에서 견뎌야 하고 또 견딜 만한 것이 아닐 수 없다. 이를 두고 수직적 초월성이 가져온 일종의 균형감각이라 할 것이다.

3. 생활감각의 파탄―북두에 대한 불경스러운 대듦

 율법과 수직적 초월성의 균형감각이 유지되는 동안 청마는 안정감을 얻었을 것이다. 수직적 초월성이 가장 완벽한 절대성이기에 비적의 모가지를 여지없이 자르는 율법의 그 비정함이란 견딜 만한 것이었을 터이다. 그런데 만일 이 균형감각이 흔들리거나 틈이 생기고 그 틈으로 허무라는 이름의 회의가 스며든다면 어떻게 될까. 물을 것도 없이 균형감각의 흔들림은 율법 쪽에서 온다. 왜냐하면 북두로 표상되는 북두란 절대적인 것, 완전무결한 것이기 때문이다. 문제는 그러니까 비적의 목을 쳤던 그 비정의 율법 쪽에서 왔다. 이번에는 율법이 비적 아닌 생활인인 그의 모가지를 자르고자 덤벼왔다고 그가 느낀 것이었다. 그동안 그는 (A)조선인 유치환, 『청마시초』의 시인 유치환과 (B)북만주 개척에 '입식(入植)'된 조선인 유치환으로 살아왔다. 이 (A)·(B)를 율법이 보장했다. 생활인이었던 까닭이다. 그런데 어느 시점에서 이 둘의 분리가 불가피하게 되었다면 어떠할까. '조선인 유치환, 시인 유치환'이냐 '위만주국 국민 유치환'이냐, 이 둘의 선택에 직면했다면 어떠할까. 가혹한 율법이 그에게 강요해왔다면 어떠할까. 비적의 목을 치는 그 비정한 율법이 이번엔 그의 모가지를 겨냥하고 달겨들었다면 어떠할까. 이런 한 묶음의 물음에 대응되는 것이 다음 시라고 볼 수 있을지 모른다.

 北熊이 우는
 北方 하늘에
 耿耿한 일곱별이

슬픈 季節
이 거리
저—廣野에
不滅의 빛을 드리우다

어둠의 洪水가 구비치는
宇宙의 한복판에
홀로 선 난
한낱의 푸른 별이어니!

보아 千年
생각해 萬年
千萬年 흐른 꿈이
내 맘에 薔薇처럼 고이 피다

구름을 밟고
기러기 나간 뒤
銀河를 지고
달도 기우러

밤은
어름같이 차고
상아같이 고요한데
우러러 斗柄을 재촉해
亞細亞의 山脈 넘에서

東方의 새벽을 이르키다. (「北斗星」, 『조광』, 1944. 3)

　율법에 의지하여 지상의 질서에 그나마 안정감을 찾고 있던 '나'가 어둠의 홍수 속에 휩쓸렸다는 것, 우주 한복판에서 미아가 되었다는 것, 그 우주 속에 한낱 푸른 별이라는 것, 균형감각이 여지없이 깨졌고 그 틈으로 걷잡을 수 없는 허무가 스며든다. 어쩌야 한단 말인가. 이 순간 그는 최후의 발악을 할 수밖에. 그것은 그가 절대성이라 믿었던 북두를 의심할 수밖에. 대체 무엇이 이런 허무를 가져왔을까. 대체 저 북두에는 잘못이 없는가. 북두의 그 두병(斗柄)을 손으로 쥘 수 없을까. 그 두병을 쥐고 흔들 수 없을까. 혹은 그 두병에게 명령해서 또는 애원해서 좌우간 재촉해서 북두 자체를 흔들어볼 수 없을까. 요컨대 절대성인 북두에 대들어 그의 힘으로 이 지상의 율법에 관여케 할 수는 없을까. 북두의 그 권위를 빌려 지상의 저 비정한 율법을 멈추게 하거나 깨부술 수는 없을까.
　여기에 나오는 중요한 시적 요건은 '두병(斗柄)'이다. 그렇다면 대체 '두병'이란 무엇인가. '두병,' 그것은 북두칠성을 국자 모양으로 보았을 때 그 자루에 해당되는 3개의 별 곧 옥형(玉衡), 개양(開陽), 요광(搖光)을 가리킴이다. 이 세 별을 국자의 자루로 삼아 천추(天樞), 천선(天璇), 천기(天機), 천권(天權) 등 네 가지 별을 움직이어 세상의 새벽을 빨리 오게 할 수는 없을까. 오죽 다급하고 초조했으면 하늘의 질서인 북두를 흔들고자 했겠는가. 그 북두의 힘을 빌려서라도 뭔가 새벽이 다가오게 할 수는 없겠는가. 요컨대 초조 절망에 닿아 패악치는 소년의 심사에 다름 아니다(이 두병을 두고 박태일 씨가 「청마 유치환의 북방시 연구」, pp. 318~19에서 '북두성을 국자 모양으로 보았을 때 그 자루가 송장을 파내어 극형을 가하던 일'이라 주석을 단 것은 모종의 착오로 보임. 또 '잔인한 행위'라 해석한 것도 이 착오에서 온 듯.)

  중요한 것은 이 초조감이 생활인의 처지에서 왔다는 사실이다. 대체 1944년 무렵 그의 생활인의 처지는 어떠했을까. 북두로 표상되는 절대성, 그 수직적 초월성에 틈이 났고 그 사이로 스며드는 허무 앞에 알몸으로 노출되었을 때, 마주친 것은 오직 율법만이 절대성으로 군림할지도 모른다는 공포감이었을 터이다. 대체 어째야 한단 말인가. 여기에 생활인의 정직한 목소리가 있어 인상적이다.

    인사를 청하면
    검정 胡服에 당딸막이 빨간 코는 가네야마
    핫바지 저고리에 꿀 먹은 생불은 가네다
    당고바지 납짝코 가재수염은 마쓰하라
    팔때장선 광대뼈는 구니모도
    방울눈이 친구는 오오가와
    그 밖에 제 멋대로 눕고 앉고 엎드리고
    샛자리 만주캉(炕) 돼지기름 끄으는 어둔 접시등 밑에
    잡담과 엽초 연기에 떠오르듯한 이 좌중은
    뉘가 애써 이곳 수千里ㅅ길 夷적의 땅으로 끌어온 게 아니라
    제마다 정처 없는 유랑의 끝에
    야윈 목숨의 雨露를 피한 땅빼미를 들고 찾아
    북만주도 두메 이 노야령 골짝까지 절로 모여든 것이어니
    오랜 인욕의 이 슬픈 四十代들은
    부모도 고향도 모르는 이
    철 없이 업히어 넘어 들은 이

모두가 두번 고향땅을 밟아 보지 못하여
가다 오다 걸어 들은 우리네 사람이 전하는 고국 소식을 들은 밤은
제각기 아렴풋한 기억을 더듬어 더욱 이야기에 꽃이 피고
흥이 오르면 빼주에 돼지 발쪽을 사다 놓고
어화 농부도 부르고
저기 앉은 저표모도 소년은 이로하고도 부르고
속에는 피눈물 나는 흥에 겨워 밤가는 줄 모르나니

아아 카인의 슬픈 후예 나의 혈연의 형제들이여
우리는 언제나 우리나라 우리겨레를
반드시 다시 찾을 날이 있을 것을 나는 믿어 좋으랴
괴나리 보따리 하나 들고 땅 끝까지 쫓기어 간다기로
우리는 조선 겨레임을 잊지 않고 죽을 것을 나는 믿어 좋으랴
— 좋으랴 (「나는 믿어 좋으랴」)

   생활인 유치환 앞에 놓인 북만주 위만주국(僞滿洲國) 율법 속에는 창씨개명한 조선인도, 꺼우리팡스(高麗房子)라 멸시하는 중국인도, 또 이 둘 위에 군림하여 우쭐대는 왜족도 있었을 터이다. 이 위만주국의 율법에다 대고 뭐라고 물어볼 수 있을까. 북두의 두병에다 물어볼 수밖에 무슨 방도가 있겠는가. 그런데 북두는 오불관언, 대체 어째야 좋단 말인가. 이 믿음에 자신이 없을 때 무엇인들 두려우랴. 자포자기의 심사에 빠질 수밖에 없는 정황이 거기 있었다면 어떠할까.

   새 世紀의 에스프리에서
   뿔뿔이 樂想을 빚어

제가끔 音樂을 演奏하다.

生―死 破壞―建設의 新生과 創設
天地를 뒤흔드는 歷史의 심포니―.

聽覺은 神韻에 魅了 되고
새 世代에의 心臟은 울어 울어
聖像 아래 魔笛은 소리를 거두다.

驚異한 神技 가운데
섬과 섬이 꽃봉오리처럼 터지다
森林과 森林이 鬱蒼히 솟다.
무지개와 무지개 恍惚히 걸리다.

薔薇빛 舞臺 우에
熱演은 끌어 올라
樂屋 싸늘한 壁面 넘어로
華麗한 새날의 饗宴이 預言되다.

終幕이 내려지면
偉大한 人生劇에로 옮길
많은 俳優 俳優들은
새 出發의 그 年輪에서
征服의 名曲을 부르르니
勝利의 悲曲을 부르려니―. (「前夜」, 『춘추』, 1943. 12)

4. 북두에 대한 윤리감각

　조국 광복은 시인 청마에게 나무 심기로 다가왔다. 땅에 나무를 심는 것이지만 그 땅이 '국토'였기에 그는 경건할 수조차 있었다. 흡사 제사 지내기였다.

> 이 땅 아들딸의 눈물과 한숨이
> 속속들이 사모친 애달픈 산천이기에
> 한 줌 흙 한 포기 풀인들 어찌 제 피나 살인 양 허술히 하랴
> 이렇게 한 줄기 나무를 國土에 심음으로
> 지낸 날 무릅쓴 切齒를 다시 맹세하고
> 엎드려 시므는 포기 포기 단성이 엉기었나니
> 뜻있는 나무여
> 지낸 날엔 그 불측한 능멸과
> 자신의 분노에 차라리 자라지 못했거니
> 오늘은 이 호호한 반도의 대기 속에
> 백성의 지성한 축원을 받들어
> 일월성신과 더불어 울창하여
> 아아 우렁찬 大國의 동량이 되라 (「식목제(植木祭)」 부분)

　이 성스러운 제사 지내기를 마친 시인이기에 그의 하늘에는 마침내 북두가 되살아났다. 한때 초조한 나머지 불손하게도 그 힘을 빌리고자 했던 그에게 북두는 그런 것과는 무관하게 여전히 북두로 창공에 군림하고 있었다. 생활인으로 이 사실만큼 그를 안심케 하는

것은 달리 없었다. 그러나 이제 광복의 하늘에 있는 북두는 북만주의 생활인 유치환의 가솔을 보살피던 그런 북두이긴 해도 그것에 멈추지 않는다. 어째서일까. 이 물음에 천금의 무게가 실려 있다.

장독대 그늘에 석화같이 엉겼던 저녁 으스름이 기척 없이 번져 자라, 걷기를 잊은 바자의 빨래, 어둠의 밀물에 하나둘 하얗게 떠오를 때면 어디선지 귀뚤이 은밀한 은실을 잣기 시작하는 우리집 斗屋 左舷 나즉히 北斗의 찬란한 珊瑚가지는 어느덧 그 끝머리를 살째기 내미나니.
이리하여 밤마다, 내가 窓장을 내리고 등불에 마주앉아 글을 읽거나 이슥하여 등을 죽이고 벼개에 머리얹고 허잘것없는 꿈을 맺을 때나 그는 나의 자리의 변두리에 아련히 푸른 그늘의 弧를 그리며 아득히 먼 天頂을 고요히 맴돌고 있나니.
이렇게 밤마다 나의 꿈자리의 기슭을 은밀히 꾸며주는 일곱 개 단추 같은 별이여, 神秘로운 열쇠 모양의 별이여, 너는 나와에 무슨 알지 못할 인연을 맺고 있으며 또한 날더러 그 무엇을 끄르〔解〕라는 말이냐. (「北斗」, 수상록 『예루살렘의 닭』, 산호장, 1953)

북두와 그는 알 수 없는 '인연'을 맺었기에 그러하다. 그는 북만주에서 북두칠성에 대들지 않았던가. 두병을 재촉하고 싶다고 아주 불손한 마음을 품었던 것이니까. 그 '인연'을 이제 어찌할 것인가. 혹시 그 '인연' 속에는 「대동아전쟁과 문필가의 각오」(『만선일보』, 1942. 2. 6)도 걸려 있지 않았을까. 또 그 속에는 광야에 묻고 온 이란(伊蘭)이 낳은 아들도 걸려 있지 않았을까. "밤마다 나의 꿈자리의 기슭을 은밀히 꾸며주는 일곱 개 단추 같은 별" 북두가 시인으로 하여금 그

'인연'을 풀라고 재촉하고 있지 않겠는가.

한때 그가 '두병을 재촉하듯' 이번에는 그 북두가 시인을 재촉하고 있지 않겠는가.

5. 존재의식·역사의식·윤리감각(의식)

결론을 맺기로 한다. 한때 청마는 이렇게 말한 바 있다.

나는 詩人이 아닙니다. 만약 나를 詩人으로 친다 하면 그것은 分類學者의 독단과 취미에 맡길 수밖에 없는 것이요 어찌 사슴이 草食動物이 되려고 애써 풀잎을 씹고 있겠습니까. 이슬에 젖은 초록의 아침 속에서 애티디 애틴 태양과 더불어 처음으로 조상사슴이 생겼을 적에 진실로 우연히 그 잖으면 정말 마지못할 사정으로 풀잎을 먹은 것이 그만 그러한 슬픈 습성을 입지 아니하지 못하게 된 소이가 아니겠습니까. 이렇게 詩는 항상 不可避한 존재의 숙명에 있는 것이라고 생각합니다. (『생명의 서』 머리말, 1947)

아마도 맞는 말이리라. 다만 끝구절에 불만을 가질 사람들도 있을 수 있다. 그는 그 끝구절을 이렇게 고치고 싶은 사람이다.

"이렇게 시는 항상 불가피한 존재의 숙명에 있는 것이기도 하지만 또 북두에서 보듯 항상 불가피한 '역사의식'의 숙명에 있는 것이라고 생각합니다"라고. 좀더 정확한 사람이라면 '역사의식'이란 말 대신 '윤리감각(의식)'이라 고칠 것이다.

〔청마 탄생 백주년 기념관 개관 심포지엄, 기조논문, 2008. 4. 18〕

제4부

백철의 『조선신문학사조사』론
김소운 글쓰기의 세 가지 쟁점—은관문화훈장의 무게 달기
『춘향전』의 특수성과 세계화의 가능성
김현과 세사르 프랑크 마주하기—김종삼과 김춘수
아, 이청준—창작집 『그곳을 다시 잊어야 했다』에 부쳐

백철의 『조선신문학사조사』론

1. 독단을 피하는 두 가지 방도

『조선신문학사조사』는 근대편(신문학편)과 현대편으로 구성되어 있으며, 전자는 수선사(1948. 9), 후자는 백양당(1949. 7)에서 간행되었다. 근대편에서 백철은 문학사 집필 태도를 다음처럼 밝혀놓았다.

첫째, 사조사인 만큼 그 본원지인 외국의 자료가 중요한데 이를 대할 수 없었다는 것. 뿐만 아니라 기존의 자료도 일제하에서 거의 상실되었다는 점. 둘째, 근대편에는 자신이 비평가로 참여하지 못했다는 점. 아마도 이러한 자의식을 갖게 된 것은 회월의 문학사를 염두에 둔 소치로 보인다. 신문학사 형성기부터 활동해온 회월이기에 그의 문학사는 그대로 '문단측면사'이기도 했던 것이므로, 이 점에서 백철은 열등감을 느꼈다고 볼 것이다. 이 열등감을 극복하기 위한

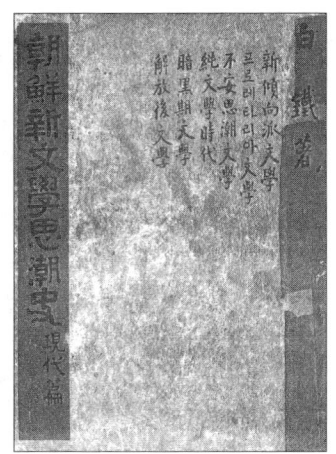

젊은 시절의 백철　　　　　　　　『조선신문학사조사―현대편』의 표지

방법론으로 백철은 자료 보강을 최우선했다.

다음으로 내가 곤란을 느낀 것은 나와 같이 전기의 문학운동에 참가하지 못한 후배로서 그 시대의 문학자료와 접할 때에 그 시대의 사회적 문학적 사정에 생소하기 때문에, 당시 작품들의 평가에 있어서 그 시대의 주조와 관련하여 그 정곡을 붙잡을 때까지 상상이 도달하기 어려운 경우였다. 내가 이 저술 중에서 될 수 있는 대로 그 시대의 논문과 작품의 실례를 많이 인용하기로 하고 나의 독단적인 비평을 피하고저 한 것은 나의 독단 때문에 그 시대문학을 곡해하는 데 독자를 그릇 인도할 우려가 적지 않았기 때문이다. 중간에 간혹 너무 인용이 많고 또 너무 장문의 인용이라고 생각될 곳이 있을는지 모르나 그것은 될 수 있는 대로 독자제현이 직접으로 그 시대 작품과 접하여 감상과 이해를 하도록 하기 위한 것이다. 말하면 이 사조사는 하나의 비평사이기보다는 그 시대사조와 문학을 소개하는 정도에 멎으려고

한 것이다. (근대편, 서문)

근대를 사상이나 사조로 보는 대신 문학도 제도의 산물로 보고 그 제도의 정착에 바탕을 둔 임화의 문학사 기술과는 달리, 백철은 회월과 더불어 체험적인 것에 기울어졌음을 위의 기록이 말해놓고 있다. 현대편에서 그가 자신을 가졌다고 공언할 수 있는 것도 이런 문맥에서이다.

이 현대문학편은 전 신문학편(근대편)과 비하면 훨씬 자료도 풍부한 편이었고 또 프롤레타리아 문학의 하반기부터는 직접 저자가 참여하게 된 관계로서 그 이후의 문학계의 동태에 대하여는 내 자신의 산 지식을 기용할 수 있었기 때문에 서술해 가기도 차츰 쉬워졌고 또 그 점에서 일책의 내용에 대해선 전책과 비하면 어느 정도까지 자신을 가져도본다. (현대편, 후기)

2. 현장 비평적 감각의 생동감과 앤솔러지적 위력

백철 문학사의 특징은 다음 두 가지로 요약된다. 첫째, 문학사 기술에는 방법론과는 다른 모종의 감각이 요망되는바, 그것은 다름 아닌 체험적인 것이라는 것. 가령 임화의 경우 제도에 의거한 방법론이었지만, 백철의 경우는 문학운동 및 문단의 현장에 참여하기라는 사실이 특정 방법론보다 우위에 놓였던 것이다. 문단 및 문학운동 속에서 이른바 현장비평을 온몸으로 그때그때 해온 백철의 처지에서 보면 이 체험적 사실보다 윗길에 놓이는 방법론이 따로 있기는 어려웠다. 이런 현상은 선배 비평가 회월의 경우와 족히 대비된다.

그러나 체험을 문제삼을진댄 백철은 회월과는 역전관계라 할 만하다. 근대편 서문에서 백철은 자기의 체험적 영역이 아니기에 자신이 없음을 적었고, 이를 보강하기 위해 자료 인용을 너무 많이 했다고 적었다. 독단을 피하기 위해 자료를 많이 제시함으로써 독자의 판단에 맡기기 위함이라 했다. 근대편은 그렇다 치더라도 신경향파 문학에서 암흑기에 이르는 시기를 다룬 현대편에 오면 사정이 크게 달라진다. 그 시기 동안 백철만큼 현장비평(문예시평)을 감행한 비평가로, 임화를 빼면 없다 해도 과언이 아니다. 이에 비해 회월은 사실상 현장에서 물러난 시기라 할 것이다. 현대편에서 백철이 자신감을 공언한 것은 현대편의 비중 크기와 함께 백철 문학사의 의의를 새삼 강조한 것으로 평가된다. 그럼에도 불구하고 백철은 현대편에서도 근대편과 꼭 같은 자료 중심의 서술방식을 그대로 답습한 것은 무슨 까닭일까.

둘째, 위의 물음에 대한 응답이라 볼 수밖에 없는 것으로 이는 방법론의 결여와 관련된 현상이라 할 것이다. 제목에서 이미 명시했듯 '사조사'인 만큼 거기에는 엄밀한 방법론이 결여될 수밖에 없다. 문학사 자체가 엄격한 학문적 대상이 되기에는 상당한 난점이 있지만, 사조사의 경우에는 이 난점이 크게 증가된다. 어떤 사조도 다소 애매모호하여 엄격한 개념 규정이 어렵기 때문에 사조로 정리하겠다는 전제 자체에 그 취약점이 잠복해 있는 셈이다. 가령 흔히 말하는 낭만주의만 하더라도 휴머니즘과 더불어 수십 종류의 개념이 용해된 것이어서 코에 걸면 코걸이식이라 해도 지나치다 할 수 없는 형편이고 보면, 사조사가 지닌 막연함과 애매성은 필연이 아닐 수 없다. 이런 의미에서 볼 때 백철 신문학사 현대편의 본질을 비교적 정확히 엿볼 수 있는 것은, 백철 자신이 중심이 되어 크게 논의된 "웰컴! 휴머니즘"과 그 주변을 기술한 다음 대목, 곧, 자신감과 설득력의 어떠함을 보이기 위해서는 어차피 긴 인용이 없을 수 없다.

그럼으로 크레뮤의 행동적 인본주의를 포함하여 본래 삼십 년대 지식인의 휴머니즘 운동은 인간을 근대의 개성주의인 편향에서 구하여 일반적인 근대적인 고전적인 인간으로 재건하는 운동이었다. 불안과 동요와 혼란에 대한 안정 추구 조화는 새로운 인간성으로 이상되는 면이었다. 1935년 4월 1일부터 3일간 구라파의 전 지식인의 이름으로 열린 지적협력국제협회에서 토의된 주제는 '현대인의 형성'이었는데, 여기서 의장 발레리는 "비이성주의와 예지의 비례를 지시하고 그 한계를 결정하는 곳에 성립된다!"고 말하여 현대인의 조화적인 면을 강조하였던 것이다.
휴머니즘 운동이 일어난 또 하나의 동기는 히틀러 등의 현대 우익적인 독재주의의 문화 지성에 대한 반달리즘에 대한 반항과 지성의 옹호운동이었다. 조선에서도 휴머니즘은 우선 이 문화옹호, 지성옹호의 운동으로 받아들이었다. 조선에서 이 휴머니즘을 주로 논한 사람들은 백철, 임화, 김오성, 윤규섭 등으로서 윤규섭은「지성문제와 휴머니즘」(『조선일보』, 1938. 10.)에서 휴머니즘의 의의를 밝히었다.

현대 휴머니즘을 규정한다면 그것은 오늘의 사회적 전형기에 범람하는 모든 비합리적 신화와 물적 생활파멸에서 인간성 일반을 사회적·역사적 입장에서 해방하려는 것이라고 할 수 있다. 그러나 여기에 주석을 필요로 할 것은 처음부터 휴머니즘은 역사적 입장의 운동으로서가 아니라 인테리겐챠의 그것으로 시작되고 또한 전개되면서 있는 것이다. 휴머니즘은 아무리 인간성 일반을 처들고 나왔다고 할지라도 일반적인 문제보다는 직접으론 인테리겐챠에 관련된 '지성의 자유'와 '문학의 옹호'의 문제로서 전개될 수밖에 없는 것이다.

이 휴머니즘을 받아들인 데는 저자가 주도한 편이었는데, 1936년 말에 휴머니즘에 관한 최초에 논문에서 휴머니즘은 종래에 받아들인 모든 사조와 달라서 우리 지식인이 곧 친압할 수 있는 사조라는 것. 그 이유는 우리 지식인의 주위 현실이 불란서 등의 지식인이 근린한 그 현실과 상사한 점이 있는 때문이라고 역설하였다. 그리고 그 휴머니즘은 현실에 대한 지성문화의 옹호 이외에 인간성 그 자체를 옹호하는 원소적(元素的)인 의미가 있다는 것, 말하자면 평온기에는 잠재해 있던 것이 이 시대와 같은 현실과 봉착해서 발증(發症)된 현상인 것을 말하였다. 또 실지에 있어서 조선의 문학 위에 휴머니즘이 영향을 가한 것은 불란서 등과 같이 현대인의 형성 문제 같은 것으로서 행동화되지도 못하고 구체적으로 작품의 실천상에도 실현되지 못하고 그저 막연한 가운데 일정한 영향을 끼친 데 불과한 것은 임화가 「문예이론으로서의 신휴머니즘에 대하여」(1938. 11) 가운데서 지적한 바에 틀림이 없다. "인간중심 문학론이란 제아무리 광범한 한도로 발전시켜도 문학의 역사적 발전법칙이나 창작과정의 구체성을 선명(鮮明)할 자격을 못 가진 일반론에…… 불과하다"라고.

이와 같이 일반적인 의미에서 휴머니즘을 볼 때에 이때 조선에서 논의된 휴머니즘은 지식인이 그 현실에 대하여 문화를 수호하는 그 태도의 문제였다. 어떻게 문화를 지켜 가겠는가 하는 것과 동시에 현실 속에서 지식인이 어떻게 처할까 하는 문제인데, 이것은 말하자면 그 현실에 대한 지식인의 반성적인 자각적인 입장이었다. 그 점에서 이원조의 「문학에 있어서 포즈의 문제」는 이 휴머니즘의 입장에서 이 시대의 문화인의 처세도(處世道)를 논한 글이었다.

문학과 시대상이 이처럼 접근한 때도 일찍이 없었으며 또한 문학자의 호흡은 반드시 그 시대의 문학을 통해서 쉴 수 있는 만큼 우리는 최소한도로 한개의 '포즈'라도 가져야할 것이 아닌가? 그리고 이러한 한 개의 '포즈'를 가진다는 것은 현대에 처해 있는 우리들로서 가져야할 한 개의 '모랄'이 아닐까?

이원조는 처세도를 논하여 하나의 모랄론에 도달하였는데 그 모랄이란 최재서의 말과 같이 '작가적 자각'(작가와 모랄의 문제)을 가르친 것이라면 휴머니즘은 우선 이 연대에 유행한 모랄론에 전제가 된 사조였다고 볼 수 있다. 물론 최재서가 여기서 말한 그 자각과 김남천이 '고발의 정신'을 주장한 이래 과거의 정치문학이 가졌던 그 세계관을 일신상의 진리로서 재파악하고 주관(主觀)한 곳에 둔 것과 일치된 이론이었으나 문학자가 과거의 그 정치경향에 대한 자각은 동시에 그 파시즘의 정치현실에 대한 자각의 입장인데 더 한층 윤리적인 의미가 강조되어서야 할 것이다.

그와 같이 휴머니즘은 작품의 실천 위에 구체적인 영향은 주지 못했으나 이상의 일반적 의미에서 작가의 처세문학과 논리성과 기타 작품의 분위기 위에는 상당한 영향을 끼쳤다고 볼 수 있는 것이다. 그 점에서 안함광이 「최근의 작품경향」(『인문평론』, 1940. 7)에서 그 시대의 작가들의 문학경향, 이효석, 김남천, 채만식, 유진오 등의 작품을 평한 뒤에, "이렇게 오늘의 문학정신이 자연 또는 자연스런 감정세계의 추구와 세태에로의 답보 관찰 그리고 풍자적 의욕의 세계 등에로 각양의 형식을 현상하기는 하나 그러나 개괄적인 의미에서는 어떤 공통적인 호흡과 기맥을 갖고 있는 것, 편의상 범박한 언표를 빌면 그는 휴머니즘적 정신에의 신화다"라고 말한 것은 결코 동떨어진 지적은 아니었던 것이다.

또 이 휴머니즘은 그와 같이 문학자의 현실에 대한 양심적인 태도 위에 정착됨으로서 그 뒤에 온 악화한 현실에 대하여 조선문학을 최소한도로 지켜간 저력이 되었다고 본다. 그 암흑 속에서 조선문학의 성화를 이어간 정신은 한 개의 휴머니즘 정신의 소시(所示)였다고 생각한다. (『조선신문학사조사』, pp. 248~51)

실제로 자기가 주도한 휴머니즘 논의를 기술하는 대목이 빛나는 것은 체험이 객관화되었음에서 왔다. 자신감이라고 그가 말한 것은 이러한 균형감각을 가리킴이었다. 그럼에도 불구하고 이 현대편에서도 근대편과 마찬가지로 많은 자료의 제시를 주안점으로 삼았다. 이 사실로 말미암아 백철 문학사는 어둠 속의 등불과 흡사한 효과를 드러냄에 크게 호소할 수 있는 결과를 낳았다. '어둠 속의 등불'이라 했거니와 해방공간에서 이 문학사의 출현으로 말미암아 구체적인 작품에 접할 수 없었던 독자에게 많은 작품을 부분적으로나마 날것으로 직접 대할 수 있는 계기를 마련해주었음이 그것. 요컨대 이 저술들은 작품집이나 시집이 극히 제한되었던 칠흑 같은 어둠 속에서 일종의 '한국근대문학전집'의 몫을 겸할 수조차 있었다. 다음 두 가지 사례를 잠시 보기로 한다.

(A) 이 지식인의 과잉과 실업홍수는 물론 조선만을 예외로 남겨두지 않았다. 1931년을 전후하여 조선 내에서도 대학 졸업생이 대량

으로 나오게 될 때에 지식인의 취직난은 글자 그대로 하늘에 별을 따는 어려움과 비할 것이었다. 바야흐로 지식인 실업홍수의 시대였던 것이다.

　이 지식인의 취직난·생활난은 이 두 시대의 조선 지식인이 직면한 일대 현실이었다. 실은 전항에서 말한 그 불안사조도 이 지식인의 생활불안의 현실 위에 그 구체적인 근거가 있었던 것이다. 지식인은 붓을 들어 지식인의 위기와 그 운명을 논하였다. 당시 젊은 지식인의 일인인 현동염의「인테리의 비애」(1933. 11)를 근대 지식인의 운명을 한탄한 것으로 여기에 인용한다.

　가여운 인테리겐쟈들아! 얼마나 로맨틱한 시절이라고 그대들은 지금 울고 있는가! 18세기! 인테리 황금시대! 인테리 왕국은 임이 몰락한지 오래니 그대들의 지식의 병기는 지금에 과선 녹쓰른 기계와 같이 써먹을 곳이 없고나. 그래서 그대들은 핏기 없는 눈초리로 해맑은 가을 하늘을 우러러 공연히 한숨쉬며 바람에 불리는 낙엽과 같이 거리로 표류하고 있다. 그러면 그대들의 눈엔 화려한 도시도 불꺼진 화로와 같이 오직 쓸쓸히 보이겠지? 그리고 그대들은 상품시장에 쏟아져 나온 산떼미 같은 상품을 보고 무엇을 느낄 것이다. '생산과다', '상품퇴적'? 이렇게 그대들은 배운 문자를 중얼거릴 것이다. "학문의 전당에서 쏟아져 나온 인테리 우리들도 판매시장에 싸인 상품과 같고나" 하고 생각할 것이다. "인테리의 몰락과 실업홍수시대가 온 것이다"고.

　이러한 지식계급의 근대적 운명과 현실적으로 실직과 그 곤경의 모든 사실이 그대로 이 시대의 작가들의 현실적인 제재가 되고 주인공이 된 것이었다. (pp. 198~201)

(B) 이상의 사실에서 김기림은 모더니즘을 조선의 현대시 사상에 유도해들인 이론가요 또 실천가였다. 그러나 이 모더니즘 시의 특점을 감각 위에 둔다면 조선신시 사상에 있어서 그 선구자는 김기림보다도 먼저 이장희와 정지용 특히 정지용을 뽑아야 할 것은 김기림 자신이 시인한 바이다. 즉 김기림은 그 자연발생적인 감정시의 전통을 깨뜨리고 새로운 감각적인 공간적인 표현을 갖고 현대시를 쓴 사람이 정지용인 것을 말했던 것이다.

1935년 10월에 나온 『정지용시집』의 신간평에서 이양하는 지용의 감각을 평하여 "모지고 날카롭고……한 개성을 가진 촉수 그것은 대상을 휘여잡거나 어루만지거나 하는 촉수가 아니고 언제든지 대상과 맞죄이고 부대끼고야 마는 촉수"(『조선일보』, 1935. 10)라고 했고, 변영로는 일찍기 이 시인의 특장이 딴 일면을 찬(讚)하여 "유늑한 언어구사의 섬려"한 시라고 하였는데, 정지용은 그 감각에 있어서 조선 현대시의 새로운 역사를 개척한 동시에 세련된 조선적인 현대시어를 만든 데 있어서 또한 특별한 공적을 남긴 시인이다.

정지용이 과거의 영탄시인들과 비교하여 실로 대조가 되는 지적인 시각의 시인인 것을 예증하는 데는 박용철의 주석을 참조하여 그의 시집 중에서 「유리창」 1편을 드는 것이 적절하다고 생각한다.

  유리에 차고 슬픈 것이 어린거린다
  열없이 붙어서서 입김을 흐리우니
  길들은 양 언 날개를 파다거린다
  지우고 보고 지우고 보아도
  새까만 밤이 밀려나가고 밀려와 부디치고 물먹은 별이 반짝 寶石

처럼 백힌다
　밤에 홀로 유리를 닦는 것은
　외로운 황홀한 심사이어니
　고흔 폐혈관이 찢어진채로
　아아, 너는 山새처럼 날러갔구나

　박용철의 주석(『동아일보』, 1935. 12)에 의하면, 이 시는 지용이 그의 사랑하는 아들을 잃고 비애의 절정에서 쓴 것이라는데 과거 영탄시인의 애곡성을 유리창에 응결한 감각성까지 끌고 올라간 그 지적인 시경에 이 시인의 위(位)한 고도를 계산할 수 있다. 그는 1928년경부터 주로 『조선지광』지에 시를 발표했고, 그 뒤 『시문학』 『가톨릭청년』 『시원』 『조선문단』 기타의 모든 시면에 점재(點載)된 모든 시편은 그리 넓지 못한 현대시해 속에서 진주와 같이 광채를 발하는 작품들이다. 또한 그는 「또 하나의 다른 태양」 「다른 한울」 같은 시편에서 그 감각성 외에 다시 가톨릭 신자로서의 신념이 그의 시상으로 된 것을 추가하여 이 시인의 시적인 볼륨을 이해해야 할 것이다.

(pp. 229~30)

3. 『조선신문학사조사』에 대한 당대의 비판

　백철 신문학사가 '한국 근대문학전집'을 갖지 못한 독서계에 던진 효과는 평가하기 어려울 만큼 컸다. 월북작가의 작품을 접할 수 있는 것도 이 책이 지닌 커다란 강점이었다. 방법론에 기초하여 집필한 임화의 신문학사에 비하면 학문적으로 크게 빈약한 것이지만, 당시의 독서계 현실에서 보면 단연 백철 신문학사가 두드러졌다.

첫째, 임화의 신문학사는 책으로 간행된 바 없었다. 둘째, 임화가 월북했기에 그의 부재란 일종의 정치적 터부였다. 방대한 2권의 백철 신문학사야말로 직접 대면할 수 있는 유일한 실물이었던 만큼 그 효능은 절대적이라 할 만했다. 이 사실은 백철의 생애를 검토함에서 아무리 강조되어도 지나침이 없을 만큼 중요한 사건이다. 일개 저널리즘의 부평초 같은 현장비평가의 처지에 있던 백철을 반석 위에 올려놓았기 때문이다. 대학교수 되기가 그것이다. 여기에는 또 설명이 없을 수 없다. 대학교수이되 국문학과 교수라는 점, 국문학과 교수 중 근대문학 교수라는 점이었다. 고전문학 교수 일변도의 국문학과에서 이제 걸음마를 하기 시작하는 현대문학 교수로서의 첫번째 주자인 백철 교수의 탄생이야말로 신문학사 저술이 가져온 최대의 선물이었다. 오늘날 대학 국문과에서 현대문학 전공자의 조상에 해당되는 백철이기에 이 문학사의 효능은 6·25를 거쳐 대학사회가 안정된 1970년대까지 뻗쳐 있었다. 이 효용성이 조금씩 퇴색될 때 부동옹(不動翁) 백철이 이번에는 뉴크리티시즘new criticism이라는 '문학이론'의 새로운 영역을 개척해나간 것은 실로 놀라운 일이라 할 것이다.

물론 백철의 신문학사에 대해 당시에도 비판이 없었던 것은 아니다. 훗날 『한국 현대문학사』(인간사, 1961; 1955년부터 제1부 집필 시작, 1930년대까지를 다룬 것)를 집필한 조연현은 백철의 신문학사 근대편이 간행되었을 때 이를 혼신의 힘으로 비판한 바 있다. 여기서 '혼신의 힘'이라 한 것은 문학가동맹의 맹장이자 백철과 우정으로 공유하고 있는 논적인 임화의 월북(1947년 가을)으로 말미암은 해방공간에서 마지막 걸림돌이 백철로 인식되었음을 가리킴이다. 백철과 문학가동맹의 평론가이자 김동리의 논적으로 맞섰던 경성제대 영문과 출신의 김동석을 싸잡아 조연현이 비판한 글 제목은 「개념과 공식」(『평화일보』, 1948. 2. 17~18)이다. 그는 첫 줄에서 이렇게 적었다. "해방 후 비평계엔 아무런 발전이 없었는데 그 이유를 찾는다면 이 기간 중 제일 많이 활동한 사람이 백철과 김동석인 까닭"이라고. 개념비평의 대표적 인물이 백철이고, 공식비평의 대표적 인물이 김동석이라고 조연현은 단언했다. 개념이란 대체 무엇인가. 물을 것도 없이 백철식 사조사적 문학이해를 가리킴이다.

> 백철 씨는 그의 수다한 작품평이나 작가론이나 문학론에 있어 자연주의적 낭만주의적 기교주의적 '리얼리즘'적 신비주의적 등등의 수다한 개념적 용어를 사용하지 않고서는 여하한 비평문의 한 구절도 기록해낼 수 없다는 것을 우리에게 보여주고 있는 비평가다. 씨는 한 작가나 한 작품을 대할 때마다 이 작가는 자연주의적 작가요, 이 작품은 '리얼리즘'적 작품이라고 규정하는 이상의 그 아무것도 보여주지 못하고 있는 것이다. 씨는 말하기를 염상섭 씨는 전통적인 자연주의적 작가요 계용묵 씨는 기교주의적 작가요 김동리 씨는 「혈거부족」에 있어서는 사실주의 작가요 「달」에 있어서는 낭만주의 작가요, 「역마」에 있어서는 신비주의적 작가라는 것이다. 그 이상의 아무 것도 씨는 논급할 줄도 모르며 논급할 필요도 없다는 것이 그렇게만 규정 지워버리는 것이다. 간단명료한 누구든지 알 수 있는 지극히 용렬한 종별적 규정이다.
> 만일 한강에서 실연하여 투신자살한 여인이 있다면 그 여인이 자살하기까지의 일체의 고민이라든지 그 심리의 독특한 추이에 대해서 씨는 멸구불언할 것이며 다만 그것은 한 개의 실연적 사건이라고 규정

한 후 그 한마디의 규정으로서 모-든 것은 해결되었다는 듯이 씨는 태연자약히 안심해버릴 것이다. 씨의 일체의 개념적 규정은 이를테면 이러한 실연사적 건이라는 규정과 마찬가지인 것이다. 그러나 문학은 한 여인의 투신을 백철 씨처럼 실연적 사건이라고 규정 지움으로써 안심할 수 없는 곳에서 발생하는 것이다. 만일 그렇게 안심해버릴 수 있다면 일체의 문학행동은 무의미한 것이 될 것이다. 문학행동보다도 실연적 사건이니 자연주의니 낭만주의니 기교주의니 하는 개념만을 소화해버리면 만사는 해결되지 않는 것이 없으며 이해되지 않는 것이 없을 것이기 때문이다. 그러나 모-든 인간문제가 그러한 개념만으로 해결되지 않는다는 것은 소학교 작문시간에도 이미 우리들은 배워온 것이다.

　씨가 자연주의니 사실주의니 낭만주의니 하는 것을 가지고 아무리 논급해도 염상섭 씨나 김동리 씨나 계용묵 씨가 파악되지 않는 것도 무리가 아닌 것이다. 그러면 씨의 이러한 문학의식은 어디에서 원인 된 것인가. 그것은 무슨적 무슨주의적 하는 일반적 개념만을 가지고 특수한 존재인 작가나 작품을 이해하려는 무리에서 기인되었던 것이다. 물론 우리는 씨가 상용하는 무슨적 무슨적 하는 개념적 규정을 전적으로 부정하는 것은 아니다. 그러한 규정은 그러한 것대로의 의의가 있을 것이다. 그러나 한 여인의 자살을 간단히 그것은 실연적 사건이라고 규정하고 안심할 수 없듯이 무슨적 무슨주의적 하는 개념적 용어만으로서 문학은 결코 해결되지 않는 것이다.

(『문학과 사상』, 세계문학사, 1949, pp. 212~13)

　한편 공식이란 무엇인가. 물을 것도 없이 그것은 유물사관이었다. 이런 개념공식이 과연 주체성과 무관한 것인지 또는 백철과 김동석이 함께 이런 것에 철저했는지는 백철의 현장비평의 생생함이나 김동석의 두 평론집 『예술과 생활』(1947) 『뿌르조아의 인간상』(1949) 등의 글들이 지닌 날카로운 문장과 생기 있는 글들이 스스로 반론하고 있을 터이나 중요한 것은 이들이 조연현에게 논적이었다는 점이다. 이 중에서도 조연현의 처지에서 볼 때 한층 난처한 쪽은 백철의 존재였다. 그는 월북도 하지 않았고, 무엇보다 신문학사라는 야심작을 책으로 내었기 때문이다. '백철 씨의 『조선신문학사조사』를 중심으로'라는 부제를 단 장문의 글 「개념의 공허와 그 모호성」(『문예』, 1949. 7)을 쓴 것은 이 때문이다. 이 글에서 조연현이 비판의 요점으로 삼은 것은 다음 세 가지.

첫째, 사조라는 애매성으로 되어 있어 주체성이 없다는 것.
둘째, 과다한 인용으로 채워져 있어 자기의 사관이나 체계가 없다는 것.
셋째, 일화의 방법론을 모방하고 있다는 점.

400여 항에 달하는 『조선신문학사조사』(상권)는 그 오분지 사 이상이 이 저서의 대상이 되어진 작품이나 혹은 타인의·비평문의 인용으로서 이루어진 소재의 나열이요 기존자료의 복사였다. 씨가 자기의 견해나 혹은 신문학사조사를 사적으로 해석하는 데 소비한 스페-스는 4백수의 저서 중에서 그 오분지 일에 불과한 것이다. 그러나 씨가 자기의 견해나 신문학사조사를 사적으로 해석하는데 소비한 이 오분지 일의 스페-스가 씨의 독자적인 견해나 해석의 표현이 아니라 씨가 인용한 소재나 자료의 반복이요 그 연장이었다면 『조선신문학사조사』라는 씨의 저서는 하나의 문학사이기 보담은 자료나 소재의 무감사전람회에 지나지 않을 것이다. 씨는 자기의 문학적 인식력이나 문학사적 해석력의 빈곤을 회피하기 위하여 작품을 그대로 장문으로 인용함으로서만 자기의 문학적인 능력을 캄푸라쥬-하려 하였고 자기의 문학사적인 해석이나 판단의 빈곤을 기피하고 보충하기 위하야 이미 소재화되고 자료된 작가나 비평문의 판단과 평가를 그대로 답습반복하였든 것이다. (……) 더욱이 근대사조가 조선에 들어와 부자연하게 불구적으로 형성되어진 점에 대한 임화 씨의 "아세아의 한 숙명적인 정체성"(임화―신문학사) 때문이라는 소론을 "조선의 그 특수성이 과연 임화의 말과 같이 원시사회이래의 정체성의 축적에 의한 것인지 아닌지는 맹종해 둘 수밖에 없다"(『조선신문학사조사』, 14쪽 7행)라고 한 것 같은 것은 언어도단적인 그 극단의 예일 것이다. 신소설이 고대소설과 신문학소설과의 문학사적인 과도적인 소설이라는 것까지도 임화 씨의 소론을 그대로 추종하고 있는 씨가 임화 씨의 두뇌에 얼마나 압도되고 강압당해 있는지는 모르나 '아세아적 침체성'이라는 것은 우리가 맹종할 문제가 아니라 우리가 비판적으로 이를 구명하지 않으면 아니 될 과제의 하나인 것이다.

(조연현, 「개념의 공허와 그 모호성」, 『문예』, 1949. 7, pp. 248~50)

이 대목은 백철의 자존심을 건드리는 것이어서 도를 넘어선 것으로 볼 수도 있으나, 논적을 대하는 당시의 관습에서 이해될 성질의 것이리라. '소재의 무감사전람회'라 한 조연현의 비판에도 불구하고 백철의 이 신문학사의 매력은 줄어들거나 빛이 약해지지 않았다. 앞에서 지적한 대로, '조선문학전집'의 몫을 어느 수준에서 해내었음이 그 최대의 강점이었다. 반공(反共)이 국시(國是)였던 시대, 1960~1980년대의 독자에게 이 책은 월북작가들의 작품을 그 일부나마 접할 수 있는 계기를 마련해주기까지 했다. 그러나 무엇보다 중요한 점은 이 저술이 대학 국문학과의 현대문학 전공자를 위한 주춧돌이었다는 점에서 찾아진다. 조연현이 국문학과 교수가 될 수 있었던 것도 이 저술이 열어놓은 혜택의 덕분이었음은 부정될 수 없다.

4. 『조선신문학사조사』가 놓인 위치

백철의 야심작이자 교수로서의 확고한 기반을 가져다준 역작 신문학사란 대체 무엇인가. 먼저 그는 『조선신문학사조사』란 어떤 것을 대상으로 하여 어째서 이런 명칭을 갖게 되었는가를 다음처럼 규정했다.

『조선신문학사조사』라는 이름으로 이 소저를 내놓는다. '근대문학사조사'라고 하면 너무 초기의 문학을 주로 한 일면적인 해석을 하는 것 같고 '현대문학사조사'라고 하면 너무 전면으로 나선 부분적인 해석밖에 되지 못하는 것 같아서 편의상 '신문학사조사'로 결정해버렸다. 그러나 엄밀히 따져보면 신문학이란 막연한 말이다. 과거에 문학운동이 '신문학운동'이란 이름으로 불려질 때는 신문학은 명확한 의미를 가졌으나 그것이 현대문학사의 과정을 잡어들 때부터선 그 의미를 상실해버린 것이다. 그러나 여기서 내가 신문학사조사라고 한데는 자기로선 어떤 명확한 개념을 정하기는 하였다. 더욱이 이번과 같이 사조를 중심해서 문학사를 서술해 가려고 할 때에 근대적인 사조가 조선에 들어온 근세를 일 분수령으로 해서 그 이전을 고대문학이라고 하는 것과 대립해서 그 뒤의 문학을 신사조의 문학, 또는 신문학이란 이름으로 통칭해본다. 신문학사조사란 근대사조가 들어온 이후의 근세 및 현대의 조선문학사조사를 말하는 것이다. (근대편 서문)

"신문학사조사란 근대사조가 들어온 이후의 근세 및 현대의 조선문학사조사를 말하는 것"이다. 이 대상 및 명칭 규정은 '근대'라는 썩 어색한 용어에도 불구하고, 이 책의 성격을 분명히 드러낸 것이다. "신문학사의 대상은 물론 조선의 근대문학이다. 무엇이 조선의 근대문학이냐 하면 물론 근대정신을 내용으로 하고 서구문학의 장르를 형식으로 한 조선의 문학이다"라는 임화의 문학사 규정과 족히 비교될 수 있다. 임화의 대상 규정이 보다 정밀하고 또한 방법론적인 데 비해 백철 쪽이 허술하게 보이는 것은 오직 한 가지 점, 곧 '근대사조'에 매달렸음에서 왔다.

대저 사조란 무엇인가. 사상의 흐름이란 한 시대의 사상의 일반적 흐름이기에 언제나 당대적이며 막연할 수밖에 없으며, 그것도 주된 흐름이기에 극히 시간적 제약 속에 있는 사상을 가리킴이 아닐 수 없다. 일반적으로 말해 시대적 유행성을 그 속성으로 한 용어라 할 것이다. 신문학사조사란 그러니까 신문학이 시작된 이래 그때그때 거쳐간 유행사조의 역사일 수밖에 없고, 따라서 그 어떤 것도 실체를 갖기 어렵게 되어 있다. 의상이나 정서의 유행처럼 항시 일시적이며 유행하자마자 조만간 사라지게 되어 있는 그런 운명을 가진 용어법이라 하지 않을 수 없다. 사상의 유행성이기에 어떤 사상도 현실의 토양에 동화되거나 뿌리를 내릴 수 없는 용어법에 가깝다. 그것은 물 위에 떠 있는 식물인 개구리밥과 같은 존재여서 바람 부는 대로 흔들림이 그의 운명인 것이다. 새로운 사상이 들어오면 대번에 '웰컴!' 하고 외치며 물불 가리지 않고 수용하여 홍분하다가도, 또 다른 사조가 들어오면 전의 것을 헌신짝 모양 던져버리고 다시 '웰컴!'을 외치기야말로 사조사의 운명이 아닐 수 없다. 이를 두고 '저널리즘적 속성'이라 하겠거니와 이 '웰컴주의'에 민감한 비평가로 백철 오른편에 설 자는 일찍이 없었다. 계급사상이 유행할 때 동경고사생 백철은 학업을 돌보지 않고 '웰컴 프롤레타리아 문학!'이라 했고, 휴머니즘이 유행하자 누구보다 재빨리 제목도 당당하게 '금년도 문학주류를 전망함'이라 부제를 단 「웰컴! 휴머니즘」(『조광』, 1937. 1)이라 했고, 잇달아 '웰컴 풍류문학!' 또 '웰컴, 시대적 우연의 수리!'라 했다. 흡사 카멜레온처럼 그때그때의 환경에 따라 색깔을 바꾸어 반응하는 이런 웰컴주의란, 백철만큼 달통한 경우가 없다할 때 대체 그것은 무엇을 가리킴일까. 이 물음은 한국 근대문학사를 논의할 때는 피해가기 어려운 대목이 아닐 수 없다.

근대를 문제삼는 한, 그 누구도 많건 적건 이 웰컴주의에서 자유롭기 어렵다. 후진국이 선진국의 문명을 수용하기 위해서는 당대를 지배하는 시대정신의 표현인 그때그때의 사조를 피할 수 없다. 문제는 그 정도에 있다고 할 것이다. 이 사실을 잘 보여주는 사례가 1930년대 말에 벌어진 유진오·김동리의 순수·비순수 논쟁이다. 조선 제일의 지식인이자 문학자인 유진오는 동반자에서 출발했고, 카프 문학이 퇴조되자 「창랑정기」(1938) 같은 전통회귀로 기울어졌으며, 신체제 사조 앞에서는 시정(市井)의 리얼리즘을 외쳤다. 이러한 시대사조 수용을 두고 유진오는 '순수성'이라 했다. 시대를 살아가는 문학인의 진지한 고민이라 규정했다. 잇달아 그는 또 이러한 순수성과 고민을 신세대는 모르기에 그들은 불순하다고 비판했다. 이에 대해 신세대의 대변인으로 자처한 「무녀도」(1936)의 작가 김동리는 정면으로 맞섰다. 진정한 문학인이란 출발 당초부터 운명적으로 순수하다는 것이 김동리의 논점이었다. 시대사조의 도입에 급급한 유진오 같은 문인이야말로 불순하며 공리적인 문학가라고 김동리가 주장할 때, 그가 선 자리는 보수적 토착주의라 할 것이다.

이상 세 가지 시대사조에 대한 세 가지 유형을 보았거니와 이들을 정리하면 아래와 같다.

(A) 백철의 웰컴주의란 무차별적이어서 고뇌의 흔적이 거의 없다는 것, (B) 유진오의 시대사조 수용에서 주목되는 것은 문학이나 삶을 시대사조와 결합시키려 한 최소한의 고민을 동반한 점, (C) 김동리의 논점은 반근대주의 곧 토착적인 전근대적 일상적 삶을 문학적 현실로 보았다는 것. 이 중 (A), (B)는 근본에서 같으나 그 밀도의 차이가 인정되며 (A), (B)에 맞서는 것이 (C) 김동리의 위상이라 할 것이다.

'구경적 생의 형식'으로서 김동리의 문학관이 놀라운 폭발력을 가졌던 것은 (A), (B)를 한꺼번에 부정할 수 있는 논리였음에서 왔다(졸저, 『김동리와 그의 시대』, 민음사, 1994). (A), (B)란 그 아무리 대단하거나 시시해도 해외에서 들어온 것인 만큼 전적인 부정의 대상일 수 있었다. 백철은 김동리의 대척점에 선 문인이었다. 철저히 무비판적 웰컴주의의 태도로 시종일관했던 것인데, 이 단순명쾌한 사실을 아주 명쾌하게 정리해놓은 것이 백철 신문학사의 본질이다.

〔우리문학회 주최, 백철 탄생 백주년 기념학술대회, 기조논문, 2008. 5. 31〕

김소운 글쓰기의 세 가지 쟁점
— 은관문화훈장의 무게 달기

1. 맹목의 체험적 균형감각

나라와 겨레가 어려웠던 1907년 남쪽 항도 부산 영도에서 한 소년이 태어났소. 3·1운동이 나던 해 중학을 중퇴한 이 소년은 독학으로 글쓰기에 나아가 마침내 일가견을 이루었소. 74세로 죽기 1년 전, 한국정부가 은관문화훈장(1980. 10)을 수여했음이 그 증거. 그가 이룬 일가견의 경지란 대체 어떠한 것인가. 이를 조금 알아보기 위해 붓을 들었소.

김소운의 글쓰기에서 분량상 제일 많은 것이 수필이오. 밀도 높은 글도, 냉소적인 것도, 터무니없이 감상적인 것도 뒤섞여 큰 울림을 내고 있지만, 주조적인 울림은 어떤 균형감각이라 하겠지요. 어떤 균형감각이라 했거니와 그것은 현해탄을 가운데 둔 일본인에 대한 균형감각으로 수렴되는 것. 김소운에 있어 일본인이란 무엇인가. 이 물음은 그가 체험한 일본인이란 무엇인가에로 향합니다. 체험적 일본인이라 할 때, 금방 드러나는 것은 악종(惡種)과 선종(善種)의 구별. 극히 단순한 이분법이지만, 특징적인 것은 그의 체험 속에서 일본인의 악종이란 무식꾼이며 선종이란 유식한 부류라는 점에 있소. 균형감각이란 이 둘의 무게 달기인 셈. 이를 전형적으로 보여주는 것이 20대 청년시절 오사카에서 겪은 체험기인 「의인(義人)」입니다.

한복 입고 전차를 타다가 차장과 시비가 벌어져 집단폭행을 당하기 직전, 그를 구해준 이는 저 유명한 지식인. 이름도 당당한 일본 세계사 사장 니시사카 호지〔西阪保治〕.

이 두 종류의 일본인을 보여주는 김소운의 체험적 균형감각의 글쓰기란 누가 보아도 실화이기에 앞서 한편의 극적인 '작품'이지요. 최고의 수사학을 동원한 허구적 글쓰기에 해당되는 것. 그는 이 「의인」이란 글을 스스로를 춘원과 동급으로 은근히 비유한 수필집 『삼오당 잡필』(1955)의 마지막 장인 「사안록(斜眼錄)」의 끝에 놓아 이 수필집의 결론으로 삼았고, 일어로 된 수필집 『은수삼십년(恩讎三十年)』의 첫 항목에 놓고 있습니다.

그러나 조금만 사려 깊은 독자라면 이러한 체험적 균형감각이란 가장 중요한 점에서 맹목이라고 여지없이 비판하겠지요. 조선인의 처지에서 보면 그런 균형감각이란 원리적으로 무효인 까닭. 당초 그가 한복을 입지 않았다면 그 무식한 전차 차장과의 시비는 물론, 그 잘난 '의인'도 만나지 않았을 테니까.

2. 오리엔탈리즘의 시선에서 바라보기

김소운식의 체험적 균형감각과 그 수사학에다 한국 정부가 은관문화훈장을 수여했을 이치가 없음은 삼척동자도 아는 일. 그렇다면 김소운 글쓰기의 황금 부분은 어떤 영역일까. 사람들은 쉽사리 또 당연히 한국 근대시를 일역한 시집 『젖빛 구름』(1940), 또 『조선시집』 (전기·중기, 1943)을 손으로 가리키겠죠. 여기에 대해 시비를 건다는 것은 누가 보아도 무리. 김소운의 천재적 직관이 빚어낸 업적임에 틀림없고 보면, 또 그것이 일본인에 끼친 영향력을 고려한다면 가히 은관문화훈장감이 아닐 수 없지요. 한편 일본의 대표적 시인 기타하라 하쿠슈〔北原白秋〕, 사토 하루오〔佐藤春夫〕를 비롯, 이마미치 도모노부〔今道友信〕, 하가 도루〔芳賀徹〕 등이 이를 통해 조선시를 죽고 못 살 만큼 좋아했음이 사실이라면, 한국 정부가 일본민예관 창설자인 야나기 무네요시〔柳宗悅〕에게 보관문화훈장(1984. 9)을 수여했듯 어쩌면 일본 정부도 그에게 문화훈장을 줄 법도 하지 않겠소. 그러나 일본 정부는 그러지 않았소. 그들에게는 그들 나름의 이유가 얼마든지 있었을 터. 그러한 이유 중에 하나를 제 나름대로 추리해봅니다. 제가 주목한 곳은 다음 대목.

일본의 문학자는 영미의 문학을 일본어로 번역하고 있습니다. 중국, 프랑스, 러시아 등의 그 훌륭한 문학작품을 일본어로 옮긴 것은 일본의 문인들입니다. 일본의 문화인은 타국의 말을 진실되게 공부해서 그것들을 일본어로 자국의 문화로 이끌어들였습니다. 그런데 이웃 한민족의 문학작품만은 일본인의 손을 거치지 않고 그대(김소운—인용자) 나라 사람들의 신세를 지게 되었다는 것은 조선에 관심을 가진 우리들(일본인)이 깊이 반성하지 않으면 안 되는 것입니다. 조선어를 공부하지 않은 일본인의 성의 부족의 결과입니다.

(미키 하루오〔三木治夫〕, 「『목근통신』을 읽고」; 김소운, 『은수삼십년』, 다비드사, 1954, p. 210 재인용)

우엔다 빈〔上田敏〕, 호리구치 다이가쿠〔堀口大學〕 등의 서구시 번역을 비롯, 『노신전집』까지도 모조리 일본인의 손으로 번역되었소. 선진 서양문명을 배워 세계적인 국가를 만들고자 하는 일본인의 피나는 노력의 결과로 이 사정이 설명되지 않겠는가. 이것은 근면하고 총명한 일본인의 커다란 저력을 보여주는 사례라 할 것이오.

이 장면에서 저는 혼자 망상을 해보오. 그들의 목표가 선진국 문화공부에 있었던 만큼 조선에 대해 무관심한 것은 별로 이상하지 않지요. 그런데 어느새 서양과 대등한 위치에 이르고, 그들과 대결하는 마당(제1차 세계대전 직후 일본은 세계 4대 강국이었다)에 이르자 사정이 달라졌지 않았을까. 탈아론(脫亞論)의 또 다른 변형인 대동아공영권의 모색이 그것. 이 논의에서 일본 낭만파의 논지란 선명했을 터.

『만요슈〔萬葉集〕』가 빛나기 위해서는 『시경』이 있어야 했고, 그 연장선상에 『삼대목』이 있어야 했을 터. 조선의 시에 대한 인식이 서서히 의식의 표층에 떠올랐을 수도 있을 법. 그때 일본인들은 아마도 조선시에 대한 자각이 싹텄을지도 모르오. 『젖빛 구름』이 놀랍게도 그들 옆에 놓여 있지 않겠는가.

이 장면에서 다시 감히 저는 혼자서 상상해보오. 이 무렵 그들의 심리 속에는 혹시 우월감과 수치심의 복합적 감정이 형성되지 않았을까. 자기들이 조선어를 공부해서 번역해야 할 조선시를 김소운에 의해 놓쳤다는 것에 대한 아쉬움과, 조선시 번역 따위란 김소운 같은 '도구'를 사용해서 이루어냈다는 자부심의 복합적 정서가 생겨나지 않았을까. 혹은 식민지인인 김소운이 일본의 밑바닥까지 알아버린 것에 대한 모종의 일본인다운 수치와, 김소운을 통해 자기들도 모르고 있는 모종의 것을 발견함에 대한 반가움과 부끄러움의 복합 심리가 작동하지 않았을까.

3. 한국문학사의 시선에서 바라보기

『젖빛 구름』에 대해 하가 씨는 이렇게 말한 바 있습니다. "한일관계의 과거, 현재뿐 아니라 미래에 걸치는 긴급과제의 하나"(1949. 10)라고. 사토 하루오는 또 이렇게 말했지요. "조선이 이런 방법으로 우리에게 응수하다니"라고. 이런 언설들이란 싸잡아 저 악명 높은 오리엔탈리즘의 발로임은 새삼 말할 것도 없겠지요. 『젖빛 구름』도 이러한 비판적 시각에서 자유롭기 어려울 터. 이하윤의 시 「들국화」를 「나는 들에 핀 국화를 사랑합니다」로 개명하여 번역함으로써 한국 근대시의 위치를 가늠케 한 점이 특히 이 과제에 관련됩니다(졸고, 「한국 근대문학사의 시선에서 본 김소운」, 『한일 근대문학의 관련양상 신론』, 서울대출판부, 2001).

이러한 오리엔탈리즘의 시각과는 별도로 다음 두 가지 점도 지적될 수 있습니다. (A) 원문에 없는 부분을 역자가 멋대로 삽입하거나 바꾼 것, (B) 산문(편지)으로 된 원문을 멋대로 시작(詩作)해서 번역한 것. (A)를 조금 볼까요.

고향의 찾어 무얼하리
일가 흩어지고 집흐너진데
저녁 가마귀 가을풀에 울고
마을앞 시내도 녯자리 바뀌었을라.

김소운의 번역은 'ふるさとを戀ひて何せむ'라는 제목이며, 그 첫 연은 이러하오.

ふるさとを戀ひて何せむ
血縁絶え吾家の失せて
夕鴉ひとり啼くらむ
村井戸も遷されたらむ

"마을 시내도 녯(옛) 자리 바뀌었을라"가 "村井戸も遷されたらむ"로 번역되어 있지 않겠는가. 물론 이러한 번역은 원시의 분위기를 적절히 살리기 위한 특출한 감각의 작동의 결과이고, 또 이는 역자의 권리일지 모르오. 번역이 제2의 창작이라 함은 이런 문맥에서 일 터. 그럼에도 이 대목이 희극적으로 느껴지는 것은 웬 까닭일까. 도마〔藤間〕·김소운 사이에 논쟁의 핵심 중 하나가 그 "잃어진 무덤"과 "村井戸"에 걸려 있었던 까닭입니다. 일제가 무덤도 파헤쳤을 뿐 아니라 '마을 우물'도 옮기게 했다는 것으로 해석한 도마 씨가 이에 멈추지 않고, 이광수론으로 옮아갔던 것이지요. 이에 대해 김소운은 "황당무계한 억측과 독단"이라 비판, 자기의 번역시가 이러한 해석에 도움을 주고 있음을 알고 소름이 끼쳤다고 했소(「억측과 독단의 미로」, 『문학』, 1956. 6).

원시에는 없는 "村井戶"로 빚어진 이 논쟁의 성격을 어떻게 이해해야 적절할까. 한갓 해프닝이었을까. 혹은 번역 구절과는 무관한 본질적인 그 무엇이 박용철, 이하윤뿐 아니라 이른바 '조선시(朝鮮詩)' 자체 속에 장전되어 있었던 까닭일까.

(B)부분은 어떠할까. 김소운의 『조선시집』에는 이상의 시 「청령」과 「하나의 밤」 등 2편이 들어 있습니다. 시골에 간 이상이 김소운에게 보내온 편지를 개조하여 시로 만들어 번역한 것. 대체 이런 경우는 어떻게 보아야 적절할까. 덕분에 이상의 두 작품이 구제되긴 했지만, 과연 그것이 본래적 의미의 구제일까. (A), (B)가 안고 있는 문제점이란 새삼 무엇일까. 한일 간의 문학적 관련 양상과는 무관한 문학사의 과제라 할 것입니다. 김소운의 황금 부분이 아직도 현재적인 곡절도 이에서 옵니다.

〔문학의집 주최, 김소운 탄생 백주년 초청강연, 2007. 4〕

『춘향전』의 특수성과 세계화의 가능성

1. 『춘향전』과 『구운몽』

한국 고전문학의 대표작 두 편을 들라면, 대부분의 사람들은 『춘향전』과 『구운몽』을 뽑지 않을까 싶습니다. 문학적 성취도에서도 그러하지만 세계 속에 알려진 지명도에서도 그러하기 때문입니다. 그러나 관심 있는 사람이라면 이 엄연한 현상 앞에 한 가지 의문을 던질 법합니다. 두 작품의 성격이나 지향성이 판이하게 다르다는 사실이 그것입니다. 이렇게 서로 지향성이 다른 두 작품이 어째서 그동안, 그러니까 19세기에서 20세기에 걸쳐 한국 고전문학을 대표해 왔는가. 이 의문이 갖는 의의를 알아보고자 함이 이 글의 취지입니다. 그러기에 이 글은 한편으로는 『춘향전』론이지만 다른 한편으로는 『구운몽』론이기도 합니다. 이를 통해 문학형식의 원형적인 두 가지 유형론까지 논의할 수 없을까 하는 바람도, 또한 그것이 21세기인 오늘에서는 어떠할까 하는 바람도 이 글의 취지 속에 들어 있습니다.

2. 열린 구조와 닫힌 구조

대중에게 제일 사랑받는 작품은 『구운몽』이 아니라 『춘향전』입니다. 이 대중성을 입증하는 가장 확실한 물적 증거를 들라면 주저 없이 20여 종의 『춘향전』 이본을 내세울 수 있습니다. 『심청전』이나 『구운몽』처럼 이본이 거의 없는 경우와 비교할 때 『춘향전』의 수많은 이본은 일종의 놀라움이 아니면 안 됩니다. 더욱 놀라운 것은 『춘향전』의 저러한 이본들이 소설 양식에만 걸쳐 있지 않고 판소리계 양식, 연희계 양식 등으로 뻗어 있다는 점에서 옵니다. 이 판소리계 양식은 문헌적 연구를 비웃으며 그 커다란 그림자로 예술 장르 전체를 휩싸기조차 할 지경이지요. 대체 소설이 먼저냐, 판소리가 먼저냐의 논쟁이 『춘향전』 연구사에서 그토록 요란히 논의된 것도 바로 이런 사실에서 왔습니다. 단계별로 보면 이러합니다.

(A) 소설 선행설: 근원설화 → 소설 → 판소리
『춘향전』의 고본은 옛날 이야기책으로 전해오던 것을 광대들이 입으로 옮기기 시작했다는 주장(김태준)
(B) 판소리 선행설: 설화 → 타령 → 서민소설(김삼불, 김동욱)
(C) 무악 기원설: 무굿 → 광대창극 → 소설(정노식, 이혜구)

이 세 가지 텍스트의 관계를 전문가들은 이렇게 말합니다.

『춘향전』 이본은 소설 정착본, 판소리 창본, 창극 연희본의 세 가지로 분류되고 있다. 소설과 창본의 경우 장단의 명시 여부 외에는 명확한 변별성을 찾기 어려우며, 사설이 일반 고전소설과 달리 많은 시가류가 삽입되어 짜여졌으며, 역사적 형성과정에서 현장성을 바탕으로 한 광대의 연희에 의해 미의식이 드러난 구전 판소리의 정착이란 점이 『춘향전』 작품 연구에 앞서 전개되어야 할 것이다. 아울러 작품의 본질을 구명함에는 판소리 사설과 변별성을 갖는 문체와 표현의 독자성에 대한 높은 연구 작업이 요청된다.

(김의정, 「『춘향전』」, 『고전소설연구』, 일지사, 1993, p. 453)

이렇게 다양한 이본들의 생성과 출현과 소멸이란 무엇보다 그것이 적층문학(積層文學)의 성격을 가졌다는 점에서 왔지요. 한 사람의 작가가 뚜렷한 의도를 가지고 창작한 것이 아니라, 여러 계층에 의해 보태고, 벌리고, 넓히고, 또 빼기도 한 시대성의 반영으로 이루어진 『춘향전』이란 그만큼 유연하고 풍부해서 도무지 어떤 미학적 잣대로도 규정할 수 없는 일종의 괴물스런 존재로 화한 형국을 빚었습니다. 요컨대 지금도 진행 중에 있는 형식, 곧 형성과정의 존재라 규정됩니다. 이 개방의 형식이야말로 『춘향전』을 특징짓는 거멀못이라 하겠습니다. 『구운몽』과 비교할 때 이 점이 한층 선명해집니다.

선교사 제임스 S. 게일(1863~1937)의 영역 *The Cloud Dream of the Nine*(London, 1922) 이래 『구운몽』은 한국 고전의 대표작으로 여러 외국 연구자들에 의해 연구대상이 되었습니다. 외국 연구자들이라 했거니와 여기에는 프랑스 학자 다니엘 부셰, 체코의 M. 뢰웬슈타이노바 등의 업적이 포함됩니다. 어째서 외국 연구자들이 『춘향전』을 외면하고 유독『구운몽』연구에 나아갔을까. 다음 두 가지 점이 지적됩니다(졸고,「완결의 양식과 출발의 양식」,『한국문학사논고』, 법문사, 1973).

첫째, 김만중이라는 작가의 창작물이라는 점. 그러기에 작가의 의도, 사상 및 개성이 뚜렷합니다. 두루 아는 바와 같이 우리『구운몽』(1689)은 중국의 대작품『홍루몽』보다 조금 앞서 나온 것(60여 년)으로 김만중 개인이 지은 것입니다.『구운몽』은『홍루몽』과 더불어 시작과 중간과 끝이 분명합니다. 아리스토텔레스가 그의『시학』에서 발견한 최대의 논리가 바로 시작, 중간, 끝의 개념이지요.『구운몽』은 구슬의 모티프로 시작됩니다. 육관대사의 수제자 성진이 남해 용궁에서 술을 먹고 돌아오고, 남해 용궁에서 육관대사에게 파견된 팔선녀가 돌아가는 도중, 돌다리(석교)에서 딱 마주칩니다. 길을 비키라고 시비가 붙지요. "옛 인도의 행자 달마는 연꽃잎으로 인도양을 건넜는데, 육관대사의 수제자가 기껏 돌다리 하나를 두고 아녀자와 다투느냐"라는 팔선녀의 항의에 부딪힌 성진은, 만용을 부려 도화 가지를 훑어 꽃잎을 뿌렸습니다. 꽃잎은 여덟 개의 구슬로 변하고, 팔선녀가 각각 하나씩 갖고 떠납니다. 이 구슬 모티프가 이 작품의 시작이지요. 그로 말미암아 성진은 당나라 회남땅 양처사의 아들로 태어나 인간세상의 괴로움을 겪어야 하며, 팔선녀 역시 지상으로 추방되어 고해 속을 헤매게 됩니다. 그 헤맴 속에서 인간 양소유(지상에서 성진의 이름)는 팔선녀의 화신들을 하나하나 만나 부귀를 누리는 것이 이른바 중간에 해당됩니다. 끝은 무엇인가. 피리 모티프가 그것이지요. 일인지하 만인지상의 지위에 올랐고, 팔선녀를 거느린 양소유는 늙어서야 인생무상을 깨닫고 불도에 귀의하고자 결심합니다. 그것은 피리 소리의 구슬픔을 신호로 하여 마침내 자각되지요.

시작, 중간, 끝이 이토록 분명하기에 『구운몽』은 미학적 해석이 가능합니다. 우리 학계에서 박사학위 논문이 여러 편 씌어진 것은 『구운몽』 쪽입니다.

둘째, 중국 당나라를 배경으로 했다는 점. 조선에 국한된 것이 아니라 중국 문화권에 속한 점이 좀더 보편성을 가질 수 있었던 이유라고 볼 것입니다(M. 뢰웬슈타이노바의 『구운몽』 체코어역(1992)에서는 주인공의 이름을 중국식으로 표기했다). 또 그 때문에 중국의 전설적인 지명 운몽(雲夢) 평야와 관련된 것으로 보아 아홉 운몽, 곧 A Nine Cloud Dream으로 보는 견해도 있습니다(다니엘 부셰, 「구운몽의 제목에 대하여」, 『동방학지』, 2006.12; R. Rutt, 김종운 옮김, *A Nine Cloud Dream*, Unesco, 1974도 이와 무관하지 않다).

이러한 완결의 형식은 그 자체로 미학적 완성체여서 학문적 논의를 가능케 했습니다. 『춘향전』의 그토록 많은 이본이 『구운몽』에는 거의 없는 것도 이 때문이지요. 『구운몽』의 텍스트 연구에서 문제적인 것은 그것이 한글본이냐 한문본이냐에 있을 따름입니다. 전자를 대표하는 쪽이 부셰 교수이며, 후자는 정규복 교수로 대표됩니다. 프랑스 부셰 교수의 「『구운몽』 저작언어 변증」(『한국학보』 제68호, 1970)과 정규복 교수의 반론 「다니엘 부셰의 '『구운몽』 저작언어 변증' 비판」(『한국학보』 제69호)은 학계의 주목거리이기도 했습니다.

3. 포킨의 발레 「사랑의 시련」

해외에서 『춘향전』은 과연 어떠했을까. 이 물음에 제일 민감한 반응이 지난해 한 기자에 의해 만천하에 드러났습니다. 파리 특파원 김승열 씨의 현지 스쿠프「포킨의 춘향, 망각의 먼지를 털고 소생하다」(『아트뷰』, 2006)가 그것이지요. 러시아 출신의 세계적인 미국 무용가 미하일 포킨(1880~1942)이 안무한「춘향전」이 있다는 것. 그 중 세번째 버전(1956)의 자료들을 파리 특파원 김승열 씨가 발굴했는바, 여기에는 당시의 원색 무대 및 무용수들의 사진이 들어 있습니다. 기사에 따르면, 포킨이『춘향전』을 대본으로 몬테카를로 발레뤼스를 위해 한 편의 발레를 만든 것은 1932년이며, 이 작품이 초연된 것은 1936년 4월 4일입니다. 춘향 분에 발레리나 베라 네므치노바, 이도령 분에 앙드레 에즐레프스키로 되어 있습니다. 당시의 공연 제목이「사랑의 시련」이었고, 그 배경음악이 모차르트의「사랑의 시련」이었다는 것 등이 밝혀졌습니다.

그러나 여기에는 한 가지 중요한 점이 빠져 있었는바, 과연 원작이 어느 것이었느냐가 그것. 왜냐하면 발레「사랑의 시련」의 내용이 춘향과 이도령의 사랑 이야기이긴 해도 그 내용이 너무 다르기 때문이지요.

춘향의 아비는 고관이며 가난한 젊은이가 춘향에게 구혼합니다. 아비는 둘의 사랑을 반대하지요. 구애하러온 서양의 대사가 등장, 보물을 내놓습니다. 춘향이 대사에게 끌려가자 용으로 변신한 젊은이가 대사 일행을 물리칩니다. 용의 탈을 벗은 젊은이가 춘향과 맺어집니다.

이름 그대로「사랑의 시련」이긴 해도, 과연 이를『춘향전』이라 할 수 있을까. '춘향Chung Jang'이란 이름만 등장했지 내용이 보다시피 판이합니다. 이것만으로는 한국의『춘향전』인지 중국의 어떤 것인지 알기 어렵지요. 그렇다면 과연 포킨이나 그 주변 인물들이 본「사랑의 시련」의 원본은 무엇일까. 김승열 씨가 알아낸 것은 홍종우와 로

뉴욕 공립도서관 소장, 포킨의 「사랑의 시련」 발굴 관련 기사(『동아일보』, 2006. 12. 14)

니가 번역한 『향기로운 봄』(1892)이었습니다. 여기에는 춘향이 기생 월매의 딸이 아니고 서민의 딸로 그려져 있고, 이도령의 아버지도 전라도 남원 고을 이등사또Mandarin nomme I—Toreng로 되어 있다는 것. "놀라지 않을 수 없는 대목이다"라고 김승열 씨가 외친 것은 「사랑의 시련」이 중국 국적이 아니라는 점에서 왔습니다. 포킨의 「사랑의 시련」에는 춘향 부친을 Mandarin(중국식 관리)이라 했음에 주목하라고 한 것도 이를 새삼 말해주는 것입니다(김승열, 「유럽이 만난 춘향의 흔적을 좇아서」, 『아트뷰』, 2007. 1). 이를 계기로 뉴욕 공립도서관 소장 포킨의 「사랑의 시련」 동영상(28분 분량)이 발견되기도 했습니다(공종식 특파원, 『동아일보』, 2006. 12. 14).

4. 프랑스어판 『춘향전』과 그 주변문제

『춘향전』이 서양에 소개된 것은 언제부터였을까. 그 머리에 오는 것은 아마도 주한조선공사인 미국인 H. N. 알렌의 『조선의 이야기』 (New York: G. P. Putnam's Sons, 1889)라 추정됩니다. 이 책에 소개된 조선문학으로는 『홍부놀부전』 『춘향전』 『심청전』 『홍길동전』 등이며, 이중 『춘향전』에서는 「정숙한 무희로서의 아내」라는 제목을 달았습니다. 기생이란 표현 대신 무희라 한 점은 주목할 곳입니다.

두번째로 그러면서도 본격적으로 소개·번역된 것은 앞에서 이미 언급된 홍종우·로니 역의 『향기로운 봄 Printems Parfume』입니다. 제가 이 책을 접한 것은, 제 요청에 의해 당시 프랑스에 체류 중인 김화영 교수가 1985년 3월에 보내준 복사본이었습니다. 제가 김옥균의 암살자 홍종우의 자료를 검토하고 이를 「정치적 암살자」(『한국학보』 제7호, 1977)라 하며 학계에 발표한 바 있거니와, 그 때문에 홍종우에 대한 관심이 유별했습니다. 그가 『춘향전』을 비롯, 우리 고전을 번역한 인물로 알려졌기 때문입니다. 기욤 소총서의 하나로 간행된 이 책의 역자는 조제프 앙리 로니 J. H. Rosny로 되어 있을 뿐 홍종우의 이름은 어디에도 없습니다. 한국어를 모르는 소설가 로니가 어떻게 혼자서 번역했을까. 이 물음에 응해오는 것이 있습니다. 기메 박물관 촉탁으로 있던 홍종우의 도움을 받았던 것으로 알려졌음이 그것(두 해 동안 한국여권으로, 일본 정계의 거물 이타가키 다이스케〔板垣退助〕의 추천장으로 파리에 머문 홍종우의 불어 실력 여부는 알기 어렵다. 혹시 동양학교 일본어교수 Leon de Rosny의 도움을 받았는지도 모른다). '한국소설'이라 표제를 단 『향기로운 봄』(삽화는 Harold와 Mitte)의 인기는 어떠했을까. 『향기로운 봄』이 『이도령과 아름다운 춘향의 사랑』이라 개제되어 『레뷔 데 레뷔 Revue des Revue』 (1895. 7~8)에 연재되었음에도 어느 정도 그 인기의 일단을 엿볼 수 있긴 합니다. 동양에 대한 탐구열이 제국주의 침탈 기세와 더불어

높았던 시대상의 반영인지도 모릅니다.

우선 이 기음 총서는 그들의 주장에 따르면 단순한 고전총서가 아니고, 오히려 그 영역을 넓힌 것입니다. 곧 위대한 유럽문학(그리스, 라틴, 프랑스, 이탈리아, 스페인, 슬라브, 영국, 독일, 스칸디나비아) 외에 그들에게는 매우 낯선 인도, 중국, 일본, 페르시아, 아라비아의 소설들과 이야기들을 포함하고 있습니다. 서양에서의 낯선, 그리고 매력적인 동양의 문학 중 한국의 걸작소설로 춘향전을 선택한 것이 이 총서의 안목이라 할 수 있겠지요. 가죽으로 장정된 매우 고급책(3프랑, 2프랑 두 가지)이며, 호화 용지에 이 총서를 위해 특별 활자(엘제비르 활자)를 사용했습니다. 속표지에서부터 삽화가 있고, 장마다 군데군데 삽화가 끼어 있는데, 그 모두가 서양인들의 의상을 입은 신사숙녀로 되어 있습니다. 무도회에 춤추러 다니는 19세기 말 프랑스의 신사숙녀를 그대로 그려놓은 것인 만큼 우리 원본 『춘향전』(경판본)과는 매우 다른 인상을 주고 있습니다. 곧 프랑스식으로 분식된 작품이지요. 『춘향전』을 번역한 로니는 소설가다운 상상력까지 동원, 긴 서문을 써놓았습니다. 이를 정리해보면 아래와 같습니다(자세한 것은 졸고, 「홍종우와 춘향전 프랑스어 번역」, 『한국학보』 제40호, 1985 참조. 김경란 씨의 『춘향전』 발췌 번역도 여기에 수록되어 있다).

(1) 춘향이 기생이 아니라는 점. 춘향은 다만 '서민의 딸'에 해당됩니다.

(2) 춘향의 모, 기생 월매가 등장하지 않는다는 점. 기생이란 점을 전혀 염두에 두지 않았기 때문에 퇴기 월매의 존재는 의미가 없지요. 아마도 홍종우가 춘향이 월매의 딸임을 알고 있었지만 한국의 고상한 남녀의 사랑을 다룬 소설임을 강조한 나머지 이 점을 숨겼지 않았나 짐작됩니다. 역자 로니가 한국어를 모르는 만큼 일본어를 통

해 홍종우와 대화를 하면서 번역했던 점을 상기할 필요가 있습니다. 로니는 물론, 『직성행년편람』의 역자 슈발리에도 홍종우를 매우 고상한 인격자로 적고 있음을 보아도 이 사실을 조금 엿볼 수 있지요.

(3) 향단이 완전히 빠져 있다는 점. 그 대신 매파가 개입되어 있지요. 원래『춘향전』의 매파역은 방자, 월매, 향단 등이 맡은 것이었습니다. 그러니까 로니가 설정한 매파 개념은 향단, 월매의 대역으로 고안된 것이라 할 수 있지요.

(4) 이도령이 춘향에게 접근하는 방식이『구운몽』중의 정경패 부분 및『숙영낭자전』의 만남 모티프와 흡사합니다. 이도령이 춘향을 만나기 위해 여장을 한 것이 특징적입니다.

이처럼 로니는『춘향전』을 그들의 취향에 맞게 개변하여 번역하였습니다. 이러한 개변은 홍종우에 말미암은 부분도 있겠지만 로니의 결단에 의한 부분도 없지 않을 것입니다. 로니는 그가 서양인으로서 이해할 수 있는 범위, 그리고 그와 출판인들도 독자를 납득시킬 수 있는 방식을 택하였을 것이기 때문입니다. 감옥에 갇힌 춘향을 찾아온 이도령이 철창을 가운데 두고 손을 벌려 키스를 한다는 장면도 그러한 것의 한 가지 방식입니다.

로니가『춘향전』을 번역하는 마당에서 저지른 몇 가지 착오는 대수로울 것이 못 됩니다. 춘향과 이도령이 실존인물이라고 한 점, 소설가는 모두 서출이라 반정부적이어서 떳떳하게 나서지 못한다는 것, 홍종우는 3,500년 전 중국학자 홍 씨의 후손(기자조선을 주장한 것)이라는 점, 한국인은 순수한 중국인(문화면에서만)이라는 것 등등이 그 착오인데, 이러한 착오는 실상은 로니의 것이 아니라 홍종우의 것에 지나지 않습니다. 홍종우가 그러한 착각을 갖고 있었거니와, 따지고 보면 그것은 홍종우뿐만 아니라 당시 사대부들 상당수가 가졌던 착오였을 것입니다.

역자 로니가 『춘향전』을 번역하면서 가진 근본태도는 무엇일까요. 제가 갖는 최대의 관심은 이곳에 있었습니다. 그것은 서문에서 그가 말해놓은 다음 대목에서 엿볼 수 있지요.

金樽美酒千人血 玉盤佳肴萬姓膏 燭淚落時民淚落 歌聲高處怨聲高

이 시를 두고 로니는 이렇게 말해놓고 있습니다.

이 짧은 전원시는 코리아에 대하여, 몽골인의 정신과 감정에 대하여 더 긴 이야기를 하는 것보다 더 잘 가르쳐주리라는 것을 우리는 확신하고 있다. 이것은 우리가 항상 배워야 할 필요가 있는 것을 우리에게 가르쳐줄 것이다. 즉 적대적인 인종들의 미와 선을 이 전원시는 갈색피부를 한 형제들에 대한 또한 우리들에게 지속과 보존의 비밀을 가르쳐줄 수 있는 이 느린 황색의 문명에 대한 아주 인상적인 공감을 우리에게 불러일으킬 것이다. 그리고 어쩌면 이 전원시는, 우리와 홍인종과의 만남이 그러했던 것처럼 그들과 우리의 만남이 전혀 파괴적인 것이 되지 않도록 도와줄는지도 모른다. (서문 끝부분)

만일 『춘향전』이 한국의 고전이라면 그것은 곧 세계 여러 인종들의 가슴속에 적대감을 허물 수 있는 힘을 가지고 있을 것이라는 로니의 지적은 값비싼 것이라고 저는 생각합니다. 셰익스피어나 보들레르가 영국이나 프랑스의 고전이라면 그것들이 동시에 세계 여러 인종들 가슴속의 적대감을 허물 수 있는 힘을 가졌을 것입니다. 그렇지 않다면 누가 그런 것을 고전이라고 할까보냐. 로니는 『춘향전』

을 그러한 고전의 하나로 보고 번역한 것이라 생각됩니다.

끝으로 한 가지 더 말해두어도 괜찮을 것이 있습니다. 로니가 우리 『춘향전』에서 "아무도 죽지 않음"에 대해 매우 충격을 받았다는 점입니다. "이 이야기 속에서는 아무도 죽지 않는다는 것, 못된 관리조차 죽지 않는다는 것을 지적해야겠다"라고 로니는 말하고, 그 이유를 또한 매우 그럴 듯하게 말해놓고 있습니다.

작가는 자기 주인공의 사랑스런 얼굴 위에 피가 흐르는 것을 원치 않았다. 이도령과 춘향은 마지막까지 그들의 품위 있는 선의와 고결함을 지킨다. 어찌나 고귀하던지 우리 자존심 많은 유럽에서, 이보다 더 위대한 것으로 여기에다 필적시킬 것이 아무것도 없다.

5. 21세기의 화려한 세계무대

한국 고전문학의 대표작으로 『춘향전』과 『구운몽』을 들 수 있음을 위에서 몇 가지 사례를 들어 살폈습니다. 그러나 이 두 작품의 성격이 아주 다르다는 것이 그 양식상에서 드러났습니다. 『춘향전』이 열려 있는 구조, 다시 말해 형성 중에 있는 작품이라는 사실이 제일 특징적인 점입니다. 많은 이본이 있다는 점에서, 그리고 소설 형식(서사 양식), 판소리 형식(음악 양식), 연희 형식(연주 양식) 등의 종합적 성격이 열려 있는 구조를 증거하는 것입니다. 이러한 잡스럽다고도 할 수 있는 다양성이란 기생과 양반, 춘향과 이몽룡의 사랑에 관련됨으로써 대중성과 아울러 풍요로움을 갖게 된 것입니다. 조금 다르게 말해 고정되지 않은, 일종의 유동적 내용과 형식의 결합체라 말해도 되겠지요.

『구운몽』은 이에 비할 때 아주 단순합니다. 폐쇄적 양식 또는 완결된 형식인 까닭입니다. 이것은 『구운몽』의 내용이 지닌 단일성에서 연유된 것입니다. 유교, 불교, 도교 등을 기반으로 한 양반층 사회의 틀이 지닌 폐쇄된 공간이 작품의 단일성을 가져온 것입니다. 이 단일성이란 미학적 과제를 가능케 하는 요인입니다. 문예학적 연구를 가능케 한 근거도 여기에서 옵니다. 게일 박사의 영역 이래 한국 고전소설의 대표작으로 『구운몽』이 학자들 간에 논의된 까닭도 이로써 설명됩니다. 또한 『구운몽』이 그 자체로 지방성을 극복한 점도 그 이유의 하나입니다. 배경이 당나라이며 주인공이 과거를 통해 출세하는 관리의 세계를 다루었기에 당초 한국적 지방성을 뛰어넘었던 것입니다. 이에 견준다면 『춘향전』은 이와 사정이 크게 다릅니다. 이상과 같은 견해는, 20세기 저쪽에서 그것도 구세대 국문학도인 저 같은 사람의 것에 지나지 않습니다. 그러기에 한갓 편견이라 해도 틀린 말은 아닙니다. 21세기의 새로운 국문학도 및 신세대 대중의 견해는 어떠할까요. 이 점 새삼 궁금합니다. 그 궁금증이 조금은 풀릴 듯한 예감이 듭니다. 바로 이것이 제가 이 글을 쓰게 된 이유이기도 합니다.

21세기에 있어 『춘향전』이란 무엇인가. 이 물음에 즉각 응해온 것이 앞에서 든 포킨의 「사랑의 시련」, 곧 발레 장르입니다. 화려한 무대 위에 춤추는 미희(美姬) 춘향과 미남 이도령을 보시라. 그 배경 음악이 저 천재 모차르트의 「사랑의 시련」임을 귀 있는 자 들으시라. 이미 『춘향전』은 한국이라는 지방성을 뛰어넘어 세계의 무대 위에 화려한 불꽃을 흩뿌리고 있습니다.

〔『춘향전』 국제심포지엄(남원), 2007. 5. 3~6〕

김현과 세사르 프랑크 마주하기
── 김종삼과 김춘수

1. 4·19와 유아론의 폭파 장면

　시인 황동규 씨의 산문집 『젖은 손으로 돌아보라』(문학동네, 2001)의 마지막을 장식하는 글이 「유아론의 극복」이다. "지난 70년대나 그 이후에 문학을 시작한 사람들은 1960년대에 이룩된 김수영, 김춘수, 김종삼의 새로운 변모가 지닌 의미를 잘 모를 것"이라 서두를 삼은 이 글은 1960년대, 곧 4·19를 고비로 하여 이들 3김들이 어떻게 변모해왔으며 그것이 지닌 시문학사적 의의가 무엇인지를 간결하게 밝히고 있다.
　시문학사적으로 보아 1950년대란, 미술 쪽도 그러했지만 넓은 뜻의 모더니즘이 시대의식으로 작동하고 있었다고 보아 크게 틀리지 않는다. 모더니즘이라고는 하지만 초현실주의도, 상징주의도 내포된 1950년대스런 시대정신이란 6·25를 겪으면서 크게 증폭되었던 것이다. 황동규 씨의 진단에 의하면, 이 모더니즘의 영위 방식이 한결같이 '유아론에 빠져 있었던 것'으로 정리된다. 그 사례들로 황동규 씨는 김수영의 「광야」, 김춘수의 「릴케의 장」, 김종삼의 「돌각담」을 들어 보였다. 이들 작품이 이른바 난해시 범주에 드는데, 그 이유를 황 씨는 그들이 한결같이 유아론(唯我論)에 빠졌던 결과로 분석했다. 이렇듯 이 무렵 모더니즘계의 시들이 난해한 까닭을 시인이 유아론에 빠진 결과로 본다면, 대체 그 유아론이란 무엇을 가리킴일까. 황동규 씨는 '시인 자신만을 위해 예술작품을 만드는 작업 뒤에 있는 정신'이라 규정해놓고 있다. 독자를 도외시함이 이들의 공통점의 하나라면, 어째서 그들은 그런 편향성을 보였을까. 이런 물음에 대해서는 독자 획득 실패의 결과로 인한 자기방어 수단이라 보는 견해가 설득력이 있다. 그 이유로 독자란 시인 자신 하나로도 족하다고 3김들이 공언하고 다닌 점을 황동규 씨가 상기시키고 있다. 난해함이야말로 시의 본질이며, 진짜 시란 시인 혼자만 이해하면 된다는 식의 이 밑도 끝도 없는 유아론이 4·19를 겪으면서 모종의 반성기에 접어들었는데, 그 앞잡이들이 김수영, 김춘수, 김종삼 등 3김이라 할 때, 여기에는 많은 논의가 깃들일 수 있을 법하다. 4·19와 시의 관계란 무엇이며, 그것이 어째서 이 나라 시문학사에서 그토록 큰 의의를 띠는가에 대해 황동규 씨는 간결하지만 매우 함축적으로 다음과 같이 정리해놓고 있다.

　유아론에 빠져 있던 3김 씨가 그 늪에서 벗어난 장면을 보여주는 사례로 황동규 씨가 든 것을 그대로 옮겨보면 이러하다.

　　(가) 욕망이여 입을 열어라 그 속에서
　　　　사랑을 발견하겠다 都市의 끝에

사그러져가는 라디오의 재갈거리는 소리가
　　　사랑처럼 들리고 그 소리가 지워지는
　　　강이 흐르고 그 강 건너에 사랑하는
　　　암흑이 있고 3월을 바라보는 마른 나무들이 사랑의 봉오리를
　　　준비하고 (김수영, 「사랑의 變奏曲」 첫머리)

(나) 눈 속에서 초겨울의
　　　붉은 열매가 익고 있다.
　　　서울 근교에서는 보지 못한
　　　꽁지가 하얀 작은 새가
　　　그것을 쪼아 먹고 있다.
　　　월동하는 인동잎의 빛깔이
　　　이루지 못한 인간의 꿈보다도
　　　더욱 슬프다. (김춘수, 「忍冬잎」 전문)

(다) 내용없는 아름다움처럼

　　　가난한 아희에게 온
　　　서양나라에서 온
　　　아름다운 크리스마스 카드처럼

　　　어린 羊들의 등성이에 반짝이는
　　　진눈깨비처럼 (김종삼, 「북치는 소년」 전문)

이들 작품이 지금 읽어도 신선한 이유는 무엇일까. 유아론의 늪에

서 벗어남이란 구체적으로 어떤 국면을 가리킴일까. 김수영의 경우 시인이 세계를 구조적으로 보기 시작했다는 점이 황동규 씨의 첫번째 지적이다. 구조적이란, 그러니까 '사랑'과 '욕망'의 구조적 관계, 곧 사랑을 욕망의 우위에 두지 않고, 사랑도 욕망 속에 있다는 인식, 또는 그 둘의 높낮이가 없다는 사고의 전환이 신선함의 근거이다. 이처럼 구조적으로 세계를 바라보면 유아론에서 벗어날 수 있고, 따라서 터무니없는 난해성에서 '읽힐 수 있는' 합리적 작품이 나올 수 있다는 것이다.

김춘수의 경우는 어떠할까. 영미의 이미지스트들이 이미지의 단순화로 돌아가 그 전대의 센티멘털한 시들을 극복한 경우와 유사한 경로를 거쳐 유아론의 늪에서 벗어났다는 것이 황동규 씨의 지적이다. '붉은 열매' '흰 새' '푸른 잎' 등 3원색으로 된 「인동잎」의 이미지가 극히 인간적 서술인, '이룩하지 못한 인간의 꿈보다도 더욱 슬프다'를 '극히 탈개인적impersonal인 어조'로 바꾸었다는 것이다. 이미지로 '극히 인간적인 서술'을 '극히 탈인간적 어조로 바꾸기'가 김춘수로 하여금 이 나라 시인 가운데 '가장 이미지즘에 근접한 시를 쓴 시인'이 되게 했으며, 김춘수 시론의 대명사격인 '무의미의 시론'도 이와 무관하지 않다고 황동규 씨는 지적했다.

그렇다면 김종삼의 경우는 어떠할까. 그리고 김춘수와 김종삼의 관계는 어떠할까. 이 물음을 실마리로 하여 나아간다면 혹시 이 나라 모더니즘의 이미지 탐구의 내면풍경을 엿볼 수 없을까. 김종삼이 실천해온 '내용 없는 아름다움'의 참모습도

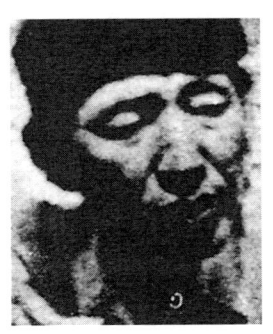

시인 김종삼

그 의의도 잠시 엿볼 수 없을까. 이 글이 한편으로는 김종삼론이지만 동시에 김춘수론이 되기 위해 씌어지는 이유가 여기에 있다.

2. 김춘수가 김수영에게서 압박을 느낀 곡절

세칭 '무의미의 시'의 대표격인 김춘수는 이렇게 고백한 바 있어 인상적이다.

(A) 내 앞에는 T. S. 엘리엇의 시론과 우리의 옛 노래와 그 가락들이 나타나게 되었다. 그 중에서도 나는 아주 품격이 낮은 장타령을 붙들고 여기에다 엘리엇의 시론을 적용시켜보았다. 새로운 연습이 시작되었다. 40대로 접어들면서 나는 새로운 시험을 내 자신에게 강요하게 되었다. 이 무렵 국내 시인으로 나에게 압력을 준 시인이 있다. 고 김수영씨다. 내가 '타령조' 연작시를 쓰고 있는 동안 그는 만만찮은 일을 벌이고 있었다. 소심한 기교파들의 간담을 서늘케 하는 그런 대담한 일이다. (여기 대해서는 따로 자세한 글을 쓰고 싶다.) 김씨의 하는 일을 보고 있자니 내가 하고 있는 시험이라고 할까 연습이라고 할까 하는 것이 점점 어색해지고 무의미해지는 것 같은 생각이었다. 나는 한동안 붓을 던지고 생각했다. 그러자 『한국문학』이란 계간지가 간행되면서 나에게 그 집필동인이 되어 달라는 청이 왔다. 동인 중에는 김씨가 끼어 있었다. 나는 여기서 크게 한 번 회전을 하게 되었다. 여태껏 내가 해온 연습에서 얻은 성과를 소중히 살리면서 이미지 위주의 아주 서술적인 시세계를 만들어보자는 생각이다. 물론 여기에는 관념에 대한 절망이 밑바닥에 깔려 있다. 현상학적으로 대상을 보는

눈의 훈련을 해야 하겠다는 생각이다. 아주 숨 가쁘고 어려운 작업이다. 그러나 나는 나대로 이 작업을 현재까지 계속하고 있다.

(『김춘수전집』(2), 문장, 1983. p. 351)

이 글은 김춘수의 시론집 『의미와 무의미』(1976)에 수록되어 있거니와, 문맥대로라면 김춘수의 무의미의 시론이란 실상 김수영을 겨냥해 쓰어진 것으로 된다. 김수영에게 맞서기 위해 무의미해지기 시작한「타령조」연작을 밀고 나왔다는 것. 실로 무의미해 보여 일시 중단상태에 있는 김춘수로 하여금 그 무의미한 시의 실험을 강요한 형국이었다. 대체 김춘수가 보기에 김수영이 감행한 '소심한 기교파들의 간담을 서늘케 한 그런 대담한 일'이란 무엇을 가리킴일까. '자유를 위해서/비상하여 본 일이 있는/사람이면 알지/노고지리가 무엇을 보고 노래하는가를/어째서 자유에는/피의 냄새가 섞여 있는가를/혁명은/왜 고독한가를'(「푸른 하늘을」제2연)이라는 시일 수도 있고 '우선 그놈의 사진을 떼어서 밑씻개로 하자'라는 구절일 수도 있을까. 그렇지 않을 것이다. 적어도「거대한 뿌리」같은 수준의 작품이었을 터이다. 좌우간 이무렵 김춘수의 맞수는 김수영이었고, 또 김수영밖에 없었다. 김춘수의 처지에서 보면 시단의 적수란 김수영뿐이었기에 다른 어떤 시인이란 안중에도 없었다. 그는 혼자 밤낮 뇌어 마지않았다. '타도! 김수영'이라고. 방법은 하나. 김수영과 역방향에 서기가 그것. 무의미의 시학 탐구가 그것이다. 마침내 그 노력의 결과로 연작「처용단장」제1부 및 제2부(1976)가 쓰어졌다. 이 단계에 이르렀을 때 무엇보다 자신이 생긴 것은 김춘수였다. 비로소 그는 숙적 김수영의 압력에서 벗어날 수 있었다. 소심한 김춘수의 간담을 서늘하게 했던 저 대담하기 짝이 없는 김수영과 대등한 위치에 섰다고 그는 믿었다.

    (B) 말에 의미가 없어질 때 사람들은 절망하고 말에서 몸을 돌린다. 그러나 절망의 몸짓을 참으로 보고 사람들은 그러는가? 팽이가 돌아가는 현기증 나는 긴장상태가 바로 의미가 없어진 말을 다루는 그 순간이다. 사람들은 그것을 말의 장난이라고 하지만, 잭슨 폴록은 그러는 그 긴장을 이기지 못해 자기의 몸을 자살로 몰고 갔다.
    '말의 긴장된 장난' 말고 우리에게 또 남아 있는 행위가 있을까? 있을지도 모르지만, 내 눈에 그것은 月下의 감상으로밖에는 비치지 않는다. 고인이 된 金洙暎에게서 나는 무진 압박을 느낀 일이 있었지만 지금은 그렇지도 않다. (위의 책, p. 389)

    무의미의 시가 태어나는 순간 김춘수는 김수영이 무섭지 않았다. 의미의 시에 비해 그가 도달한 무의미의 시 쪽이 훨씬 깊다고 느낀 것이다.

3. 「인동잎」에 이른 과정

    '무의미의 시'에 이르는 과정은 실로 악전고투였다. 어떻게 하면 그 망설임 없는 김수영의 '의미의 시'와 맞설 수 있는가. 이 절체절명의 긴장이야말로 시인으로서 김춘수의 사활을 건 모험에 다름 아니었다. 그 모험은 3단계로 이루어졌다.

1) 「인동잎」 단계

릴케라는 허깨비 관념에 매달렸던 초기단계에서 벗어난 김춘수가 한동안 공들여가며 탐색한 것이 T. S. 엘리엇의 방법이었다. 범박하게 말해 주지주의적 이미지 탐구 곧 이미지를 서술적으로 쓰는 훈련이 그것이다. 이 훈련과정에서 그가 깨친 것은 비유적 이미지가 지닌 한계였다. 비유적 이미지는 관념의 수단에 지나지 않는다는 깨달음이 그로 하여금 이미지를 위한 이미지 탐구에로 내몰았다. '시의 일종의 순수한 상태'의 출구가 어렴풋이 보였다. 그것이 황동규 씨가 거론한 「인동잎」이다. 한 번 더 이 작품을 보기로 하자. 당초 이 작품의 초고는 다음처럼 긴장이 풀린 긴 시였다.

거기까지 가는데 나는
발가락의 티눈에 神經을 쓰며
등골에 땀도 좀 흘려야 했다.
눈 속에서 초겨울의
붉은 열매가 익고 있었다.
서울近郊에서는 보지 못한
꽁지가 하얀 작은 새가
그것을 쪼아먹고 있었다.
저녁床을 물리고
초저녁에 잠깐 눈을 붙이고 나니
기다리고 있었는 듯
내가 묵은 집의 젊은 아낙은
아무것도 대접할 것이 없다면서
맹물에 잘 물이 든

忍冬 잎을 한 잎
　　띄워주었다. (「忍冬 잎」)

　이 초고는 말라르메 시론의 세례를 받으면서 암시의 효과를 발휘할 수 있다. 곧 언제나 쓴 것의 처음과 마지막은 잘라버릴 것, 소개도 없고 끝도 없어야 한다는 것.

　　눈 속에서 초겨울의
　　붉은 열매가 익고 있다.
　　서울 近郊에서는 보지 못한
　　꽁지가 하얀 작은 새가 그것을 쪼아 먹고 있다.
　　越冬하는 忍冬 잎의 빛깔이
　　이루지 못한 人間의 꿈보다도
　　더욱 슬프다. (완성고 「忍冬 잎」)

　그럼에도 불구하고 이 완성고 역시 완벽하지 못했음이 발견되었다. 김춘수 자신은 그 점을 훗날 이렇게 적었다.

　　이 시의 후반부는 관념의 설명이 되고 있다. 관념과 설명을 피하려고 한 것이 어중간한 데서 주저앉고 말았다. 매우 불안한 상태다. 나의 창작 심리를 그대로 드러내주고 있다. 여태까지의 오랜 타성이 잠재 세력으로 나의 의도에 저항하고 있었다는 사실을 알게 되었다. 갈등의 해소책을 생각 아니할 수 없게 되었다. 타성[無意識]은 의도[意識]를 배반하기 쉬우니까 詩作과정에서나 시가 일단 완성을 본 뒤에도 타성은 의도의 엄격한 통제를 받아야 한다. (『김춘수전집』(2), p. 386)

'이루지 못한 인간의 꿈'이란 갈 데 없는 관념이었다. 왜냐하면 그것을 설명하는 꼴이 된 셈이니까. 서술적으로 쓰는 이미지에 열중하다 보면 자기도 모르는 사이에 설명이 끼어들기 마련이었다. 이를 뛰어넘는 훈련이 새로이 요망되었고 그 결과물이 「처용단장 제1부」였다.

2) 「처용단장 제1부」의 단계

'이미지를 위한 이미지'의 탐구를 시의 일종의 순수한 상태라 믿고 그런 훈련을 하다 보니 자기도 모르는 새 「인동잎」에서처럼 설명이 끼어들곤 했다. 무엇이 잘못되었을까. 어디에 문제점이 도사리고 있었던가. 문득 그는 깨달았다. 이미지의 사생(寫生)이란 원래 화가들의 몫이라는 사실이 그것. 세잔이 먼저 떠올랐다. 세잔은 사생을 무수히 거쳐 마침내 추상에 이르지 않았던가. 이미지의 사생에 머물 수 없다는 것. 리얼리즘을 확대하면서 초극해가는 데 시가 있다는 새로운 지평이 마침내 엿보였다. 사생을 하다 보면 이 사실이 저절로 알려진다. 왜냐하면 사생이라고 하나 있는 풍경을 그대로 그리지는 않기 때문이다. 대상의 취사선택이 필연적이었다. 경우에 따라서는 대상의 어느 부분을 축소, 생략, 과장한다. 위치도 다르게 배치한다. 풍경(대상)의 재구성이 그것. 이 과정에 끼어드는 것이 논리와 자유연상이다. 이들이 날카롭게 끼어들면 대상의 형태가 깨지고 마침내 대상마저 소멸된다. 이리하여 탄생한 것이 무의미의 시이다. 그는 이러한 단계에 이른 과정을 아주 자세히 또 친절히 이렇게 정리해놓았다.

타성(無意識)은 매우 힘든 일이기는 하나 그 내용을 바꿔갈 수가 있다. 무슨 말인가 하면, 말을 아주 관념적으로 비유적으로 쓰던 타성을 극복하기 위하여 卽物的으로 서술적으로 써보겠다는 의도적 노력을 거듭하다 보면, 그것이 또 하나 새로운 타성이 되어 낡은 타성을 압도할 수가 있게 된다는 그 말이다. 이렇게 되면 이 새로운 타성은 새로운 무의식으로 등장할 수도 있다. 이것을 나는 前意識이라고 부르고자 한다. 60년대 후반쯤에서 나는 이 전의식을 풀어놓아 보았다. 이런 행위는 물론 내 의도, 즉 내 의식의 명령 하에서 생긴 일이다. 무의미한 자유연상이 굽이치고 또 굽이치고 또 굽이치고 나면 詩 한 편의 草稿가 종이 위에 새겨진다. 그 다음 내 의도(意識)가 그 草稿에 개입한다. 詩에 리얼리티를 부여하는 작업이다. 前意識과 의식의 팽팽한 긴장관계에서 詩는 완성된다. 그리고, (말할 필요도 없는 일일는지 모르나) 나의 自由聯想은 현실을 일단 폐허로 만들어놓고 非在의 세계를 엿볼 수 있게 하겠다는 의지의 旗手가 된다.

(위의 책, p. 387)

'비유로서의 이미지'라는 이 타성이 얼마나 강한 것이었으며, 거기서 벗어남이란 따라서 얼마나 어려웠던가를 윗글이 잘 보여주고 있다. 그는 타성을 무의식이라 했고 '비유로서의 이미지'라는 타성이 당초에 있었다. 이를 벗어나기 위해 서술적 이미지라는 새로운 노력(시도)이 생겼다. 이 점이 어느새 또 다른 타성으로 되고 만다. 이를 전의식이라 했다. '무의식+전의식'에서 시가 이루어진 것. 그것이 「인동잎」이다. 여기서 한 걸음 나아가기 위해서 요망되는 것은 바로 '그 나아가야 한다'는 생각(의식)이다. '무의식+전의식+의식'에서 이루어진 것이 「처용단장 제1부」이다.

눈보다도 먼저
겨울에 비가 오고 있었다.
바다는 가라앉고
바다가 있던 자리에 軍艦이 한 척
닻을 내리고 있었다.
죽은 다음에도 물새는 울고 있었다.
한결 어른이 된 소리로 울고 있었다.
눈보다도 먼저
겨울에 비가 오고 있었다.
바다는 가라앉고
바다가 없는 海岸線을
한 사나이가 오고 있었다.
한쪽 손에
죽은 바다를 들고 있었다. (「處容斷章 제1부」, 부분)

보다시피 여기에는 톤 tone밖에 없다. '그 나아가야 한다'는 것과는 다른 또 하나의 의식(관념)이 절실히 요망되었다. 시란 무엇인가. 왜 내가 시인이어야 하는가가 그것. 정확히는 왜 '무의미의 시'여야 하는가가 그것. 그것은 '허무의 얼굴 보기'가 아닐 수 없다. 시인이 자기의 허무를 보아야 했다. 이 관념이야말로 시인을 가만히 두지 않았다. 의미라는 안경을 끼고서는 그것이 보이지 않았다. 말을 부수고 의미의 분말을 어디론가 날려버려야 했다. 말에 의미가 없고 보니 거기 구멍이 하나 뚫리게 되었다. 그 구멍으로 허무의 빛깔을 보고자 한 것이 연작「처용단장 제2부」였다.

불러다오.
멕시코는 어디 있는가,
사바다는 사바다, 멕시코는 어디 있는가,
사바다의 누이는 어디 있는가,
말더듬이 一字無識 사바다는 사바다,
멕시코는 어디 있는가,
사바다의 누이는 어디 있는가,
불러다오.
멕시코 옥수수는 어디 있는가. (「處容斷章 제2부」, 부분)

이 속에는 세 가지 시적 실험이 전개되고 있다.
 1) 한 행이나 두 행이 어우러져 이미지가 응고되는 순간, 이를 소리(리듬)로 처단하기.
 2) 소리가 또 이미지로 응고되는 순간, 하나의 장면으로 처단하기.
 3) 연작의 등장. 한 편의 시가 다른 한 편의 시에 대하여 그런 관계에 있다는 것. 곧 장면이 응고될 때 이를 연작으로 처단하기가 그것.
 그는 이렇게 결론지었다. "이것이 내가 본 허무의 빛깔이요 내가 만드는 무의미의 詩다. 잭슨 폴록의 그림에서처럼 가로세로 얽힌 軌跡들이 보여주는 생생한 단면— 현재, 즉 영원이 나의 詩에도 있어주기를 나는 바란다. 허무는 나에게 있어 영원이라는 것의 빛깔이다"(『김춘수전집』(2), p. 389)라고.

4. 4·19와 김현의 개입

김춘수의 '무의미의 시'에 이르는 과정은 과연 독창적이었다. 자기 말대로 악전고투 끝에 얻어진 값진 열매였다. 그 의의는 단연 문학적인 사건성이라 할 것이다. 그로 하여금 이런 봉우리에 오르게 한 것은 맞수 김수영이었다. 밤낮 책상 앞에 종이를 펼쳐놓고, '타도! 의미의 시'를 외친 결과 쟁취된 것이기에 값진 열매가 아닐 수 없다고 그는 믿어 의심치 않았다. 드디어 정상에 올랐다고 느껴 한숨을 돌리는 순간, 그 자존심이 물거품이 되지 않으면 안 될 처지에 놓였다. 그 정상에는 이미 올라온 사람이 그를 기다리고 있었던 까닭이다. 더욱 그가 놀란 것은 그 사람은 아주 쉽게 거기에 올라온 것으로 보였던 까닭이다. 최신 등산화에 온갖 신식 장비를 갖추고서야 오를 수 있는 그 정상에 그 사람은 평지에 오르듯 고무신 차림이었다. 그 사람의 명찰이 바로 김종삼이었다.

대체 김종삼이란 누구인가. 그를 잘 아는 황동규 씨는 「북치는 소년」을 들어 '내용 없는 아름다움'이라 했거니와, 정작 김종삼을 4·19 이후 한국시의 주류 속에서 관찰한 사람은 평론가 김현이었다. 그는 김수영도 이 주류 속에 넣긴 했지만 어디까지나 잠정적이었고, 본질적으로 주류 속에서 논한 시인은 김종삼 쪽이었다.

4·19가 일어난 지 17년이나 지난 시점에서 김현은 이렇게 스스로를 규정한 바 있다.

내 육체적 나이는 늙었지만 내 정신의 나이는 언제나 1960년의 18세에 멈춰 있었다. 나는 거의 언제나 사일구 세대로서 사유하고 분석하고 해석한다. 내 나이는 1960년 이후 한 살도 더 먹지 않았다. 그것은 씁쓸한 인식이지만 즐거운 인식이기도 하다. 씁쓸한 것은 내가 유신세대나 광주사태 세대의 사유 양태를 어떤 때는 이해하지 못한다는 데서 생겨나는 것이고 즐거운 것은 나와 같은 늙지 않은 사람들이 많다는 것을 확신한 데서 생겨나는 것이다. 그것과 밀접하게 연계되어 있겠지만 나는 내 자신이 조금씩 변화하고 있다고 믿고 있었지만 그 변화의 씨앗 역시 옛 글들에 다 간직되어 있었다. 나는 변화하고 있지만 변화하지 않고 있었다. 리듬에 대한 집착, 이미지에 대한 편향, 타인의 뿌리를 만지고 싶다는 욕망, 거친 문장에 대한 혐오…… 등은 거의 변하지 않은 내 모습이다. 변화는 그 기저 위에서의 변화이다.

(『분석과 해석』 서문, 문학과지성사, 1988)

4·19란 무엇인가. 이 물음의 핵심에 놓인 것은 '자유'가 아닐 수 없다. 평론집 『문학과 유토피아』(문학과지성사, 1980)를 내는 마당에서 김현이 그 첫번째 자리에 「자유와 꿈」을 놓았음은 극히 자연스럽다. '김수영의 시세계'라는 부제를 단 이 글에서 김현은 4·19 직후의 김수영의 시들에 공감하지 않는다. "우선 그놈의 사진을 떼어서 밑씻개로 하자" 따위가 어찌 시일까 보냐. 그러나 김수영은 서서히 4·19 이후에 벌어진 사태들을 비판하기 시작한다. 「신 귀거래사」에 이르면 사정이 크게 달라진다. 김수영의 마지막 시 「풀」(1968. 5. 29)이 어째서 뛰어난 시인가를 김현은 이렇게 적었다.

김춘수와 함께 해방 이후의 시인들 중에서 가장 중요한 역할을 맡아 한 그의 문학적 업적은 반시론으로 집약될 수 있다. 그의 반시론은 60년대 시의 중요한 국면 중의 하나인 참여시론의 대표적 예이다. 그의 시론은 대부분의 참여시론과 다르게 '지게꾼이 느끼는 현실을 대변하자는' 것도 아니며 '소시얼리스틱 리얼리즘론'도 아니다. 그의 반시론은 언어를 통해 인간성을 보여주어야 한다는 것이다. '시인은 언어를 통해서 자유를 읊으며 또 자유를 사는' 것이기 때문이다. 그는 언어와 자유, 감동과 직관을 날카롭게 결합시킨 최초의 시인이다.

(『분석과 해석』, p. 18)

4·19세대의 대변자로 자처한 김현의 김수영론은 피상적으로 보면 '4·19 부정론'이거나 '4·19 무관론'이라 할 만하다. '자유'를 노래한 참여시인 김수영은 간데없고 '언어'만이 그 자리를 메우고 있는 형국인 까닭이다. 김수영의 새로움이란 '언어와 자유'를 결합시킴에 있다고 김현은 규정했다.

이 장면이야말로 김현의 본질을 드러낸 많지 않은 대목이 아닐 수 없다. 김현 투의 말버릇으로 하면 '우리는 누구나 타인의 사유의 뿌리를 만지고 싶다는 욕망'의 소유자인 만큼, 사람들은 김현의 사유의 뿌리를 만지고 싶어 한다. 그가 자신을 4·19세대라 하고 모든 사유가 여기에서 나온다 했다면 바로 4·19가 그의 '사유의 뿌리'에 다름 아닐 터이다. 4·19 그것은 '자유'가 아닐 수 없다. 그런데 그 자유는 언어와 더불어 있고 언어를 통해 있고 따라서 언어를 떠날 수 없는 그 무엇이다. 말을 고치면 '자유=언어'가 아니면 안 되었다. 이것이 김현의 '사유의 뿌리'이다.

대체 누가 김현에게 이런 기묘한 사유의 뿌리(등식)를 가르쳤던가. 이제 아무도 이 물음을 비껴갈 수 없는 골목에 이

평론가 김현

른 셈이다. 곧, '4·19 = 말라르메'의 도식이 그것.

5. 교주 말라르메와 전도사 김현

'언어파의 시학에 관하여'라는 부제를 단 「시와 암시」(『현대한국문학전집』 제18권, 1967)는 김현 비평의 '사유의 뿌리'를 물을 때 부딪치는 첫번째 관문이다. 이 사실은 김현론에서는 아무리 강조되어도 지나침이 없다. '4·19 = 말라르메'의 도식을 알기 위해서는 다른 방도가 없기에 그러하다. 이 글 속에는 다음과 같은 대목이 들어 있거니와 이를 기점으로 하여 김현은 1960년대 문학의 정수에 해당되는 작품 분석을 섬세하게 펼쳤고 이로써 그는 이른바 '4·19문학 = 1960년대 문학'의 도식을 만들어낼 수조차 있었다. 한 명민한 비평가의 존재가 당대 문학의 한쪽 기둥을 버티고 있었다는 것은 문학사적 사실로 되어 있다. 후세인들은 이 한쪽 기둥을 '1960년대 문학 = 문지파'라고도 불렀다. 또 다른 기둥이 리얼리즘계인 '참여파 = 창비파'를 가리킴임은 모두가 아는 사실이다. 그러나 1960년대 문학 = 문지파라 함은 참여파 = 창비파라 했을 때와는 대칭적이 아님에 주목할 필요가 있다. '인간은 벌레가 아니다'의 명제에 서 있는 참여파란 일제강점기의 이 나라 민족문학의 핵이었고, 그 후의 분단문학, 노동문학도 이 노선에 선 것이어서 창비파는 이 정통계보에 해당되지만, 1960년대 문학 = 문지파라 할 경우는 단연 새로운 문학 곧 질적인 변별성에 관련되어 있었다. 1960년대 문학 = 문지파라 했을 때 그것은 문학의 새로운 종류랄까 모종의 질적 과제를 가리킴이며, 그러한 1960년대적 새로운 문학의 수문장이 김현이었다. 비유컨대 김현 비평은 새로운 문학의 교조라 할 것이다. '암시의 시학'이 그것이다. 이 '암시의 시학'을 맨 처음, 아주 수줍게 내세운 「시와 암시」 속에는 다음과 같은 대목이 들어 있다.

(1) 내용이 없는 아름다움처럼

가난한 아희에게 온
서양 나라에서 온
아름다운 크리스마스 카아드처럼

어린 羊들의 등성이에 반짝이는 진눈개비처럼
（金宗三,「북치는 소년」)

(2) 바람이 인다. 나뭇잎이 흔들린다.
바람은 바다에서 온다.
生鮮가게의 납새미 도다리도
시원한 눈을 뜬다.
그대는 나의 지느러미.
나의 바다다.
바다에 물구나무 선 아침 하늘,
아직은 나의 순결이다. (金春洙,「處容」)

이 짤막한 두 개의 시편들은 아무런 구차스러운 설명도 하지 않고 있다. 언어 자체의 논리적인 구조는 전체의 효과를 살리기 위해서 상당한 수난을 감수하고 있다. 김종삼의 「북치는 소년」에서 그러므로 우리는 아름답고 크게 들리기는 하지만 덧없는 어떤 것을 느껴볼 뿐이고, 김춘수의 「처용」에서는 '시원한' '아침' '순결' 등의 어휘가 풍겨 주는 白色의 분위기를 느낄 수 있을 따름이다. (또 하나의 좋은 예로 김종삼의 '스와니江이랑 요단江이랑'은 발표 당시의 후반 설명 부분이 지금은 삭제되어 있다.)

그러므로 암시의 시학이 갖는 제일 큰 특색은 애매모호함이 될 것이다. 감동의 질을 그대로 묘출하지 않고 감동된 혼이 느끼는 감정을 묘출한다는 이 이중의 어려운 일은 그것이 암시되지 않으면 감동의 질이 그대로 묘출되어 버린다는 위험 때문에 할 수 없이 애매모호함을 감수하고 있다. 그리고 어떤 의미에서는 이 애매모호함이 그들 시의 가장 정당한 존재 이유가 되고 있다. 이러한 암시의 시학에서는 교감이 가장 큰 기둥이 되어 주는데 교감 자체가 일종의 애매모호성이기 때문이다. 물론 애매모호함이란 밖에서 오는 것과 안에서 오는 것이 있다고 생각되는데, 언어파에 있어서의 그것은 대부분의 경우 앞과 뒤를 잘라 버린 덕분에 밖에서 오는 것으로 구성되어 있다.

(김현 시론집, 『상상력과 인간』, 일지사, 1973. p. 51)

장차 전개될 '암시의 시학' = '60년대 문학'의 입구를 김현은 아주 수줍게 '애매모호함'이라 거듭 강조했거니와 그 대표적 사례로 김종삼과 김춘수를 들었다. 장차 전개될 60년대 문학이란 시 쪽이든 소설 쪽이든 심지어 평론까지도 '김종삼=김춘수'식의 '애매모호함'이어야 한다는 인식에는 실로 엄청난 폭약이 장진되어 있었음을 김현 자신도 미처 몰랐음에 틀림없다. 진실이란 늘 수줍듯 거기엔 홍조를 띤 김현의 얼굴이 감지되기 때문이다.

김종삼·김춘수가 암시의 시학 입구에 놓여 있다는 것은 그것이 이 시학의 한국적 기점임을 가리킴이었다. 이 기점에 이르기까지의 김현의 궤적은 어떠했을까. 이 물음은 김현의 사유의 뿌리를 만지고 싶다는 욕망에 관련된다. 무엇보다 먼저 그는 프랑스문학 전공자였다. 총명한 사람이라면 응당 부딪치는 문제, 곧 프랑스문학과 한국문학의 낙차랄까 공통점에 대한 고민이 그것이다. "나 자신의 콤플렉스는 프랑스문학과 한국문학을 그저 문학으로만 파악하고 싶다는 것"이었다. 이때 부딪치는 문제는 두 문학의 차이점에 대한 절망감에서 온다. 기독교 문화권이 빚은 프랑스문학(신과 지상의 수직 개념)과 그렇지 않고 평면적인 한국문학을 같은 범주의 문학으로는 간주할 수 없다는 것은 고무신도 신이고 구두도 신이라고 해서 고무신 곧 구두는 아니지 않은가. 문화의 고고학이 요망되는 것은 필연적이었다. 갓 대학을 나온 김현으로서는 이 문화의 고고학에까지 나아갈 처지가 못 되었다. 매우 다행스럽게도 이때 자기와 꼭 같은 콤플렉스에 시달렸던 한 선배를 만날 수 있었다. 『시학평전』(1963)의 송욱 교수가 그다.

이 고명한 저술 속에는 영미시에 대한 이브 본느푸아의 견해가 소개되어 있다. 어느 종족이나 국민도 저마다의 창작적 편향성 turn of mind이 있고 또 비평적인 편향성도 있지만 후자에 대해 사람들의 관심이 덜하다는 T. S. 엘리엇의 말을 글머리에 제시한 본느푸아의 「영국과 프랑스의 비평가들」(1958) 속에 이런 대목이 있음을 송욱은 놓치지 않았다. '영국시의 특색은 항상 무슨 주장을 하려고 하는 점에 있지만 라신느에서 랭보에 이르는 가장 위대한 불란서의 시는 이와 전연 다르다. 후자의 경우에는 그 의미가 대개는 매우 단순하고 논리적으로 분석할 수 없으며 또한 시작품의 독특한 가치를 설명하기에는 결코 충분한 것이 되지 못한다.' (『시학평전』, p. 147, 재인용)

영시가 의미의 주장에 기울어져 있다면 프랑스 시는 울림에 있다는 것, 곧 존재의 드러내 보임disclosing of being에 있다는 것이라면 한국시의 편향성은 어떠할까. 불문학도인 김현의 야심이 불탄 곳은 여기였다. 그러나 고고학을 공부할 능력도 모자랐고 처지도 아닌 김현이 향한 곳은 고현학(考現學)이었다. 당대에 벌어지고 있는 한국의 시학 분석이 그것. 그 고현학적 시학의 입구에 놓인 것이 김종삼과 김춘수였다. 참여문학도 순수문학도 아닌 제3의 새로운 문학의 교주되기야말로 김현의 야심이 깃든 곳이었다.

김현은 암시의 시학을 과감히 내세웠다. 본느푸아가 영시와 프랑스시의 편향성을 각기 비판하고 의미와 울림을 아울러야 한다는 절충주의에로 논지를 몰고 갔지만 김현은 이와는 현저히 달랐다. 그는 무엇을 주장하려고 하는 영시 쪽에 귀를 막고 프랑스 시의 울림(애매모호성)의 교주가 되고자 작심했을지 모른다. 그것이 바로 그가 그렇게 미워하던 참여문학/순수문학의 초극이라 믿었을 터이다.

프랑스문학 전공의 김현으로서는 어쩌면 생리적 현상이었을 터이다. 두 가지 이유로 이 생리적 현상이 분석된다. 첫째는 그가 제일 잘 아는 것이 프랑스문학이라는 것. 다른 하나는, 이 프랑스문학의 특성이 한국문학에서 제일 결여된 것으로 보였다는 것. 의미를 내세우는 영시란 참여문학에서 넘치도록 겪고 있지 않겠는가. 순수문학이란 아무런 방법론도 없이 막연히도 비현실적인 데로 치닫기만 하고 있었다. 이 둘을 싸잡아 비판하고 진짜 새로운 시다운 시학이란 무엇인가를 묻고, '암시의 시학이다!'라는 해답을 그는 찾았고 이로써 그는 그 한국적인 교주(전도사) 되기에 나섰다. 그럴 자신감이 있었던 까닭이다. 그 자신감을 가져다 준 것은 다름 아닌 진짜 교주 말라르메였다. 김현은 우선 "그러면 이 암시의 시학은 도대체 어떻게

作詩하라고 시인들에게 가르치고 있는 것일까? 한 프랑스 비평가가 말라르메의 말을 인용하여 나눈 다음의 여섯 가지 방법이 가장 설명의 묘를 얻고 있는 것 같다"라고 말하면서 4·19 이후 전개되는 한국 현 시단의 새로운 경향을 다음 여섯 가지 범주 속에 넣고자 했다. 교주 말라르메가 가르친 여섯 가지 범주가 바로 '암시의 시학'의 방법론이었다. 전도사 김현이 보인 방법을 순서대로 인용하기로 한다.

1. 效果를 그릴 것 — "事物이 아니라 그 사물이 야기하는 효과를 그릴 것. 詩句는 말들로 이루어져서는 안 되고 意圖로써 이루어져야 한다." 이러한 방식을 가장 충실히 이행하고 있는 시인으로는 金榮泰가 있다. 金榮泰는 샤갈의 그림이 야기하는 효과를 주로 그리고 있다.

燕尾服을 입은
어린 염소가
불표 煙炭工場 굴뚝 위로 날아간다.
十九孔炭 연기에도 그슬리지 않는
비단 수염을 달고
한 덩어리의
純潔이 날아간다

'한 덩어리의/순결'이라는 詩句는 사물이 아니라 사물이 야기하는 효과를 그대로 그리고 있는 좋은 예이다. 그때에 모든 것이 '감각 앞에서 지워져야 한다'는 것은 당연한 일이다.

2. 暗示할 것 — "대상을 명명한다는 것은 점차적으로 추리해 나가

는 데서 이루어지는 시의 맛을 거의 죽여 버린다. 대상을 암시하는 것—여기에 꿈이 있다. 조금씩 혼의 상태를 보여 주기 위해 대상을 회상시킬 것, 혹은 반대로 일련의 암호 해독으로 그 대상에서 혼의 상태를 벗겨 낼 것." 金宗三이 해 보이고 있는 시의 대부분은 조금씩 혼의 상태를 보여주기 위해 대상을 회상시켜주고 있다.

헬리콥터가 떠나간다.
철둑길이 펼치어진 연변으로
저녁 먹고 나와 있는 아이들이 서 있다.
누군가 담뱰 태는 것 같다.
헬리콥터의 여운이 띄엄띄엄하다.
김매던 사람들이 제 집으로 돌아간다.
고무신짝 끄는 소리가 난다.
디젤 기관차 기적이 서서히 꺼진다.

'문장수업(文章修業)'이라는 매우 아이러니한 제목이 붙어 있는 이 시는 저녁 무렵 철둑길 연변에 서 있는 시인의 마음의 스산함을 보여 주기 위해서 대상을 하나씩 하나씩 회상시키고 있다. 헬리콥터와 저녁 먹고 나와 있는 아이들, 담배 냄새, 헬리콥터의 여운, 김매다가 귀가하는 사람들, 고무신짝 끄는 소리, 디젤 기관차 기적 등이 신인의 혼의 상태를 나타내기 위해서 극도로 집약되고 있다. '일련의 암호 해독으로 대상에서 혼의 상태를 벗겨 내는' 시로서 가장 좋은 예는 朴喜璡의 '앙리 루소'가 보여주고 있다.

3. 類似에 의해 행할 것— "모든 것 사이의 관계의 電擊的인 어떤

상태 속에서…… 정확한 이미지 사이의 관계를 세울 것. 그리고 거기서 추리해 나갈 수 있는 명백한 3분의 1의 면을 제거하기를." 이러한 방식은 全鳳健, 金春洙, 金丘庸 등이 거의 극한의 경지까지 밀어 붙이고 있는 것 같다. 全鳳健의 '儀式', 金春洙의 '打令調' 이후의 여러 시편들, 특히 최근의 짧은 시편들과 金丘庸의 거의 모든 시들이 바로 이 방법을 그대로 실천해 보이고 있다. 이러한 방법은 超現實主義者들에게서 더욱 극명히 보여진다. 소위 '偶然'이 문제되는 것은 바로 여기에서이다.

(1) 숲속에서 바다가 잠을 깨듯이
　　젊고 튼튼한 상수리나무가 서 있는 것을 본다.
　　남의 속도 모르는
　　새들이 금빛 깃을 치고 있다. (김춘수, 「처용」)

(2) 그날 오후의 좀 늦은 時間이다.
　　해지는 무렵이다.
　　해지는 무렵의 좀 어두운 階段이다.
　　　　　　　　　　　　　（전봉건, 「나는 金曜日이다」）

(3) 슬픔을 開閉하는 다리
　　밤의 發光點
　　菩薩의 초생달 눈썹 (김구용, 「이곡(二曲)」)

예 (1)은 숲과 나무와 새 등의 아주 진부한 관계를 가진 이미지들이 예견할 수 있는 많은 부분을 지워 버렸기 때문에 묘한 생동감을 얻고 있으며, 예 (2)는 시간적 이미지와 공간적 이미지의 묘한 결합으로 살아 있으며, 예 (3)은 그 偶然이 가장 심하게 작용한 좋은 예증으로 생각된다.

4. 어휘를 혁신할 것 — "말들의 박학하고 확실한 사용으로 인해 조화롭게 편성된 古典詩句로 된 시로서, 상징에서 상징으로 이끌면서 자연과 삶의 이유를 찾을 것." 말의 원초적 의의를 잃지 않으면서 거기에 상징성을 부여한다는 이러한 방식은 詩傳統이 확고하게 서 있는 프랑스 같은 곳에서는 행해질 수 있겠지만 여기서는 고전적 틀의 未熟과 子音과 母音의 질에 관한 천착의 부족으로 매우 곤란을 느끼리라고 생각된다. 成贊慶이 'ㆍ' 'ㅸ' 등의 音價에 대한 실험을 계속하고 있다.

그러다가 어쩌다 몇 마디의 △ ㅸ 소리 앵두처럼 열린 外來의 金言을 發音하다가 (成贊慶 義齒)

成贊慶의 경우 대부분 이런 예인데 별로 소득이 없어 보인다. 言語學이 보다 발달한 뒤에 시인들은 그 성과 위에서 이런 것을 행하지 않으면 안 될 것이다.

5. 말들을 산문적 논리에서 해방시킬 것 — "시에서는…… 말들은 그들 서로서로를 反射하여 그들의 고유한 색깔을 가지지 않고 音階의 推移인 것 같이만 보일 정도로 된다." 이것은 우수한 시인이라면 피부로써 느끼는 것이라고 보여진다. 특히 한국 시에서는 이것은 아무리 강조해도 지나치지 않을 것이다. 한국어 자체가 매우 산문적인

것이기 때문에 이러한 언어로써 시를 만들기 위해서는 산문적 논리에서 벗어나지 않으면 안 되기 때문이다. 金榮泰, 朴喜璡, 金光林, 全鳳健, 金丘庸 등이 이것을 매우 위험스러운 경지에 이르기까지 시험하고 있는 것처럼 생각된다. 특히 朴喜璡은 '앙리 루소'류의 많은 시편에서 매우 높은 상태의 詩句들을 보여주고 있다.

6. 멜로디를 찾을 것 — "비전과 멜로디는 청각과 시각에 대한 이 어렴풋한 매력 속에 용해되는데 그것이 나에게는 시 자체인 것처럼 보인다." 이 말 역시 프랑스 시에서와 한국 시에서 同價를 가질 수는 없다. 한국 시에서는 모음과 자음에 관한 면밀한 연구 혹은 탐구가 아직도 행해지지 않고 있고 소위 시의 틀, 즉 原形的 질서라고 부를 수 있는 것이 아직 완전히 알려지지 않고 있다. 특히 최근세까지 엄격히 구별되어 오던 陽性母音과 陰性母音의 구별마저 요즈음은 서서히 사라지고 있다. 그러므로 멜로디를 통한 암시는 아직은 불가능한 것처럼 생각된다. 朴喜璡이 겨우 脚韻의 실험을 해보고 있고, 宋稶이 韻에 대해 상당한 배려를 하고 있는 듯이 보이나 朴喜璡의 경우는 '앙리 루소'를 제외하면 거의 실패한 듯이 판정되고, 宋稶의 경우에는 대부분이 패러디로서 끝나고 있다. 宋稶의 '詩學評傳'에 멜로디에 관한 시사적인 부분이 보인다. "우리말은 같은 내용을, 膠着語인 까닭도 있고 해서, 긴 문장과 복잡한 文章法을 통해서 표현할 수밖에 없다. 그리고 긴 문장과 복잡한 문장법은 반드시 연속하는 리듬을 통해서만 音樂化 또는 詩化할 수 있는 것이 아닐까?" 그러나 연속하는 리듬에 관해서 구체적인 설명이 없다는 것은 퍽 유감된 일이다. (『상상력과 인간』, pp. 53~55)

이러한 여섯 가지 방법론은 싸잡아 '주술적 언어'라고 김현은 아래와 같이 또 수줍게 적었다.

이러한 모든 것을 종합해 본다면 暗示의 시학이 보여주는 것은 呪術的 언어라고 생각된다. 티보데의 말을 빌면 '전체적이고 새롭고 주술적인 것 같은 언어'이다. 이러한 주술적인 언어가 갖는 가장 큰 특색은 그것이 "生成에서 도피하라."는 빌리에르 드 릴라당의 말에 그대로 승복하고 있다는 점이다. 주술적 언어는 생성의 끝을 제거하고 본질로서 모든 것을 파악하려 한다. 이 주술적 언어는 시인이 받은 인상을 우리에게 직접으로 전하지 않는다. 그리고 우리들은 오랜 우회와 변모를 거쳐서 그 인상에 도달한다. 그것은 주술적 언어, 시인이 그것을 직접적으로 원한 주술적 언어가 그 인상을 그의 본질로 되돌이키고 생성의 끝을 제거하고 있기 때문이다. 말을 바꾸면, 言語派의 시인들은 이 주술적 언어를 통해서 창조되고 건조된 어떤 것을 독자들에게 주는 대신에 그들에게 창조하고 건조하기를 강요한다. 언어파에 있어서 애매모호성이 밖에서 오는 것은 바로 이 때문이다.

(위의 책, p. 55)

6. 김종삼의 「앵포르멜」

이러한 암시의 시학이 말라르메서 왔다는 것은 한 번 더 강조할 만하다. 위의 여섯 가지 방법론이란 실상 김현의 첫 평론집 『존재와 언어』(가림출판사, 1964)에 그대로 실려 있다. 피에르 미셸이 요약한 암시의 시학이란 (1)효과를 그릴 것, (2)암시할 것, (3)유사에 의해 행할 것, (4)어휘를 혁신할 것, (5)말들을 산문적 논리에서 해방시킬 것, (6)멜로디를 찾을 것 등으로 되어 있으며 이 모두는 오직 말라르메 시학을 위한 것이었다(『존재와 언어』, pp. 36~37). 말라르메, 그것이 김현의 고고학이었던 셈이다. 그러나 그는 이 고고학을 계속 밀고 나가기엔 그의 야심이 역량에 비해 너무 조급했다. 이를 부채질하는 현상이 눈앞의 시단에서 벌어지고 있었다면 어떠할까. 문화의 고고학에서 출발한 김현이 고현학으로 내려앉은 것은 그의 역부족이지만 이 역부족을 일깨워주는 시인이 그의 옆에 있었다면 어떠할까. 이 물음은 천금의 무게를 갖는다. 그런 시인이 있다면 바로 김현 자신의 분신이 아닐 수 없다. 프랑스문학에서 더 이상 나아갈 수도 그렇다고 뒤로 물러설 수도 없을 때 이런 목소리가 그의 귀에 메아리쳤다. 김종삼의 「앵포르멜」이 그것이다.

나의 無智는 어제 속에 잠든 亡骸
세자아르 프랑크가 살던 寺院 주변에 머물렀다.

나의 無智는 스테판 말라르메가 살던 本家에 머물렀다.

그가 태던 곰방댈 훔쳐 내었다.
훔쳐 낸 곰방댈 물고서

나의 하잘것없는 無智는
반 고호가 다니던 가을의 近郊
길바닥에 머물렀다.
그의 발바닥 만한 낙엽이 흩어졌다.

어느 곳은 쌓이었다.

나의 하잘것없는 無智는 장 폴 사르트르가
經營하는 煉炭工場의 職工이 되었다.
罷免되었다. (「앵포르멜」 전문, 1969)

　서구적 고고학인 수직적 이원론의 토착화, 그것이 프랑스문학 전공의 문학도 김현의 야망의 장소였던바, 이와 꼭 같은 시인이 있었다는 사실의 발견은 김현에겐 각별한 것이 아닐 수 없었다. 그는 「앵포르멜」에서 스스로의 문학적 운명을 보고 있었다. 서구문학 콤플렉스에서 해방되기가 그것. 다시 말해, 아무리 발버둥 쳐야 서양문학 콤플렉스에서 벗어날 수 없다는 것이 그것. '4·19 = 말라르메'라는 마법에 걸려 허우적대기가 그것. 말라르메를 숨기고 그것을 4·19라 위장하기가 그것.
　김현은 「앵포르멜」을 글자 그대로 미정형으로 읽었다. "정신적 수직적 이론이 토착화되어 가는 도중에 살고 있는 한 시인의 찢긴 위치를 노래하고 있다"고 김현은 적었다. 저 대단한 수직적 이원론을 공부하지 않고는 그것의 토착화란 기대하기 어렵다면 어째야 할까. 서구에 가서 고고학을 공부해야 할까. 거기서 태어나고 자라지 않은 이상 말라르메 되기란 불가능하다. 다만 할 수 있는 것은 '말라르메가 되라!'고 기도하며 몸부림치기일 뿐이다. 김종삼은 다만 꿈속에서 19세기말 프랑스 작곡가 세사르 프랑크를 찾아 파이프 오르간을 연주하는 사원 근처에 가볼 수밖에. 말라르메의 본가에도 가볼 수밖에. 고호가 살던 동네도 가보아야 했고, 심지어는 사르트르가 경영하는 연탄공장에도 가봐야 했다. 이 모두는 꿈속에서의 일이다. 김현은 김종삼이 자기 자신임을 아주 자신만만하게 외칠 수가 있었다.

확실히 그렇다. 비평가는 시인의 작품과 전통과의 관계를 면밀히 조사하고 관찰함으로써 그의 임무를 수행하고 시인은 자기의 무지를 고치기 위해서 여기저기 방황으로써 그의 직책을 수행한다. 그 방황이 성실하면 성실할수록 전통의 올바른 방향 속에 끼여들 수 있으리라는 것, 바로 그것을 나는 확신한다. 言語派의 시인들에게 가장 필요한 것이 있다면 아마도 바로 그것일 것이다. (『상상력과 문학』, p. 59)

이러한 의무가 김종삼과 김현에게 주어졌다. 그것이 참여문학/순수문학의 틀을 동시에 뛰어넘는 길이었다. 김현은 이를 두고 훗날 1960년대 문학이라 했고 그 교조 되기를 서슴지 않았다. '나는 거의 언제나 사일구 세대로서 사유하고 분석하고 해석한다'라는 주장 밑바닥에 놓인 것은 암시의 시학 곧 말라르메를 가리킴에 지나지 않았다. '나는 거의 언제나 말라르메로서 사유하고 분석하고 해석한다'였다. 애매모호함이야말로 본질적으로 언어에서 온 문제라는 것 그것은 샤갈의 울림에서 온다는 것. 그것은 존재의 열어 보임에 가까이 간다는 것. 그러기 위해서는 언어의 본질 탐구에 나아갈 수밖에 없다는 것. 언어의 본질에 접근할수록 애매모호한 데로 향한다는 것. 말의 울림 안에 있다는 것. 그것은 마침내 '무(無)'에 직면한다는 것.

7. 김춘수의 「꽃」이 여여(如如)하지 않은 이유

이 '무'에 이르는 과정에서 김현의 조급성이 드러난 대목에 한번

쯤 우리 문학사는 주목해둘 필요가 있다. 두루 아는 바와 같이 김춘수의 「꽃」(1959)은 흡사 그의 대표작처럼 인식되어 있다.

> 내가 그의 이름을 불러 주기 전에는
> 그는 다만
> 하나의 몸짓에 지나지 않았다.
>
> 내가 그의 이름을 불러 주었을 때
> 그는 나에게로 와서
> 꽃이 되었다.
>
> 내가 그의 이름을 불러 준 것처럼
> 나의 이 빛깔과 香氣에 알맞은
> 누가 나의 이름을 불러다오.
> 그에게로 가서 나도
> 그의 꽃이 되고 싶다.
>
> 우리들은 모두
> 무엇이 되고 싶다.
> 너는 나에게 나는 너에게
> 잊혀지지 않는 하나의 意味가 되고 싶다.
> ※ '하나의 의미'를 훗날 시인은 '하나의 눈짓'으로 수정하였다(인용자).

이 시에 대해 김현은 이렇게 보았다.

이 詩는 나와 그와 이름의 세 개의 支柱로 되어 있다. 내 앞에 그는 현존한다. 그것은 그저 있다. 그런데도 나는 言語로 그것을 不在로부터 이끌어 내어 의미를 나를 통해, 나의 의식을 통해 그에게 맞는 이름을 주었다. 그리하여 그는 '꽃'이 되었다. 창조된 언어이다. 그 言語는 주술적인 힘으로 그것을 不在로부터 이끌어 내어 '무엇'이 된다. 나도 마찬가지이다. 정말로 누군가가 나의 빛깔과 향기에 맞는 이름으로 나를 不在에서 이끌어 준다면 그에게로 가서 나도 '꽃'이 되고 싶다. '무엇'이 되고 싶다. 그 과정을 가능하게 하는 것이 시적 언어이다. 내 앞에 현존하는 그것은 나와 관련 없이 현존하고 있었다. 그런데 나는 그것에 言語를 주었고 그것은 잊혀지지 않은 의미가 되어 나에게 온다. 그리하여 '나의' 꽃이 된다. 人間條件의 초극이다. 그러면 답할 수 있을 것이다. 시의 언어는 생존의 아픔을 보상할 힘을 가지고 있다고. 그것은 사물과의 교감으로 인한 절대에의 비상을 뜻하기 때문이다. (『상상력과 인간』, pp. 153~54)

김현의 이러한 해설은 아마도 정곡을 찌른 것이리라. 김춘수가 시를 그렇게 썼기 때문이다. 김춘수는 시인을 작명가로 보고 있었다. 시인이란 무명의 사물에 이름 지어주는 존재일까. 그렇다면 길거리 저자바닥에 작명소 간판을 걸고 영업하는 철학 도사급에 지나지 않을 것이다. 우리가 이렇게 묻는다면 김춘수나 김현은 어떤 대답을 할까. 말라르메가 작명학의 도사인가라고. 또한 다음과 같이 누군가 그러니까 제주도의 송상일 씨가 묻는다면 김춘수나 김현은 어떻게 대답할 수 있을까.

내가 주도적으로 존재를 인식한다는 것은 불가능할 뿐더러 불합리하다. 인식은 호명하는 것인데, 존재는 말로 할 수 없는 것이고, 따라서 나의 호명 권역 밖에 존재하기 때문이다. 이것이 김춘수의 꽃이 아름답지 않은 이유이다. 〔……〕

「꽃」을 처음 읽었을 때 내가 받은 인상은 왠지 인조 꽃 같다는 것이었다. 그때는 그 이유를 몰랐다. 지금은 짐작할 것 같다. 김춘수의 호명된 꽃잎들은 존재의 빛을 발하지 않는다. 반면, "〔꽃이 한창인〕그 나무가 나무인바 그렇듯 여여하게 우리 앞에 나타나 있"을 때, 그 꽃나무는 아름답다.

덧붙이자면, 그 꽃나무는 수줍음을 탄다. 아름다움은 뻔뻔스럽거나 되바라지지 않는다. 모든 아름다운 것은 수줍음으로 홍조를 띠고 있다. 그것은 존재의 출현이 내게 거저 주어지고, 넘치게 주어진다는 자의식이 홍조이다.

존재를 우리는 잉여의 선물, 은총으로서 경험한다.

(송상일, 『국가와 황홀』, 문학과지성사, 1993, pp. 98~99)

김춘수, 김현, 송상일 중 누가 정확한가. 이 판정은 정작 말라르메가 맡고 있을 터이다. 과연 말라르메는 어떤 판정을 내릴까. 첫 평론집 『존재와 언어』(1964)에서 김현은 말라르메를 이렇게 소개했다.

시는 결코 묘사해서는 안 되고 항상 명명(命名)해야 한다. 그것도 직접적으로 그 대상을 명명해서는 안 되고—이것은 묘사의 방법은 아닐지라도 적어도 목적의 방법일 터이니까—곁에서 그리고 멀리서 대상에 교감하는 감정을 야기시킬 것을 명명해야 한다.

(『존재와 언어』, p. 27)

이러한 말라르메의 주장에 맞선 리바놀을 김현은 또한 소개했다. 왈, "시는 항상 묘사해야 하고 결코 명명해서는 안 된다"라고. 김현의 설명은 이러하다. 곧 말라르메가 명명해야 한다고 할 때의 '명명'이란 대상이 없는 추상적 기호라는 뜻이 아니다. 그것은 '이데(Idée) 자체' '플라톤적 리얼리티'의 명명이다. 말하자면 그것은 실체의 문제이다. 이에 비해 리바놀은 어떠한가. 리바놀에게 문제되는 것은 실체라기보다는 오히려 그 속성이다. 곧 표현의 가연성(可燃性) 위에 근거한 속성의 묘사다. 가령 A는 B다고 할 때 그것은 언어의 무상화에 의한 의미론적 다면체의 일명—속성의 일면만의 표현이기 때문이다. 그러므로 진정한 의미에서의 묘사로서의 시는 일종의 존재의 은폐, 존재의 허위이다. 그것은 속성을 실체로 가정하고 있기 때문이다. 여기서는 아리스토텔레스가 말하는 기체(基體)를 염두에 두면 보다 쉽게 이해된다. 일찍이 일본의 니시다〔西田幾多郞〕가 이 문제를 심도 있게 해명한 바 있다. '저 꽃은 붉다'고 했을 때 '붉다'는 '색깔'이라는 기체(基體) 없이는 성립될 수 없다. 그러니까 기체를 문제삼지 않고 속성에 매달리는 것은 본질에 육박할 수 없다.

말라르메의 '명명하기'란, 그러니까 달리 말해 '암시하기'란 그 외면의 추상적인 면에도 불구하고 그것은 존재의 개시이며 만남이다. 이를 부각시키기 위해 김현은 말라르메의 말을 통째로 인용했다.

나는 꽃이여! 라고 말한다. 그러면 내 목소리가 어떤 윤곽을 지워버리는 망각의 밖에서, 꽃받침으로 알려진 어떤 딴 것으로써, 음악적으로 같은 그윽한 이데, 꽃다발이, 부재인 것이 올라온다.

(위의 책, p. 28)

흔히들 '꽃'이라고 알려진 것과는 전혀 다른 것, 이데 자체가 말라르메에겐 중요하다. 그것은 '무엇'이 아니다. 다만 '어떤 것'일 뿐이다. 그리고 그것은 아마도 부재(不在)이다. 동굴 바깥에 있는 이데가 그것이다. 동굴의 수인인 인간이 볼 수 있는 것은 기체(이데)가 아니라 속성(동굴 벽에 비치는 꼭두)일 뿐이다. 말라르메가 타기해야 할 것은 바로 이 속성이다. 그가 몽매에도 그리는 것은 벽면에 비치는 그림자 실체(이데, 기체)이다. 그렇다면 인간은 그것을 표현(드러낼) 할 수 있을까. 적어도 언어로는 거의 불가능하다. 언어 자체가 불투명한 다면체이니까. 그럼에도 언어로 해야 할 숙명을 가진 것이 문학적이라면 어떻게 되는가. 말이 부족한 상태를 창조하기 위해 말을 사용하는 것이 문학(발레리)일 수밖에 없다.

말라르메의 '명명'이 이를 가리킴이라면, 김춘수의 「꽃」에 대한 김현의 해설은 썩 빗나간 것이 아닐 수 없다. 김춘수의 「꽃」은 '존재'와는 무관한 '관계'로 되어 있기에 그러하다. '나'가 '너'를 부르면 '너'도 '나'를 불러야 한다는 상호교류에 지나지 않은 것이다. 굳이 말하자면 주체와 대상의 인식의 틀 속의 얘기이다. 좋게 말해 타자와의 이해수준의 시에 지나지 않은 김춘수의 「꽃」에다 김현은 말라르메의 입김을 불어넣고자 했는지도 모른다. 이를 간파한 것은 송상일이었다. 김춘수의 「꽃」이란 진짜가 아닌 '인조꽃'이라는 것. 왜냐하면 김춘수가 호명한 꽃잎들

시인 김춘수

은 '존재의 빛'을 발하지 않으니까 가짜일 수밖에 없다고 간파한 송상일의 선 자리는 어디일까. 무엇보다 먼저 지적할 것은 송상일이 선 자리가 문학과는 무관한 자리 곧 철학과 종교의 범주라는 사실. 철학에서 말하는 인식이란 존재욕구이다. 인식은 그러니까 우선 호명이다. 너를 돼지라 부르면 너는 내게 한 마리 돼지이다. 인식에 들어오는 모든 대상은 언어로 세워진 것이다. 인식은 나눠 호명하고 호명함으로써 나누는 것(변별성)이다. 명찰 붙이기란 그러니까 존재(물자체)가 아니다. 이를 개념화라 한다. 그렇다면 진짜 물자체는 무엇인가. 언어 바깥에 있는 것이다. 진짜 물자체, 이를 진여(眞如)라고 종교에서는 말한다. 철학에서 말하는 존재란 종교에서 말하는 진여이겠는데 이는 분별된 모습으로 나타나지 않는다. 그러니까 '주어+술어'의 구조에서 볼 때 술어(속성)에서 술어(분별, 가르기)를 부정할 수밖에 없다. '꽃이 붉다'에서 '붉다'란 색(기체)에서 볼 때 허망한 것이 아닐 수 없다. 분별(인식)로는 기체, 진여, 존재에 이를 수 없다. '주어'만이 있고, 주어도 그냥 주어가 아니라 '아!'하는 직관을 동반한 것이다. 그런데 이 직관은 나와 그것을 나누지 않으며 그냥 본다. 느낀다. 보고 느끼는 나는 (내게) 당연히 의식되지 않는다. '나'가 의식 가운데 나타나는 것은 돼지가 '돼지'로 인식되고 나서부터다. 그제야 '나'도 비로소 회상된다. 나의 현재는 나의 과거인 것이다. 아! 하는 순간은 극히 찰나적이다. 거의 시간적 연장을 갖지 않은 것처럼 보일 정도다. '아!'는 지체 없이 '돼지!'로 대체되고 확장되고 인식된다. 왜? 여기에서 유심 불교는 알라야식까지 들고 온다. 하이데거도 이 문제를 천착했다. 존재자가 아니라 '존재'를 문제삼기가 그것. 존재란 무엇인가. 있는 것이 아니다. 무란 무엇이뇨. 없는 것이 아니다. 이 무를 드러내는 것이 하이데거는 불안(죽음)이라 했다. 무의 빛 속에서 비로소 말할 수 없는 것, 볼 수 없는 것을 본다. 귀멂으로 듣고 눈멂으로 본다는 것이다. 그러므로 내가 주도적으로 존재(무)를 인식한다는 것은 불가능할 뿐더러 불합리다. 인식은 호명하는 것인데 존재는 말로 할 수 없는 것. 따라서 나의 호명권 밖에 존재하기 때문이다.

이에 비추어 볼 때 김춘수의 「꽃」은 어떠한가. 종교나 철학과도 무관할 뿐 아니라 말라르메와도 무관하지 않은가. 김춘수의 「꽃」이 여여(如如)하지 않고, 인공적 모조품으로 보이는 것은 이 때문이다.

그렇다면 김춘수의 처지에서 볼 때, 「꽃」은 어떠할까. 당연히도 그는 이렇게 응수할 것이다. '내 「꽃」은 인조품이다'라고. 어째서? 그런 철학이나 종교나 또 말라르메와 무관한 자리, 그러니까 범속한 '인식론'의 차원에서 나온 것이니까. 만년의 김춘수는 여러 곳에서 이렇게 적었다. '내 대표작은 「꽃」이 아니다'라고. '사람들이 「꽃」을 대표작으로 알고 있으나 이는 큰 착오다'라고. 왜냐하면 나는 거기에서 아주 멀리까지 나왔으니까. 과거 유치원 시절의 나를 어른급인 나로 오해하지 말라고. (「천편의 시가 다 내 자식 같소」, 『경향신문』, 2004. 2. 14)

8. 거제도 산(産) 넙치의 눈치보기

무엇보다 먼저 지적될 것은 김춘수의 「꽃」은 4·19와 무관하다는 점. 「꽃」은 아직도 4·19가 닥치기도 전의 산물이다. 황동규 씨의 논법으로 하면 김수영, 김종삼과 더불어 김춘수도 유아론에 빠져, 비유해 말한다면 자기도 모르는 시를 시랍시고 주절대고 있을 무렵의 산물인 셈이다. 4·19를 계기로 해서 이 3김씨는 유아론에서 벗어나 각기 자기 갈 길을 갔다. 김춘수의 간담을 서늘하게 한 김수영의 길은 의미의 시의 깃발이었다. 김춘수는 이에 맞서 무의미 시의 깃발이었다. 「처용단장」계를 쓸 무렵 김춘수는 무의미의 시에 대한 확신을 갖고 있었다. 그것은 저 「꽃」의 인식론과는 아주 단절된 수준 곧 '주어+술어'의 구도에서 술어제거의 세계에로 진입하고 있었다.

모란이 피어 있고
병아리가 두 마리
모이를 줍고 있다.

별은 아스름하고
내 손바닥은
몹시도 가까이에 있다.

별은 어둠으로 빛나고
正午에 내 손바닥은
무수한 금으로 갈라질 뿐이다
肉眼으로도 보인다.

主語를 있게 할 한 개의 動詞는
내 밖에 있다.
語幹은 아스름하고
語尾만이 몹시도 가까이 있다. (「詩法」, 1969)

그는 시작법을 이른바 속성(술어적 사고)에서 벗어난 경지에 올려놓고 있었다. 어간이 사라지고 어미만이 있는 경지, 속성의 본질을 손금처럼 알아차린 연후에야 기체(주어)에 접근할 수 있기 때문이다.

여기까지 이른 김춘수이기에 그의 간담을 서늘케 하던 김수영 따위는 이젠 조금도 겁나지 않았다. "김수영에게서 나는 무진 압박을 느낀 일이 있지만 지금은 그렇지 않다"(『김춘수 전집』(2), p. 389)고 할 수조차 있었다.

현실을 일단 폐허로 만들어놓고, 그러니까 현상학적 판단중지 위에서 비존재의 세계를 엿보겠다는 것으로 이 사정이 정리된다. 의미의 세계(말)를 부수어 분말로 만들어놓고, 이 분말을 어디론가 날려버려야 함이라 할 수도 있다. 말이 가루가 되어 날아간 곳엔 뻥 뚫린 공간이 생긴다. 그 구멍으로 보이는 것은 무엇일까. 「처용단장 제2부」가 그 해답의 일부인지도 모를 일이다.

말이 사라지고 뚫린 그 구멍으로 바라다 보이는 것은 빛깔인가 소리인가.

하이데거의 '존재'도 그런 것인지 모른다. '나'가 존재에 다가갈 수 없고 보면 '존재'가 '나'에게 다가와야 한다. 화엄경에서 말하는 사사무애법(事事無碍法)의 경지인지도 모를 일이다. 그렇기로 하나 예술이기에 시는 일단 어떤 경지에서 멈추어야 할 터이다. 철학인 이상 하이데거도 어딘가에서 멈추어야 했다. 자유로운 것은 이 경우 화엄경(종교)뿐이겠다. 이 절체절명의 장면에서 시인 김춘수의 해법은 어떠했던가. 다음 시가 이런 물음에 모종의 해법의 몸짓을 보여주고 있어 인상적이다.

바보야, 우찌 살꼬
바보야,
하늘수박은 올리브빛이다 바보야,
바람이 자는가 자는가 하더니
눈이 내린다 바보야,
우찌 살꼬 바보야,
하늘수박은 한여름이다 바보야,
올리브 열매는 내년 가을이다 바보야,
우찌 살꼬 바보야,
이 바보야, (「하늘수박」, 시집 『남천』, 1977 수록)

'존재(실존)는 궁극적으로는 빛깔이어야 할까, 리듬(울림)이어야 할까.' 이런 물음은 시문학사적 경계를 훌쩍 넘어섰다고 할 것이다. 어째서 그러한가. 「인동잎」을 고비로 하여 김춘수는 순수 이미지 탐구에 매진했고, 그 결과물이 시집 『타령조 기타』(1969) 『처용』(1974) 등이다. 그에게 있어 순수 이미지 탐구란, 관념을 물리치기 위한 방편에 지나지 않았다. 그만큼 관념(말)이란 질긴 것이었다. 일단 말을 분말화한다 해도, 그 빈자리를 통해 존재의 모습, 빛깔을 언뜻 볼 수 있을 것이나, 어느새 관념이 재빨리 쳐들어오지 않겠는가. 관념이 쳐들어오기 직전의 한순간에 시인이 본 것이야말로 시인이 찾던 몫일 뿐. 그러나 금방 관념의 침입에 시인은 다시 패배하기 마련인 것.

이에 대한 모종의 몸부림이 「하늘수박」이다. 한순간 본 존재의 빛깔(이미지)이 가뭇없이 사라지고 재빨리 관념(말)이 쳐들어왔을 때 시인은 절망할 수밖에. 이미지를 버리고 주문(呪文)으로 나가기가 그것. 울림, 소리, 리듬이 이에 해당된다. 관념(말)이 있었던 구멍으로 존재의 '빛깔'을 보고자 한 시인의 전의식이 돌연 관념으로 변하여 일으킨 결과가 그토록 참담했기에 이번엔 빛깔 대신 '소리'를 듣고자 한 것이 아니었겠는가. 주문 외기.

빛깔이냐 울림이냐의 문제설정을 두고 이분법적 사고의 틀에 갇혀 있다고 비판한다면 물을 것도 없이 부당하다. 빛깔과 소리의 접점도 있는 법이니까.

이 경지에까지 이른 김춘수이기에 김수영 따위란 두렵지 않았다. 의미의 시에 대한 무의미의 시의 높은 봉우리가 이로써 우뚝 세워진 것이다. 그런데 그 김수영의 뜻밖의 죽음(1968)은 김춘수에겐 또 한 번 가슴 서늘케 하는 사건이 아니면 안 되었다. 극복되었다고는 하나 맞수이자 긴장력의 대상의 소멸이 가져오는 공허감 때문이다. 무의미의 시학이 바야흐로 이 나라 시의 으뜸 자리에 올 수밖에 없는 사태를 김춘수는 온몸으로 감당해야 했다. 그는 이 막중한 의무를 짊어질 수밖에 없었다. 이 절체절명의 국면에서 그는 문득 하나의 구원처를 떠올렸다. 김종삼의 시학이 그것. 그동안 무의식 속에서 김춘수가 그토록 부러워했던 김종삼의 시학이 온몸을 에워싸는 것이었다. 조금도 작위성 없는 저절로 씌어진, 생리적 현상으로서의 김종삼의 무의미의 시학이란 얼마나 부러운 것이었던가. 김종삼이야말로 어둠 속에 떠오른 등불이고 저절로 핀 그야말로 여여(如如)한 꽃이었다. 사팔뜨기가 될 만큼 그는 김종삼을 엿보고 있었다.

안개가 풀리면서 바다도 풀린다.
넙치 한 마리 가고 있다.
머나먼 알래스카 머나먼 알래스카로,

> 그러나 欲知島와 巨濟 屯德 사이에서
> 해가 저문다.
> 안개가 풀리면서 바다도 풀리고
> 이제야 알겠구나.
> 넙치 두 눈이 뒤통수로 가서는
> 서로를 흘겨본다. 서로를 흘겨본다.
> 그래서 또 오늘밤은
> 더욱 가까이에 보이는
> 세사르 프랑크의 별. (「이런 경우— 김종삼 씨에게」)

시집 『남천』(1977)에 실린 「이런 경우」가 「하늘수박」의 연장선상에 놓였음은 쉽사리 확인된다. 이미지의 탐구 끝에 비로소 이미지가 휜것, 이미지의 절대경이란 울림으로 변한다는 실험이 그것.

이 실험을 김춘수는 어째서 '김종삼에게' 보고해야 했을까. 보고하지 않고는 배겨낼 수 없었을까. 그 해답이 이 시 자체이다.

얼마나 오랫동안 이 시인은 안개 속에서 헤매었던가. 처음은 아마도 시인의 고백대로 김수영의 존재 때문이었으리라. 그로부터 오랫동안 안개 속을 헤매었으리라. 바야흐로 안개 속을 벗어나게 된 계기와 시기가 왔다. '넙치'가 보였던 것. '내용 없는 아름다움'이란 이름의 넙치가 저만치 통영 앞바다를 유영하고 있지 않겠는가. 대체 '넙치'란 무엇인가. 머나먼 알래스카로 가고 있는 넙치, 그것은 황해도 은율 출신인 김종삼의 유년기에 부른 스와니 강, 요단 강의 노래에 해당되는 것. 알래스카의 바다로 가고 있는 넙치 한 마리, 그것은 실상 시인 김춘수의 고향인 경상도 욕지도와 거제 둔덕 사이에 대응되는 것.

안개가 풀린다 함은 바다가 풀린다는 것. 드디어 시인의 눈엔 넙치 한 마리가 보인 것이었다. 넙치의 두 눈은 뒤통수에 붙어 있지 않겠는가. 원래는 제대로 정상적 위치에 있던 두 눈이 아니었던가. 그 두 눈이 뒤통수로 간 곡절은 무엇이며 또 언제였던가. 4·19였을까. 4·19의 무엇이 그렇게 만들었을까. 시인은 이제야 그 사실을 알아차렸던 것일까. 먼 알래스카의 바다로 나아가고 있는 넙치가 보였다 함은 바다가 풀렸기 때문. 욕지도와 거제 둔덕 사이에 낀 안개가 걷혔기에 보이는 또 다른 넙치. 두 넙치가 한 몸 속에서 서로를 흘겨보고 있음. 이는 이미지의 휘어짐인가, 이미지의 울림화인가. 세사르 프랑크(19세기 프랑스 작곡가)가 별이 되었음이란 울림의 휘어짐일까, 울림의 이미지화일까. 혹은 결정불능의 경지라는 것일까.

　　耳目口鼻
　　耳 目 口 鼻
　　울고 있는 듯
　　或은 울음을 그친 듯
　　넙치눈이, 넙치눈이.
　　모처럼 바다 하나가
　　三萬年 저쪽으로 가고 있다.
　　가고 있다. (김춘수, 「봄안개」 전문)

'봄안개'라니? 다시 안개가 끼고 바다가 얼어붙기 시작했단 것일까. 드디어 서로가 '넙치눈이'가 되어 각자의 길을 가게 되었음일까. 4·19와는 달리, 4·19와는 비교도 할 수 없는 이런 장면에서 두 시인의 '믿을 만한' 전기가 나온다면 과연 어떠할까. 잘만 하면 '3만년' 저쪽으로 가고 있는 바다의 '크기'를 측정할 수 있을지 모를 일이다. 시문학사적 의의와 시인론적 의의의 분별이 별다른 장애 없이 살아날 수 있을지도 모를 일이다.

9. 세사르 프랑크의 별과 사르트르의 별

당초 문제제기는 황동규 씨와 김현이었다. 4·19가 김춘수, 김종삼, 김수영의 3김씨에게 충격을 가해 이들의 유아론적 시쓰기를 폭파시켰고, 그 결과 각각 자기류의 세계를 이룩함으로써 이 나라 시단의 장차 전개될 새로운 지평을 열었다. 그렇다면 이 과제에서 제일 문제적인 것은 바로 4·19가 아닐 수 없다.

대체 4·19란 무엇인가. 이 역사적 사실이 무엇이기에 문학을 가만히 두지 않았을까. 교과서적으로 말해 4·19란 (1)대구의 2·28사건, (2)마산의 3·15사건, (3)4·18의 고대 데모 사건, (4)전국의 4·19사건, (5)4·26의 이승만 대통령 하야를 통틀어 가리킴이다. (졸고, 「4·19혁명에 대한 '지금 마산은'의 의의」, 『3·15의거 기념시선』, 불휘, 2001) 이 사건이 불러온 현실이 큰 계기가 되어 참여시의 연원을 이루었다고 보는 것이 일반적 견해이다(신경림, 「우리 시에 미친 4·19혁명」, 『4월 혁명기념 시선집』, 학민사, 1983, p. 369). 이러한 일반적 견해와는 역방향에 선 민감한 비평가가 있었다. 김현이 그다. 그는 4·19가 이 나라 시사에 새로운 지평을 열었다고 봄에는 신경림씨와 같은 견해이지만 그 지향점이 정반대였다. 그는 4·19가 바로 '무의미의 시'의 시발점이라고 보았을 뿐 아니라 그 '무의미의 시'의 교주의 몫을 도맡음으로써 60년대 문학을 방향 짓고자 했다.

그것은 그의 생리적 측면에서 나온 것이어서 그만큼 자연스럽고 따라서 열정적일 수조차 있었다. 만일 김현처럼 우리 중의 누군가가 '아무개의 사유의 뿌리를 만지고 싶은 욕망'을 가졌다면 바로 이 과제에 매달려보아야 했을 터이다.

김현의 '사유의 뿌리'는 어디이며 또 어떤 것인가. 1988년의 시점에서 그는 "내 뿌리는 4·19다"라고 외쳤다. "내 육체적 나이는 늙었지만 내 정신의 나이는 언제나 1960년의 18세에 멈춰 있었다"고 거침없이 말했다. 그래도 성에 차지 않아서 "내 나이는 1960년 이후 한 살도 더 먹지 않았다"라고까지 했다. 물을 것도 없이 이는 비유법의 일종이어서 그 자체로는 특별한 의미가 없다. 요컨대, 중요한 것은 그의 '사유의 뿌리'인 것이다. '내 사유의 뿌리는 4·19다'라고 그가 말할 때 그 사유의 뿌리란 대체 무엇인가.

이렇게 물을 때 우리는 김현의 첫 평론집 『존재와 언어』에 마주치게 된다. 이 책의 첫번째 글이 「말라르메 혹은 언어로 사유되는 부재(不在)」다. 프랑스문학도인 그가 부딪친 최초의 난관은 프랑스문학과 한국문학의 차이였다. 만일 영시가 '의미의 시'이고 프랑스시가 의미와는 상관 없는 '울림(애매모호성)의 시'이며 따라서 혼에 관련된 것이라는 본느푸아의 견해가 사실이라면, 한국시는 어떠한가. 본느푸아의 결론은 이러했다. '의미의 시'도 '울림의 시'도 편향성일 뿐 이 둘을 합해야 올바른 시가 될 수 있다는 것이다. 엠프슨이나 리처즈 모양 언어를 과학적 용법과 정서적 용법으로 구분하고자 하는 것이 영시라면 사람들은 시를 경멸할 것이며, 프랑스 시 모양 애매모호한 것이 시라면 사람들은 역시 시를 경멸할 것이라고 본느푸아는 지적했다("Critics—French and English Poets," *Encounter*, 1958. 7. p. 41). 이 의미의 시냐 울림의 시냐의 갈림길에서 김현은 당연히도 후자 쪽에 서고자 했다. 프랑스문학도인 그로서는 프랑스시가 제일 멋지게 또 근본적이고, 무엇보다 시적인 것으로 보였을 터이다. 곧 그가 공부한 말라르메가 속삭였다. "아가야, 프랑스시가 최고란다. 영시 따위란 보잘것없는 장사꾼의 시란다"라고. 어린 김현의 귀에 이것만큼 솔깃한 것이 따로 없었는데 왜냐하면 그만이 이 말라르메의 소리를 들을 줄 아는 명징한 귀를 갖고 있었다고 믿었기 때문이다. "아가야, 시란 '언어로 사유되는 부재'란다. 아직 너는 어려 무슨 말인지 잘 모르겠지만 좌우간 그런 것이란다. 오직 나만 믿으면 된다"라고. 또 말했다. "아가야 너는 이 울림의 시학을 네가 태어난 나라의 시단에 옮겨 심어 그 교주가 되거라"라고. 말라르메의 꾐에 김현이 여지없이 빠질 수 있었던 것은 전공이기에 앞서 그것이 생리적임에서 왔다. '리듬에 대한 집착, 이미지에 대한 편향, 타인의 사유의 뿌리를 만지고 싶다는 욕망, 거친 문장에 대한 혐오'란 김현의 생리적 자질이며 이것이 말라르메를 전면적으로 수용할 수 있는 기반이었다. 그는 이를 두고 저도 모르게 세속적으로 4·19라 했다. '4·19 = 말라르메'였던 것이다. '의미의 시'의 씨를 뿌리기 시작한 것이 바로 4·19 이후였다. 김현은 '암시의 시학' 또는 '효과의 시학'이라는 명칭으로 제일 먼저 김종삼을 주목했다. 자기와 꼭 같은 사유의 뿌리를 김종삼에서 보았기 때문이다. 수직적 이원론(기독교적 사유체계)의 토착화에 김종삼이 고민하고 있음을 김현은 「앵포르멜」에서 보았다. 김종삼은 그 누구도 하지 않은 짓을 하고 있었다. 김종삼은 사원에서 파이프 오르간을 치는 세사르 프랑크를 찾아갔다. 말라르메 본가에도 갔을 뿐 아니라 말라르메의 곰방대까지 훔쳤고, 고호가 다니던 가을 길도 걸어보았고 심지어는 사르트르가 경영하는 연탄공장에 들어가 직공노릇까지 하지 않았겠는가. 김종삼의 이러한 몸짓은 바로 김현의 그것이 아닐 수 없다. '내용 없는 아름다움'은 그 결과이다.「북치는 소년」이란 바로 김현 자신이었다. 이 모든 것을 가르친 교주는 말라르메였다. '수직적 이원론이 토착화'의 몸부림으로 정리되는 것이 암시의 시학이고, 혼과의 시학이었다.

그렇다면 김현에게 있어 김춘수란 무엇인가. 참으로 감당하기 어려운 존재였을 터이다. 김현에게 있어 김종삼이란 방법론상으로는 물론 생리상으로도 동질감으로 몸이 한데 붙은 샴쌍생아격이었다면, 김춘수는 낯선 한 마리 까마귀격이었다. 그런데 이 까마귀는 그 험상궂은 모양이나 색깔과는 달리 기묘한 울음소리를 갖고 있지 않겠는가. 실로 애매모호한 울림이었다. 암시와 효과에 가득한 울림이었다.「인동잎」에서 비롯,「처용단장」에 뻗어 있는 김춘수의 시에서는 말라르메의 시학이 온통 살아 움직이고 있었다. 김현으로서는 참으로 난감한 것은 김춘수가 사르트르의 연탄공장에도, 말라르메의 본가 근처에도 가지 않았다는 사실에서 왔다.

한편 김춘수의 처지에서 보면 김종삼이나 김현은 어떠할까. 당초 그들은 안중에도 없었다. 김춘수 앞에 있는 바윗덩이는 김수영이었던 까닭이다. 간담을 서늘케 하는 김수영 앞에 김춘수는 고군분투할 수밖에 없었다. 그는 뱀처럼 자기의 허울을 벗고 몸조직을 개조하지 않으면 안 되었다. 릴케에 매달리던 초기에서 벗어나 주관과 객관의 관계(인식론)에로 나아간 것이「꽃」의 단계였다. 이때 4·19가 터졌고 김수영이 맹렬히 달려가고 있었다. 김수영에게 맞설 방법이 절실했다. 방법은 하나, 몸조직을 바꾸는 길이 그것. '무의미의 시'가 그것. 언어에 매달리기, 언어의 장난에 나아감으로써 언어의 질서를 파괴하기가 그것. 묘사로서의 이미지에서 벗어나 이미지 자체를 부정하기. 거기에서 부재(허무)의 속살이 보였다.「처용단장」이 그것이다. 김수영과의 악전고투 끝에 도달한 김춘수의 성채가 「처용단장」이며, 거기서 그는 「하늘수박」까지 딸 수조차 있었다. 성주가 된 김춘수가 비로소 여유를 가져 주변을 돌아보자, 그는 깜짝 놀라지 않으면 안 될 장면에 부딪쳤다. 악전고투는커녕 실로 천연스럽게 김종삼의 '내용 없는 아름다움'이 저만치 솟아 있지 않겠는가. 이 놀라움이 질투심으로 변하는 것은 시간문제. 대체 김종삼은 어떤 짓을 하고 있을까. 흘깃흘깃 훔쳐보며 또 눈치를 볼 수밖에. 스스로가 '넙치 한 마리'로 되어갔다. 뒤통수에 눈이 달린 넙치.

이제야 알겠구나
넙치 두 눈이 뒤통수로 가서는
서로를 흘겨본다. 서로를 흘겨본다.
그래서 또 오늘밤은
더욱 가까이에 보이는
세사르 프랑크의 별 (김춘수, 「이런 경우」 부분)

'김종삼 씨에게'라는 부제가 붙은 이 시는 김춘수의 놀라움의 인식에서 나온 것이다. '세사르 프랑크의 별'로서의 김종삼이었음을 비로소 김춘수가 알아차렸고, 거기에다 늦게나마 경의를 표한 형국이었다. 일찍이 김종삼은 이렇게 읊었다.

神의 노래
圖形의 샘터가 설레이었다.

그의 건반에 피어 오른

수은 빛깔의
작은 音階

메아린 심연 속에 어둠 속에 無邊 속에 있었다.
초음속의 메아리 (「세사르 프랑크의 音」, 1964)

'세사르 프랑크의 별'이 김종삼이라는 것. 이는 예민하기에 옹졸하기 쉬운 김춘수가 김종삼에게 보낸 최고의 찬사가 아닐 수 없다. 그것은 용기의 일종이 아닐 수 없다. 김춘수가 다음과 같은 작품을 쓴 것도 결코 우연이 아닐 터이다.

고뿔
—故 장 폴 사르트르에게

하늘수박 가을 바람 고추잠자리,
돌담에 속색이던 慶尙道 花開 사투리.
身熱이 나고 오늘 밤은 별 하나가
연둣빛 化石이 되고 있다. (『현대시학』, 1980. 8월호)

사르트르, 그는 파리에서 연탄공장을 경영하고 있었다. 일찍이 김종삼이 거기 직공으로 있다가 파면된 바 있다. 그 냉정한 연탄공장 장이 죽었음에 어찌 김춘수도 무심할 수 있으랴. 고뿔이라도 앓아야 마땅하다고 판단했을 터. 적어도 세사르 프랑크에 버금가는 또 하나의 별이 떨어졌으니까.

〔『문학의 문학』, 2007. 겨울호〕

아, 이청준
── 창작집 『그곳을 다시 잊어야 했다』에 부쳐

1. 밤 산길 길 안 보여도 멈출 수 없음

이청준 씨의 소설을 좋아하오. 직업상 그럴 테지 하고 빈정댈지 모르지만, 그렇기도 하고 또 그렇지 않기도 하오. 하늘과 땅이 하도 아득하여 앞이 보이지 않을 때, 제일 먼저 보고 싶은 것의 하나가 이청준 씨 소설이오.

이런 경우엔 그는 무엇이라 할까. 그는 어떤 표정을 짓고 또 울음을 울까.

이러한 버릇이 생긴 것은 오래됐지만 유독 심해진 것은 「눈길」(1977) 이후라 회고되오. 못난 장남 탓으로 집을 잃은 가문, 그런 줄도 모르고 대처에서 중학 다니는 차남이 방학을

이청준

맞아 귀가했을 때 취한 노모의 행동에서 제가 어렴풋이나마 알아차린 것은 부모자식 간의 애정이란, 얼른 보면 맹목적이긴 해도 거기엔 '부끄러움'이 전제되어 있다는 것. 햇빛 아래의 부끄러움이 그것이오. 이 윤리감각이 자칫하면 천방지축이기 쉬운 미적 감각을 누르고 있었소.

이런 장면을 두고 당대의 '키 큰 평론가'(박상륭의 용어) 고 김현씨는 이렇게 빈정댔것다. 왈, 제 에미를 팔아 소설을 썼군, 이라고. 이번엔 제가 지켜볼 차례. 그 에미가 백옥루의 주민이 되었다면 어떻게 될까. 아주 기묘한 일이 벌어졌것다. 활동사진 감독 Y씨와 더불어 춤을 추며 축제를 벌였던 것. 그러나 그 축제란 한갓 겉잔치였을 뿐 노모의 모든 재산은 대를 이어 건재했던 것. 씨는 이 장면을 아주 등신대(等身大)로 「꽃 지고 강물 흘러」(2004)라 했소. 아무런 수사학도 없는 글쓰기가 거기 어둠 속에서 빛나고 있었소. 한 장면만 잠시 볼까요. 행상하는 과부 며느리와 과부 시어미의 밤길 걷기가 그것.

그날따라 형수의 밤 귀갓길이 유난히 늦었다. 그러다 보니 노인의 어둠 속 길마중도 여느 때의 산모퉁이께를 훨씬 지나고 있었다. 하지만 노인은 피곤한 몸을 이끌고 어두운 밤길을 혼자 터벅터벅 고적하게 돌아오고 있을 며느리를 생각해 여전히 한 걸음 한 걸음 앞으로 나아가고 있었다. 그런데 어느 순간 저만큼 까마득한 어둠 속에서 보이지 않는 노인을 향해 "엄니, 지금 어디 계시오?" 짐짓 무서움기를 떨치려는 형수의 부름 소리가 들려왔다. 이어 "오냐. 나 여기 있다! 인제 맘 놓고 천천히 오거라" 노인의 반가운 응답이 이어지고, 잠시 후 두 사람은 어둠 속에서 서로 만났다. 그런데 그렇게 지쳐 돌아오는 며느리의 갯것 광주리를 빼앗듯이 받아 인 노인이 앞장을 서고 마지못해 머릿짐을 넘겨준 며느리가 뒤에 선 채 남은 밤길을 돌아오던 참이었다.

(이청준, 「꽃 지고 강물 흘러」, 『꽃 지고 강물 흘러』, 문이당, 2004, pp. 26~27)

어찌 노모와 며느리만 밤길 걷기이랴. 씨의 40년 소설질이 밤길 걷기 그것 아니었던가. '나는 왜 문학을 하는가'의 물음에 씨는 하나 마나 한 말을 한 바 있었소. '밤 산길 길 안 보여도 멈출 순 없었다' (『한국일보』, 2003. 7. 3)라고. 도대체 이 독행 밤 산길 헤매기 식의 소설질이란 무엇인가. 내 이웃들에게 이것은 무슨 뜻을 지닐 수 있는가. 씨는 이 물음에서 한시도 자유로울 수 없었을 터. 주변에서는 씨를 위로하느라, 또 제법 걱정하느라 이런 식의 격려도 했을 터. 그 어두운 밤 산길은 너 혼자서만 가고 있는 게 아닐 수 있다. 네 뒤에도 그런 독행자가 어둠 속을 외롭게 가고 있을 수 있다. 뿐만 아니라 네가 가고 있는 밤산 근처에도 다른 수많은 산이 있고, 그 산길에도 너 같은 독행자가 헤매고 있다라고. 그들 중 누군가 네 발자국 흔적이라도 만난다면 얼마나 위로이랴라고까지 말했을 법하오.

2. 아비는 지하실이었다

저러한 격려들이 정작 이 키 크고 염소처럼 고집 센 소설쟁이에게 과연 무슨 위로거나 얼마만큼의 도움이 되었을까. 감히 추측건대 위로도 조금은 되었고 도움도 조금은 되지 않았을까. 씨가 쉼 없이 소설질을 해옴이 그 증거이오. 낼모레 고희를 바라보면서도 계속 소설질에 매달리기, 서리가 허옇게 앉은 머리를 두고도 굳이 미백(未白)이라 우기기가 그것(씨의 한때 아호가 혹시 이것이 아니었던가?). 그렇기는 하나 저러한 격려가 또한 모종의 압력이거나 억압으로 씨의 가슴을 누르지 않았을까요. 제 에미를 팔아 소설을 쓴다는 키 큰 비평가의 조롱이 그 격려 속에 은밀히 깔려 있었음을 명민한 씨가 알아차리지 못했을 이치가 없고 보면, 과연 어떠할까. 씨가 이를 돌파하기는 시간문제. 그것도 아주 무의식적으로. 씨는 「지하실」의 서두에서 이렇게 썼소.

어린 십대 중반에 마을을 떠난 뒤 오래잖아 별 유쾌하지 못한 곡절로 돌아갈 집도 식구들도 모두 잃고 만 나는 이후 줄곧 객지살이 속에 자력으로 일가를 이루고 난 오십대 중반까지도 도대체 고향 골을 다시 찾을 이유나 계기가 없었다. 그러다 어언 예순고개가 가까워지면서 문득 삶의 소진감과 함께 어릴 적 고향 시절이 떠오르기 시작했고, 그래 별생각 없이 부랴부랴 길을 나선 것이 그 첫 고향길이었다. 속절없는 세월에 겁을 먹은 중년 출향자의 각박한 심사, 거꾸로 말하면 그만큼 아직 자신의 삶에 새 동기나 활력을 갈구한 탓이었을까.

그런 마당에 어릴 적 윤호나 그의 집 일이 염두에 있었을 리 없었다. 그땐 모처럼 맘에 담고 온 내 유년의 골목길조차 얼핏 들어설 수 없어 뒷담벼락 너머로 미적미적 눈길을 망설이다 그 퇴락하고 남루한 집안 몰골에 제물에 큰 죄를 짓고 내쫓기는 심정이었으니까. 그렇듯 민망하고 쫓기는 심사는 집안 손위 성조 씨네서 하룻밤을 보내고 이튿날 일찍 다시 마을을 떠날 때까지도 끝내 떨쳐낼 수 없었으니까.

하지만 그로부터 다시 십 년이라면 짧은 세월이 아니었다. 게다가 이번 길은 윤호네와 반대로 그 어릴 적 옛집을 고쳐 세우는 일 때문이었다. 그 윤호와 윤호네 일이 새삼 머리를 쳐드는 건 이래저래 마음이 그만큼 허약하고 감상적이 된 탓인지도 모른다.

— 내가 새삼스럽게 공연한 발걸음을 했나. 게다가 하필 그 지하실 따위 일로다?

하지만 나는 이내 자신을 달래려듯 제물에 고개를 내저었다.

(「지하실」, pp. 88~89)

이 대목의 의의는 새삼 강조될 성질의 것이오. 어째서? 고향에 대한 죄의식을 새삼 문제삼고 있기 때문. 그 죄의식이 '고향=에미'의 도식이었고, 그것은 말 그대로 '죄의식'에 다름 아니었던 것. 그런데, 한발 물러서서, 또 철이 들어 바라보자 그 죄의식의 성격이 다른 형상을 하고 있지 않겠는가. 예순도 지나서야 겨우 깨쳤던 것 '고향=애비'의 도식이 그것.

고향 옛집의 '그 지하실'이란 과연 무엇이었던가. 아비에 다름 아닌 것. 부재(不在)하는 아비의 상징물이었던 것. 윤호의 아비, 또 족친 어른의 목숨을 보장할 수도 있던 그 지하실이란 실상 집안의 가장인 아비의 산물이었던 것.

아비란 무엇인가. 달리 말해 모계문학에서 부계문학사로 방향 전환하는 장면이 「지하실」이었던 것.

6·25란 새삼 무엇인가, 누구에게 대고 물어보라. 이데올로기로 표상되는 그 무엇이 아니었던가. '국가'라는, 실로 가공스런 아비는 자식 격인 백성들에게 끊임없이 제 생존을 도모해갈 에너지를 착취하는 법. 잔혹한 수혈 행사, 남근절대주의 사상이 그것.

'제 에미를 팔아 소설 쓴다'는 비판에서 이제야 씨가 자유로워졌다고 하면 어떠할까. 왜냐하면 아비란, 이데올로기 일반이란 국가 바로 그것이니까. 그러기에 국가만이 해결의 열쇠를 쥐고 있는 이데올로기의 처리 문제가 아무리 합리적이고 그럴 법하더라도 결국은 아비의 영역 속의 일에 지나지 않는 것.「지하실」의 기념비적인 성격은 여기에서 왔을 터.

「지하실」의 저러한 기념비적 성격도 따지고 보면 기껏해야 특정 국가의 틀 속의 일에 지나지 않는 것. 쉽게 말해 특정 정치적 현실(이념과 현실의 갈등)의 지평 속의 논리에 속하는 것이니까. 이런 지평이란 이데올로기의 성격상 당연히도 넘어서게 마련인 것. 아비, 국가 다음 단계 그리고 최고 단계란 당연히도 신이 아닐 수 없으니까. 이념(꿈)과 힘의 질서가 지배하는 현실세계와 그를 뒷받침하는 역사적 정신태(精神態)에서 한 걸음 나아가기, 그것은 무엇일까. 씨의 장편『신화를 삼킨 섬』(2003) 속에 그 해답이 잠겨 있소. '현실과 역사의 유전적 침전물로서의 태생적(胎生的) 정서가 담겨 있을 넋'을 문제삼기가 그것이오. 제주도 4·3사건을 신화의 영역으로 내려앉히기가 그것. 이를 단편으로 보여준 것이 에네켄 농장 이민 1세의 망향을 다룬「태평양 항로의 문주란 설화」이며, 아직 신화급에로 이르지 못했으나 장차 그렇게 될 운명의 모습을 보여준 것이 조국을 세 번씩이나 잊은 사람을 다룬「그곳을 다시 잊어야 했다」가 아니었겠는가.

3. 소설과 활동사진은 얼마나 같고 또 다른가

이 창작집에는 아주 보물스런 글 한 편이 실려 있소.「조물주의 그림」이 그것.「천년의 돛배」가 저 천하의 광주제일고 수석이자 학생회장 이청준 씨의 그리움의 뿌리를 묘파한 것이라면, 「조물주의 그림」은 고희를 바라보는 염소처럼 고집 센 소설쟁이 이청준 씨의 미학의 성격을 밝힌 것. 참으로 기이하게도 씨가 소설 속에다 산문 작가인 자신을 팽개치듯, 그 멸시해 마지않는 이런 시 나부랭이를 읊었것다.

> 밤바다 가운데로 나가 있으면
> 섬들이 사방에서 나를 에워싸고 다가든다.
> 섬들이 어찌 나를 에워싸랴.
> 섬들은 저희끼리 밤 이야기 위해 서로 둥글게 다가앉는 것뿐이다.
> 섬들 가운데에 나는 없다. (「조물주의 그림」, p. 261)

뿐만 아니라 이 시는 버젓이 씨가 써놓고도 활동사진 감독 Y씨의 것이라고 우기지 않겠소. 그런데, 또 한번 엉큼하게도 씨는 자기의 미학까지도 Y감독의 것이라 우기지 않겠소. 자연과 인간이 함께 등장하는 '끔찍한 장면'이 그것.

신이 연출한 '끔찍한 장면'도 찍을 수 없지만, 인간이 연출한 '끔찍한 장면' 역시 찍을 수 없어 절망한 Y감독은, 다름 아닌 작자 이청준 씨가 아니었던가. 그렇지만, 씨는 언젠가 활동사진으로는 불가능한 그 '끔찍한 장면'을 반드시 묘파해내고야 말 것이오. 그 실마리를 우리가 미리 엿보아버렸으니까. 재승씨의 외종형이 겪은 '끔찍한 장면'이 그것.

그해 겨울 추위가 차츰 풀리고 산야가 신록으로 어우러지기 시작한 봄철 어느 날, 외종형은 가장 가까운 손위 혈육인 고모 재승 모나 일가 사람들, 집안의 재기를 바라던 주위 친지들의 기대를 외면한 채 오직 젖 염소 한 쌍만을 끌고 인근 천관산 깊은 골짜기로 홀연 종적을 감춰 들어가버린 것이다. (「그곳을 다시 잊어야 했다」, p. 49)

활동사진으로는 절대로 볼 수 없는 경지, 소설로서만 마침내 이루어낼 수 있는 외종형이 겪은 그 '끔찍한 장면'. 이를 온몸으로 느끼고 있는 소설쟁이. 아, 우리의 국민작가 이청준 사백이여! 아무쪼록 미백(未白)이 부끄러워질 때까지 건필하시라.

〔이청준 소설 『그곳을 다시 잊어야 했다』(열림원, 2007, pp. 11~19) 발문〕

제5부

남송우 교수와의 대화(1) — 김윤식의 『일제말기 한국인 학병세대의 체험적 글쓰기론』에 대한 생산적 대화
남송우 교수와의 대화(2) — 김윤식의 『백철 연구』: 한없이 지루한 글쓰기, 참을 수 없이 조급한 글쓰기
AKSE 30주기 참가기

남송우 교수와의 대화(1)
─ 김윤식의 『일제말기 한국인 학병세대의 체험적 글쓰기론』
에 대한 생산적 대화

일시 2007년 8월 2일   **장소** 국립박물관 휴게실
대담자 김윤식(서울대학교 명예교수)·남송우(부경대학교 국문학과 교수)

남송우 대학에서 정년은 하셨지만, 선생님의 비평적 글쓰기는 정년이 없는 것 같습니다. 비평의 가장 원초적인 형태인 월평 작업을 아직 계속하고 계시는 모습을 대하면서 그런 생각을 떨쳐내기가 힘들었습니다. 월평은 건강이 뒷받침되지 않으면 계속할 수 없는 글쓰기의 하나인데, 요즈음 선생님의 건강 상태는 어떠하신지 먼저 안부를 묻고 싶습니다.

김윤식 조금씩 앓고, 가끔은 병원에도 갑니다. 정해진 걷기 코스를 다 못 채우고 중도에서 돌아오곤 합니다. 그럴 적마다 하늘 끝자락에 시선을 주곤 하지요.

남송우 힘들게 건강을 유지하면서, 월평 쓰기도 힘든 일인데, 선생님께서는 지속적인 저술활동을 하고 계십니다. 놀랍다는 말씀을 먼저 드리고 싶네요. 선생님의 최근의 관심을 한 마디로 요약한다면, 글쓰기론으로 이름 지을 수도 있겠습니다. 『일제말기 한국작가의 일본어 글쓰기론』(서울대출판부, 2003)에 이어 『해방공간 한국작가의 민족문학 글쓰기론』(서울대출판부, 2006)을 펴냈고, 또 이번에 『일제말기 한국인 학병세대의 체험적 글쓰기론』(서울대출판부, 2007)을 펴내셨으니까요. 그동안의 선생님의 저작들을 감안했을 때, 이러한 글쓰기론에 대한 관심은 하나의 변화이면서, 새로운 영역으로 여겨집니다. 글쓰기론에 집중하게 된 특별한 동기라도 있는지요?

김윤식 먼저 관심을 가져주신 남 교수님께 경의를 표합니다. 지적하신 바와 같이 정년(2001) 이후 제가 조금 공들여온 것이 글쓰기론 3부작입니다. 번잡스러우나 이에 대한 설명을 아무래도 조금 할 수밖에 없네요. 두루 아는 바, 제 전공은 한국 근대문학입니다. 그것은 물론 인문학의 한 분야지요. 1960년대 초에 대학원을 다닌 제가 속한 세대의 인문학의 비중이란 사회경제학과 더불어 막중한 것이었지요. 식민지사관 극복이 그것. 이는 물을 것도 없이 민족적·국가적 요청 사항이자 시급히 해결해야 할 눈앞의 과제였던 것. 왜냐하면 이 문제의 극복 없이는 대한민국 정식 정부(1948. 8. 15)와 조선사회주의 인민공화국(1948. 9. 9)이 그 자립적 근거를 내세우기 어려웠으니까. 만일 식민지사관이 학문(과학)적으로 옳다면 그야 할 말이 없지요. 남의 식민지 노릇을 할 수밖에 없어요. 그렇지 않고 제국주의자들이 만들어낸 한갓 허구였다면 어떻게 될까. 이를 밝혀야 한다는 사명감이 인문학에 주어졌던 것. 비유컨대 일종의 학문적 독립운동인 셈. 식민지사관이란 무엇이죠. 이 물음의 맨 앞에 놓인 것이 이른바 저 악명 높은 '근대.' 이 근대라는 인류사의 한 단계를 자체 내의 힘으로 이루어내지 못한 종족이나 민족이라면 그것을 능히 이루어낸 민족이나 종족의 식민지가 되어 마땅하다는 것이 식민지사관이니까. 그렇다면 맨 먼저 인문학이 공부해야 할 것은 다름 아닌 정치학 그리고 경제학일 수밖에. 왜냐하면 근대란 (A)국민국가 nation-state와 (B)자본제의 생산양식 mode of capitalist production의 수행과정이니까. (A)의 공부를 위해 어떤 인문학도라도 최소한 정치학과 4년이 소요되는 법. (B)의 공부를 위해서도 최소한 경제학과 4년이 요망되는 법. 적어도 8년의 공부가 요망될 수밖에. 연후에야 '문학' 공부가 가능한 법. 왜냐하면 전공이 한국 근대문학이니까. 근대 공부에 8년이 갔고, 또 '한국 근대'의 공부에 8년이 갈 수밖에. (C)반제 투쟁 공부에 4년이 갔고, (D)반자본제 투쟁(물산장려운동 등) 공부에 4년이 속절없이 갔던 것. 그리고 보니 참으로 난감했지요. (A)·(B)와 (C)·(D)가 역방향성을 띠고 있고, (A)·(B)와 (C)·(D)가 거의 절대모순성에 놓여 있다는 것. 문학이 그 속에서 끼어 숨도 못 쉬는 형국이었지요.

남송우 선생님 세대의 문학 공부 방식이랄까, 문학에 대한 인식 방식을 충분히 이해할 수 있을 것 같습니다.

김윤식 제가 속한 세대의 신세타령이라고 할까요. 내친 김에 조금

더 해볼까요. 근대문학이란 무엇인가. 국민국가의 언어 곧 '국어'로 하는 문학이 아닐 것인가. 국민국가란 상상의 공동체에 지나지 않는 것. (1)단일민족, (2)단일언어, (3)단일문화, (4)단일국가를 전제로 한 허구인 셈. '한국 근대문학'이란 그러니까 한국어로 하는 한국 국가문학으로 규정되는 것. 이때 제일 중요한 사항은 한국 국가입니다. 상징적으로 말해 임시정부(공화제헌법, 1919)가 바로 그것. 임시정부의 대행언어기관이 바로 조선어학회였지요. 모든 문인들이 조선어학회의 표기법을 전폭적으로 지지한 것이 그 증거지요. 일제 통치부가 조선을 식민지로 통치할 때, 경제, 행정, 금융, 교통 등등 기타 제도를 통치권 속에 두었으나 문학제도만은 통치권 밖에 두었던 것입니다. 한국 근대문학은 당초부터 식민지 통치권과 무관한 자리에서 성립되고 진행되었던 것(검열제도란 어느 사회에나 있는 치안에 관련된 것. 1980년대 군부의 검열을 보시라).

그러나 일제 통치부가 한국 근대문학을 통치권 속에 넣고자 작정한 것이 조선어학회사건(1942. 10. 1)입니다. 33인을 겨냥했고, 총독부 시정일(始政日)을 택해 일으킨 이 사건 이후를 두고 보통 암흑기라 합니다. 한국 근대문학의 시선에서 보면 암흑기지만, 참으로 놀랍게도 또는 너무나 당연하게도 일어로 또는 조선어로 많은 작가들이 실로 많은 작품들을 썼습니다. 이 공간에 쓰여진 작품들은 대체 무엇인가? 국가 개념이 숨은 시대의 이런 작품이란 작품이긴 해도 한국 근대문학이라 하긴 어렵지요. 단지 그냥 '글쓰기'라 하면 어떠할까. 나아가 저는 이중어 글쓰기 공간(1942. 10. 1~1945. 8. 15)이라 잠정적으로 규정해보았지요. 가령 일어로 쓴 이효석, 유진오, 김사량의 작품이란 조선문학인가, 일본문학인가, 이 물음은 논의를 더 해보아야겠지만. 요컨대 일차적으로는 글쓰기의 문제로 처리해볼 수 없을까. 오늘날의 저 악명 높은 국민국가에서 한 발 물러선 자리가 거기 있습니다. 거대담론이 물러난 자리에 재빨리 동아시아(지역)담론이 대두하듯, 김사량의 일본어 소설(「향수」, 1941)을 보십시오. 조선인(1)이 일어(2)로 베이징(3)을 배경으로 쓴 소설이 아니겠는가. 이러한 문제제기가 친일문학이라는 경직된 사고에 약간의 유연성을 부여함과 더불어 문학 이전의 글쓰기 과제라는 새로운 지평을 엿볼 수 있지 않겠는가『일제말기 한국작가의 일본어 글쓰기론』은 이 문제를 문제 제기로 다루어본 것입니다.

그 연장선에서 쒸어진 것이『해방공간 한국작가의 민족문학 글쓰기론』입니다. 한국 근대문학사의 시선에서 보면 두 공간을 가진 셈. 위에서 본 이중어 글쓰기 공간이 그 하나, 다른 하나는 소위 해방공간(1945. 8. 15~1948. 8. 15 및 9. 9)입니다. 미소의 군정기간이기에 국민국가 개념이 잠복된 공간인 셈. 이 공간의 이념적 지향성은 '나라 만들기.' 세 가지 모델이 등장했지요. (A)부르주아 단독 독재형(대한민국), (B)노동계급 단독 독재형(북로당), (C)연합 독재형(남로당)이 그것. 민족 우위냐 계급 우위냐를 둔 논의이기에 문학 쪽에서는 (A), (B), (C)가 한결같이 민족문학론으로 일관될 수밖에. 민족 개념을 가운데 놓고 계급과의 낙차를 따져야 했기 때문이죠.

이 장면에서 제가 주목한 것은 다음 사항입니다. 곧 이 공간 역시 '글쓰기 공간'이란 점. 어느 특정 국가의 소속이 아닌 글쓰기인 만큼 저마다 내세우는 '민족문학론'이란 실상 소속 불명의 허구라는 사실. 글쓰기의 본질에 좀더 가까이 갔다고나 할까. 적어도 근자 악명 높은 국민국가의 족쇄에서 저만치 벗어난 영역이라는 것. 남 교수께선 '글쓰기론에 집중하게 된 특별한 동기를' 물으셨는데, 이로써 답변이 되었을까요. 저는 그 지랄 같은, 그렇지만 제가 태어나고 자라고 사랑한 20세기의 산물인 한국 근대문학을 모자라는 재주로 애써가며 공부했습니다. 그것으로 제 소임은 다했지요. 정년까지 했으니까. 그런데 조금은 딱하게도 21세기라는 실로 굉장한 세계 속에 다시 살게 되고 말았지요. 한 몸으로 두 세기를 사는 형국. 20세기가 제겐 한국 근대문학 곧 '근대문학'이었다면 21세기에 있어 제겐 '근대문학' 대신 '글쓰기'에 지나지 않습니다. 그냥 글쓰기인 만큼 그 속에 근대문학도 포함될 따름이죠. 포함되긴 하나 아주 작은 한 영역일 수밖에. 여기서 한발만 나서면 '문학'도 없고 글쓰기만 있을 터. 모든 영역 개념이 해체되어 새로이 엉키는 기묘한 현상의 꿈꾸기라고나 할까. '그냥의 글쓰기'란 새로운 21세기적 사태의 반영이라면 어떠할까요.

남송우 선생님의 글쓰기론의 뿌리가 어디에 근저하고 있는지를 알 수 있을 것 같습니다. 그런데 선생님의 글쓰기론의 뿌리를 확인하다 보니, 선생님께서 이번에 펴내신 『일제말기 한국인 학병세대의 체험적 글쓰기론』(서울대출판부, 2007)에 대해 질문을 드리기 전에, 이 책이 보여주고 있는 선생님의 글쓰기 방식에 대해 먼저 이야기를 나누어보는 것이 필요하겠다는 생각이 듭니다. 선생님께서는 이전에 자주 활용하시던 대화적 글쓰기 방식을 이 책의 서술 방식으로 선택하고 있습니다. 문어적 글쓰기가 아니라, 구어적 대화형식을 활용하신 특별한 의도가 있었을 것 같은데요? 독자를 의식하신 것인지, 선생님 자신의 대화적 글쓰기에 대한 원초적 욕망의 발현 결과인지가 궁금해집니다.

김윤식 이번의 『일제말기 한국인 학병세대의 체험적 글쓰기론』에서는 어째서 대화적 글쓰기로 일관했느냐고 물으셨군요. 이 책에서 대화체가 아닌 것은 제2부 제1장「작가 이병주의 탄생 장면」, 제4부 제1장「민담형식과 역사형식」두 편인 만큼 거의 전편이 대화적 글쓰기라 할만합니다. 그렇기는 하나 제겐 실로 민감한 질문입니다. 우선 이런 포맷에 대해 막연하나 이렇게 비유해볼까요.「부정변증법」의 아도르노 모양 아우슈비츠 이후의 글쓰기인 수필식의 철학하기까지는 아닐지라도, 21세기의 사태 앞에 20세기식 논문 포맷일 수는 없을까. 아주 무지한 상태에서 출발하여 차근차근 그 사물이나 현상의 본질에 육박해가는 소크라테스적인 산파술의 꿈꾸기라고나 할까요.

다른 하나는, 대화체와 독백체의 구별. 간단히 말해 대화란 문법체계가 다른 (A)와 (B)가 마주 서서 말하기를 가리킴인데, 가령 한국어만 아는 (A)가 영어만 아는 (B)와 대화하기. 상상만 해도 끔찍합니다. 의사소통을 위해 양쪽 모두 필사적일 수밖에. 이를 두고 진짜 대화라 하는 것이죠. 문학 전공의 (A)가 반도체 전공의 (B)와 의사소통하기도 꼭 같지요. 얼마든지 있습니다. 강원도산 (A)가 전라도산 (B)와 대화하기도 마찬가지. 중산층 출신의 (A)가 상류출신의 (B)와 마주 서기도 꼭 마찬가지. 당연히도 그들은 필사적일 수밖에 없지요. 그렇다면 독백체란 무엇인가? 문법체계가 같은 (A)와 (B)가 의사소통하기. 이건 누워서 떡먹기지요. 그러니까 독백에 지나지 않는 것. 기껏해야 근친상간적인 것. 거기서 생산적인 것이 나오긴 어렵지요. 무대에 선 햄릿의 독백처럼 비장미 정도는 띨 수 있을지 모르나, 저 혼자의 세계일 뿐입니다.

제가 행한 대화적 글쓰기 방식이 겨냥한 곳은 어디일까요? 소크라테스식 산파술도 아닙니다. 그런 것을 염두에 둔 바도 없지는 않았지만 잘 되지 않더군요. 그렇다고 문법이 다른 언어로 하는 대화체도 아닙니다. 자주 타문법의 장벽 앞에 절망했기 때문이지요. 대화를 했다고 한 것이 다시 보면 어느새 독백으로 저만치 놓여 있지 않겠습니까. 이런 절망은 한두 번이 아니었지요.

그런데 유독 이 책에서만은 거의 대화체로 한 이유는 무엇인가? 남 교수께선 '글쓰기에 대한 원초적 욕망의 발현'이 아닌가라고 직감했군요. 그러할지 모릅니다.

학병세대란 무엇인가? 이 물음은 제겐 유년시절이란 무엇인가에 해당되는 것입니다. 그런데도 문학판에서는 이 학병세대를 거의 알고 있지 못합니다. 이들의 많은 체험적 글쓰기에 대해 한국 근대문학판은 「불꽃」(선우휘, 1957)을 빼면 거의 외면했기 때문. 체험적 글쓰기란 상상적 글쓰기와 별개라는 관념이 거기 깔려 있었기 때문이죠. '상상적 글쓰기가 문학이라면, 체험적 글쓰기란 비문학이다!'라는 인식의 틀이란 근대문학의 틀에서 나온 것. 만일 근대문학의 틀이 헐리거나 빛을 잃어가는 마당이라면 '체험적 글쓰기'와 '상상적 글쓰기'의 낙차도 그만큼 줄어들지 않겠는가. 오늘날 이 나라 문학판이 모조리 역사소설로 도망치는 것도 그 증거. 바로 여기에 제 '글쓰기 3부작'의 근거가 놓여 있습니다.

'체험적 글쓰기'의 부각을 위해서는 우선 그 실체를 드러낼 수밖에요. 요컨대 이에 대한 무지를 차근차근 내보일 수밖에. 소크라테스적 산파술을 제 딴에는 자주 염두에 두었습니다. 그러나 그것은 많게는 핑계이고 진짜 이유는 따로 있습니다. 학병세대가 제 유년기의 뿌리에 닿아 있음이 그것. 일제 말기 소학교를 다닌 제게 비친 학병세대의 모습이란, 바로 제 유년기의 모습이기도 했지요. 그들의 체험적 글쓰기 속의 '울림'이란 제 유년기의 '울림' 그것이었던 것. 혹 제가 쓴 『비도 눈도 내리지 않는 시나카와역』(2005)을 보셨는지요?

남송우 예, 흥미있게 읽었습니다.

김윤식 그러니까 독백체일 수밖에요. 겉으로는 소크라테스의 산파술을 내세웠으나 속으로는 대화체 아닌 독백체입니다. 양의 머리를 걸어 놓고 개고기를 판 형국이죠.

남송우 선생님께서는 우선 학병세대의 글쓰기를 두 유형과 5개의 범주로 구분해놓고 있습니다. 그 두 유형이란 (A)·(B)인데, (A)는 학병을 소재로 한 간접적인 글쓰기이며, (B)는 학병이 직접 쓴 글쓰기죠. 선생님의 일차적인 관심은 (A)형보다는 학병이 직접 쓴 (B)형에 가 있습니다. 그래서 (B) 유형을 다시 5개 범주로 나누어 설명하고 있습니다. ①은 학병으로 국외에서 탈출한 경우의 글쓰기로 김준엽의 『장정』, 장준하의 『돌베개』, 신상초의 『탈출』 등이 이에 해당합니다. ②는 탈출하지 않은 학병들의 글쓰기로 해방공간에서의 잡지 『학병』의 기록이며, ③은 일본군으로 입대한 조선학병으로 중국 내에 배속되어 거기서 탈출한 부류의 탈출기이고, ④는 학병 거부자의 기록, 그리고 ⑤는 이병주, 이가형, 한운사로 대표되는 학병 글쓰기의 원본성에 해당하는 범주로 나누어놓고 있습니다. 문제는 선생님의 관심은 일차적으로 ①과 ⑤에 놓이나, 운명을 초극한 글쓰기인 ①보다는 운명에 순종한 글쓰기인 ⑤에 더 집착해 있다는 점입니다. 특히 그중에서도 이병주의 글쓰기에 더 깊이 천착하고 있는 이유가 무엇입니까?

김윤식 정확히 보셨습니다. 운명에 순종한 글쓰기, 그것이 궁극적으로는 '상상적 글쓰기'로 향하고 있기 때문입니다. 운명을 초극한 글쓰기, 그것은 원론적으론 역사의 범주에로 향하고 있다고 보기 때문입니다. 거기엔 비극적 황홀의 미학이 관여하는 영역입니다. 이에 비해 운명에 순종한 글쓰기엔 그런 비극적 황홀의 미학이 없지요. 있는 것이라곤 자의식이랄까, 자기한계에 대한 체념의 미학이 주조입니다. 보다 인간다움이 거기보다 많이 있다고 믿기 때문. 용병(傭兵)이라는 것. 노예라는 것. 이러한 인간다움이 유독 이병주의 글쓰기에 집중되어 있다고 저는 보았지요. 말을 바꾸면 학병세대 자체가 지식인의 최고집단이라는 것. 이 지식인의 생리를 제일 통렬히 또 지속적으로 글쓰기의 원천으로 삼은 글쓰기가 이병주였지요. 공적 기록과 사적 글쓰기의 결합, 논문식 글쓰기야말로 지식인의 독특한 버릇이지요.

남송우 이병주의 글쓰기에 대한 이야기를 좀더 해보지요. 선생님께서는 이병주의 『관부연락선』에 나타나는 글쓰기를 공적인 기록과 사적인 글쓰기의 결합 혹은 논문식 글쓰기 방식으로 명명하고 있습니다. 즉 확실한 역사적 자료에 의거함을 먼저 내세우고, 그다음에 얘기가 뒤따르는 식의 글쓰기를 말합니다. 이는 역사적 사실을 바탕으로 새로운 상상력을 불어넣는 요즈음의 팩션(fact+fiction) 소설과 다르지 않다는 생각이 들기도 하는데, 요즈음 작가들의 경우는 역사적 체험이 없다는 것 외에 글쓰기 방식 자체는 닮아 있지 않나 하는 생각이 드는데요? 선생님께서는 이러한 글쓰기의 의미를 지식인 독자에게 호소하겠다는 입장에서 보고 계신데, 요즈음 나오는 팩션물들은 대중성도 상당히 확보하고 있는 것 같습니다. 김훈류의 팩션과 이병주식의 소설이 차이가 있다면 어떤 차이가 있을까요?

김윤식 팩션이라 했지만, 이병주의 경우는 '체험적'임에서 다른 여타의 경우와 구분됩니다. 역사적 사료(사실이 아님)에다 이런저런 상상력으로 해석해놓은 글쓰기란 어느 편이냐 하면 보편성에 들겠지요. 왜냐하면 누구나 쓸 수 있으니까. 『난중일기』를 두고, 한글을 아는 사람이라면 누구나 쓸 수 있고 또 앞으로도 쓸 것입니다. 이 점에서 그것은 상상력에 조금 가까이 간 것입니다. 이병주의 그것은 팩션이라 해도 '자기만의 체험'이란 점에서 특수성 쪽에 기울어져 있습니다. 그만이 할 수 있고, 그의 세대만이 할 수 있는 것이니까.

남송우 선생님께서는 『관부연락선』에 나타나는 주인공 유태림과 나를 동일하게 보고, 이는 바로 이병주 자신이라고 해석하면서, 이들 세대의 사상적 특징을 교양주의로 규정하고 있습니다. 이러한 사상적 토대를 밝혀내는 일은 이병주의 세계관을 밝히는 데도 아주 중요한 대목으로 작용한다고 봅니다. 글쓰기론에서 사상적 근저를 밝히는 일은 어떤 의미를 가지는지요?

김윤식 학병세대란 당대 최고의 지식인 세대입니다. 이 세대의 중심부는 일본식 고등교육에 관련되어 있습니다. 그 교육의 중심부에 놓인 것이 이른바 '교양주의'입니다. 이것을 선반 위에 올려놓고 논의를 진행시킨다면, 이병주 문학에 결코 닿을 수 없습니다. 이병주 문학이 공산주의 사상을 가운데 두고 토론함을 일삼은 것은 바로 이 교양주의의 소산에 더도 덜도 아닙니다.

남송우 선생님께서는 『관부연락선』에서 '교양주의' 사상을 문제삼기도 하셨지만, 이 소설 구성의 형식적 특성을 사상토론소설로 규정하고 있습니다. 저도 이 점에 동의하면서, '왜 이병주 작가가 토론 형식을 소설 속에 이렇게 많이 활용하고 있는가'라는 점에 관심이 갔습니다. 선생님께서는 주인공이 지닌 인민전선 사상이, 회색군상의 사상이, 나와 유태림, 유태림과 서경애, 교장과 유태림, 이광열과 유태림 등의 토론이 가능하게 한 점이라는 것을 밝혀놓고 있습니다. 그런데 저는 이 점과 함께 이병주 작가의 글쓰기, 즉 그가 계속해온 언론사에서의 논설쓰기와도 무관하지 않겠다는 생각도 듭니다. 이 점을 선생님께서는 어떻게 생각하시는지요?

김윤식 학병세대란 대체로 1919~1923년을 전후해서 태어난 세대지요. 이들이 입대(1944. 1. 20)한 때의 나이는 20대 초반입니다. 이병주는 사립 명문 와세대 대학 불문과 2년생이고, 이가형이 최고학부 도쿄제대 불문과 2년생이었지요. 이들을 키워낸 당시 일본 사상계는 인민전선 붕괴 전후의 세계사적 사조로 불안사상이 풍미했습니다. 마르크스주의의 장단점이 천하에 드러났고, 그렇다고 맹렬한 기세로 등장한 파시즘에 맞설 어떤 대안도 떠오르지 않아, 불안사상이 지식인을 사로잡았던 것이지요. 교양주의도 이에 관련되어 변질되어갔지요. 『지리산』을 보십시오. 공산주의 사상의 장단점의 토론장으로 되어 있지 않습니까? 작가 이병주는 그 장단점을 너무도 잘 알고 있었지요. 반공이 국시(國是)로 된 어두운 시절, 『지리산』은 아슬아슬하게 지식인에게 읽혔지요. 이병주의 공산주의 이해의 수준이란 인민전선 붕괴를 지켜온 학도들로서는 상식 중의 상식인 셈이었죠.

이러한 사상토론 소설쓰기가 이병주의 직업과 무관하지 않다는 것. 좋은 지적입니다. 실상 이병주는 『국제신문』 논설위원 주필과 편집국장 등을 역임한 언론인. 무수한 칼럼을 썼지요. 정치 칼럼, 그 때문에 그는 군부로부터 10년 언도를 받고 실형 2년 7개월을 서대문 형무소에서 치렀지요. 지적하신 바와 같이 논설쓰기와 소설쓰기란 무관하지 않습니다. 제가 별도로 이 점에 대한 글 한 편을 쓴 바 있습니다.「'위신을 위한 투쟁'에서 '혁명적 열정'에로 이른 과정」(이병주 문학국제세미나, 2007. 4. 6~7)에서 그 문제에 대해 언급했습니다.

남송우 선생님께서는 『관부연락선』을 사상토론소설로 규명하기도 했지만, 또 '운명 타령의 글쓰기'라고 해도 지나치지 않는다'라고 명명하기도 했습니다. 그런데 선생님께서는 앞서 학병세대의 체험적 글쓰기 양상을 크게 이원화하여 운명을 초극한 글쓰기와 운명에 순종한 글쓰기로 명명했습니다. 이에 의하면 장준하의 『돌베개』는 운명을 초극한 글쓰기이고, 『관부연락선』은 운명에 순종한 글쓰기죠. 탈출 학병과 비탈출 학병의 차이가 바로 이러한 글쓰기의 차이로 규명되는 것은 흥미로운 일이기는 하지만, 너무 기계적인 분류라는 생각도 듭니다. 이 분류체계에 의하면, 논픽션은 운명을 초극한 이야기이고 픽션은 운명에 짓눌린 자들의 이야기라는 단순논리가 성립될 수도 있기 때문이죠. 논픽션에서도 운명에 짓눌린 자의 이야기가 있을 수 있고, 픽션에도 운명을 초극한 이야기가 가능하지 않을까요?

김윤식 맞는 말씀. 기계적 도식에 지나지 않습니다. 제 공부가 모자라는 탓. 굳이 변명한다면, 제가 본 논픽션 속엔 그러한 자의식이 거의 보이지 않았다고나 할까요. 좌우간 이 과제는 앞으로 자료 발굴과 더불어 검토되어야 할 숙제입니다.

남송우 선생님께서는 이병주의 3부작 『관부연락선』 『지리산』 『별이 차가운 밤이면』을 논하면서, 특별히 『별이 차가운 밤이면』에 관심을 가지고 의미 부여를 하고 있습니다. 앞선 두 작품은 그 출신성분이 상층신분에 해당하나 『별이 차가운 밤이면』은 주인공이 노비신분인 박달세라는 점, 그리고 그가 원수를 갚기 위해 교육을 통한 신분상승을 실현하고, 일본인의 하수인이 되어 활동하는 자의 모습을 통해 궁극적으로 학병세대의 어떤 모습을 그리려고 했을까가 하나의 문제적 사안이라 생각합니다. 앞선 작품들이 보여주는 세계와 다른 모습을 보여주고 있을 뿐만 아니라, 미완성의 작품이란 점이 더욱 그러합니다. 그런데 이 미완의 작품에 대해 선생님께서는 나름의 추론을 동원하여 작품을 완성해보고 있습니다. 원수 갚기를 목표로 앞만 보고 달려온 도쿄제대 법학과 재학생인 새파란 조선 청년 박달세가 결국 인격분열증에 빠지지 않았을까? 그래서 그 인물이 이 극복을 위해 대일본제국에 반역하는 인물로 나아가지 않았을까? 이런 추리의 근거로 이병주 작가의 『관부연락선』 『지리산』 『소설 알렉산드리아』 등의 작품과 이병주 작가와 선생님의 만남에서 작가가 내뱉었던 "그대가 인생을 얼마나 알고 살았는가"라는 발언에 기초하고 있습니다. 그러나 제가 볼 때는 미완의 작품에 대한 선생님의 추리는 학병세대들의 글쓰기 체험과 민족적 정의에 상당히 기울어져 있는 듯합니다. 즉 이병주 작가의 글쓰기에 대한 체험적 고찰의 바탕 위에 선생님의 주관적 생각이 드러나 있는 부분이란 것이지요? 그러므로 여기에는 선생님의 학병세대에 대한 총체적 해석이 작용하고 있다는 생각이 듭니다. 그 생각의 일단을 듣고 싶습니다.

김윤식 『별이 차가운 밤이면』에 대해 제가 너무 말을 헤프게 사용했습니다. 굳이 따져보면 학병세대란 조선의 상류층 출신자들이라 말해도 되겠지요. 일정한 일제에의 협력 없이는 이런 신분계층에 속할 수 없지요. 이에 대한 자의식이 이병주로 하여금 『별이 차가운 밤이면』을 쓰게 하지 않았을까. 종의 자식 박달세를 내세워 이병주가 이 계층의식을 충격하고자 했습니다. 불행히도 이 작품을 완결하지 못하고 작고했지만, 이를 완성하는 것은 우리 독자의 몫이 아닐까.

이 물음이 저를 가만히 두지 않았습니다. '종의 자식의 원수 갚기가 겉으로 나와 있는 주제지만, 자세히 보라'고 작가 이병주가 제게 은근히 다그치고 있다고 느꼈습니다. 학병세대란 아무리 천한 종자라도 끝내는 역사의 희생물이라는 것. 조국에로 회귀하게 되어 있다는 것. 이때 제 머리를 스친 것은 다음 두 장면이었습니다.

(A) 탁치 문제는 조선민족에게 정치적 시련으로 너무 심각한 것이었다. 오늘 '반탁' 시위가, 내일 '삼상회담지지' 시위가 일어났다. 그만 군중은 충돌하고 지도자들 가운데는 이를 미끼로 정권 싸움이 악랄해갔다. 결국 해방 전에 있어 민족수난의 십자가를 졌던 학병들이 요행 죽지 않고 살아온 그들 속에서 이번에도 이 불행한 민족 시련의 십자가를 지고 말았다. (이태준, 「해방전후」, 『문학』, 1946. 7, p. 33)

(B) 죽음도 삶도 없는/그대들의 청춘을/외로움과 죽음으로/내여몰은/패망한 적과/부유한 동포에게/이젠/경건한 인사를/드려도 좋을/때가 왔다. (임화, 「학병, 돌아오다」, 『학병』, 1946. 1, p. 14 부분)

학병세대란 어떤 형태로든 결국 조국에로 회귀된다는 것, 새조국 건설에 좌든 우든 중도든 기여하게 된다는 것. 이는 역사적 사실에 다름 아닙니다. 이 사실을 간파하지 못하면 지식인일 수 없는 법. 제가 아직 철이 모자랄 때 이병주로부터 이런 질책을 당한 적이 있습니다. "그대가 인생을 얼마나 알고 살았는가"라고. 이병주의 장편 『비창』(1984)이 나왔을 때, 행한 MBC 독서토론에 저자와 함께 제가 참여했지요. 40대 여인의 방황을 다룬 통속물로 제겐 보였지요. 이를 통렬히 지적하자 저자로서 이병주가 조용히 제게 한 말입니다. "정 그렇다면 김 교수가 본격적으로 이병주론을 써보시라!"라고. 이를 회고하면 식은땀이 납니다.

남송우 선생님께서는 이병주 작가의 학병세대 글쓰기에 관심을 두면서, 그의 소설쓰기의 뿌리 찾기 작업도 함께하고 있습니다. 그것이 『부산일보』에 발표된 처녀작 「내일 없는 그날」(1957년 8월 1일부터 1958년 2월 28일까지 연재)에 대한 논의입니다. 이 처녀작이 학병세대의 글쓰기와 어떤 연관성이 있는지를 찾는 일이지요. 우선 선생님께서는 선우휘의 「불꽃」과 연관지어 두 작품의 동시성을 말하고 있습니다. 그리고 선생님의 주된 관심은, 이 작품의 통속성을 구해준 것이 학병 체험을 가진 성유정 교수의 등장이란 점을 강조함으로써, 학병 이병주의 글쓰기의 원점을 확인하고 있는 데 있습니다. 한 작가의 글쓰기는 그의 체험에서 완전히 벗어날 수 없다는 점에서 학병 체험의 확인이란 것은 자연스럽다고 봅니다. 그런데 이병주의 글쓰기가 왜/어떻게 신문연재소설로 시작되었을까 하는 점은 흥미로운 하나의 질문으로 남는 것 같습니다.

김윤식 처녀작이란 한 작가의 원점이자 회귀점일 경우가 많다는 것. 이병주의 경우도 사정은 마찬가지. 정작 그의 처녀작 장편 『내일 없는 그날』이 『부산일보』에 실렸다는 기록은 있으나 연도 표시가 잘못되어 있었고, 그 때문에 남 교수님의 신세를 졌습니다. 지금 생각해도 미안하기 짝이 없는 것은 남 교수께서 손수 부산일보사와 시립도서관을 찾아가 그 긴 원본을 복사해서 보내주신 점. 기뻤던 것은 예상대로 이 처녀작의 중심부엔 학병출신의 성유성 교수가 놓여 있었다는 점. 그것도 이병주 자신인 듯 중국 소주부대의 출신이라는 점. 훗날 안 일이지만 이 작품은 단행본(이문당)으로도 나왔고, 영화로도 나왔지요(문정숙 주연). 그러나 연구용이라면 당시의 발표지와 삽화와 분위기가 중요한 법. 단행본과는 별개지요.

어째서 신문연재소설을 시도했을까? 이 물음에 대해서는 이병주 자신이 해명한 바 있지요. 조금 인용해볼까요.

용병의 신세를 벗어나 중국에서 돌아온 것이 1946년 2월. 그리고 그해 9월 나는 진주농림학교(모교)의 교사가 되었다. 거기서 2년 동안 근무하다 진주농대의 신설과 때를 같이 해서 그곳으로 옮겼다. 1951년 5월 경남대학의 전신인 해인대학으로 옮겼다. 통산 10년 남짓한 교원생활에서 나는 영어, 프랑스어, 철학을 가르쳤다. 가르쳤다고 하니 그럴싸하게 들리지만 짧은 영어, 모자라는 프랑스어, 자신도 뭔지 모르는 철학을 가르친 순전히 엉터리교사였고, 게다가 용병이었다는 회한이 콤플렉스로 거의 한번도 교사다운 위신을 떨쳐보지 못했다.

(『이병주 칼럼』, 세운문화사, 1979, p. 149)

교육자로서의 실격을 뼈저리게 느끼고 있을 무렵 국제신문사에서 논설위원의 초청을 받았다는 것, 주필과 편집국장을 겸했다는 것, "그리고 대설, 중설에 해당되는 사설 또는 칼럼을 매일처럼 쓰며 수년을 지냈다. 설익은 논설을 독자들이 어떻게 용납해주었는지는 지금도 수수께끼지만, 나는 내 인생 가운데 이 시기를 가장 아름답게 회상하는 버릇을 가지고 있다"고 했지요. 대설, 중설이 끝난 곳에 소설이 있는 형국. 다시 말해 사설, 칼럼, 소설이 그에겐 동격이었다는 것. 요컨대 싸잡아 글쓰기인 셈.『관부연락선』을 비롯『지리산』에서 무릇 사설, 칼럼, 허구가 뒤섞인 혹은 융합된 글쓰기인 만큼 상상적 일변도의 진짜 허구소설과는 일정한 선을 긋고 있습니다.

남송우 이제 화제를 이가형의 글쓰기로 바꾸어보겠습니다. 이가형의 글쓰기는 체험적 글쓰기인 「버마전선 패잔기」를 먼저 쓰고, 29년이 지난 이후에 이를 다시 『분노의 강』이란 픽션으로 썼다는 점에서, 선생님은 이병주와 다르고 김준엽과도 다른 글쓰기로 분류하고 있습니다. 김준엽의『장정』을 역사적 기록물이라면, 이병주의『관부연락선』은 픽션이며, 이가형은 논픽션에서 픽션으로 나아갔다는 것이죠. 그런데 선생님의 논의의 핵심은 이가형이 논픽션에서 왜 픽션으로의 글쓰기로 넘어갔느냐 하는 점에 놓여 있습니다. 이러한 글쓰기의 동기를 일차적으로 전쟁의 악몽으로 인한 트라우마 때문으로 보고 있습니다. 이 지옥의 악몽으로부터 해방되는 글쓰기가 논픽션에서 픽션으로의 글쓰기라는 것이지요. 그러나 이 픽션은 체험적 기록을 전제한 글쓰기라는 점을 선생님은 확실하게 못박아두고 있습니다.

체험적인 글쓰기란 점에서 '박순동의 수기'가『분노의 강』에서 중요한 한몫을 감당하고 있습니다. 그래서 선생님도 이 부분에 대한 해석과 설명에 힘을 쏟고 있습니다. 그런데 앞선 이병주의『관부연락선』은 '유태림의 수기'를 그대로 따라 하나의 장으로 설정해서 작품을 구성하고 있다면, 이가형의『분노의 강』은 이를 다시 픽션으로 풀어내고 있는 것이 아닌가 하는 점에서 변별점을 찾을 수도 있을 것 같은데, 선생님의 생각은 어떤지요? 선생님께서는 이 두 사람의 글쓰기의 차이를, "이병주의 경우엔 논픽션과 픽션이 융해되어 있어 거의 분리 불가능한 상태입니다. 그러기에 논픽션 영역을 따로 분리해내기 어렵지요. 두 양식의 거리 재기란 당초에 불가능한 형국. 이가형의 경우는 사정이 크게 다릅니다. 논픽션과 픽션이 분리되어 그 각각의 독자성이 어느 수준에서 확보되어 있습니다"라고 말씀하고 계시기는 하지만……

김윤식『관부연락선』의 구성법은 유태림의 수기를 가운데 놓고 이와 관련지어 6·25까지의 일들을 허구적으로 풀어내고 있습니다. 그런데 유태림의 수기조차도 허구입니다. 허구에다 다시 허구를 증폭시킨 형국. 이에 비해 이가형 쪽은 '박순동의 수기'가『분노의 강』의 한가운데 바위처럼 놓여 있는 형국. 박순동의 수기인 「모멸의 시대」가 진짜 수기임에 주목할 것입니다. 유태림의 수기와는 이 점에서 구분됩니다. 이가형의『분노의 강』에는 타자가 상정되어 있지만, 이병주의 글쓰기엔 그게 없지요. 굳이 말해 유아론(唯我論)적 글쓰기라고나 할까요. 겁이 없고 그침이 없는 것은 이 때문이 아닐까. 이 점이 이병주 글쓰기의 힘이긴 해도 동시에 그 한계점이라 하겠지요.

남송우 선생님께서는 이가형의『분노의 강』에서 나타나는 모성애의 그리움이 이가형 글쓰기의 모태라는 점을 확인하고 있으며, 이와 연관해서 글쓰기의 층위에는 의식적 층위와 무의식적 층위와는 구분되는 진짜 문학적 글쓰기의 층위인 제3의 층위가 존재하는데, 이를 선생님은 베르그송이 말하는 '동물적 생기'로 명명하고 있습니다. 이러한 이가형의 픽션쓰기에 대한 근원적 해명은 결국 그가 당대의 최고학부 도쿄제대 문학부 불문학 전공의 학도란 점에 수렴되고 있습니다. 독문학, 영문학 전공 대학생들과는 달리 불문학도에 더 문학적 자의식을 부여하고 있는 근거를 선생님은 어디서 찾고 계신지요?

김윤식 바로 제가 매력을 느낀 부분입니다. 일제 고등교육의 제도적 이념의 측면에 관한 매력이 그것. 이른바 '교양주의'라 하는 것. 목포의 부호 아들인 이가형은 제5고(구마모토) 출신. 일제는 고등학교를 국내에만 설치했으며, 제1고(도쿄), 제2고(센다), 제3고(교토) 등등 10여 개를 두었지요. 여기 출신들이 최고학부인 제국대학에 들 수 있었던 것. 그런데 이들 교육기관의 교육적 이념은 데칸쇼(데카르트, 칸트, 쇼펜하우어)라 불리는 철학에 놓여 있었지요. 문학도 이 범주에 드는 것. 문학에 국한시킨다면, 독문학과 프랑스문학이 엘리트 코스죠. 1930년대 후반기에 들어오면 독문학계와 프랑스문학계의 변별성이 뚜렷해집니다. 곧 독문학계 출신은 학문 쪽에 기울고 졸업 후엔 교사 노릇으로 낙착됨에 비해, 프랑스문학계는 당연 문학적 글쓰기에 기울어 취직을 외면하고 작가되기에로 나아갔다는 것. 이러한 분위기의 최첨단에 노출된 쪽이 도쿄제국대 문학부(도쿄, 교토 양 제국대에만 문학부가 독립되어 있었고, 다른 제국대는 법문학부였다)였지요.

이에 대한 근거를 대보라고 했는데, 우선 두 가지 연구서를 들어볼까요. ①『문학부를 둘러싼 병』(高田里惠子, 松籟社, 2001), ②『교양주의의 몰락』(竹內洋, 中公新書, 2003)이 있지요.

요컨대 이병주, 이가형이 학병세대 중에서도 엘리트에 속한다는 것, 이들이 불문학과였다는 것은 결코 우연이 아닐 터입니다.

남송우 선생님, 그럼 이제는 한운사의 이야기로 넘어가보겠습니다. 이가형의 『분노의 강』이 버마 전선을 중심으로 펼쳐진 학병 이야기라면, 한운사의 『현해탄은 알고 있다』(1부), 『현해탄은 말이 없다』(2부)는 일본 내에서 이루어진 학병 이야기라는 점에서 다른 학병세대의 글쓰기와 다르며, 드라마에서 소설로 나아가 영화로 대중성을 확보했다는 점에서도 변별되는 요소를 지닙니다. 그러나 체험을 중심으로 그 체험을 드러내는 글쓰기라는 점은 다르지 않다는 점을 선생님께서는 작가의 말을 빌려 확인하고 있습니다. 그것의 구체적인 확인이 '부민관 사건'의 기록입니다. 그러나 1부의 중심이 되는 이 사건만 빼고 나면 대부분 허구적 글쓰기라는 점에서 또 다른 학병세대의 글쓰기의 한 유형을 보인다는 거죠. 그런데 이 유형의 체험적 글쓰기의 의미를 작가가 의도했던 한일 간의 건강진단서의 일종이란 점을 선생님은 그대로 수용해서 개인의 치유일 뿐 아니라 민족의 그것이기도 하다는 입장을 보이고 있습니다. 주인공 아로운이 일본 처녀 히데코와 온갖 고초를 겪고 결혼을 했고 아이까지 가진 것을, 한일 간의 문제를 어떻게 소화할 것인가에로 연결되는 문제로 해석하고 계신데, 이 문제가 어떤 방향성을 제시하는 것인지요? 구체화하기에는 아직까지 미묘하고 힘든 문제이긴 하지만……

김윤식 남 교수님께서 지적하신 대로 '미묘하고 힘든' 문제입니다. KBS방송의 압도적 대중성을 가진 『현해탄은 말이 없다』(1960)가 김종필·太平 메모합의(1962. 11. 12)의 와중에서 어떤 영향을 미쳤는가는 문학사회학에서 다룰 과제의 하나일 터입니다. 이른바 '대일청구권 문제합의'란 1963년까지 한일문제의 타격을 겨냥한 것이었으니까. 가해민족과 피해민족 사이의 결혼문제란 『인도의 길』(E. M. 포스터)에서 보듯 실로 미묘한 문제입니다.

남송우 『1·20 학병사』에 의하면, 학병들의 입대자 수 비율은 조선 내 전문대학 재학생이 959명(96%)로 제일 높게 나타납니다. 숫자로 보면 외지(일본, 만주, 중국) 유학생 수가 2,150명으로 제일 많습니다. 그런데 선생님이 이번 책 『일제말기 한국인 학병세대의 체험적 글쓰기론』에서 제시한 학병세대의 글쓰기 주체들은 김준엽, 장준하, 이병주, 이가형, 한운사 등 모두 일본 유학생들이었다는 점입니다. 국내 전문대학 학병들의 체험적 글쓰기에 대한 논의는 윤동주 시에 대한 논의를 하면서, 정병욱 교수가 조금 언급되는 수준에 머물고 있습니다. 이 부분에 대한 선생님의 생각을 들어보고 싶습니다.

김윤식 제 공부의 모자람에로 돌아갈 것입니다. 제가 접한 자료들이 지닌 한계인 셈이죠. 군대 입대 학병들의 자료가 드물긴 하지만 아주 없다고는 할 수 없겠지요. 기록이 모자란다면, 그들의 육성이라도 모아 복원해야 할 것입니다. 부록에 조금 소개한 『1·20 학병사』의 분석에도 눈을 돌려야 할 것입니다.

남송우 선생님의 이번 작업은 체험적 글쓰기라는 점에서 이병주, 이가형, 한운사의 체험적 글쓰기에 집중되어 있습니다. 체험에 허구적 요소가 들어 있는 문학적 글쓰기이죠. 그런데 선생님께서 텍스트 분석에서 제외해둔 장준하, 김준엽의 글쓰기도 함께 분석해볼 필요가 있지 않을까 하는 생각이 들었습니다. 체험적 기록을 우리는 보통 증언문학이란 범주로 규정하기도 하는데, 장준하의 『돌베개』는 그런 유형으로 구분해볼 수 있을 정도로, 김준엽의 『장정』에 비하면 문학적 표현력이 뛰어난 것 같습니다. 그래서 김준엽은 그의 기록인 『장정』에서 그 당시 상황의 적실한 형상력을 필요로 할 때는 장준하의 『돌베개』에서 많은 부분 인용하고 있지 않습니까? 문학적 글쓰기와는 변별되는 장준하의 『돌베개』와 김준엽의 『장정』 역시 미세한 부분에서는 변별해서 논의해야 할 글쓰기라는 생각이 듭니다. 선생님은 어떻게 보셨는지요?

김윤식 좋은 지적입니다. 『돌베개』나 『장정』은 남 교수님이 지적한 대로입니다. '증언문학'으로도 높은 수준에 닿아 있습니다. 정작 졸저 『일제말기작가의 일본어글쓰기론』 제4부 제15장 「역사형식으로서의 글쓰기」에서 신상초, 장준하, 김준엽 3인을 다룬 바 있습니다. 중복을 피했다고나 할까요. 지적하신 대로 『돌베개』의 열정적인 글은 그 자체가 커다란 울림을 갖고 있어 훌륭한 증언문학이라 하겠고 『장정』은 체험기일 뿐 아니라 당시의 역사적·시대적 배경을 도입한 글쓰기여서 이른바 학술적인 입체적 형상화를 이루고 있습니다. 신상초의 『탈출』까지 포함해서 이들에 대한 검토는 거대한 '문화민족주의'로 규정되는 종합지 『사상계』에서 넘치도록 논의되었고 심지어 정치적 색채까지 띤 바 있습니다.

이런 탈출 학병의 경우도 소중하지만, 탈출도 않거나 못 하고 용병으로 노예의 몫을 충실히 감내했던 수많은 학병의 경우도 소중하기는 마찬가지. 이만하면 답변이 되지 않겠습니까.

남송우 선생님의 이번 저술에 대한 대담을 마치면서, 지난해에 펴내신 『해방공간 한국작가의 민족문학 글쓰기론』(서울대출판부, 2006)에서 논의 대상이 되었던 한 사람이 자연스럽게 떠오릅니다. 그가 이원조입니다. 제가 볼 때 이 책에서 논의 대상이 된 인물은 많지만, 선생님께서 특별히 비중을 두었던 인물은 제3의 논리를 펼쳤던 이원조였음이 분명히 드러납니다. 이번 책에서도 이런 모습을 대하게 됩니다. 이번 책에서는 이병주가 중심인물로 논의되고 있습니다. 한 사람은 비평가이고 다른 한 사람은 소설가이지만 묘하게 두 사람 다 신문사의 경험이 있다는 점, 불문학도였다는 점, 제3의 논리와 회색지대의 사상을 보여주고 있다는 점 등에서 하나의 연결선을 접하는 느낌이 들었습니다. 이런 느낌이 저만의 단순한 생각에 불과한 것인지요?

김윤식 과연 남 교수다운 지적입니다. 『일제말기 한국작가의 일본어 글쓰기론』은 앞에서 말했듯 제4부 제15장이 학병론이었고, 그것이 『일제말기 한국인 학병세대의 체험적 글쓰기론』에로 결실되었습니다. 이와 꼭 마찬가지로 『해방공간 한국작가의 민족문학 글쓰기론』의 중심인물이 이원조였지요. 제3의 논리로서의 민족문학론(남로당 문학노선)의 이론분자 이원조가 이 책의 중심이듯, 『일제말기 한국인 학병세대의 체험적 글쓰기론』의 중심인물이 이병주였지요. 이원조와 이병주의 논리적 지향성이 회색의 사상 또는 제3의 논리라 할 때, 이 공통점은 대체 무엇인가? 함께 불문학도였다는 것도 관련이 있을지도 모르지만, 그보다는 이들이 함께 지식인이었다는 점에서 그 관련성을 찾아야 되겠지요. 지식인이란 새삼 무엇인가? 만일 그가 진짜 지식인이라면 그는 응당 어떤 기성의 이데올로기에 대한 망설임(비판)에 최종적으로 몸을 맡길 터입니다. 회색인의 사상, 제3의 논리로 말해지는 것은 이런 지식인을 가리킴인 것. 그런데 이런 회색인의 사상이 갖는 의의가 시대적이었다는 사실을 놓치면 우리의 논의가 공허해지기 쉽습니다. 반공(反共)이 국시(國是)로 되어 있던 우리의 시대 말입니다. 그런 시대에서의 '회색인의 사상'(『지리산』)이라든가 '제3의 논리'의 선택이란 일종의 참신한 이데올로기가 아닐 수 없지요. 용기가 아니라 벌써 이데올로기지요.

결론을 맺지요. 졸저 3부작이란 각각 별개이면서도 이렇게 서로 이어져 있다는 것. 이로써 그동안 제 딴엔 공들여온 제3부작이 나름대로 완결된 셈입니다. 한 몸으로 두 세기를 살아가는 제가 이 나라 문학연구에 기여할 수 있는 아주 보잘것없는 영역이라고나 할까요.

남송우 선생님께서는 보잘것없는 영역이라 말씀하셨지만, 공부하는 후세대들에게는 새롭게 개척해가야 할 만만치 않은 큰 영역으로 보입니다. 마지막으로 선생님의 앞으로의 글쓰기 계획이 궁금해집니다. 그동안 선생님이 보여주신 글쓰기의 모습으로 보면, 이번 저술이 끝이 아니라는 생각이 들거든요.

김윤식 쓴다 쓴다 하면서 거의 10여 년이나 미루어온 과제가 있습니다. 『백철 연구』가 그것. 우리 근대비평사에서 백철만큼 많이 쓴 자도 없지만 백철의 글만큼 공허한 것은 또 없다는 것. 이 점이야말로 일종의 정직함이 아니었을까? 비평을 할 때마다 제 뇌리에서 이런 물음을 물리치기 어려웠지요. 새로운 사조가 있기만 하면 무조건 '웰컴!' 하고 외치기가 그것. 그런데 과연 백철만 그러했을까. 정도의 차이는 있겠으나 이런 투의 손님맞이식 글쓰기에서 벗어난 비평가가 과연 있었을까. '있다!'고 할 자신이 제겐 없었던 까닭입니다.

신의주고보 수석 출신이자 제국의 최고 교원양성기관인 도쿄 고사(東京高師)를 나온 백철의 삶과 글을 대하고 있노라면 제 자신이 한없이 왜소해짐을 물리치기 어려웠습니다. 그의 삶의 곡예(NAPF 멤버, KAPF 활동, 전주사건, 『매일신보』 학예부장과 베이징 지사장, 친일문사, 보도연맹가입자, 6·25)란 실로 광대의 줄타기를 방불케 하고도 남습니다. 그러나 그는 언제나 중심을 잡고 오뚝이처럼 번번이 일어섰지요. 그 비결은 다름이 아닙니다. 가문의 영광 천도교가 그것. 천도교 간부 백세명(白世明)이 그를 버티어준 버팀목이었지요. 좌익도 우익도 아닌 제3노선(북한 靑友黨)이 거기 시퍼렇게 살아 있었던 것. 남 교수님 안목 대로 회색의 사상가 이병주, 제3의 논리인 이원조 그리고 천도교 백철은 거의 같은 체질의 지식인 범주인 셈이죠.

이 중요한 점은 잠시 제쳐두고라도 그는 다음 두 가지 행위만은 죽을 때까지 놓치지 않았지요. 하나는 월평 쓰기, 다른 하나는 문학교사 노릇하기. 남의 글을 애써 읽기를 백철만큼 일관한 자가 일찍이 있었던가. 남의 글 애써 읽고 이를 교실에서 평생에 걸쳐 가르친 자가 일찍이 있었던가.

그것이 뭐 대단한가. 농부가 평생 농사짓는 것과 뭐가 다른가? 이발사가 평생 남의 머리 애써 자르는 것과 뭐가 다르랴. 다를 이치가 없겠지요. 그렇기는 하나 문학판에서는 제가 알기로는 백철의 경우가 희귀한 사례. 제가 탈모하는 까닭. 제『백철 연구』가 약 4천 매 분량으로 되고 만 것은 이 때문(2007년 8월 현재 출판사에서 조판 중). 자료를 통제하지 못하고 백철의 육성(매력)에 제가 끌려다녔기 때문입니다.

새로이 구상하고 있는 것을 물으셨는데, '문학사의 라이벌'이란 것을 시작했습니다. 가령 이런 식이지요. (1)김동인과 염상섭, (2)백철과 임화, (3)유진오와 김동리, (4)미당과 김동리, (5)이상과 박태원, (6)박상륭과 이문구, (7)김종삼과 김춘수, (8)이호철과 최인훈, (9)박경리와 최명희, (10)이청준과 김현 등등. 맞수란 대체 무엇인가? 글 쓰는 자는 누구나 의식적이든 무의식적이든 맞수를 갖는 법. 그것은 일종의 오브세션obsession이라 하겠지요. 얼마나 그가 이 오브세션에 시달렸는가에 비례하여 글쓰기(작품)의 밀도가 결정되는 것. 이 밀도를 재는 단위가 있다면 바로 이 오브세션이 아닐까? 이런 식으로 나름대로 탐색을 해보고자 합니다. 잘될지 여부는 알 수 없겠으나 좌우간 그때 가서 다시 남 교수님의 애정 어린 비판에 접하기를 바랍니다. 그런 생각을 하니, 지금부터 제 가슴이 조금은 뛰는군요.

남송우 선생님께서 정년 이후에도 끊임없이 글쓰기와 씨름을 할 수 있는 근원적 힘이 어디에서 오는지를 조금은 짐작할 수 있을 것 같습니다. 가슴 뛰는 놀라운 이 힘이 지속되어 후배 세대들에게 또 다른 각성의 글쓰기를 보여주시기를 기대합니다. 감사합니다.

〔『오늘의 문예비평』, 2007. 가을호〕

남송우 교수와의 대화(2)
── 김윤식의 『백철 연구』: 한없이 지루한 글쓰기, 참을 수 없이 조급한 글쓰기

남송우 선생님께서 이번에 펴내신 『백철 연구』(소명출판, 2008)를 읽고, 여러 가지 생각이 떠올랐습니다. 너무 많은 것을 생각하게 하는 역작이었기 때문입니다. 그러나 이 여러 가지 생각들을 이 자리에서 다 풀어갈 수는 없고, 이 책이 지니는 큰 맥락의 흐름에서 중요한 몇 가지를 하나씩 풀어가보았으면 합니다. 먼저 이 책을 손에 잡고서는 한 사흘 걸려 다 읽어내었습니다. 7백 쪽에 가까운 이 책을 사흘에 다 읽어낸다는 것은 책에 빠지지 않는 한 힘든 일입니다. 소설책처럼 읽혀야 가능하다는 말입니다. 그런데 이 책은 그런 흡인력을 지니고 있었습니다. 백철의 출생에서부터 죽음에 이르는 순간까지의 일생을 비평적 전기로 펼쳐놓고 있는 이 책은 한 인간의 총체적 면모를 엿보는 재미가 선생님 특유의 전기적 글쓰기 속에서 잘 드러나고 있었습니다.

선생님께서는 일찍이 작가 전기 연구의 전형적인 모습을 『임화 연

구』『이광수와 그의 시대』『김동인 연구』『염상섭 연구』『김동리와 그의 시대』 등을 통해 보여주었습니다. 그런데 이번 『백철 연구』는 다른 작가 연구보다도 발품과 시간이 더 많이 든 것 같았습니다. 이미 선생님께서는 누구보다 먼저 백철에 대해 관심을 가지고, 연구를 시작하셨습니다. 「비평과 열정—백철론」(『청파문학』, 7집, 1967)에서부터 『한국근대문예비평사 연구』(일지사, 1973), 그리고 「임화와 백철」(『한국문학』, 1989. 3월호~5월호) 등에서 백철을 논했는데, 이런 단편적인 연구를 바탕으로 본격적인 『백철 연구』에 관심을 두게 된 계기랄까, 혹은 동기를 여쭙는 것이 이야기의 순서일 것 같습니다.

김윤식 졸저가 나올 때마다 공들여 읽고 문제점을 지적해주신 남교수께 경의를 표합니다. 전공이 비슷하다고는 하나, 흔치 않은 인연이 아닌가 합니다. 『백철 연구』의 저술 동기를 물으셨는데, 다른 물음도 그렇긴 하나 유독 이 물음은 난감하군요. 인생이란 무엇인가라는 물음과 흡사하다고나 할까. 혹시 이렇게 말해보면 어떨까요.

강변 버드나무 숲의 까마귀와 붕어, 그리고 메뚜기를 속이고 제가 서울로 공부하러 왔을 때가 1955년도, 그러니까 6·25의 포화가 멎은 지 겨우 두 해가 지났을 무렵. 글쓰기(창작)에 뜻을 두고 대학 국문과에 들어왔으나 딱하게도 알고 보니 대학은 학문하는 곳이 아니겠는가. 대학과 멀어질 수밖에요. 2학년 때 군에 입대하고 말았지요. 휴전선 배속 29사단 수색대에서 복무하다 군복을 벗고 복학해보니 이번엔 또 낯설 수밖에. 외톨이 신세가 된 제게 열려 있는 안식처는 학교 도서관이었지요. 아침에 들어가 별이 뜰 무렵까지 도서관에 처박혔지요. 지금도 눈에 선한 것은 도서관 2층 열람실 양편에 개가식으로 꽂혀 있던 미국에서 나온 계간지들. *Partizan Review*, *Yale*

Review, *Suwanee Review*, *Kenyon Review* 등이 연도별로 묶여 있었지요. 서툰 어학력으로 그 어려운 것을 정신없이 읽으면서 그럴 수 없는 지적 허영심에 빠졌지요. 곧 문학도 학문(과학)이구나라는 발견이 그것. 그것은 그러니까 '비평'이라는 이름의 인문과학이었지요. 제가 그때 이해한 것은 대학에서 하는 학문이라 그러니까 문학의 경우라면 우선 '언어학'이라는 깨달음이었지요. 문학의 과학이란 그러니까 작품연구란 그 작품의 언어체에 대한 연구라는 것. 뉴크리티시즘이 이를 잘 말해주고 있다고 믿었지요. 제 석사논문의 제목은 당돌하게도 「The Structural Properties of Poetry」(1962). 지금 생각하면 실로 어이없는 것이었지요. 아예 제목을 영어로 써버리다니. 여기에는 또 그럴 법한 이유도 있긴 있었지요. 제가 대학원에 들어갔을 때, 참으로 딱하게도 제 지도교수님은 모두가 아는 국어학자 이희승 교수였지요. 국어국문학과엔 단 한 명의 문학 전공 교수가 없었던 것, 이희승 교수는 그때 semantics(의미론)라는 신종 학문에 관심이 있어 이에 대한 원서 강독을 했던 것입니다. 제 석사논문은 이와 관련된 것이었지요. 그러나 박사과정(당시는 4년 과정)에 진학한 저로서는 또 한 번 난감한 장면에 부딪혔다고 할까요. 실질적인 지도교수를 외부에서 찾아야 했지요.

제가 『조선신문학사조사』의 저자이며 중앙대학교 문리대학장 백철 교수를 찾아갈 수밖에요. 무턱대고 한강가 흑석동 백철 교수의 자택으로 찾아가서 한국 근대비평사를 쓰고자 하니 자료를 내놓으라고 달려드는 이 당돌한 대학원생을 백철 교수는 어떻게 대했던가. 하도 어이가 없었던지 잠시 멍하니 서 있더니 2층 서재로 안내하더군요. 여기에 다 있으니 멋대로 뒤져보라 하지 않겠는가. 그리고 또 한 번 난감하게도 자기는 외출하니까 마음껏 보고 가라는 것이었다. 어둠

이 깔리기까지 서재 주인이 돌아오지 않아 혼자 그 집을 나올 수밖에 없었지요. 두고두고 이 장면이 회고되곤 합니다.

제 학위논문이자 학문적 출발점은 『한국근대문예비평사연구』(1973)입니다. 이 책의 전제에는 『조선신문학사조사』와 미국의 계간지에 관련된 인문학(뉴크리시티즘 중심)이었지요. 그때만 해도 『조선신문학사조사』가 인문학(과학)으로서는 미달이라고 여겼고, 이를 과학으로 대학에서 다루기 위해서는 방법론에 의한 체계적인 작업 곧 '연구'라야 한다는 것. 제가 '한국근대문예비평사연구'라고 감히 제목을 단 것은 이 때문. 훗날 백철 교수는 인문학의 본바닥인 미국 대학에 머물며 그 잘난 뉴크리티시즘을 도입했고, 그 입문서격인 『문학의 이론 Theory of Literature』 공역을 내었지요. 감히 말하건대 백철 교수는 『조선신문학사조사』에다 뉴크리티시즘을 안받침하여 적어도 『한국근대시사연구』 『한국근대소설사연구』 그리고 『한국근대문예비평사연구』 등을 혼자서 쓰고자 하지 않았을까. 원리적으로 말해 가능한 장본인이었지요.

그렇다면 무엇이 백철 교수로 하여금 그 일을 방해했을까. 이 물음은 썩 소중하다고 저는 생각합니다. 체력의 한계라든가, 자료의 부족이라든가, 기타의 이유도 있었겠지만 무엇보다 그에게는 시간이 없었을 터입니다. 그는 너무도 바빴던 것이죠. 그 바쁨이란 그의 개인적인 것이라기보다는 모종의 사명감에 관여되었던 것. 곧 그는 각 대학(원)에 다니며 『조선신문학사조사』를 무수히 가르쳐야 했던 것입니다. 왜냐하면 국립서울대학에서도 근(현)대문학 전공의 교수가 단 한 명도 없었으니까. 사정이 이럴진댄 그에게 어찌 연구나 집필의 시간이 있었겠는가. 오늘의 대학 국어국문학과란 모두가 아는 바 3분법제로 되어 있습니다. 국어학, 고전문학, 현대문학의 3분법에서 그 3분의 1에 드는 현대문학 분야를 그가 혼자 도맡았던 것입니다. 대체 이런 사태란 무엇인가. 한시도 연구실에 앉아 있을 수 없지 않았을까. 그의 세속적인 글이 그럴 수 없이 조급한 글쓰기로 튕겨져 나간 것도 이와 관련이 있을지 모릅니다. 이러한 시대적 경위를 알아보고자 함이 『백철 연구』의 겉으로 드러난 동기입니다. 그렇다면 감추어진 동기도 따로 있는가라고 물음직한데요. 아마도 그것은 드러내고자 해도 원리적으로는 잘 되지 않겠지요. 그 인간에 대한 매력이랄까. 마음의 흐름 turn of mind 같은 것 말입니다. 그러니까 학문을 하되 문학을 택한 사람, 문학 중에도 한국 현대문학을 택한 사람, 그리고 거기에 대해 가르치고 글쓰기에 모든 생을 탕진한 사람이 갖고 있는 마음의 흐름 같은 것이 따로 있는 법이니까.

남송우 선생님의 백철 연구는 그의 신의주고보 시절부터 본격적으로 시작되고 있습니다. 백철의 자서전에 의하면 그의 유소년기는 서당에서 한학과 그의 어머니가 가르쳐준 용담가사와 사랑방에서 들었던 전기소설들이 그의 문학적 자양으로도 작용한 것 같은데, 유소년 시절을 그의 문학적 논의의 출발점으로 삼지 않고 신의주고보 시절로 시작하신 특별한 이유라도 있습니까?

김윤식 비유가 적절하다고 하긴 어려울지 모르나 저는 문학을 일종의 '병적인 현상'이라 보는 『집안의 천치―플로베르론』의 저자 사르트르의 생각과는 조금 다릅니다. 『구토』의 작가이기도 한 사르트르는 작가란 악령에 들린 자, 미신을 믿는 자, 심중의 사제(司祭), 삶이 아니라 죽음에 들린 자인데 게다가 기호(언어)의 비현실의 세계 속에서 사는 자들이고 그래서 기껏 그림자에 접촉하는 주제에 사물에 이르렀다고 느끼는 자들이라고 보았지요. 요컨대 문학은 환영 이상의 것, 곧 신경증이라는 것. 아니, 그것도 넘어 일종의 병증이라는 것. 진짜 병과 같이 무언가의 치료에 맡겨져야 할 자들이란 것. '나는 치유되었다. 그러기에 쓰기를 중단한다'(『구토』)라고 했으니까. 그가 쓴 『보들레르론』 『장주네론』 그리고 최후대작인 『집안의 천치―플로베르론』 등이 한결같이 이들 문학자의 유년기의 분석 그러니까 실존적 병리학 분석에서 출발했지요. 그러나 저는 부럽긴 해도 그런 공부가 모자라 흉내조차 낼 수 없었지요. 이렇게 말하면 혹자는 졸저 『이광수와 그의 시대』를 들어 이광수의 유년기의 '고아의식'이 전 생애에 걸쳐 울리고 있음은 웬 까닭이냐고 할지 모르겠으나, 그것도 잘 따져보면, 이광수의 고아의식과 국권 상실기로서의 국가적 고아의식의 증폭에 관련된 것이어서 개인적 신경증이나 병적 증상과는 구분되는 것이죠.

  신의주고보에서 출발하기란 새삼 무엇인가. 이 물음은 제 연구에서는 아주 중요한 방법론입니다. 그것은 근대교육제도와 문화자본(P. 부르디외의 용어)에 관련됩니다. 비록 식민지 상태이긴 해도 국민국가와 자본제 생산양식을 양 바퀴로 한 인류사의 진행과정 속에 놓인 근대의 체험만큼 20세기적인 현상은 달리 없었다는 것. 그 20세기 초반에 태어나 그 격동 속에서 살고 사랑하고 배워 요컨대 자기를 형성한 세대의 문학자란 무엇인가. 이 규정성에서 검증할 수 있는 그러니까 계량화할 수 있는 것의 하나가 근대교육제도가 아니었을까. 다시 말해 한 사람의 사상 형성과정에는 무수한 요인들이 작동되었을 터. 때로는 정신분석으로 때로는 가문의 기질로 또 때로는 우연성으로 그것들이 형성되었음에 틀림없지만 아무리 그렇더라도 그것을 검증 또는 계량화할 수 없거나 어렵다면 나무아미타불일 수밖에요.

신의주고보는 어느 수준에서 계량화할 수 있는 요인 곧 문화자본으로 포착된다는 사실이라는 것. 식민지의 국경도시 신의주에 근대 교육기관인 고보가 설치되었고, 그 첫번째 수석 졸업생이 제국의 최고 중등교원 양성기관인 도쿄 고등사범학교에 입학한 사실이 지닌 중요성은 그 당사자의 사진과 함께 당시의 민족지『동아일보』(1927. 3. 8)의 보도에서 엿볼 수 있습니다. 제국 일본은 서구 선진국의 근대(제도)의 모방에서 출발했거니와 그 중 교육제도는 프랑스의 것이었지요. 국민국가의 세움에서 프랑스가 당면한 고민의 하나는 학교 장악 문제였지요. 전통적으로 교회가 학교를 장악하고 있었기에 이를 국가가 쟁탈하는 일이야말로 큰 싸움이었던 것. 마침내 프랑스는 이 사업을 완수, 학교제도를 국가가 완전 장악하기에 이르렀지요. 이에 비해 일본은 사정이 크게 달랐지요. 아무런 종교적 저항 없는 학교이기에 강력한 국가권력이 학교제도를 쉽사리 한 손에 틀어쥐었던 것. 그리고 중요한 것은 학교를 '입신출세주의arrivisme'의 거의 유일한 수단으로 내세웠던 것이지요. 1872년(메이지 5년)에 학제를 정비한 일본국가는 학문을 '입신출세주의'로 규정했고, 그 후 이 이념이 뿌리를 내려 실로 '교육종교'(보이지 않는 종교)의 경지를 빚었지요. 누구나 학교만 나오면 국가가 그를 보장했으니까. 이 교육종교에서 교사 양성의 최고기관이 '고등사범학교'였던 것입니다. (이 제도는 프랑스에서 도입한 것. 프랑스에서는 '고등'이라고 불리는 각 영역별 최고 교육기관이 있어 그중 인문학 부분의 것이 저 유명한 고등사범학교이거니와, 이와는 달리 또 다른 계보의 고등사범학교가 있었는바, 그것은 교육비와 기숙사비가 모두 국가부담인 국가 기관의 고등사범학교가 있었다. 소학교-고등소학교-사범학교-고등사범학교가 그것이다.「桜井哲夫,「근대의 의미」, NHK Book)

일본 제국의 중등 교원 양성 최고기관의 하나가 도쿄 고등사범학교였다는 것은 아무리 강조되어도 지나침이 없는 것. 당대의 사회 속에서 살며 글쓰기에 종사한 백철의 글쓰기를 재는 모종의 잣대가 여기에서 설정될 수 있습니다. 계량화될 수 있는 잣대라고나 할까. 영어 전공의 식민지 학생 백세철(白世哲)이 재학 중 백철(白鐵)로 변신하여 프롤레타리아 문학운동에 뛰어든 것도 역설적으로는 이 제도의 산물입니다. 프롤레타리아 운동 그것은 제국의 근대가 낳은 쌍생아였던 것이니까.

남송우 백철은 1973년 정년 이후에 자서전적 수필인 『진리와 현실』(1975) 『속 진리와 현실』(1976) 『만추의 사색』(1977) 등을 펴내었습니다. 이러한 글쓰기는 그의 초창기의 시쓰기나 소설 『전망』 쓰기, 나아가 평론문 쓰기나 『문학개론』 『신문학사조사』 등과 같은 연구서 쓰기와는 또 다른 면모를 가진 글쓰기라는 점에서 눈여겨볼 필요가 있다고 봅니다. 선생님께서는 백철의 글쓰기를 평론을 중심한 '참을 수 없이 조급한 글쓰기'와 제도적 글쓰기인 저술을 '한없이 지루한 글쓰기'로 양분하셨는데, 이러한 명명은 백철의 글쓰기의 특징을 명쾌하게 보여주는 재미나는 발상이라고 봅니다. 그렇다면 자서전적 수필쓰기도 그 양은 그렇게 많지 않아도 또 다른 한 영역으로 명명해볼 만하지 않을까요?

김윤식 지적하신 바대로 백철 글쓰기엔 『진리와 현실』 『속 진리와 현실』은 그의 '문학자서전'입니다. 자서전이란, 학문적 일차자료 축에 들기 어렵지요. 자기 미화에 일관했기에 그러한 것이 아니라, 기억이 지닌 '간교함' 때문이지요. 이는 감추기라든가 자기 미화 따위보다 훨씬 원초적인 것이죠. 백철의 문학자서전은 유년기에서 시작, 6·25피난지에서 끝납니다. 6·25가 나자 동국대학교 교수 백철의 피난지는 가족과 함께 경기도 장안면 사랑리, 여기서 임시수도 피난지로 옮겨간 동국대학을 드나들었지요. 집중강의를 하고 번 돈을 배낭에 담아 지고, 수원에서 60리 길을 걸어 가족을 찾아가는 밤길로 이 자서전이 끝납니다. 그렇다면 6·25 이후는 어떠한가. 중앙대학 문과대학장이며 뉴크리티시즘 도입자이며 PEN클럽 회장이자 현장비평의 활동가 백철은 어떠한가. 이 물음에 응해오는 것이 『두 개의 얼굴』(1964)과 『만추의 사색』(1977)이지요. 그러니까 그는 문학자서전 후반부를 이로써 채운 것입니다. 제가 이 자전적 글쓰기를 무시한 것은 결코 아닙니다. 어쩌면 그 반대인지 모릅니다. 다만 이러한 자전적 글쓰기를 계량화할 수 있는 어떤 잣대를 마련하기 어려웠다고나 할까. 그렇다면 그의 현장비평은 어떠할까. 아무리 괴발개발 썼든 그 대상으로 된 작품이 남아 있기에 이로써 그 거리를 잴 수 있습니다. 『조선신문학사조사』도 사정은 마찬가지. 임화, 박영희, 조연현 등의 문학사적 잣대도 있으니까.

남송우 선생님께서는 「1930년대 초 일본의 프롤레타리아 문학에서 활동한 백철의 평론에 대해서」를 해설하시면서, 백철이 일본에서 활동하면서 일어로 쓴 평론 목록을 ①「프롤레타리아 시의 현실문제에 관하여」, ②「프롤레타리아 시론의 구체적 검토」, ③「프롤레타리아 시인과 실천문제」, ④「유물변증법적 이해와 시의 창작」등 4편으로 정리해 놓으셨는데, 박경수 교수의 「일제하 재일 한국인의 문학비평 연구」(일본어문학 제9집, 1999)에는 ①「시에 있어서 문화사파란?」(『宣言』, 1930. 7), ②「당의 당면문제와 예술의 임무」(「東學之光」,

1930. 9)이 더 보이는데, 평론 목록이란 점에서 더 추가되어야 할 부분인 것 같습니다.

김윤식 제가 미처 살피지 못한 대목입니다. 꼭 구해서 검토해볼까 합니다. 특히 『동학지광(東學之光)』이란 잡지는 천도교 청년당 동경부 기관지라고 합니다만 아직 미견입니다. 조금 다른 얘기지만 백철의 일본어 글쓰기도 장차 연구과제의 하나일 수 없을까. 탈식민지주의 시대 이후의 문학연구란 문화적 연구Cultural Studies이자 세계사적 연계성에 주목하는 것이니까. 혹시 이런 책을 보셨는지요. *Position*, vol.14, no. 2, fall, 2006. Duke Univ. Press(special issue : Proletarian Arts In East Asia : quests for national, gender, and class justice).

이것은 시카고 대학교 동아시아 언어문명학과에서 2002년에 행한 「동아시아에 있어서의 1930년대 프롤레타리아 문학」을 바탕으로 하여 다시 보강한 것입니다. 한국 부분은 제가 참가했지요. 이 논의에서 장혁주가 중요하게 부상했는바, 그가 (1) 식민지 조선인으로 (2) 일본어로 (3) 프롤레타리아 문학을 한 작가라는 사실은 단연 유징적(有徵的)이지요. 이 범주에는 시인 김용제도 백철도 그리고 도쿄 카프 지부 및 「무산자」의 이북만도 응당 포함될 것입니다. (1) 조선인으로 (2) 북경을 무대로 하여 (3) 일본어로 작품을 쓴 김사량과의 낙차(이중어 글쓰기론)도 연구의 지평으로 떠오를 법하지요.

남송우 선생님께서 말씀하신 이중어 글쓰기 부분은 후학들이 관심을 가지고 연구해보아야 할 과제라는 생각이 듭니다. 그런데 백철의 생애에서, 중요한 배경의 하나가 천도교였다는 점을 선생님은 강조하고 있습니다. 그러므로 천도교가 백철의 문학 활동에 어느 정도 영향을 미쳤을까 하는 점을 해명하는 것은 흥미로운 과제라고 생각합니다. 선생님께서는 백철의 사상의 변전을 이해하기 위해 이광수와 김오성의 동학과 마르크스주의 이해를 바탕으로 백철의 동학과 마르크스주의 사상으로의 진입을 설명하고 있습니다. 인내천과 민족주의라는 양면성을 서양식 사상으로 번역하면 저 레닌의 혁명사상과 족히 대응된다고 보고 있습니다. 이 자리에 김오성이 서 있다고 봄으로써 백철의 동학과 마르크스주의에의 이해의 폭과 깊이를 논하고 있는데, 왜 백철 자신이 남긴 기록을 통해 그의 동학과 마르크스주의에의 경도를 논하지 않고, 제3자(이광수, 김오성)를 통해 백철의 입장을 해석하려한 특별한 이유가 있습니까?

김윤식 아주 중요한 점이 지적되었군요. 『백철 연구』를 쓰면서 제일 부러웠던 것이 백철이 '가문의 영광'으로 갖고 있던 천도교였지요. 이 나라 근대를 규정하는 사상으로 뚜렷한 것은 민족주의, 마르크스주의, 그리고 천도교가 아니었던가. 분단국가의 이데올로기적 기반이 양극체제로 말해지는 민족(국민)국가주의와 마르크스주의라면 이 한가운데 놓인 천도교란 무엇인가. 제가 '백철을 대상'으로 이런 물음을 다루지 않고 어째서 김오성을 문제삼았는가라고 묻고 있으신데, 두 가지 점으로 대답코자 합니다. 하나는 오랫동안 북한에서는 청우당(靑友黨)이 공산당과 더불어 양당체제로 존재했다는 점. 그 중요 인물이 김오성이었지요. 다른 하나는, 이 점이 중요한데, 백철이 이에 대해 아주 조심스럽게 말해놓고 있다는 점. 어째서 백철은 그토록 헤프게도 써제낀 자전적 글쓰기에서 유독 천도교에 관해서는 흡사 지나가는 말투로 적었을까. 다음 대목도 그 중 하나지요.

해방 뒤에 돌아다닌 말이었지만 만일에 崔麟이 日政말기에 7년간 만 참고 지났다면 해방 뒤에 와서 崔麟 개인의 위치로 보나 더구나 천도교회의 입장에서 볼 때에 東學亂이나 3·1운동에 主動力이 된 전통을 이어갖고 큰 실력 단체가 되었을 것인데 애석한 일이라고 말하는 사람들이 많이 있었다.

그러나 내가 每日新報社에 들어갔을 때, 崔麟사장은 개인적으로 나를 특별히 돌보아 주었다. 내 숨兄되는 이가 천도교회의 청년간부인 관계도 있고 또 내가 동경 유학시절에 몇 번 만난 일도 있어서 나를 잘 알고 있는 관계로서였다. 사장실에 자주 드나든 것은 아니지만 혹간 사무적인 일 때문에 사장실에 들어가면 崔麟은 내가 지내는 형편과 社內 일에 대하여 여러 가지 물어보았다. 무슨 불편이라도 느끼는 일이 있으면 사장께 이야기하라는 것이다. 시정할 것이 있을 땐 자기가 힘쓰겠다고 했다. (『문학자서전』, 박영사, p. 40)

두 문단을 잇는 '그러나'라는 역접 접속사가 많은 것을 암시해놓고 있지요. 제가 부러워한 대목이기도 합니다. 한 개인이 가문의 후광 없이도 날쌔거나 잘날 수 있을까. 제국이 보증하는 고등사범학교에다 대고 어깃장을 놓을 수 있었던 것도 이 가문의 영광이 가져온 전리품이 아니었을까. 김오성이 이 점에 실로 민첩했지요. 그는 당초부터 마르크스주의와 민족주의의 결합으로서의 천도교에 주목하고 사상적 체계화에 진력했으니까. 백철이 학생 신분으로 일본 프롤레타리아 문학(사상)운동에 뛰어든 것도 이와 같은 문맥에 다름 아닌 것. 6·25때 북조선 문화선전성 부상(副相, 허정숙이 선전상)이라는 고관의 패를 차고 나타난 김오성을 두고 백철이 '그의 태도는 안하무인격'이었다고 꼬집은 것은 의미심장한 대목이기도 합니다.

일찍이 제가 읽은 백철과 천도교의 관계를 논하고자 할 때, 제 머리를 스쳐간 것은 T. S. 엘리엇의 「셰익스피어와 세네카의 극기주의」(1927)였지요. 사람은, 만일 그가 절체절명의 순간에 닿으면 '스스로 기운나게 하는 방도'를 찾아낸다고 하고 그런 사례로 엘리엇은 절망에 빠진 오셀로를 들었더군요. 오셀로의 '스스로 기운나게 하기'란 '우주와 결합하기'였다는 것. 사람이 달리 무엇이고 결합할 것이 있는 한 우주 따위와 결합하지 않습니다. 기독교인을 보십시오. 그 좋은 기독교를 가진 자들은 우주 따위와 결합하지 않습니다. 그 좋은 마르크스주의나 민족주의를 가진 자들은 우주 따위와 결합하지 않습니다. 그 좋은 천도교를 가진 백철은 우주 따위와 결합하지 않지요. 제가 부러워한 이유가 이 부근에 있습니다.

남송우 백철이 카프의 정치지상주의를 비판한 「인간묘사시대」에서 보여준 시류적 민감성, 옥중에서 나온 후 몇 시간 만에 쓰기 시작한 「비애의 성사」가 보여준 신속성, 어쩔 수 없는 현상이기에 이를 사실로 인정하고 수리할 수밖에 없었다는 「시대적 우연의 수리」에 나타난 민첩성 등을 두고 선생님께서는 처세비평, 감성적 비평, 생래비평으로 명명하면서, 이를 백철 비평의 기질적 특성으로 보고 있습니다. 그리고 이러한 백철 비평의 본질은 그 자체가 저널리즘이었고, 그 나름의 의의를 가진 것이어서 일정한 가치를 지닌 것으로 평가하고 있습니다. 이러한 가치 부여의 저변에는 그 어떤 비평적 논리나 이론이나 사상도 저널리즘적 성격을 공유하고 있고, 그 어떤 사상도 이론도 일시적·통과적인 것에 지나지 않는다는 인식이 전제되어 있는 것 같습니다. 이런 의미 부여도 가능하지만, 백철 비평이 지닌 이런 시류에 대한 즉자적 반응은 역사적·사회적·인간적 의미를 곰곰이 따져볼 수 없고, 눈앞에 보이는 표피적 현상만 바라보기에 본질을 포착하기에는 거리가 있는 것이 아닌지요?

김윤식 '눈앞에 보이는 표피적 현상만 바라보기에, 본질을 파악하기에는 거리가 있다'는 것. 지적한 대로입니다. 문제는 '본질을 포착하기'란 과연 가능한가에 있습니다. 있다고 생각하는 사람은 플라톤 이래의 이성중심주의자(기독교는 이성을 신으로 바꾼 것. 니체의 지적), 그 직계인 헤겔 도당이 아니었을까. 본질이 있느냐의 여부에서 논의를 펼칠 수도 있겠지요. 들뢰즈까지 나올 것 없이 『존재와 시간』의 하이데거를 내세워 논의를 펼칠 수도 있겠지요. 그러나 그런 거창한 문제를 제가 알 턱이 있겠습니까. 제가 아는 것은 겨우 다음 한 가지 사례에 지나지 않습니다. 곧 이 나라 근대문예 비평집으로 두 권을 꼽을 때, 최재서의 『문학과 지성』(1938)과 임화의 『문학의 논리』(1940)를 들 수 있다는 것. 논리적 정합성에서 또 논의의 적절성(시류성)에서도 밀도가 높지만 무엇보다 거기에는 역사적 사회적 인간적 의미(본질)가 논의되어 있다는 점입니다. 그 중요성은 이들이 친일문제에 본격적으로 부딪혔다는 사실에도 옵니다. 역사적·사회적·인간적 문제로서 본질이란 무엇인가. 이 문제에 격투를 하지 않은 비평이나 사상이란 과연 사상 축에 들 수 있는 것일까. 친일문제도 그 중 하나. 남 교수께서 묻고 있는 곳이 여기겠지요. 제 답변은 이렇습니다. 백철 비평은 저널리즘적 성격의 비평이며, 이 역시 일정한 의미가 있다는 것. 왜냐하면 이러한 저널리즘 비평의 성격에 '독자적 유형'을 만들어냈기 때문. 그렇다면 '독자적 유형'이란 무엇인가. 이렇게 설명해볼 수 있습니다. 그가 『매일신보』에 입사한 것은 1939년 3월이었고, 베이징 주재 지국장으로 근무하다 귀국한 것은 1945년 8월 2일이었지요. 이 기간이 지닌 '백철적 현상'이야말로 그의 독자적 유형이라고 저는 생각합니다. '스스로 저널리즘되기,' 그러니까 저널리즘의 육화(肉化, incarnation)라고나 할까요. 실상 그는 신문기자가 되기 전 함흥 영생 고보에서 교사 노릇을 했음에도 이 사실을 한번도 발설하지 않았으니까. 이것만큼 놀라운 현상이 따로 있을까.

남송우 백철은 1930년대만 하더라도 선생님께서 정리하신 대로 농민문학론으로 시작해서 인간묘사, 인간탐구, 나아가 휴머니즘론 그리고 장편소설론, 일제에 야합하는 사실수리론까지를 펼쳐 보임으로써 하나의 비평론이나 문학론으로 일관한 게 아니라, 그의 관심은 쉼 없이 변했습니다. 그래서 그가 제기한 문학론도 일관성을 통한 깊이의 추구보다는 다양한 관심이 폭넓게 전개된 양상을 보입니다. 예를 들어 인간형의 탐구에서도 「창작방법의 문제」에서는 계급적 제약 속에서 생활하는 인간상을 내보이나 「인간묘사시대」에서는 시대성과 역사성을 띤 경향적 인간의 묘사를 주창합니다. 또 「인간 탐구의 도정」에 오면, 현실의 구체적 상황 속에서 실천하며 행동하는 전형적 성격의 인간을 논하고, 「고행의 문학」에서는 행동적 존재로서의 인간보다는 양심적 고민형의 인간을, 그리고 「풍류인간의 문학」에서는 동양의 전통적 인간형을 추구하고 있습니다. 이러한 『백철비평』이 내보이는 쉼 없이 변하는 모습을 선생님께서는 그 현실 순간에 대한 솔직함으로, 자유주의자의 한 모습으로 평가하기도 했습니다. 이런 모습은 백철만의 기질인지, 모든 비평가들이 피해갈 수 없는 숙명적인 한 모습인지가 자못 궁금해집니다.

김윤식 전향을 논의하는 마당에서 자주 논의되는 말에 이런 것이 있지요. '사상 전향이 없는 사상가란 유아기적 사상가다'가 그것. 누가 그것을 모르겠는가. 다만 백철의 경우는 너무 심하지 않는가라고 말하겠지요. 요컨대 특정 개인의 기질적인 것인가. 비평 자체의 숙명인가의 물음에는 문제제기 자체를 문제삼음 직하지 않을까. 궁금하기는 저도 마찬가지입니다.

남송우 선생님께서 이번에 집필하신 이 『백철 연구』는 아마 후세대들에게는 전기비평 연구서로서는 가장 모범적인 모형이 될 수 있는 작업이었다고 봅니다. 특별히 제4부 중 백철의 『매일신보』 베이징 특파원 시절을 읽어가면서, 저는 유독 전기비평의 한 전형적인 모형이 될 만한 장면과 마주 서는 듯했습니다. 베이징 특파원 시절의 백철의 삶이 현재적 감각으로 너무나 선명하고 생생하게 되살아났기 때문입니다. 이 정도의 재구성을 위해서는 베이징을 드나들면서 확인하고 챙겨야 할 자료들이 한둘이 아니었으리라고 봅니다. 백철의 베이징 특파원 시절의 재구성을 위해 선생님께서 쏟으신 시간과 발품에 대한 뒷이야기를 좀 듣고 싶습니다.

김윤식 반가운 질문입니다. 전기연구의 모범작이냐의 여부는 과분한 일이어서 물리칠 수밖에 없지만 그런 것의 승패와는 관계없이 그 속에는 저만이 가진 은밀한 가슴두근거림이 있었지요. 졸저 『백철 연구』 속엔 '북경반점 앞의 필자'라는 사진 한 장(p. 379)이 실려 있습니다. 망설이다 망설이다 눈 딱 감고 이 사진을 실었지요. 『백철 연구』에다 감히 저자의 사진을 싣다니. 어처구니없는 고의적 실수이자 월권이기도 하지요. 이에 대해서는 제3자의 다음 증언 하나를 먼저 들고 싶습니다.

 1996년이던가. 베이징 대학에서 루쉰(魯迅)문학을 가지고 토론하는 작은 모임이 있었다. 그때 나도 따라갔는데 그때도 잿밥에만 마음이 있어 베이징에서의 일정이 끝나면 시안(西安)·구이린(桂林)·상하이(上海)로 해서 쑤저우(蘇州)·항저우(杭州)를 돌아오는 코스에 마음이 끌렸다. 베이징 대학에서의 토론이 본바닥 베이징 덕이 나오는 만찬으로 해피엔딩을 맺고 그 다음날 일행이 만리장성으로 관광을 떠나는데 나는 그와 함께 빠졌다. 만리장성은 전에 한번 가본 적이 있었기 때문이다. 날씨가 춥기도 했거니와 한번 보고 질렸으면 됐지 또 보고 싶은 곳은 아니란 데 합의하자 갑자기 유쾌해졌다. 게다가 우리를 안내해줄 유학생 부부까지 있어서 베이징 시내를 마음 내키는 대로 돌아다닐 수 있었다. 지금은 기념관이 되어 있는 루쉰이 살던 집을 보러 갔다. 그는 안내책자와 유학생의 도움으로 방방을 둘러보며 문방구며 침대, 심상치 않은 사연이 깃들였음직한 베개까지 꼼꼼히 확인하고, 나는 내 식으로 휙 한번 훑어보고 나서 마당에 서 있는 정향나무 아래서 그를 기다렸다. 지금까지도 그 집 마당에 정향목(丁香木)이란 팻말을 달고 서 있는 나무가 라일락 맞나? 하는 정도가 그 집에 대해 남아 있는 궁금증의 전부이다. 루쉰의 집을 보고 나서 베이징반점으로 갔다. 구관과 신관이 있는데 구관은 백년이 넘는다고 했다. 지금은 더 좋은 데도 많이 생겼겠지만 그때만 해도 넓은 홀을 받쳐주고 있는 장대한 붉은 기둥들을 금빛 찬란한 용이 용틀임으로 감아 올라간 모습하며, 고풍스럽고도 장중한 집기며, 문에서 맞이하는 팔등신 미인의 발목부터 엉치 밑까지 찢어진 착 붙는 옷 사이로 드러난 눈부신 각선미하며, 모든 것이 초일류호텔의 역사 깊은 호사와 품격을 과시하고 있었다. 홀이 내려다보이는 로비 같은 데서 학생 부부와 넷이서 차를 마셨다. 그가 해방되기 전 1940년대의 만저우(滿洲)일대와 베이징반점에서 무슨 일이 있었나 얘기를 하기 시작했다. 그는 달변이 아니다. 지루할 적도 있고, 잘못 알아들을 적도 있다. 그러나 어스 순간 확 빨려들 적이 있다. 그와 환상을 공유할 수 있을 적에 그러하다. 나는 그 호화호텔 넓은 홀에서 이향란의 노래를 들으며 친일파와 독립투사와 신문기자와 첩자와 아편장수와 일본 군벌과 어울려 김사량과 백철과 노천명이 나비처럼 춤추는 환각에 빠져들었다. 아아, 그랬었구나. 국내에선 청년들이 징병과 징용에 끌려가고, 소녀들은 정신대에 끌려갈까봐 열다섯도 되기 전에 시집을 가고, 콩깻묵으로 연명할 때 비록 식민지 백성이라 해도 지식인에게는 그래도 그 정도의 별천지가 돌파구로 마련돼 있었구나. 그게 너무도 새롭고 신기해서 사실이라기보다는 환각으로 받아들였는지도 모르겠다. 너무도 감질나는 환각이어서 언젠가 꼭 한번 베이징반점에서 묵어보려고 하룻밤 숙박비를 물어봤더니 100달러 정도라고 했다. 그러나 그 후 다시 베이징에 갈 일은 없었다.

(박완서, 『두부』, 창작과비평사, 2002. pp. 211~12)

너무 길게 인용했지요. 하도 정겨운 장면이라 저도 모르게 인용하고 말았군요. 여기에는 설명이 조금 없을 수 없지요. 앞의 인용에서 1996년이라 했으나 실상은 제 기억이 옳다면 1994년 1월이 아니었을까. 그때 베이징 대학 세미나를 마치고 난생 처음으로 동양화의 실물대 절경이라 소문난 구이린(桂林)에 갔으니까. 그러나 실상『백철 연구』에 실린 그 사진은 이보다 1년 먼저인 1993년 8월에 찍은 것. 국내 모금 거금 50만 불로 연변 조선족 자치주에 세워진 민족문학관 낙성식에 이호철 씨와 함께 참석하기 위해 베이징에 들렀을 때지요. 베이징 호텔로 혼자 찾아갔지요. 안에는 들어가지도 못하고 바깥에서 행인의 도움으로 사진을 찍었던 것.

실상 저는 이런저런 일로 베이징에 여섯 번씩이나 갔었지요. 그럴 적마다 총독부 기관지, 『매일신보』 특파원이자 문예비평가인 백철이 베이징에 도착하자마자 베이징 호텔에 짐을 둔 채 저녁식사를 끝내기가 바쁘게 천안문 앞을 지나 장안대가(長安大街)를 바바리코트 깃을 세우고 '여기가 베이징이다!'라고 뇌며 걷고 있는 환각에 빠지곤 했지요. 김사량과 노천명을 옆에 두고 도박판을 벌이고 있는 백철이 아니었던가. 또 그가 자주 언급한 베이징 공원에 우뚝 솟은 라마탑(백탑)을 쳐다보곤 했지요. 자금성에 들어가 맨 뒤편 궁전 서편 모서리에 서면 그 백탑이 저만치 보이지요. 카메라에 번번이 담곤 했지요. 15년의 세월이 그 사진과 더불어 비쳐 있지 않겠는가. 이만하면 됐습니까?

남송우 선생님께서는 해방 이후 백철, 김동리의 리얼리즘 논쟁을 논하면서, 당시 백철 비평의 논리가 카프의 정통을 잇는 것이라 훗날 참여(민족, 민중)문학의 근거가 된다고 말하고 있습니다. 이는 이후 우리 비평사에 나타난 순수참여 논쟁의 맥을 잇는다는 점에서 중요한 논의라는 생각이 드는데, 통시적 관점에서 이러한 맥 잇기가 가능할까요?

김윤식 '통시적 관점에서'라고 하셨는데, 이 관점에서 보면 문학이란 언제나 '문학/정치'의 도식이라는 이원구조로 되어 있습니다. 문학이냐 정치냐, 문학 중시냐 정치 중시냐의 이분법은 물론 '문학은 예술이다'는 대전제를 두고 그 한도 내에서의 논의입니다. 문학을 하되 어떤 개인이나 유파는 또 어떤 시대는 비문학적인 것(사회, 역사)에 치중하고 그 반대현상도 있을 수 있다는 것. 이 나라 문학사에서 후자를 선명히 드러낸 것이 카프 문학과 민족주의 문학이었던 것. 이 둘이 힘을 잃었을 때 대두된 것이 군국 파시즘을 표방한 세칭 친일문학이었을 터. 문제는 그러니까 해방공간인데요. 카프의 전통성을 이은 쪽이 임화, 이원조 중심의 문학가동맹 측 아닙니까. 이에 맞선 것이 김동리 중심의 청년문학가협회고. 이는 통시적·거시적으로 보면, 그 앞 단계인 카프 문학/민족주의 문학에 대응되는 것. 어느 시대에나 이것이 정상이지요. 문제는 대한민국 정식정부(김동리의 용어)의 탄생(1948. 8. 15) 이후겠는데요. 남한 단독 정부수립으로 말미암아 문학가동맹 측은 월북하거나 잠복할 수밖에. 그러니까 김동리계(이른바 문협정통파)만이 남은 형국. 이야말로 비정상. 한쪽의 부재란 다른 한쪽의 괴물화랄까. 예측 불능의 기형아를 낳을 수밖에. 공평이 말해 북한 단독정부의 문학도 괴물화이긴 마찬가지. 1970년대 등장한 남한에서의 민중문학론의 의의랄까 필연성이 여기에서 옵니다.

  이 사실을 직관적으로 알아차린 제일인자가 백철이었지요. 해방공간에서 임화 측에서도 벗어나 제3노선을 지향하던 백철에게 드디어 기회가 온 형국. 신현실주의라는 깃발을 들고 그는 김동리의 괴물화랄까 기형화의 양상을 지적, 비판했습니다. 왈, 그대가 쓴 장편 『해방』(『동아일보』, 1945. 9~1950. 2)은 실패작, 산문작가 축에 들 수 없다. 왜? 장편 하나도 못쓰니까. 「달」「역마」 같은 샤머니즘적 체질의 단편 따위도 반산문적인 것. 그러니까 김동리의 민족주의적 문학론이란 이 순간 문학/정치 도식에서 떠나 '문학괴물'이 될 수밖에.

이를 견제할 수 있는 것은 임화 쪽에서도 김동리 쪽에서 홀대받던 제3노선으로서의 백철 자기일 수밖에. 이 순간 백철은 임화의 자리에 선 형국이지요. 이러한 시선에서 보면 훗날의 순수/참여 논쟁도 이 큰 틀인 문학/정치론이며 따라서 정상화의 논의라 할 것입니다. '문학은 예술이다'라는 대전제 아래서의 문학/정치인 만큼 '소문자로서의 문학'에 주목할 것입니다. 또 그것은 굴곡 많고 불안정했던 이 나라 현대사의 유다른 특징에서 온 것이기도 하여 뜻있는 대목이라 할 것입니다.

남송우 백철의 저술 중 『문학개론』 『신문학사조사』를 기념비적 저술로 평가하고, 특히 『문학개론』(1947)은 일본의 혼마 히시오의 명저 『문학개론』에 힘입은바 큰 것을 추단하고 있으며, 그러나 당시로서는 김기림의 『문학개론』과 함께 중요한 자리를 차지했다고 선생님은 평가하고 있습니다. 그런데 백철은 이 『문학개론』을 1954년에 개정판을 내고, 다시 1963년 전면개정판 『문학개론』을 펴내어 세 차례의 『문학개론』을 출간했습니다. 1954년에 낸 『문학개론』에서 백철은 장르론에서 빠졌던 희곡, 수필, 비평론 그리고 시나리오까지를 첨가했지요. 그리고 1963년판 『문학개론』에는 1954년판 체제 가운데 '예술일반론'이 삭제되고, '비본질적 조건'이 추가되어 문학의 주변적 조건(자연, 사회, 심리학 등)들이 논의되었습니다. 특히 영미 신비평의 비평적 개념들이 크게 수용되었고, 뿐만 아니라 당대까지의 국문학 분야 이론서들을 다수 원용하였고, 작품의 예증도 한국문학에서 가져왔다는 점 등이 특징으로 보입니다. 이렇게 백철이 『문학개론』을 두고, 끊임없이 깁고 보완해온 작업은 연구자의 글쓰기로는 좋은 면모를 보여준 사례라는 생각이 드는데요?

김윤식 동감입니다. 한 가지만 덧붙이고 싶군요. 백철의 주저인 『조선신문학사조사』가 당대에 끼친 영향은 다음 세 가지. 하나는, 신문학사의 유일한 저술이라는 점. 곧 임화의 『신문학사』도 박영희의 그것도 저술로 간행된 바 없는 빈 들판에 세워진 이정표 몫을 했다는 것. 다른 하나는, 이 점이 중요한데 '한국근대문학전집' 몫을 했다는 점. 이 책속엔 모든 장르에 걸쳐 풍부한 예문이 날것으로 제시되어 있어 그 자체로 '전집' 몫을 했다는 것. 셋째로, 반공을 국시(國是)로 하는 어두운 시절, 월북 작가의 작품을 복자없이 공적으로 대할 수 있는 유일한 마당이었다는 점.

남송우 『문학개론』『신문학사조사』도 중요하지만, 영문학 전공자로서 백철이 김병철 교수와 함께 번역한 『문학의 이론』 출간과 뉴크리티시즘의 소개는 한국문학 연구에 미친 영향을 생각할 때, 그 중요성을 인정하지 않을 수 없습니다. 그러나 지금 생각해보면, 그 당시 모든 사람들이 여기에 모든 것을 걸었다고 할 정도로 거리를 갖고 비판적으로 이 이론들을 수용하지 못한 점이 문제가 된다고 생각합니다. 선생님께서도 뉴크리티시즘의 한계에 대해서 일찍이 비판적인 점검을 한 적이 있지만, 이제는 『문학의 이론』이 우리 문학 연구에 미친 영향을 제대로 검토해보는 작업도 필요한 것이 아닌가 하는 생각을 하는데, 선생님의 생각은 어떠하신지요?

김윤식 뉴크리티시즘이란 말만 나와도 가슴이 철렁해지는 세대가 있습니다. 1960년대에 들어 인문학으로서 문학공부를 시작한 세대가 그것. 앞에서 저는 도서관에서 사전과 씨름하며 미국의 대학 중심의 계간지들을 읽었다고 했지요. 최고의 나라 미국의 문학공부가 아니겠는가. 이를 독학으로 공부하기의 난감함, 지금 생각해도 식은땀이 흐릅니다. 『백철 연구』속엔 '1969년의 뉴크리티시즘 비판'(6부 3장)이 들어 있지요. 이것은 제가 쓴 「뉴크리티시즘에 대하여」(숙대 논문집 제9집, 1969)를 조금 손본 것입니다. 대학원 시절부터 제가 얼마나 이것과 고투를 해왔는가에 대한 결실이라고나 할까. 물론 뉴크리티시즘만이 장땡일 수 없음을 정작 『문학의 이론』의 저자 웰렉 교수도 말해 놓고 있긴 했지요. 웰렉의 안내대로 하면 20세기 비평판도는 (1) 마르크스주의 비평(전형론, 반영론으로서의 리얼리즘), (2) 심리비평(프로이트는 물론 M. 보드킨의 「시에서의 원형」, E. 윌슨의 「활과 상처」 등), (3) 언어적·문체적 비평(러시아 형식주의 및 리처드 엠프슨, 그리고 뉴크리티시즘 등), (4) 유기적 비평(시카고 학파), (5) 실존주의 비평(사르트르 등)(웰렉, 「20세기 비평의 주된 흐름」, 예일리뷰, 1961년 가을호). 그러고 보면 뉴크리티시즘도 이 다섯 개 중의 한 가지에 지나지 않는 것. 그럼에도 어째서 그것만이 그토록 대단해 보였을까. 생각건대 이는 6·25를 맞아 철이 든 세대의 일부가 지닌 팍스아메리카나 Pax Americana의 지평(가다머의 용어)이 아니었을까. 이는 지적 허영심과는 구별되는 것.

남송우 선생님께서는 『백철 연구』를 마무리하시면서, 백철 비평의 영역을 ① 시류적인 현장비평 또는 실천비평, ② 학문적 문학사 쓰기, ③ 문학 감상 또는 문학 해석, ④ 문학이론 등으로 분류해놓았습니다. 이런 유형의 글쓰기는 선생님께서 지금까지 해오신 작업과 그 모습이 닮아 있다고 봅니다. 그래서 저는 『백철 연구』를 통해 선생님의 모습을 보는 듯했습니다. 이는 어쩌면 백철이 선생님이 걸어오신 비평가와 연구자의 길에 하나의 거울로 작용한 게 아닌가 하는 생각이 들기도 했습니다. 그 거울을 통해 선생님은 백철 비평이 지닌 문제를 넘어 새로운 차원으로 한국 문학비평과 문학연구의 위상을 끌어올려 놓으신 것은 부정할 수 없습니다.

그런데 저희 후세대들이 선생님의 비평과 연구업적을 거울로 삼아 또 다른 차원의 한국 문학비평과 문학연구의 차원을 열어가야 하는데, 선생님이 만들어놓으신 비평과 연구의 거울 앞에 서면, 막막할 때가 많습니다. 쉼 없이 생각하고 쓸 수 있다는 그 열정 앞에 무색해지기 때문입니다. 비평과 연구활동을 함께하고 있는 후세대들에게 들려주고 싶은 한 말씀을 마지막으로 부탁드립니다.

김윤식 『백철 연구』에서 어쭙잖은 제 모습을 연상했다 했습니다그려. 과분한 착각이라 할까. 비평가이자 교수인 백철 선생의 발뒤축에도 이르지 못한 채 이것저것 부산하게 살아왔을 뿐입니다. 앞뒤 분간도 못하고 허둥대기가 어찌 한두 번이었던가. 저도 모르게 휘두른 칼이 타인은 물론 저 자신을 겨눈 적도 어찌 한두 번이었겠는가. 그럼에도 『백철 연구』에서 제 모습을 잠시나마 느꼈다면 아마도 거기에는 모종의 착오가 있었던 모양입니다. 「백철 연구는 백철론이 아니라 김윤식론」(『한겨레신문』, 2008. 2. 13)이라는 기사도 실려 있음을 보면 남 교수의 잘못만은 아닐지 모르겠네요. 이런 오해가 나돌 만큼 그 책은 서툴게 씌어졌음을 웅변하는 것. 다만 저는 제가 공부하여 알아낸 것만을 썼을 뿐 그 이하도 이상도 아닙니다.

관대하게도 남 교수께서는 후세대에 '들려주고 싶은 한 말씀'의 기회까지 주십니다그려. 남의 글 애써 읽고 그것에 대한 글쓰기와 가르치기에 생을 탕진한 사람, 자기의 글 한 편 쓰기도 가르치지도 못한 사람이고 보면 어찌 제게 그런 주제넘은 짓이 가능하랴. 혹시 현재의 제 심정을 말해보면 안 될까요. 까마귀와 붕어 그리고 메뚜기를 속이고 강변 버드나무 숲속의 집을 떠났던 한 소년이 본 꿈 말입니다.

> 하늘의 무지개를 보면
> 나의 마음 뛰어 놀아
> 인생 초년에 그러했고
> 어른된 이제 그러하고
> 늙은 뒤에도 그러하리
> 불연(不然)이면 죽어도 가야(可也)라!
> 어린이는 어른의 아버지
> 나의 일생의 하루 하루가
> 경건한 자연심(自然心)에 연결되어 지이다
>
> (워즈워드, 「나의 마음 뛰어 놀아」, 최재서 옮김)

남송우 생산적인 대화를 나눌 수 있어서 좋은 시간이 되었습니다. 올해가 백철 탄생 100주년이 되는 해이니, 백철 비평에 관심을 가진 분들에게 연구의 실마리를 제공할 수 있는 계기가 되었으면 합니다. 선생님, 건강하십시오. 감사합니다.

〔『오늘의 문예비평』, 2008. 여름호〕

AKSE 30주년 참가기

1. 나와 AKSE

4월 16일, 드골 공항에서 막바로 두르당Dourdan을 향했소. 파리에서 남쪽으로 50킬로미터 떨어진 시골 마을. 파리 외곽 순환열차로 가까스로 파리와 연결된 두르당은 전원마을이라고 할까 별장지라고나 할까. 두르당이라는 지명이 무슨 뜻인지 알기 어려우나 마을 언덕엔 10세기경에 세워진 성과 교회가 우뚝 서 있는 것을 보면, 또 이를 설명하는 박물관까지 있고 보면 예사로운 마을이 아닌 듯했소. 그대는 뭣 때문에, 누구 말대로 '노구를 이끌고 남의 나라 시골마을에까지 허겁지겁 달려왔는가'라고 누군가가 묻는다면 어떻게 대답해야 그럴싸할까.

이런 직설적인 물음엔 제가 살아오면서 깨친 방식으로 대할 수밖에. 정면 돌파가 그것. AKSE(유럽한국학대회Association for Korean

Studies in Europe) 제23회 대회(2007. 4. 16.~20)가 거기서 열리기 때문. 그것도 학회 창립 30주년 기념대회인 까닭. 이 학회의 창립은 1977년이라 하오. 당시 창립 멤버는 이옥(파리 7대학), 스킬렌드·도이클러(이상 런던 대학), 포스·발라벤(이상 레이든 대학), 부셰·오랑주·기유모즈(프랑스 학술원), 잣세(보쿰 대학), 문옥표 등. 한갓 방관자로 제가 이 대회에 처음 참가한 것은 제12차 대회(레이든, 1988)였소. 이보다 두 해 전 한국문학 세미나가 레이든 대학교에서 열린 바 있었소. 6·25 참전용사이자 최치원 연구의 포스 교수를 비롯, 무속연구의 발라벤,『박씨부인전』의 렌트너, 이기영론의 피히트,『구운몽』연구의 부셰,『심청전』연구의 스킬렌드, 김남천론의 오가레트 최, 선우휘론의 멜라노비치 등의 발표도 놀라웠지만, 신선한 것은 이들 대부분이 우리에게 썩 소원한 동구권 학자라는 점. 훔볼트 대학(동독)의 피히트, 바르샤바 대학의 오가레트 최는 평양 유학생이었으니까. 그들은 거침없이 평양 말을 쓰지 않겠는가. 또 인상적인 것은 부셰 교수의 수준 높은『구운몽』연구. 당시 AKSE 회장인 부셰 씨가 제게 AKSE 참가를 권유했으나 여의치 않았소. 그 다음 해도 권유해왔소. 레이든에서 열린다는 것. 동구권은 물론 소련서도 참가한다는 것. 귀가 솔깃할 수밖에. 제12차 대회는 제게 잊을 수 없는 에피소드 두 가지를 남겨주었소.

한국어 한마디도 모르면서 소월 시집을 비롯, 16권의 시조집을 번역한 조브티스(알마아타 사범대) 교수와 스킬렌드 교수 사이에 시조 번역을 가운데 두고 벌어진 설전이 그 하나. 다른 하나는 제 발표문을 두고 벌어진 신기수(辛基秀) 씨와의 시비. 제가 발표한 것은 「한·일 프롤레타리아 문학의 관계에 대하여」였소. 일본 프롤레타리아 시인 모씨가 쓴「비내리는 品川驛」(1929)에 대한 비판이었소.

조선 노동자를 두고 "일본 프롤레타리아의 앞잡이와 뒷군"이라 한 대목. 이는 민족 차별로 볼 수 있다는 것. 주최 측의 요청으로 조선통신사 다큐멘터리를 갖고 온 재일교포 영화 제작자 신기수 (1931~2002) 씨의 뜻하지 않은 반격은 이러했소. 평생을 재일교포로 밑바닥 삶을 살아온 자기의 체험에서 보면 일본인 노동자와 재일 조선인 노동자는 그야말로 형제 같았다는 것. 자기 체험을 들이대는 데야 누가 감히 뭐라 하랴(씨는 『아리랑 고개를 넘어서』〔해방출판사, 1992, 日文〕에서 「김윤식 교수의 재일〔在日〕이미지」란 항목까지 설정, 그 일면성을 여전히 비판하고 있었다).

이만 하면 제가 매회 빠뜨리지 않고 이 대회에 끼어든 이유로 그럴싸하다고 할 수 없을까. 또 한 가지를 덧붙일 수도 있소. 북한 학자 참가가 그것. AKSE에 처음으로 북한 학자들이 참가한 것은 제13차 대회(런던, 1989)였소. 5명의 거물급의 대거 참가였소. 전영률(사회과학원 역사연구소장)의 신라통일 부정론, 김하명(사회과학 연구원 주체문학 연구소장)의 김려론(민중 서사시) 등은 남북한의 역사와 문학의 차이를 높은 수준에서 실감케 했소. 그 뒤로 류만(사회과학원 주체문학 연구소 실장)의 「1920년대 조선시문학에 형성된 조국애」(바르샤바, 1990)도 매력적이었소. 소월, 상화는 물론 한용운도 평가되고 있었으니까. 이러한 기대감은 AKSE가 내게 주는 매력이었소. 이만 하면 30돌에 이르기까지 지속적으로 참가한 이유가 되지 않을까.

그 기대감이 두르당에서 열린 제15차 대회(1991)에서도 어김없이 이루어지긴 했으나 조금 실망이었소. 북한 학자도 오긴 왔으나 역사 쪽으로 편중되어 있었소. 제16차 대회(베를린, 1993)에는 그들이 불참했고, 이때부터 AKSE는 격년으로 바뀌었소. 제17차 대회(프라하, 1995)에는 네 명의 거물급 북한 학자가 왔소. 정순기(사회과학원 언어학 연구소장)의 「조선어의 통일적 발전을 위한 몇 가지 리론 문제」, 정성무(사회과학원 문학연구소장)의 「최근 민주주의 인민공화국에서의 문학예술의 혁신적 발전」이었소. 후자는 『꽃 파는 처녀』의 사상적·미학적 근거를 밝힌 것으로 주목되었소. 제18차 대회(스톡홀름, 1997)엔 북한 쪽이 오지 않았고, 제19차 대회(함부르크, 1999)에도, 제20차 대회(런던, 2001)에도 제21차 대회(로마, 2003)에도 불참하다 제22차 대회(셰필드, 2005)에야 네 명이 왔소. 썩 과격한 젊은 세대로 바뀌어 있었소. 다만 인솔자 K씨만이 변함없었소(졸저, 『바깥에서 본 한국문학의 현장』, 집문당, 1998). 그러고 보니 두르당이란 제겐 구면이 아니겠소. 그럼에도 이토록 낯이 설다니. 기억의 허망함인가 간사함인가.

당시의 두르당행은 3인행(사회학의 K교수, 국어학의 L교수). 비행기 연착으로 밤에야 파리 공항에 닿았고, 길을 몰라 가지 않겠다는 택시로 엉성한 지도 한 장을 나침 삼아 두르당행을 감행했것다. 어둠 속 길을 헤맨 끝에 두르당의 전원호텔(방갈로 풍)에 닿자 대회 조직자 막틴 교수(파리 7대학)의 놀라움이라니. 하도 택시비가 많이 나와 사무국 공금으로 처리해주더군요. 또하나 인상적인 기억 한 토막. 이옥 교수(파리 7대학)의 부인이 손수 담근 김치 파티가 그것. 어째서 달랑 이 두 가지만 기억되는가. 아니 두 가지씩이나 기억되다니, 그게 또한 놀라움일 수도 있을까.

2. 성년을 맞는 AKSE의 표정

앞에서 이미 적었듯 이번 제23차 대회가 창립 30주년에 해당된다는 사실을 주최측이 깃발처럼 내세웠소. 이름도 표나게 '30돌 대회'라 했소. 이 학회 회장이자 주최측 대표인 알렉상드르 기유모즈 씨는 머리말에서 이렇게 밝혔소. 참가 신청자가 무려 257명이었고, 발표신청만도 224건이 접수됐다는 것. 참으로 아쉬우나 이 중 130건만 접수할 수밖에 없었다는 것. 제22차 대회 때의 참가자 146명 발표건수 79건에 비하면 그 규모의 팽창에 놀랐다는 것. 3일 반의 기간 동안 3개의 세션을 동시에 진행시킬 수밖에 없었다는 것. 이번 대회엔 창단 멤버 중 무려 7명이 참가했다는 것. 창립 30주년 기념행사(30개의 촛불을 켠 거대한 케이크 자르기)가 준비되어 있다는 것. 또한 30주년 기념 사진전이 사진 애호가인 오랑주 교수의 솜씨로, 디스크 증정과 함께 열린다는 것. 그러니까 돌잔치라는 것.

과연 이 대회의 규모와 내용은 어떠했던가. 이런 양적 증대가 질적 수준과 병행할까. 이를 평가할 안목이 없지만 몇 가지 제목 정도는 적어두고 싶소. 대회마다 제가 그렇게 관습적으로 해왔으니까. 아무도 시키거나 권하지도 않았지만 그래야만 할 것 같았기 때문이오. 다만 가장 높은 수준의, 유럽에서의 한국학이란 이름 때문에.

4월 16일(월). 하오 2시에서 5시까지 등록절차 밟기. 6시부터 이른바 개회식(전야제). 나비 넥타이의 기유모즈 회장의 인사말(한국말을 먼저, 불어를 뒤에). 이어서 국내 몇몇 유관 단체장의 축사. 우아한 프랑스 요리를 서빙받았는데, 풍성한 포도주와 기름진 음식이 베풀어졌소. 일찍 찾아온 초여름. 이 거대한 숲속의 호텔 위로 구름 한점 없는 하늘이 내려다보고 있었소. 그렇지만 시간이 지날수록 홀 안은 꿀벌처럼 잉잉거렸소. 부세, 오랑주, 피히트, 부첵(프라하), 발라벤, 잣세, 도이클러, 그리슨(셰필드) 등 구면의 건강한 목소리도 그 속에 잠겨 있었소.

4월 17일(화). 발표건수가 많아 세 개 분야 동시진행의 방식. 다만 예외로 첫번째 세션만은 전원 참석 방식을 취했소. 그도 그럴 것이 30주년을 맞아 이루어진 자기반성 및 전망의 자리였으니까. 세션 이름도 그럴 법한 「유럽에서의 한국학의 미래」. 동양식으로 하면 성년기[三十而立]에 이른 셈이니까. 회장의 설명에 따르면 이 특별 세션은 지난해 6월 옥스퍼드 모임에서 토론된 것으로 Marion Eggert(독일 루르대), Ruediger Frank(빈 대학), Carl J. Saxer(코펜하겐 경영대), Beth McKillop(런던 빅토리아 박물관 아시아 담당관) 등이 발표했고, 옥스퍼드 모임의 주관자인 J. B. Lewis(옥스퍼드 대학 동양연구소)가 직접 사회를 맡았소. 유럽 대학에서 한국학의 위치 확보 방안을 비롯, 미래의 한국학의 발전 방향으로 동아시아학과 사회과학 및 기타 분과학문을 연결시키는 이른바 학제적(學際的)인 모색, 한국학 연구자 양성 문제(한국 재단의 역할), 그리고 유럽을 통한 도서관 및 박물관의 이용 등이 주요 검토내용이었소. 돋보이는 것은 비서구지역 연구회 유럽연맹의 논의(5개 유럽대학 간의 협력 계획, Koen de Ceuster의 제안)였소. 그도 그럴 것이 30돌까지 제가 경험한 AKSE는 오직 한국학 전공자의 근친상간적 집단이었소. 그것도 친한파 중심이었다고나 할까. 동아시아의 다른 연구진이 끼어들 틈이 거의 없어 보였소. 언젠가 한국의 족보를 공부하는 일본인(런던대) 발표가 한 번 있었으나, 그 한 번으로 다시는 볼 수 없었소. 중국, 일본을 빼놓고 한국학이 과연 국제적으로 성립될 수 있을까. 이를 통렬히 반성할 만큼 AKSE도 어른다운 기분을 차렸다고나 할까. 또 하나 주목되는 것은 Alain Delissen(고등사범학교 출신)의 제안인 풍부한 한국의 전자자료 활용 문제. 그러나 무엇보다도 한국학의 미래를 좌우하는 것이 따로 있었는바, Fellowship for Graduate Studies(대학원

생을 위한 연구비 지원)가 그것. 지원 후보자 숫자가 2002년도부터는 15명이었으나, 2006년엔 20여 명으로 늘었다는 것. 또 하나 지적될 점은 발라벤, 서안정(한국 국제교류재단 국제교류부장)의 공동 발상인 EPEL(유럽 한국학 교류계획). 유럽 내 한국학자들 간의 교류 강의가 실현될 수 있게 된 것. 유로를 공통으로 사용하는 유럽이란 이미 그 자체가 단일 체제인 만큼 국경 개념이란 사실상 무의미한 시대임을 염두에 둘 것입니다. 이제야 한국학도 울타리를 해체할 시기에 이른 것이라면 그동안 얼마나 고립·폐쇄 상태였는가가 짐작되고도 남지 않겠소.

3. 개성학(開城學)이 떠오르는 곡절

4월 17일에서 20일까지 발표 건수는 총 130건. 분야별 3개의 세션의 동시진행이었기에 각자 자기 전공이나 관심분야를 골라 경청할 수밖에. 소렌슨, 발라벤 등의 중진학자가 버티고 있는 불교 연구 세션과 도이클러, 산초 등이 버티고 있는 한국 유학사 분야는 여전히 높은 수준을 유지하고 있었는데, 이번 대회의 전체적인 분위기랄까 인상을 말해보라면 다음 세 가지.

첫째, 한국 현대사 분야에서 「박정희 시대의 재건에 대한 사회적 기억」이 독립된 패널로 논의되었다는 점. 「박정희 신드롬에 대한 역사 재조정 운동」(이남희), 「한국에서의 월남전의 기억」(박태균), 「1970년대 한국의 문학적 주류— 황석영을 중심으로」(류영주)가 그것.

둘째, 북한학 세션이 따로 설치되었다는 점. 앞에서 AKSE의 매력 가운데 하나가 폐쇄적인 북한 쪽으로 열려 있었음에 있다고 했거니와, 이번 대회엔 북한 학자 초청은 없었소. 그 곡절을 정확히 알 수 없으나, 짐작컨대 북한학도 이미 밀실일 수 없다는 것, 세계 앞에 노출되어 있다는 모종의 판단에서 온 것이 아니었을까.「유럽의 시선에서 본 지난 20년간 북한의 경제·정치 및 사회발전」의 세션 속엔「오늘의 북한에서의 지방정치 및 사회경제적 현실」(Petror),「북한 사회 경제발전 속의 중국 요소」(Zabrovskaya),「북한에 대한 정치경제 제재」(Frank),「일본과 한국의 북한에 대한 안전정책의 비교」(Swenson-Wright).

셋째, 이것이 참신하고도 중요하거니와 세션「개성(開城)」이 그것. 어떤 특정 소도시가 세션 단위로 설정된 것도 이 대회 유사 이래 처음이 아니었을까. 엘리자베스 사바놀(프랑스 극동학교) 여사가 조직한 이 세션의 첫 발표문은「왕궁과 관료의 관계상에서 본 개성에서 세워진 절」(Vermeesch). 문헌학적 고찰과 현지답사를 결합시킨 이 절터 연구는 무엇을 겨냥한 것일까. 그 해답의 실마리는 다음 두 발표에서 얻을 수 있을 듯한 느낌을 받았소.「1920년대 개성의 유산과 관광에 대하여」(Delissen). 이 발표문의 부제는 '망각의 한 가운데에서 벗어나기'로 되어 있소. 발표자는 1920년대 일본인 및 한국인에 의해 소개된 관광 가이드북 및 기행문을 중심으로 개성의 실상을 소상히 밝혀냈소. 인상적인 것은 발표자의 현지방문과 관광 가이드북의 의미해독의 대전제에 대한 모종의 암시였소. 한반도의 오늘의 역사적 현실로서의 개성공단 문제에 대한 한국인의 집단 무의식이 TV의 연속극「왕건」에서 미리 던져졌다는 지적이 그것. 이 세션의 조직자의 발표문은 다음과 같소.「개성에 있어서의 고고학적 발굴의 역사와 박물관 및 일제시대의 수집물」(Chabanol). 이 발표문은 개성 박물관에 대한 역사적 고찰로 되어 있소. 제1단계는 일제시기(1910~1945)의 개성 부립 박물관 설립까지. 제2단계는 해방공간을 거쳐 남한 단독정부 수립에서 6·25까지. 북한 치하의 제3단계는 1953년에서 현재까지. 박물관 중심의 사적 고찰이란, 시대 속의 그 지방의 문화를 감각적인 측면에서 이해하는 지름길이라 하겠지요. 보이지 않는 역사를 실물형태로 복원해 보이는 공부의 현장이 박물관인 까닭이오. 추측이나 어떤 견해로서의 이데올로기의 입김이 제일 스며들기 어려운 영역 가운데 하나라고나 할까요.

어째서 AKSE가 개성 연구의 세션까지 내세웠을까. 혼자 멋대로 생각해보오. 성년기에 이른 AKSE이기에 북한 연구도 나름대로 자체의 힘으로 할 수 있을 만큼 강해졌을 터. 말을 바꾸면 오늘의 인터넷 세계 속의 한국학이란 이른바 '미지의 영역'이란 거의 없다고 할 수 없을까. 손가락으로 누르기만 하면 한국에 대한 웬만한 정보가 즉각 손에 잡히는 판국이 아니던가. 모든 연구의 원동력이 이익보다는, 의심스럽거나 신비스러운 것에 대한 호기심에서 비롯되는 것이라면, 적어도 21세기 오늘의 시점에서 한국학의 매력이나 신비감이란 판소리 따위일 수 없을 터. 무당 연구 따위일 수 없을 듯. 박연암의 북경 남당의 풍금 소리에 귀기울이기라든가, 외국인의 한국관 또는 한국인의 외국관 따위의 풍물기일 수는 없지 않겠는가. 문화의 차이란 민족학이나 인류학의 상식 중의 상식이니까. 지구화의 오늘, 그런 문화 차이감각이란 적어도 일차적으로는 고려시대인의 옷 입기라든가, 음식문화만큼의 호기심도 환기치 못하는 것. 이런 판국이라면 한국학의 나아갈 길은 어디일까. 요컨대 의욕을 자극할 수 있는 한국학의 영역은 어디일까. 이 물음에 응해오는 가시적 영역의 하나로 '개성공단'을 들 수 있겠지요. 세계 속에 알몸으로 노출된 오늘의 시점에서 남북한이 어째서 하필 개성에다 공단을 조성하고 있을까. 어째서 압록강이나 두만강 근처도 아닌 휴전선 지척에 놓인 개성에다 거대한 공단을 세우고 있을까. 거기서 생산되는 공산품이 국내산이라고 한국이 우기는 이유 속엔 과연 경제법칙만이 있을까. 이 개성공단을 둘러싼 그 모든 진행 중의 과정이란 한반도에서 일어나는 현상 중 가장 예측하기 어려운 미지의 영역이라 할 수 없을까. 두 강대국 틈에 낀 한국인의 생존전략일지 모를 개성공단이란 새삼 무엇인가.

제13차 런던 대회에서 전영률(사회과학원 역사연구소장) 씨가 통일신라를 부정하는 이유로 발해를 내세운 바 있었소. 남북조시대라는 것. 기껏해야 신라 통일이란 추가령 지대 이남에 지나지 않는다는 것. 진정한 한반도 통일이란 고려 때라는 것. 그 고려의 중심부가 개성이었던 것. 개성의 불교와 관료(정치)의 관계를 알기 위해 절터 공부를 해야 했을 터. 개성 박물관의 고고학적 연구 결과 앞에 마주 서야 했을 터. 적어도 일제 강점기의 개성에 대한 일본인의 인식과도 마주쳐야 했을 터. 요컨대 개성의 문화적 힘을 실증적 수준에서 접근해야 했을 터. 개성학이 모색된 이유도 이 부근이 아니었을까.

4. 문화 연구 cultural studies의 초라한 문학

문학 분야 발표현황은 어떠했을까. 제 전공분야인 만큼 눈여겨볼 수밖에. 그러나 기대하지는 마시오. 그렇다고 새삼 실망할 것까지는 없소. 문학이 문화 연구의 일환으로 인식된 것은 이미 지난 세기 중반부터이니까. 이번 대회의 경우는 어떠했을까. Cwiertka(레이든 대학) 씨의 기획「가정, 노동, 그리고 사랑―식민지 시대 한국 여인들의 신생활」을 들 수 있소. 첫번째 발표자는 이중심(레이든 대학)의 「식민지하에서의 김일엽의 연애소설과 그 의미」. 이른바 자유연애의 실천자이자 작가인 김일엽의 겸토에서 돋보이는 대목은 제3장 「경계선 넘나들기의 체험과 거절된 이족결혼」. 여기서 이족결혼이란 intermarriage의 번역인바, 구체적으로는 김일엽의 일본남성과의 결혼을 가리킴인 것. 사용한 자료는 김일엽의 아들 모씨의 소설형식 자서전. 일본인 오타 세이죠와의 결혼이 일본측 부모의 반대로 이루어지지 못했다는 것. 김일엽이 이 사실을 어느 글에서도 밝히지 않아 사실 여부를 확인하기 어려우나 그럼에도 불구하고 김일엽의 경계선 넘나들기의 방증으로는 손색이 없는 것. 여기에 초점을 둘 때 이족 간의 결혼문제보다 한층 복잡한 과제, 곧 식민자와 피식민자 간의 혼인관계 넘나들기의 과제로 열립니다. 제22차 대회(셰필드)에서 이광수의 『원효대사』론을 발표한 이중심 씨의 모습이 새삼 성숙해져 보였소. 어째서 이광수의 『원효대사』가 반일적인 소설인가를 정밀한 독법으로 논증하고자 했었소. 『원효대사』를 작품(미학적 견지)에서 끌어내 문화적 독법으로 읽고자 했던 것. 이번 김일엽의 경우도 사정은 마찬가지.

Cwiertka(Katarzyna J.)의 「부엌 속의 현모양처— 식민지적 근대성과 여성」도 같은 범주에 드는 것. 1930년대 식민지 조선에서 대두된 '현모양처' 운동이 지닌 이율배반성을 밝힌 이 논문의 참신성은 어디에서 말미암았을까. 그것은 신여성 운동과 같은 문맥에서 나왔다는 지적에서 찾아집니다. 실상 현모양처 운동이란, 메이지 이래 일본 군국주의자들의 남근중심주의적 사상이라는 것. 이를 조선의 민족주의자들이 그대로 받아들였다는 것. 이를 증명함에 사용된 자료는 양국의 저널리즘(잡지 중심)이었소. 김(Janice C. H.)의 「식민지 한국에서의 여성 노동임금의 양상」도 눈여겨볼 만했소. 통계자료를 원용해서 여성 공장노동자의 증대와 그것이 가져오는 사회적 변화를 검토한 것. 이기영의 『고향』(1934)을 읽은 독자라면 문화 연구의 의의에 공감할 법하지 않을까.

잠깐, 당신 전공인 문학은 어찌되었는가. 성급하지 않은 독자라도 이렇게 물음직하겠지요. 문학 세션은 한참 뒷부분(19일 오전)에 배당되어 있었소. 그나마 다행스럽다고나 할까. 판소리 세션보다 하루 앞이었으니까. 좌장은 잣세 씨. 피히트(구 훔볼트 대학) 씨의 「리기영, 한설야, 박경리, 최인훈 등의 자전적 고백적 측면 읽기— 한국 작가는 어떻게 세계를 보았는가」가 먼저 발표되었소. 1950년대 평양 유학생인 씨는 김일성 주석의 통역을 한 바 있는 거물급 인사. 박경리의 『토지』 제1부(Secolo사, 2000)를 독역한 바도 있지요. 여전히 남북한의 정통 리얼리즘 소설에 힘을 기울이고 있었소. 「김시습— 북서부 변방에서의 은둔 여행하기」의 발표자는 호이슬러(구 훔볼트 대학. 이 대학의 한국학과는 몇 년 전부터 폐쇄되었다). 김시습 전공의 씨의 진면목이 여전했소. 불교학과 한문학과 한국고전문학이 결부된 김시습 연구란 그만큼 힘든 영역일 터.

이러한 것들에 견줄 때 제 발표문 「베이징 1938년 5월에서 1945년 5월까지」는 제목부터 얼마나 경박스러운가. 그러나 실상 원제목은 「이중어 글쓰기와 김사량의 소설 '향수'」였소. 제 딴엔 두 가지 점을 강조하기 위함이었소. 하나는 제가 근자 여러 차례 강조해온 이중어 글쓰기bilingual creative writing 문제. 일제는 조선통치에서 문학만은 당초부터 제외시켰던 것. 한국 근대문학이 성립되는 것은 이 때문. 근대문학이란 근대 국민국가의 언어, 곧 국어로 하는 문학인 까닭. 그 국가(임시정부)의 언어의 국내 대행기관이 조선어학회였던

AKSE에서 발표하는 필자. 중앙은 사회자인 사세 교수

것. 일제가 문학까지 식민지 체제 속에 편입시키고자 시도한 것이 저 악명 높은 조선어학회 사건(1942. 10. 1.)이었던 것. 이로부터 광복까지는 바로 암흑기. 그러나 글쓰기의 처지에서 보면 일어 또는 조선어의 이중어 글쓰기로 볼 수 있는 것. 친일문학에 대한 논의의 다양화의 길도 여기서 조심스레 열어갈 수 없을까. 다른 하나는, 한·중·일 삼국의 공동관심사로 문학연구를 열어가기. 이 두 가지 문제의 접점에 놓인 시금석의 하나로 김사량의 「향수」(1941)를 들면 어떠할까. (1) 조선인 김사량이, (2) 일본어로, (3) 베이징을 무대로 쓴 소설이 「향수」인 까닭. 발표가 끝나자 질문이 나왔소. 일제의 가혹한 검열제도를 어떻게 보느냐고. 이 물음에 대해서는 군부 통치시절의 한국정부의 검열체험을 들려주고 싶었소. 사상 검열이란 어느 시대에도 있는 법이니까.

5. 몽파르나스 묘지의 이옥, 퐁피두 센터의 베케트

4월 20일. 파리에 닿자마자 맨 먼저 달려간 곳. 몽파르나스 묘지. 거기부터 참배해야 제겐 파리도 파리일 수 있으니까. 어째서? 설명

파리 몽파르나스 묘지의 이옥 교수 묘소

을 하자면 길고 지루하지만 앞뒤를 뚝 자르면 '한국학'으로 요약되오. 거기 유럽 한국학 연구의 제1세대인 이옥 교수가 잠들고 있으니까. 마로니에 꽃봉오리가 앙코르와트의 다섯 개의 연꽃 봉오리 모양 곳곳에 솟아 있고, 구름 한 점 없는 땡볕으로 가득 찬 정적의 이 공간에 장미 한 송이 달랑 들고 자신만만히 들어섰으나 여지없이 실패. 2년 전 이곳에 왔을 때처럼 다시 관리사무소에 들를 수밖에. 위치는 제12지구의 첫째 줄(사르트르는 제1지구 20째 줄). 묘비 앞에 작은 소나무 한 그루. 신록이 그럴 수 없이 싱그러웠소. 묘비명은 이러했소.

　　파리 7대학 명예교수. 프랑스에서의 한국학 창설자. 교육 명예훈장, 국민공로훈장, 그리고 대한민국 국민명예훈장. 1928년 12월 8일에 낳고 2001년 7월 28일 사망. 이름은 Li Ogg.

그 서양어 이름 밑에 한글 '이옥'이 뚜렷이 새겨져 있었소. 대체 어떤 곡절로 대한민국 초대 법무장관의 장남이자 연세대 교수 이옥 씨가 파리에 갔고, 고구려 연구로 국가박사가 되고, 파리 7대학 한국학 교수로 살다 이곳에 묻혔을까. 그 이유를 저는 모르오. 씨로부터 들은 것 중에 시방 기억나는 것은 그 대한민국 초대 법무부장관이 전재산을 자손에게 주지 않고 한글학회에 기증했다는 것. 그 이유를 씨는 말하지 않았소. 한글학회와 유별난 관련 때문이었음을 제가 알아차린 것은 이인의 『반세기의 증언』(명지대 출판사, 1974)에서였소. 조선어학회 사건으로 옥고를 치렀을 뿐 아니라 고문으로 한쪽 다리를 못 쓰게 된 민족변호사 이인(李仁)이고 보면 그 이유가 조금은 짐작되었다고나 할까.

제가 이옥 씨에게 유달리 관심을 가진 이유는 따로 있소. 어떤 일본인의 수필 『바빌론의 흐름의 기슭에서』(1968)가 그 계기였소. 도쿄대 조교수인 어떤 청년이 파리에 2년간의 기간으로 유학을 갔다는 것. 기간이 지났는데도 귀국하지 않고 직장도 가정도 버리고 평생토록 파리에 살다가 생을 마쳤다는 것. 그가 바로 모리 아리마사(森有正). 그가 쓴 책 속에 이옥 씨가 몇 번씩 등장하지 않겠는가. 독자여, 그게 어쨌단 말인가, 라고 묻지 마시라. 모리 씨의 전집을 제가 독파했다는 것. 그래서? 그래서라니. 당초 제겐 파리를 볼 눈도 귀도 없었소. 다만 모리의 눈과 귀를 빌려 파리를 조금 엿볼 수 있었을 뿐. 이만하면 답변이 될까(졸저, 『내가 읽고 만난 파리』, 현대문학사, 2004). 이만하면 파리를 멋대로 구경해도 되지 않겠소. 이옥 씨로부터도 모리 씨로부터도 벗어나 내 멋대로의 파리. 이 마로니에의 화려한 계절. 파리 7대학 앞의 자줏빛 오동꽃이 피어버린 파리인데, 조금 이상했소. 온통 선거 열풍에 휩싸여 있지 않겠는가. 이 무렵이면 으레 열리는 대형 이벤트 미술특별전이 전무하지 않겠는가. 그도 그럴 것이 선거만큼 흥미로운 문명적 행사란 달리 없는 법이니까. 프랑스인이라 해서 예외일까 보냐. 유별난 것이 있다면 일요일을 택해 투표하기, 제1차 투표 참가율이 84%라던가, 제2차 투표를 위한 TV 토론을 2,200만이 시청했다던가, 등등. 인기 높은 맨체스터 유나이티드 대 밀라노의 축구경기를 압도할 정도라고나 할까.

사막과도 같은 이 적막한 파리에도 대추야자숲 오아시스가 한 곳 있었소. 퐁피두 센터에서 열린 S. 베케트(1906~1989)전이 그것. 파리인에게 베케트는 무엇인가. 두 해 전 한여름 이곳에 들렀을 때 제가 본 것은 국립도서관에서 열린 사르트르전이었소. 바캉스로 텅 빈 파리를 사르트르 혼자서 지키고 있었소. 능히 지키리라고 파리지앵들이 믿었던 증거. 그런데 오늘의 저 베케트전은 무엇인가. 좌파·우파의 정치게임으로 넋이 나간 파리를 더블린 출신의 베케트가 능히 지키리라고 그들이 진심으로 믿고 있는 것일까. 어이없게도 이런 엉뚱한 의문을 물리치기 어려웠소. 그도 그럴 것이 주최측 안내서 책자에는 이렇게 적혀 있지 않겠는가. "땅에 묻혀 목만 내놓은 「행복한 날」의 위니, 우리가 기다리는 고도의 나무, 눈만 크게 뜬 '필름,' 버스트 키튼이 달리는 낡은 벽 등등 사진, 무대, 영화 등에서 본 베케트의 전설적 이미지들"이라고.

　대체 베케트의 전설적 이미지란 무엇을 가리킴일까. 전문가들의 이런저런 해설을 들추어보면 대략 이러하오. 20세기 문학의 전위성은 언어가 인간존재의 선험적 조건임을 인정하면서도 그 궁극적 한계를 추구함에서 찾아진다는 것. 이 문제에 제일 먼저 나선 앞잡이가 『율리시즈』의 작가 제임스 조이스라 하오. 어째서 영국 식민지인 더블린 출신의 조이스가 이 과제의 앞잡이가 될 수 있었는가. 식민지적 조건을 그 이유로 들었소. 영어라는 고도의 세련된 문명어로 빈곤한 식민지 수도 더블린을 그리고자 했을 때 직면한 과제란 무엇이었던가. 빈곤한 현실을 수사학으로 채우기가 그것. 현란한 문체로 현실의 빈곤을 커버하기가 그것이라고 아일랜드 핏줄의 평론가인 T. 이글턴이 지적했소(『히스클리프 또는 위대한 굶주린 자』, 1995). 박태원의 『천변풍경』도 이와 마찬가지(졸고, 「날개의 생성과정론」, 『한국 현대문학 비평사론』, 서울대출판부, 2000). 조이스가 여기서 한발

사뮈엘 베케트 작, 「고도를 기다리며」(théâtre de l'Odéon, 1999)

나아간 것이 『피네간의 경야』라 하오. 영어를 넘어서기. 이른바 세계 종합언어로서의 글쓰기가 그것. 영어에 철저히 모욕을 주고 저항하기에서 한발 나섰던 것. 같은 더블린 출신인 베케트도 그 출발점은 같았으나 다음 장면에서 조이스와 갈라졌던 것. 곧 언어보다 침묵을, 종합이나 통일보다 분열을 우위에 두고자 했기 때문. 처녀 장편 『나란히 이기는 여인들의 꿈』(1932년작, 사후 3년 후인 1992년 간행)과 독일어로 쓴 편지(1937)를 주축으로 하여 형성된 베케트의 방법론은 언어를 확대시킨 조이스와는 달리 언어를 조소하며 그 무력함을 토로하기였던 것. 도달점은 침묵인 것. 언어에다 어떤 식의 폭력을 가하면 되는가. 밤낮 이것만 모색했다는 것. 그 방법론의 하나가 연극의 2막 구성법. 그의 모든 무대극이 2막으로 된 까닭도 이에서 온다는 것. 모국어인 영어로 쓴 자기 작품을 불어로 번역하기와 불어로 쓴 자기 작품을 영어로 번역하기의 끝없는 반복에서 이른바 구성의 이분법이 형성되었다는 것. 그러니까 전자와 후자는 같으면서도 다른 것. 그 차이점의 끝없는 반복에서 마침내 목소리만 남게 된다는 것. 침묵의 목소리. 이는 '유령적 존재'의 탐구라는 것(이상은 다지리 요시기,「언어의 사라짐을 꿈꾸며— 베케트론」,『비평공간』, 1996. 9월호 참조).

누가 고도를 기다릴까. 이런 질문은 위의 논법으로 하면 '유령이다!'가 그 정답이 아닐 것인가. 그렇지만 이 전시실엔 침묵은커녕 육필을 비롯, 유년기 가족사진과 고도의 무대까지, 또 베케트의 목소리까지 가득했소.

6. 빛의 숨결과 운몽 평야의 아홉 개

베르시 빌라주 소재 시골풍의 이비스 호텔에서 이청준 씨의 소설 「그곳을 다시 잊어야 했다」(『21세기 문학』, 2007. 봄호)와 공선옥 씨의「폐경 전야」(『작가』, 2007. 봄호)를 읽기도 했소. 지하철 역 앞 연못에 노니는 야생오리 떼를 지켜보며, 파리 중산층의 여유 있는 삶을 엿보기도 하면서 어느새 일주일이 가뭇없이 가버렸소. 내일(4월 25일)은 귀국해야 할 처지. 아직 갈 곳이 한 곳 남아 있었소. 기욤 화랑에서 열리고 있는 방혜자 씨의 그림 구경이 그것. 40여 점의 크고 작은 실험작 '빛 시리즈'가 실내를 환히 밝히고 있었소. P. 카반느 씨의 해설에 의하면, '빛의 숨결' 시리즈의 연속이라 하오. 땅(흙)을 바탕으로 하고 한가운데 은하수 모양 가로지르는 밝은 빛의 흐름. 이것이 그림을 이분하고 있는 형국. 이 황금빛 은하수 위로는 연푸른색, 그 아래는 조금 짙은 푸른색 또는 자색에 가까운 색. 이런 실험이 무엇을 뜻하는지, 또 그것이 유년기를 6·25의 한국에서 보낸 이 여류화가의 내면의 성장과 어떤 관련이 있는지를 제가 어찌 알리오. 더구나 이런 작품군이 파리 화단에서 어떤 수준 또는 의의를 갖는지 알 수 있으랴. 듣건대 금년 가을, 씨의 전시회가 서울의 김환기 미술관에서 열린다 하오. 그땐 저도 제법 낯익은 표정을 지으며 방씨의 그림 앞에 설 수 있지 않을까 싶소.

그건 그렇고, 자 이제 집으로 가야겠소.

귀국길 비행기에 올라타며 손에 든 것은 달랑 논문 한 편이었소. 이 논문을 읽으면서 집에 가고 싶었소. 그래야 제법 괜찮은 AKSE의 여로일 테니까. 부셰 씨의 「『구운몽』의 제목에 대하여」(『동방학지』 제136집, 2006. 12)의 별쇄본이 그것. AKSE의 터줏대감 다니엘 부셰 박사가 제 손에 쥐어준 것. 여든 고령을 바야흐로 눈앞에 둔 노교수의 구운몽에 대한 집념이 서려 있는 논문. '9의 운몽(雲夢)'이라고 가정하면 아홉 명이 꾼 구름에 해당되는 꿈이라는 말이 되며, '구운의 몽'이면 아홉 개 구름들에 대한 '하나'의 꿈이 되는 것. 전자 편에 선 것이 J. S. 게일의 *The Cloud Dream of the Nine*(London, 1922). 후자 편엔 R. 러트의 *A Nine Cloud Dream*(UNESCO, 1974)이었던 것. 과연 어느 편일까. 사마상여가 쓴 자허부(子虛賦) 속엔 이런 구절이 있다고 부셰 씨가 지적했소. 자허가 기리는 초나라의 장점들 가운데 '운몽(雲夢) 평야'라는 넓디넓은 수렵지가 있다는 것. 이에 대해 제나라 사자가 우리나라엔 운몽 같은 것을 여덟, 아홉 개를 삼켜도 가슴속에 가시나 겨자씨만도 못할 것이라 했다는 것. 그렇다면 운몽 여덟, 아홉이란 옛 황제들과 같이 천하의 어디든지 다 다녀보았을 뿐 아니라, 일인지하 만인지상의 인물이라 자처할 수 있는 사람에 대한 얘기로 되는 셈. 좌우간 '구운몽'이란 제목은 초사(楚史)와 한나라의 부(賦) 등에서 영감을 받았다고 보는 것이 부셰 씨의 주장이오. 무대를 당나라로 하고 중원에서 펼쳐지는 한 사내의 출세담을 담은 우리의 『구운몽』을, 무대를 조선 전라도 남원 땅에 둔 『춘향전』과 비교하면 어떠할까. 어느 편이 과연 세계화에 좀더 근접한 것일까. 이러한 물음도 기내에서 주는 와인 몇 잔의 힘을 당해낼 수 없었소. 꿈인 듯 생시인 듯 팔선녀의 교태와 성춘향의 치마 소리에 온몸을 맡겨버렸소.

〔『현대문학』, 2007. 6월호〕